2012 年度国家社科基金重大项目
《密教文献文物资料整理与研究》（批准号：12&ZD129）成果
第三届中国密教国际学术研讨会论文选集
云南大理州白族学会资助出版

《密教研究》第5辑

白传密教研究

吕建福／主编

中国社会科学出版社

图书在版编目（CIP）数据

白传密教研究/吕建福主编.—北京：中国社会科学出版社，2020.12

ISBN 978-7-5203-7515-3

Ⅰ.①白… Ⅱ.①吕… Ⅲ.①密宗—研究—大理白族自治州 Ⅳ.①B946.6

中国版本图书馆 CIP 数据核字（2020）第 232020 号

出 版 人	赵剑英
责任编辑	孙　萍
责任校对	李　莉
责任印制	王　超

出　　版	中国社会科学出版社
社　　址	北京鼓楼西大街甲 158 号
邮　　编	100720
网　　址	http://www.csspw.cn
发 行 部	010-84083685
门 市 部	010-84029450
经　　销	新华书店及其他书店
印　　刷	北京君升印刷有限公司
装　　订	廊坊市广阳区广增装订厂
版　　次	2020 年 12 月第 1 版
印　　次	2020 年 12 月第 1 次印刷
开　　本	710×1000　1/16
印　　张	26.5
插　　页	2
字　　数	448 千字
定　　价	158.00 元

凡购买中国社会科学出版社图书，如有质量问题请与本社营销中心联系调换

电话：010-84083683

版权所有　侵权必究

《密教研究》编辑委员会

主　编　吕建福

编　委　黄心川　　温玉成　　陈　兵
　　　　林光明　　严耀中　　刘永增
　　　　吕建福　　索南才让　尕藏加
　　　　李　翎　　[韩国] 严基杓
　　　　[日本] 释迦苏丹　侯慧明
　　　　张文卓　　党　措

主　办　陕西师范大学宗教研究中心

前　言

《密教研究》作为陕西师范大学宗教学集刊之一，是研究密教的专题性学术集刊，以中国密教为中心，主要展现中国学术界研究密教的最新成果，同时也反映国外学者研究密教的相关成果。大致每两年出版一辑，每辑有一个相对集中的主题，另设动态综述栏。本辑主题是白传密教研究，内分总论、仪轨与经咒、图像与高僧、碑铭与历史、社会与文化以及研究动态六类，每类又按论文性质以及所论时代先后排列，共收入23篇学术论文，译文则附外文原文，均选自第三届中国密教国际学术研讨会会议论文。

"白传密教"是第三届中国密教国际学术会议上正式启用的概念，也是本辑《密教研究》以书面形式使用的密教名称。顾名思义，白传密教就是在白族中传承的密教派别，相对于汉传密教、藏传密教而言，以表明该派别是一个具有白族文化特点的独立的密教传承系统。由于该派密教以云南的大理地区为中心流传，以往学术界称为"大理密教"，或在更大的范围内称"云南密教"，简称"滇密"。也由于信奉的主要民族为白族，故称为"白族佛教密宗"，简称"白密"。而民间则一直俗称"阿吒力教"，是以其密法的传承者——阿阇梨（梵文 ācārya）的异译而称。

白传密教是目前流传至今的四大活态密教体系之一，其他三大体系分别属于汉传密教的日本密教和藏传密教、尼泊尔密教。日本密教包括真言宗和天台宗密教，9世纪时从唐朝传入，是唐代密宗教法的继续和发展，属于中期密教的真言乘和金刚乘，也有早期持明密教的成分，所谓三部大法中的苏悉地法属于晚期持明密法。藏传密教最早也追溯到吐蕃时期，有诸多密教经轨的翻译，但大量传入是在10世纪的宋代，元明时期逐渐形成宁玛、噶举、萨迦、觉囊、夏鲁诸派，最晚形成的显教派别格鲁派也深受其影响。藏传密教完整地保留了后期密教的传统，以无上瑜伽密教中瑜伽母教法——胜乐、喜金刚以及时轮教法为主。尼泊尔密教继承印度晚期密教的传统，自称金刚乘，使用梵文经典以及梵-尼混合写本，主要流行于尼瓦尔民族的释迦族、金刚行族、塔克瓦族。其无上瑜伽教法以大瑜伽密集教法为主，以三宝曼荼罗法以及文殊法为特色，兼传般若经论为主的大乘教法，具有显密融合的尼泊尔佛教特点。

白传密教最早在南诏时期就从印度传入，地方史志中记载有赞陀崛多其人，于南诏保和十八年（唐开成元年，836）从中印度摩揭陀国来到大理，结茅入定于鹤庆东峰顶山。后世出土的大理写经《金刚大灌顶道场仪》也署名赞陀崛多翻译，其教法属于瑜伽密教体系，与般若等中晚唐时期传入的密教相当。大理时期，后期密教从印度分别传入中国内地、西藏和云南，其经轨也翻译为汉文和藏文。但在宋朝因流行宋明理学，其禁欲主义思想与后期密教的性力思想正相矛盾，因而在翻译经轨时，凡涉及性力思想以及不符合佛教传统的仪轨内容均被省略，有的明令禁译。且译出经轨收藏于传法院，禁止向外传播其密法。所以宋朝有密教经轨的翻译，而没有密法的传播。但大理国传播密教并没有宋朝的这种禁忌，主要来自印度东北部阿萨姆以及孟加拉一带的密教阿阇梨公开向社会传播密法，大理国也把密教立为国教，传法阿阇梨的地位很高，也涌现出一批当地的大阿阇梨，在国家宗教事务中发挥重要的作用。建造大理崇圣寺，其中三塔出土五方佛造像以及诸多金刚杵等密教法器，大日遍照佛斜著袈裟、三分束发、戴饰耳珰，完全是白传密教风格。大理也组织翻译密教仪轨，使用汉文翻译，但陀罗尼咒语则以梵文标记。1956年在大理凤仪北汤天村董氏祠堂出土了3000多卷写本和刻本佛经，其中有一大批属于大理时期的写经，诸如《金刚道场大灌顶仪》《诸佛菩萨金刚等启请仪轨》《通用启请仪轨》《大黑天神仪》及《赞扬白姐圣妃仪》《海会八明王四种化现歌赞》等都是大理时期传译的密教仪轨。传世的著名画工张胜温画卷《梵像卷》，与大理时期开凿的剑川石窟造像，可资参照，相互印证，均形象地再现了大理国时期白传密教盛行的真实状况和其特点。从大理写经、张胜温画卷、剑川石窟所反映的密法体系可以看出，大理国时期主要流行的密教以大瑜伽密教为主，密集、幻化类密法比较流行，观世音法、尊胜陀罗尼法、大黑天神法也是其主要特点。大理国灭亡后，白传密教在元明两代仍然流行，不仅世家大户传承密教，其阿阇梨影响之著，被朝廷请到内宫传法，封赐加赏，都有史书记载。而且密教深入民间，婚丧嫁娶、节日庆典以及日常生活，无不受到密教的深刻影响，这又有大量出土的密教梵文墓碑所证实。但也从明代开始，内地汉传佛教的禅净科仪、瑜伽焰口纷纷传入大理地区，极大地冲击了白传密教，加之明末清初的改土归流，白传密教被明令禁止，日趋衰微，阿阇梨避居民间，世俗传承，其密法与科仪相混淆，昔日的白密名存实亡。直至现代，随着改革开放政策的落实，传统文化受到重视，于是白传密教逐渐复兴。

2016 年 8 月 19—21 日，陕西师范大学宗教研究中心与大理州白族学会、剑川县白族学会合作，基于抢救性研究珍贵的白传密教文化遗产，以国家社科基金重大项目《密教文献文物资料整理与研究》为依托，特意邀请国内外有关专家学者，在白传密教文化遗存最集中的大理州剑川县举行第三届中国密教国际学术研讨会，专题探讨白传密教。从经典仪轨、文物图像、文化艺术，到田野调查、实物考察、现场观摩，多角度、全方位探讨白传密教。通过不同观点、不同学科、不同方法之间的相互切磋，共同探讨，取得多方面的成果，尤其对白传密教的定性、定位，达成诸多共识，本辑《白传密教研究》就是集中展示这次会议主题取得的成果。

本届中国密教国际学术研讨会以及编辑出版《白传密教研究》，是在大理州白族学会以及剑川县白族学会的大力协助下完成的，也得到剑川县政府民族宗教事务局的鼎力相助，其中特别感谢大理州白族学会赵济舟会长、赵润琴副会长以及赵树兴秘书！特别感谢剑川县白族学会张宗权会长、民族宗教事务局和福善局长、李仙鹤秘书长！特别感谢剑川县志主编张笑先生！

本辑论文先由王小蕾博士编辑、校对，并翻译英文目录，统稿、设计、校订均由主编者负责。虽几经校对，仍不免有误，敬请读者指正！会议论文中尚有不少探讨白传密教，且不乏新意者，但因学术规范等问题，未能收入，不无遗憾，敬请谅解！

主编　吕建福
2017 年 4 月 17 日于西安明德门鑫泰园寓所
2018 年 4 月 13 日于西安陕西师范大学长安校区
家属院寓所校毕

目 录

总 论

关于白传密教研究中的若干问题 ……………………… 吕建福(3)

仪轨与经咒研究

大理密教仪轨与唐代佛教文献：以《通用启请仪轨》
《诸佛菩萨金刚等启请仪轨》为例 ……………… ［美］白美安(33)
Dali Tantric Ritual and Tang Buddhist Texts: Taking
The Tongyong qiqing yigui and *Zhu fo pusa jingang
deng qiqing yigui* as Examples ……………… Megan Bryson(39)
关于《大黑天写经》残卷的几个问题 ……………… 陈亮旭(54)
大理密教与敦煌密教水陆仪比较研究 ……………… 王　航(79)
大理密教护摩法探究
——以《金刚萨埵火瓮坛受灌顶仪式》为例 ……… 王小蕾(91)
《消灾经》溯源 ………………… 黄　璜　李学龙　侯　冲(103)
剑川阿吒力《观音表》与祥云汉族善坛《观音表》文本章法
比对研究 ……………………………………… 杨建军(132)

图像与高僧研究

《张胜温画梵像卷》中收录的《理趣广经》系
画像研究 ………………………………… ［日］川崎一洋(143)

『張勝温画梵像巻』に収載される『理趣広経』
系の図像について …………………………… 川崎一洋（154）
阿嵯耶观音图像研究
——以《南诏图传》为中心 …………………… 龚吉雯（163）
印密僧阿嵯耶在南诏国传播并形成佛教白族密宗的历程
探究 ………………………………………… 廖德广（181）

碑铭与历史研究

白族佛教密宗碑刻文化研究 …………………… 黄正良（203）
《明故处士李公墓志铭》与密宗阿吒力教考释 …… 田怀清（224）
云南大姚白塔及出土文物简述 ………………… 杨伟林（243）
从南诏大理国碑铭看蒙段王室对佛教的护持 …… 张锡禄（255）
白密创制若干特征新探 ………………………… 张　笑（266）
从鸡足山看云南佛教密宗的衰弱 ……………… 李学龙（283）
试析南诏大理国密宗"阿吒力"及其在当代白族
社会的遗存 ………………………………… 杨政业（291）

社会与文化研究

阿吒力教与白族地方社会 ……………………… 段　鹏（305）
南诏大理国白族佛教密宗阿叱力教派教育理念
及模式初探 ………………………………… 朱安女（326）
剑川白族阿吒力佛教音乐概述 ………………… 张　文（337）
大理白族四月八浴佛节与敦煌遗书岁时佛俗记载的比较
研究 ………………………………………… 张云霞（351）
现存白传密教文化调查 ………… 张　矗　张旭东　张　笑（367）

研究动态

第三届中国密教国际学术研讨会关于"白传密教"取得
重要研究成果 ……………………………… 吕建福（399）

Catalogue

Overview

Several Issues on Bai's Tantrism Research ·················· Lü Jianfu(3)

Ritual and Scripture

Dali Tantric Ritual and Tang Buddhist Texts:Taking
  The Tong yong qiqing yigui and *Zhu fo pusa jingang
  deng qiqing yigui* as Examples ············· [America]Megan Bryson(33)
A few questions of *Mahākala Manuscripts* ··············· Chen liangxu(54)
The ShuiLu Ceremony's Comparison Research Between
  Dali Tantra and DunHuang Tantra ···················· Wang Hang(79)
Research on Dali Tantra Homa:Taking the "*Jin Gang
  Sa Duo Huo Weng ShouTan GuanDing Yigui*" as an
  Example ··· Wang Xiaolei(91)
Investigate the Root of
  "*XiaoZaiJing*" ················ Huang huang/Li Xuelong/Hou Chong (103)
The Textual Comparison Research Between JianChuan Acarya's
  "*Avalokitesvara Biao*" and XiangYun Han Ethnic ShanTan's
  "*Avalokitesvara Biao*" ··························· Yang Jianjun(132)

Iconography and Eminent Monk

Iconography of *LiQuGuangJing* from *ZhangShengWen Painted
   Volume* ·················· [Japan] Kawasaki-Kazuhiro(143)
Acarya Avalokitesvara's Iconography Research:
   Taking the *Nan Zhao Tu Zhuan* as Centre ············· Gong Jiwen(163)
The Historical Research on India Tantra Monk Acarya's
   spreading in Nan Zhao Contry and How to Forming Bai
   Ethnic Tantra ·································· Liao Deguang(181)

Inscriptions and History

Tantra Inscription Culture Research on
   Bai Ethnic ······································ Huang Zhengliang(203)
The Interpretation of the "*Epitaph of Li Gong in Ming
   Dynasty*" and Tantric *Acarya* ····················· Tian HuaiQing(224)
A brief introduction of the White Tower and relics From
Dayao in Yunnan province ························· Yang Weilin(243)
On the Protection of Buddhism by Meng and Duan Monastery
from Nanzhao Dali Nation's Inscriptions ················ Zhang Xilu(255)
A New Research on Several Issues of Bai Ethnic Tantra
   Establishment ··································· Zhang Xiao(266)
The Weaken of Yunnan Buddhism from Jizu Mountain's
   Perspective ······································ Li Xuelong(283)
Analysis of Tantric "*Acarya*" in Nanzhao Dali Contry and the
   Remains in Contemporary Bai Ethnic Societ ········· Yang Zhengye(291)

Social and Culture

Acarya and Local Society in Bai Ethnic Area ············· Duan Peng(305)

The Education Concepts and Patterns of Acarya Tantric Buddhism
  in Nanzhao and Dali Country ·· Zhu Annü(326)
An Overview of Acarya Buddhist Music in Jianchuan's Bai
  Ethnic ·· Zhang Wen(337)
Comparative Study Between Vesak Day in Dali Bai and
  Dunhuang Buddhism Manuscript ··································· Zhang Yunxia(351)
Culture Investigation in the Existing of Bai's
  Tantrism ··························· Zhang Xi/Zhang Xudong/Zhang Xiao(367)

Research Dynamics

The Important Achievements of *Bai's Tantrism* in The Third
  Chinese Tantra International Academic Seminar ············ Lü Jianfu(399)

总　　论

关于白传密教研究中的若干问题

吕建福

内容提要： 白传密教是一个具有白族文化特色的密教派别，从印度传入，兴起于南诏，发展于大理，演变于明清，遗存于现代，虽深受内地密教影响，却自成体系，独立发展，是现存于世的四大活态密教派别之一。从大理地区曾经流行的性力崇拜、独特的梵字火葬罐、大量的种子字曼荼罗墓碑图像和陀罗尼经幢、风格迥异的出土文物造像和法器、表现历史记忆和宗教神话的史籍图册、阿吒力居家传承、书写城体梵文等诸多历史文化现象，无不反映出阿吒力教的密教性质及其独立发展的传承体系和白族文化特色。尤其通过分析出土的大理密教仪轨自身的密法特征，证实大理密教属于后期密教，以大瑜伽密教为主，与宋代同时期传入西藏的密集类教法基本一致。只是大理密教的教法内容、传承体系并不完善，并没有全面传承无上瑜伽密法，不像藏传以及汉传密教那样主要通过文字翻译来建立全息密教系统，而是以口头传承为主，汉译文字为辅，以家族世袭方式传承教法，融密教于民族社会文化之中。

关键词： 白传密教　写本仪轨　性力崇拜

白传密教，相对于汉传密教、藏传明密教而言，一般称大理密教、大理白族佛教密宗，俗称阿吒力教，简称"白密""滇密"。白传密教的研究，自从20世纪30年代末开始，直到21世纪初，已经过70余年的历程。从最初的发现和记录，到后来的考古发掘和田野调查，再到多学科的深入研究，逐渐成为学术界的一大热点，也取得了引人瞩目的成就。其中以历史、文物、文献以及艺术几个领域的研究较为突出，也产生了一批优秀的资料汇编和学术论著，其中具有标志性的资料集成如杨世钰、赵寅松主编的《大理丛书》，标志性的学术专著如张锡禄的《大理白族佛教密宗》、侯冲的《云南阿吒力教经典研究》以及李东红的《白族佛教密宗阿吒力教派研究》等。然而这些学术著作的结论却大相径庭，张锡禄以及李东红的论著所展示的是一个具有系统历史传承的白族密教派别，侯冲的论著则揭示出阿吒力教不过是明代以来从内地传入大理的科仪佛教，由此形成两派完全对立的观点，在此分别简称"白密说"和"科仪说"。这种不同的学术观点也影响了笔者对白传密教的判断和态度，1995年出版所著《中国密教史》时，综合前人的研究，分列南诏密教和大理密教两个阶段加以介绍，遵循前一种观点。2011年出版该书的修订版时，则认同后一种观点，删除其中南诏密教部分，对大理密教的介绍也以内地密教信仰及其斋忏法的传入定位。由于笔者缺乏实地调查研究，面对不同观点和思路，似有无所适从之感。至2012年有幸参加崇圣论坛之际，实地考察崇圣寺和大理博物馆收藏的密教造像文物。2014年再次参加崇圣论坛，专程前往剑川县考察石窟造像和阿吒力教民俗展览，前往考察北天汤村法藏寺出土经卷遗址和祥云县经幢以及火葬罐，又参观了大理州、市博物馆收藏的密教文物，后来又对大理出土的密教文献作了初步研究之后，对大理密教有了一个切身的感受和全新的认识，提出"白传密教"的概念。现围绕白传密教研究中存在的几个主要问题，从分析该密教及其经轨自身的密法内容出发，提出自己一些不成熟的看法，就教于阿吒力密教研究专家和学界同仁，敬请批评指正，希望求同存异，共同推进大理密教研究的深入发展。

一　白传密教的性质和定位

如何认识白传密教的性质？怎样定位阿吒力教？目前存在两种对立的观点，如前所述，白密说认为阿吒力教就是南诏、大理以来传承的密教体系，其中有的主张印度传入说，有的主张内地传入说，有的主张印度与内地同时传入并受藏传密教影响而形成。科仪说认为阿吒力教不仅是明清时期从内地传入的科仪佛教，而且南诏、大理时期也同样受到内地密教影响，并没有从印度传入而形成传统的密教，所谓阿吒力教，实际上就是汉传密教。之所以出现这种不同甚至完全对立的观点，究其原因，主要在于双方从各自研究的领域着眼，尚不能较好地综合各个方面的情况从整体上把握，同时各自研究的深度和广度也还不够，尤其对大理密教的经轨没有具体研究，理论思考尚不成熟。这就需要相互切磋，共同讨论，发挥各自的学术特长，互补互益，共同努力，逐步取得共识，最终能够建立一个关于白传密教的学说体系。笔者的观点，就目前的初步研究而言，更倾向于白密说，认为大理密教是一个具有白族文化特色的密教派别，从印度传入，兴起于南诏，发展于大理，演变于明清，遗存于现代，虽深受内地密教影响，却自成体系，独立发展，是现存于世的四大活态密教派别之一（另三大密教派别为日本密教、藏传密教、尼泊尔密教）。但笔者并非由此完全否定科仪说，科仪说通过大量的田野调查和文献比较，揭示了明清以来大理密教发生重大演变的事实，其具体研究是深入的，也是可信的，只是由此引出的判定阿吒力教性质的最终结论有失偏颇，值得商榷。笔者认为内地的科仪佛教传入大理，影响阿吒力教，乃至从某种角度来说改观了传统的教法结构，但也仅仅是事实的一方面。事实的另一方面，却是流行浓厚的性力崇拜、独特的梵字火葬罐、大量的种子字曼荼罗墓碑图像和陀罗尼经幢、风格迥异的石窟造像和出土文物、表现历史记忆和宗教神话的史籍图册、阿吒力居家传承、书写城体梵文等诸多历史现象，无不反映出阿吒力教的密教性质及其独立发展的传承体系和白族文化特色。

佛教传入和流行大理及其周边地区，也正是密教从印度向外传播的历史时期，传入内地的形成汉传密教，传入西藏的形成藏传密教，而传入云南的也自然形成白传密教，这是情理之中的事，也是时势使然。只是白传密教的翻译以及传承并不像汉传和藏传密教那样完整、系统而已，这也导致它较多地借鉴和融合汉传密教的因素。中国历史上的诸多民族及其建立的政权以及周边的一些民族和国家，尽管有本民族的语言和文化传统，却通用汉文为书写工具，尤其以汉语文作为族际、国际交流语言，由此不同程度地受到汉文化的影响。其实汉文化也是由中国诸多民族文化共同构筑起来的，并非单纯的华夏一族发展的文化体系。而这种情况往往模糊了诸多宗教文化、民族文化、地方文化之间的边界，尤其同属汉文化圈的佛教系统之间的边界难以区分，汉传密教与白传密教之间的界限也因此显得模糊不清，就像同是汉传密教的中国密教与日本密教之间的教法关系往往被人混淆一样，以似曾相识的感觉代替严谨的学术研究。这也涉及我们的研究方法和思路，要求微观研究与宏观研究相结合，不仅要看到其内部结构，还要观察其外部形态，在不同层面进行比较，才能看到事物的本质特征。

实际上汉传密教传到日本后也发生了很多变化，甚至一开始便有了区别，但其传承体系一脉相承。而大理密教无论与汉传密教多么密切，以至于遗存于今的阿吒力教即便化科仪佛教为己用，仍然表现出不同的传承体系和文化特色。如同样是唐宋时期流行的陀罗尼经幢，汉传密教并没有镌刻梵文种子字和图像曼荼罗的墓葬碑额。同样是尊胜陀罗尼经幢，汉传密教也没有采用印度教大自在天式的男根幢头。宋代翻译密教经典时，凡涉及性力崇拜以及血祭内容的，一概删除，省略不译。而藏传密教和白传密教却保留了后期密教的性力崇拜和女神崇拜的基本特征，藏传密教多用双身造像形式，白传密教则用女根"阿央白"造像和男根经幢形式。大理密教并没有更多地受藏传密教的影响，但共同具有印度后期密教的性力崇拜特征，也说明大理密教有别于汉传、藏传密教的特点。而宋朝在儒教理学的禁欲主义背景下，只有密教经轨的翻译，却没有密教教法的流传，在佛教界以及社会上并没有产生实际影响。藏传密教和白传密教既没有儒家禁欲主义的束缚，也没有传统佛教的排斥，因而后期密教得以广泛传播。藏传密教后来有显教派别格鲁派兴起并取得优势，严格戒律教规，提倡清净佛教，但也为时已晚，难以挽回佛家禁欲主义传统的颓废。大理地区在南诏和大理国时期相继传入密教之时，尽管也有儒家思想和显教派别的流传，但其根基并不深厚，没有形成强大的反对势力。当后来大理政权灭亡，内地佛教逐渐取得优势，传统的密教逐渐转入民间，居家传承，俗世传法，形成后来的阿吒力教特点。当然这也是印度密教瑜伽师的传统，藏传密教中的宁玛派以及觉囊派也都居家习密。但即便如此，也难以抗衡科仪佛教的渗透，传统密教与科仪佛教于此结合为一体。实际上科仪佛教是显密结合的产物，宋元以来讲、宗、教三种形式中，讲即讲经说法，宗即禅宗，教就是瑜伽教。瑜伽教不仅是密教的名称，也是以包含密教焰口施食法以及真言、手印、神祇、供养等内容的各种佛事活动及其仪式，具有浓厚的密教色彩，这也是阿吒力教吸收、融合内地科仪佛教的原因所在。这些科仪内容的吸收和融合，使得阿吒力教的面貌大为改观，但并没有因此改变其密教性质，也没有改变白族传统密教的传承体系，其强烈的教派观念既是对内地佛教的一种抗衡，也是其自身在建构过程表现出来的一种宗教观念，不能仅仅归结为地方民族意识。

又如同样使用梵文陀罗尼字，唐代流行悉昙体梵文，但在中国并没有流传下来，而汉传密教传入日本后，一直使用到现在。宋代流行城体梵文，刊刻大藏经时，将唐代翻译的悉昙体改换成城体梵文，大藏经从辽金传入韩国，仍然称其为悉昙字。而大理密教使用城体梵文，与中原地区和北方地区的字体风格呈现一定的区别，用其书写真言、种子、墓碑、经幢、经砖以及经文，代代相传，直至明清时期，成为白族密教的一大特点，也是除日本密教之外的另一个悉昙梵文书写系统。宋代藏传密教翻译经轨时，也使用城体梵文，但经名和陀罗尼都转换为藏文字母形式的转写方式，并没有保留城体，后来采用兰扎体梵文书写真言、种子以及短文，由此也可知大理密教是唯一使用城体梵文来书写的密教体系，日本密教用悉昙体梵文书写，藏传密教用兰扎体梵文书写，尼泊尔密教用天城体梵文书写，四大体系各用一种梵文字体书写真言、种子字以及偈颂、长行，实乃佛教文化史上一种值得珍视的有趣现象。

再如同样是瑜伽密教的结智拳印毗卢遮那佛造像，从唐朝传入日本的毗卢遮那佛仍然身着菩萨装，璎珞项链庄严，头戴五佛宝冠，完整地保留了汉传密教的造像风格。而大理出土的毗卢遮那佛造像均着袈裟，结波浪形的竖式发型，其造像风格既不同于汉传密教，也有别于藏传密教。毗卢遮那佛饰耳铛者，在日本只见于曼荼罗图像，实物造像中较少，而大理崇圣寺塔出土的毗卢遮那佛造像多有耳铛，四方佛也有饰耳铛者。大理密教造像中观世音菩萨为男像，以阿嵯耶观音形像为代表，具有大理密教的显著特点。大理密教还出土了各种金刚杵、金刚橛、金刚铃、金刚指环，其上的人面造像也颇具后期密教风格。

二 大理密教的仪轨

阿吒力教不仅在民间保存了大量的传世经典，也在当地寺院佛塔中出土了大批古代经轨。其中大理市凤仪镇北汤天村法藏寺以及崇圣寺塔出土的经卷中多有密教仪轨，是研究大理密教最直接的资料，也因此成为判断阿吒力教性质的一个焦点，这些仪轨究竟属于当地传译的原产品还是舶来品的传抄，学术界也有完全不同的看法。

（一）《大灌顶仪》

根据笔者的初步研究，大理出土的密教写经属于当地传译的原始仪轨，并不是从内地传来的复制品。最典型的例证是南诏时期翻译的《大灌顶仪》，全称《金刚大灌顶道场仪》，其卷七有明确的译者署名，经题下标明"大理摩伽国三藏赞那崛多译"。赞那崛多其人，亦有作赞陀崛多者，也在地方史志中有明确记载，表明他于南诏保和十八年（唐开成元年，836）从中印度摩揭陀国来到大理，结茅入定于鹤庆东峰顶山。写经签署与史料记载相互印证，这是无法否认的事实。从唐朝的记载来看，晚唐《续贞元录》以及日本求法诸录都无《大灌顶仪》的著录，圆仁《入唐求法巡礼记》以及后世僧传史籍中也没有任何赞那崛多的记载。按汉文史籍的一般情况来说，但凡进入内地的印度、西域僧人，其译经传法都有记载，尤其佛教译经为官方行为，必有明确记载。关于赞那崛多或赞陀崛多，既无经录著录其译，又无史传记载其人，就说明不曾有其人，不曾有其事。从该仪轨的翻译目的来看，仪轨中明确说为皇帝以及皇后灌顶行法、消灾祈福，并有"圣上"灌顶愿文。如该仪轨来自唐朝，也必定有记载，汉文佛教史传无不以皇帝奉法以自夸，但凡有此灌顶仪轨，也不可能不作记载。而赞那崛多在南诏译经传法，为国王蒙氏崇信，史有明载，与仪轨中为皇帝圣上念诵祈福的说法两相吻合。

  再从该仪轨的书写、翻译来看，灌顶仪轨中的陀罗尼咒以及观想的种子字以及一些偈颂，直接使用梵文，较少音译。而汉传密教正好相反，凡诸真言、种子字以及一些偈子全都音译，只有个别经轨中梵汉文对照，或附梵文短篇。该仪轨使用的梵文是悉昙体，与大理时期及其以后书写的城体梵文有一定区别，这从文字类型上也证明该仪轨属于唐代同时期从悉昙体梵文翻译的本子。其汉译的风格，也与唐朝经轨的译文风格不同。火供法，或火祭法，该仪轨称火甓法，甓，亦作"瓮"，即盛火的器皿，也就是一种能够盛放东西的陶器。以盛火的器皿来称呼火供法，进一步以火瓮坛称呼火供坛，这是大理密教的特有称谓。又如净水，该仪轨音译阿伽水，与唐译"阏伽"不同，也是其独特的译法。他如密教主佛毗卢遮那，唐朝一般音译大毗卢遮那佛，或简作毗卢遮那佛，有时意译大日如来，而该仪轨则一般译称遍照佛，有时也用毗卢遮那音译名，其习惯用法与唐朝正好相反。该仪轨中三十七尊的金刚名号，也与唐译的大多不同，如毗遮那佛译作智拳印金刚日，阿閦佛译不动金刚，宝生佛译宝生金刚幢，等等。金刚萨埵另译"金刚莎咄"，多罗菩萨译"左罗"，八佛母称八左罗，也都是白传密教特有的译法。

按该仪轨的内容，内题名为四，初《火甕坛灌顶金刚萨埵启请念诵次第》《火甕坛内念诵次第》《火甕坛主金刚萨埵灭罪火坛次第》《加持火食秤度次第》，可知该仪轨为金刚萨埵火供法，其念诵法以金刚萨埵为本尊，观想月轮中本尊暨火神种子字以及莲花、金刚杵和五佛种子字，并说金刚界五佛五智，顶礼三十七尊金刚，其密法显然属于瑜伽密教体系。金刚萨埵念诵法是瑜伽密教的重要密法，尤其作为十八会瑜伽中第六会的主要内容，其大乐法过渡到大瑜伽密教阶段，故后来金刚萨埵及其菩萨身普贤菩萨的地位越来越高，乃至阿閦佛的地位也越出毗卢遮那佛。不空传译十八会瑜伽，非常重视金刚萨埵法，翻译了5种专门仪轨，包括其念诵法、成就法、供养法等，但并无专门的金刚萨埵护摩法以及火坛灌顶法，其护摩法主要借鉴真言密教，故《大灌顶仪》卷七的金刚萨埵火瓮法是大理密教所独有。赞那崛多翻译金刚萨埵火瓮法，是在不空之后，而与般若翻译《诸佛境界摄真实经》同时代，该经有《护摩品》，其中以金刚萨埵咒印为主，正好与赞那崛多译火瓮法一致，也说明赞那崛多在南诏译经的记载可靠。

署名赞那崛多译的《大灌顶仪》卷七，与其他几部明代写经的传抄时间一致，也同属一个仪轨。编号33的写卷题《金刚萨埵火甕坛受灌顶仪式》，与卷七内容一致，应属其中相关部分，同属金刚萨埵火坛灌顶法。卷九题名《金刚大灌顶道场仪》，应是赞那崛多译本的全称。其中初题《五如来灌顶道场指授仪轨》，署"道瑟大师指授圣上"，说明该仪轨还有传授者，道瑟大师应是国王的灌顶师。第十卷题《灌顶圣上每年正月十五日早朝略灌顶次第》，第十一卷题《受金刚大灌顶洁净坛内守护圣上》，末题"大明建文三年（1401）三月十一日大理赵州五峰寺僧比丘释妙真为法界有请造，习密阿左梨不动金刚写，回向无上菩提者"。第十三卷题《圣上受金刚大灌顶五坛仪注次第》，末题"大明国云南大理府赵州五峰寺上生山住比丘释妙真舍净财为法界有情造，习密阿左梨密寻纲朵鲁只写"，说明这两卷都是明代阿吒力僧抄写，而五峰寺释妙真应是重新校订者，因为这两卷也与卷七以及卷九的内容属于同一序列，历代校订传抄，直至明代。另外编号38的写经《金刚大灌顶五坛仪注》，按内题，也是第十三卷的末尾。编号39的《金刚大灌顶道场所用支给次第》也是该系列仪轨的组成部分，其中记载灌顶道场所用的法器、供养品等，并说敕于正月八日早朝时在合清殿开设大灌顶道场时使用，合清殿应是南诏或大理国的宫殿。以上写经残卷有译者，也有造者，还有注者，更有传抄者，形成一个上自南诏、中经大理、下迄明代的传承系列，内容相关，源远流长，充分展示了大理密教的传统教法。

（二）《大黑天神仪》

另一部典型的大理密教仪轨是《大黑天神仪》，也是法藏寺出土的大理国时期写本。按大黑天神，梵文 Mahākāla，汉文音译摩贺迦罗，其信仰唐代已传入中国内地，散见于密教经轨，其形像一面八臂，或三面六臂。义净在其《南海寄归内法传》中不仅记载了印度寺院食堂及库房门前供奉的大黑天神，也记载了江南地区供奉祭祀的情况，其形像手把金囊，坐小床，垂一脚，后来传入日本，现在仍流行这种造像。但汉传密教并没有专门的大黑天神仪轨，《大正藏》以及《卍续藏》均刊有《大黑天神法》一卷，《大正藏》所刊原享和二年（1745）刊长谷寺藏本，校本甲、乙都是承历四年（1081）高山寺藏写本。均署"嘉祥寺神恺记"，其目录以神恺为唐人。嘉祥寺为越州名寺，但神恺其人不见记载，该仪轨也不见于日本求法诸录。仪轨中称大黑天神"五天竺并吾朝诸伽蓝等皆所安置"。并记载民间关于大黑天神信仰及其来历的传说，称"余久闻天竺土风并吾当朝土风，诸寺安此天莫非丰饶，因之为断后辈之疑，以野客梦事引寻贻之焉。"[①] 其文根据散见于经轨及其注疏、传记以及口传及其师嘱编撰而成，应属神恺于晚唐时所作，有人传入日本，求法录失载，其中所说大黑天神形像也正是日本流行者。大理发现的《大黑天神仪》，与之对照，可以肯定并没有受唐朝大黑天神信仰的影响，也非受藏传密教的大黑天神信仰的影响，是独立传承的大黑天神仪轨。

《大黑天神仪》中所说的大黑天神仪轨是七种形像的一组大黑天神，称七形大黑天，即殊盛迦罗、安乐迦罗、日月迦罗、金钵迦罗、塚间迦罗、帝释迦罗、宝藏迦罗七大天神，七形是大黑天神性的表现，所谓一身七现，七相一分。一分即是法身毗卢遮那佛性，故其赞说内实毗卢真性，心地慈悲，而外现天神，形容忿怒，扫除外道天魔，圣中最圣，乃十方三世之至尊。天上极天，乃众生之正主。[②] 可见其一分天性为法身毗卢遮那

---

① （唐）神恺撰《大黑天神法》，《大正藏》第21卷，第355页下。
② （大理）佚名撰《赞扬大黑天神仪》，《大理丛书·大藏经篇》卷1，第462页。

佛性，原出真言密教的说法，如《大日经疏》说毗卢遮那降服三世、除却荼吉尼，化现大黑天神。瑜伽密教继承其说，如不空《理趣释》解释说："摩诃迦罗者大时义，时为三世无障碍义者，大是毗卢遮那法身无处不遍。"① 但大黑天神由此说法进而演绎为一身七形，是大理密教中遗存的说法，其仪轨应称《七形大黑天神仪》。七身大黑天神中，塚间大黑天神以及宝藏大黑天神等，早见于唐译经典。如不空译《仁王护国般若波罗蜜多经·护国品》说，昔天罗国王太子斑足登王位时，其外道灌顶师命其取千王头，以祀冢间摩诃迦罗大黑天神。② 良贲疏解释说："言冢间者，所住处也。言摩诃者，此翻云大。言迦罗者，此云黑天也。上句梵语，下句唐言。大黑天神，斗战神也。若礼彼神，增其威德，举事皆胜，故向祀也。"并引据不空别译《孔雀王经》说其来历："《孔雀王经》说，乌尸尼国国城之东有林，名奢摩奢那，此云尸林。其林纵广满一由旬，有大黑天神，是摩醯首罗变化之身，与诸鬼神无量眷属常于夜间游行林中，有大神力，多诸珍宝，有隐形药，有长年药、游行飞空诸幻术药。与人贸易，唯取生人血肉。先约斤两，而贸药等。若人欲往，先以陀罗尼加持其身，然往贸易。若不加持，彼诸鬼神乃自隐形，盗人血肉，令减斤两，即取彼人身上血肉，随取随尽，不充先约，乃至取尽一人血肉，斤两不充，药不可得。若加持者，贸得宝贝及诸药等，随意所为，皆得成就。若向祀者，唯人血肉，彼有大力，即加护人，所作勇猛斗战等法，皆得胜也，故大黑天神即斗战神也。"③ 其中宝藏迦罗的来历，见于义净的《南海寄归内法传》，其"受斋轨则"条中说："又复西方诸大寺处，咸于食厨柱侧，或在大库门前，雕木表形，或二尺三尺，为神王状，坐把金囊，却踞小床，一脚垂地。每将油拭，黑色为形，号曰莫诃哥罗，即大黑神也。"又说"古代相承云，是大天之部属，性爱三宝，护持五众，使无损耗，求者称情。"④ 并讲述寺院祭祀大黑天来历的故事。此大黑天供奉于食厨柱侧受食，而供奉于大库门前，手把金囊，垂脚踞床，表示掌管库藏、施财赐福之意，故后世以此形像为财富神，流传于中国内地以及日本、韩国。

---

① （唐）不空撰《大乐金刚不空真实三昧耶经般若波罗蜜多理趣释》卷2，《大正藏》第19卷，第616页上。
② （唐）不空译《仁王护国般若波罗蜜多经》卷2，《大正藏》第8卷，第840页中。
③ （唐）良贲撰《仁王护国般若波罗蜜多经疏》卷3，《大正藏》第33卷，第490页上下。
④ （唐）义净译《南海寄归内法传》卷1，《大正藏》第54卷，第209页中。

大理密教传承的宝藏迦罗则是守护城池宝藏的天神,其仪轨称"勇金刚,气清锐,乃护城宝藏之天神"。其形像,八臂三眸,手持杵、轮、剑、叉、弓箭、绢索等兵器,一副斗战之神的形象。赞颂其"拔有情无情,足食足兵,息天下之干戈;除瘟除疠,绝人间之涂炭"。大理密教的七形大黑天仪轨,由独尊发展为一个部类,当在唐宋之间的历史时期形成,也就是9世纪以后逐渐形成。证之于同时期翻译的藏文经轨及其流传的大黑天神,后弘期译有数种大黑天神仪轨,包括《大黑天神本续王》《吉祥大黑天陀罗尼经》《圣大黑天陀罗尼除一切恶疫解脱经》《大黑天女陀罗尼经》《吉祥大黑天女赞叹续王》《吉祥大黑天女一百八名经》等,其中并无七形大黑天神,但有其他组别的大黑天神,尤其流行五种身形的大黑天神,按颜色区分蓝、白、黄、红、绿五色大黑天,在西藏本土也产生很多护法大黑天,其数少则数尊,多则达七十余尊。当然,大理密教的大黑天神还反映在石窟造像以及寺院和民间供奉的造像绘画中,也有本地形象的大黑天神,这也说明大理国时期流传的大黑天神法与藏传密教中流传的仪轨属于同一时期,其基本特征也一致,其发展趋向也雷同,同是瑜伽密教发展到大瑜伽密教时期的产物。

大理密教中的大黑天神又有白姐圣妃的女神配偶,也是其重要特点。按大黑天神仪轨后所附《赞扬白姐圣妃》赞文及仪轨,白姐圣妃是大黑天神的明妃,其仪轨中明确说:"赫赫迦罗大圣妃,懿名白姐吉祥微"。圣妃是明妃的尊称,亦作圣女。尼泊尔密教中仍保留着"圣女"的称谓及其习俗,凡仪容端正的处女选为圣女后,受寺院供奉,充当密法修行中的某种角色。明妃相对于明王而言,是密教中的女性神祇。密教中的女神分两类,一类称般若,或称波罗蜜,有智慧之义,因称其为佛母,以佛从智慧出生之故。又波罗蜜有超度、度彼岸、救度之义,因称救度母。另一类就是明妃,明是梵文vidyā的翻译,指一类禁咒,称"明咒",相对于具有神圣性的"神咒",神咒后来译为"真言"。明王就是明咒之王,明咒中最具神力者,以忿怒神祇来象征。明咒用阴性词表示,则以女性形象来象征,称"明妃",汉语的母、女、妃都是表示女性,因表现为神祇,故称般若为佛母,波罗蜜为度母,明咒为明妃。汉语称明咒为"王",则阴性词称"妃",如同国王有妃子。不过佛教与印度教不同,明妃大多并非特定明王的配偶,按部类区分,有部母,相对于部主而言,指一部的女神,故密教的明妃、金刚母具有公共性,并非特定的配偶神。白姐圣妃配属大黑天神，应是大黑天神部的部母，并非特定的大黑天神配偶。大黑天部母大圣妃，其名白姐吉祥微，梵名 Mahāśrivye，即大吉祥微，其中并无"白姐"之义，显然"白姐"是当地尊称的懿名，仪轨称其"冰霜贞洁"，应是对端丽处女的称呼，处女贞洁，以"白"形容。女性未婚，以"姐"相称，故"白姐"当是贞洁处女的一种称呼。在密教修行的密法实践中，与神相配者具有神圣性，故又称圣妃，是神之妃，是神圣之妃。圣妃既冰霜贞洁，又"阴阳二气，天地一如"，也表明其具有阴阳和合、定慧双修的性能，与圣女的职能一致。由此可以说白姐圣妃即是后期密教的圣女，出自定慧双修的密法实践。至于仪轨中所说的白姐圣妃来源，有多重说法，既引据《法华经·提婆达多品》龙女献珠成佛故事，说"献明珠，感佛果，乃娑伽海女"，又取《弥勒下生经》中弥勒下生龙华会故事，称其为"弥勒化后妃之神母"，又说"龙华会上无为位""腾涛浪作三会之尊"，还以《华严经》中善财童子访夜天曾为功德天故事，称其为"华严大吉祥"。大吉祥天即大吉祥天女，亦称功德天女，显密经典中多有。

以白姐圣妃大吉祥微为大黑天神的圣妃，是大理密教独有的现象。大理密教的大黑天神还有二十八位眷属，围绕于曼荼罗中，与汉传密教中以七母天为其眷属的说法不同。二十八眷属中有五眼长子、七眼长子，有四方大将、四方天女，有风王，有龙女，还有四方禽兽头八鬼、四方禽兽头八力士。

（三）《通用启请仪轨》与《诸佛菩萨金刚等启请仪轨》

《通用启请仪轨》与《诸佛菩萨金刚等启请仪轨》属于同一种性质的密教仪轨，只是前者是通用的启请仪轨，后者则是分别的启请仪轨。所谓"启请"，就是启白陈请，向本尊及诸神祇表白，请求其降临道场，受诸供养，加持护念。启请的方式，主要通过诵咒、结印、观想本尊及其道场，亦用偈颂、启请文。如《金刚顶瑜伽中略出念诵经》所说："布列香花杂果，种种供养。以次如上法，求请教令，加持自己等。既作已，即结请会契而称自名，启请一切如来及菩萨众会，愿垂降赴。"[①]《苏悉地羯罗经·受真言品》说："先于真言主处，启

[①] （唐）金刚智译《金刚顶瑜伽中略出念诵经》卷下，《大正藏》第 241 页下。

请陈表，授此真言，与斯弟子愿作加被，速赐悉地。"①《金刚顶莲华部心念诵仪轨》说："次结启请契，启白于圣尊，二羽金刚缚，忍愿应竖合，进力屈如钩，中后而不著，称名而启请。"② 启请仪轨，就是启请的仪式、规则，亦称启请法。但仪轨是一种特称，专指密教用咒印及曼荼罗行法的仪式和规则，不同于一般的仪式。显教也有启请法，但并不使用咒印及瑜伽观想，而是通过启请文来达到礼请诸佛菩萨的目的，如同发出邀请函一样。通用启请仪轨，就是诸部诸尊共用的启请法，如择地选坛场，供养香、花、灯、塗等，所用咒印都相同。汉传密教中也有类似的通用法，如唐代的《念诵结护普通诸部》《建立曼荼罗择地法》《建立曼荼罗护摩仪轨》等，苏悉地、真言、瑜伽三派密教共用，曼荼罗三部、五部及独尊、部会通用。大理密教的《通用启请仪轨》就是类似的普通仪轨，其中说择地法、坛场法、供养法、观想法及其咒印种子字等。《诸佛菩萨金刚等启请》与之相反，是特定的启请法，分别不同的佛、菩萨、金刚、诸天、龙神来启请，其咒印、种子、形色各不相同。启请法一般各自独立流行，此件写经不过将不同种类的不同神祇的启请汇集到一起而已。

无论是通用的启请法，还是各自独立的启请法，都是典型的密教仪轨，并非科仪文。科仪虽也是一种仪式、仪轨，称为"仪"，却是一种法事活动的仪式和规则，是科判的一种礼忏仪式，以"科"而有别于启请。觉连《销释金刚经科仪会要注解》解释说："科仪者，科者断也，禾得斗而知其数，经得科而义自明。仪者法也，佛说此经，为一切众生断妄明真之法。今科家将此经中文义事理，复取三教圣人语言，合为一体，科判以成篇章，故立科仪以为题名。大意欲令众生知本有性，在日用间但能见闻不昧，虚彻灵通，六根门头放光动地也。"③ 可知科仪是针对经文阐发其义理并礼请、忏悔、供养的一种仪式，其中科判与密教仪轨中所说功德有相通之处，礼请也就是启请，忏悔、供养也是密教仪轨所有，所以两者有诸多共同性。但科仪原属显教，其形成过程和形式，如《销释金刚经科仪会要注解》所说："将梁昭明所判三十二分《金刚经》依文衍义，剖析

---

① （唐）善无畏译《苏悉地羯罗经》卷中，《大正藏》第 18 卷，第 650 页中。
② （唐）金刚智译《金刚顶莲华部心念诵仪轨》，《大正藏》第 18 卷，第 303 页下。
③ （清）觉连撰《销释金刚经科仪会要注解》，《卍续藏》第 24 卷，第 651 页中。

精微，乃立科仪。发明经趣，总有七种规模：一提纲，二要旨，三长行，四结类，五颂经文，六警世，七结归净土。或博采经论，直注本经。或广引他宗，申明旨趣。扫除知解，剪断葛藤。为人天之正辙，作苦海之舟航者也。自宋迄今，四海盛行，见闻读诵者广，幽冥获益者多。若病者遇见之医王，似贫者得如意之真宝。"① 其中说广引他宗者，不仅吸收了天台诸家的礼请仪式，也吸收了密教的仪轨，包括藏传密教的内容，形成了显密融合的主流科仪形式，故明初界定的科仪称为显密之教规范科仪。如说"显密之教轨范科仪，务遵洪武十六年颁降格式内。其所演唱者，除内外部真言难以字译，仍依西域之语。其中最密者，惟是所以曰密，其余番译经及道场内，接续词情，恳切交章，天人鬼神咸可闻知者，此其所以曰显。于兹科仪之礼，明则可以达人，幽则可以达鬼，不比未编之先俗僧愚士妄为百端，讹舛规矩，贻笑智人，鬼神不达。此令一出，务谨遵，毋增减。为词讹舛紊乱，敢有违者，罪及首僧及习者"。② 此说明代颁布的科仪格式中既有显教礼仪，也有密教仪轨，显密结合。但以往的研究中常将传统佛教的科仪与大理密教的启请仪轨相混淆，列举其中一些共同性的因素，推断大理密教的启请仪式来自内地佛教的科仪，未免武断。

大理出土的《通用启请仪轨》与《诸佛菩萨金刚等启请仪轨》属同一时期写经，后者卷末署名持明沙门释照明俗讳杨义隆写，咒师杨灵珠记其时在保天八年（1136），知其为大理时期写本，持明、咒师都是密教阿阇梨的称呼。这两种启请法都是大理密教传承的仪轨，并非直接来自唐代密宗教法，但确实参考过唐译经轨。《通用启请仪轨》至少有十多处文字与唐译仪轨相同或相近，其中卷初择地、曼荼罗法，来自唐代般若译《诸佛境界摄真实经·修行仪轨品》的两段文字，只有其中咒文用字不同。又其中提到两个仪轨，一个题名《释迦如来说曼荼罗道场仪轨》，其中说曼荼罗道场广狭大小有三千五百，第一道场有一千由旬。另一个题名《金轮圣王持念仪轨》，其曼荼罗道场次第有五百由旬、一百由旬、五十由旬、一十由旬，逐渐小到手掌中的指甲大小。五供养偈近百句与不空译《金刚顶一字顶轮王瑜伽一切时处念诵成佛仪轨》基本相同，只有前后顺

---

① （清）觉连撰《销释金刚经科仪会要注解》，《卍续藏》第24卷，第650页上。
② （明）幻轮撰《释鉴稽古略续集》卷2，《大正藏》第49卷，第936页中。

序以及一些文字有差异。菩提心月五字月轮观，也有20句偈颂与善无畏译《大日经》所附第七卷《持诵法则品》相同，其他几处相同的文字多者十几句，少者几句，有的是偈颂，有的是长行。可见后出的《通用启请仪轨》曾参考了唐译的同类仪轨，但由此是不是可以说它来自唐译经轨或受唐译经轨影响而形成的呢？回答是否定的。因为从仪轨的整体来看，《通用启请仪轨》从内容到风格，自成体系，并非拼凑而成。凡每一项启请、供养都具备咒、印、观想三密，其咒语汉梵兼书，梵字红色，通称"咒"（偶尔称"真言"者正来自唐译本），诵咒称"咒曰"，不同于唐译经轨多称"真言"。大理密教为什么用"神咒"而不用"真言"呢？这是因为汉译密教建立在传统佛教基础之上，凡与婆罗门—印度教有关的概念都进行佛教化的改造，所以到真言密教时期将mantra从原来翻译的神咒改译为"真言"，表示这是对佛说真理的诠释。一行《大日经疏》解释说，真言即是真语如语，不妄不异之音，也就是真实不虚的真如语言。不空也在《总释陀罗尼义赞》中说"真"者真如相应，"言"者真诠义。而大理密教并没有七八百年的传统佛教基础，翻译mantra时完全按印度传统中的原意翻译为"神咒"，充分表明大理密教直接继承了印度密教的传统，只有印度密教更加接近印度教，不像内地的佛教有着数百年的佛教传统，具有较强的佛教自觉意识。大理密教音译的咒文，同一本尊的咒语，同样的汉字，却与唐译的用字不同，这也说明两者并非出自一个翻译系统。而大理密教往往直接使用梵文，也充分说明它具有印度密教使用神咒的传统，尚未形成完全独立的音译咒语系统。大理密教经轨凡参考唐译之处，偈颂相同，而咒文不同，说明唐译是用来补充其不足或修正其译文的。其内容相同而表述不同，也说明两者各有翻译传统。如五字观想法中，《通用启请仪轨》的颂文作：

> 五字具三魔，威德成慧炬，
> 灭罪破魔军，及余为障者，
> 当见如金刚。

唐译则作：

> 五字以严身，威德具成就，

炽然大慧炬，灭除众罪业，
天魔军众等，及余为障者。
当见如是人，赫奕同金刚。①

可见两者内容相同而表述的句数不同，大理仪轨用5句，唐译则用8句，说明两者出自不同的翻译风格，由此可以肯定大理密教的仪轨另有翻译传统，也另有传译源头。

再从其密法以外的内容来看，《通用启请仪轨》卷首书"脱缠头，胳膊礼佛，转读大乘为心印"。密教仪轨中一般都说修习密法前先诵读大乘经典，意在掌握大乘佛教原理，用于指导密法实践，故此说"转读大乘为心印"。而脱缠头、举臂礼佛，说明修习密教仪轨的人正是头戴八角帕或黑白包头的白族男子。尽管脱去缠头礼佛的记载也见于汉译经典，其中所指应是印度、西域的信众，但至少不会是中原人士，在此所指肯定是白族无疑。随后称修法者为"瑜伽行者"，这是俗处密教修行者的称呼，也常译为瑜伽士以及瑜伽母，与白族阿左梨俗服缠头的情况两相吻合。

《诸佛菩萨金刚等启请仪轨》仪轨，约由43种仪轨组成，其性质与《通用启请仪轨》一致，以瑜伽、大瑜伽密教为主，也继承了真言密教以及他们共同所自的持明密教。如其中光显圣像次第、光显三部圣像次第，其光显法早见于持明密教晚期的苏悉地密法，属于成就法的内容。三部也是持明密教与真言密教部类，即佛部、莲花部和金刚部，但该仪轨另有象部，象部本称香象部，表示诸部中最高者，也就是佛部。其中说息灾以佛部为主，莲花部为左，金刚部为右。资益——唐译"增益"——以象部为主，莲花部为右，金刚部为左。若欲成就，以莲花部为主，佛部为左，金刚部为右。可见大理密教仪轨也包罗了早中期密教的密法，其择地、坛场、供养、护摩诸法也都以持明密法为基础。但其五佛仍然是金刚界五智五佛，核心神祇也是三十七尊，毗卢遮那佛仍为主佛，结印、诵咒、观想种子字及本尊，一如瑜伽密教体系。其中《毗卢遮那修行启请次第》的注文中有"《金刚顶瑜伽》毗卢遮那三［咒］"的字样，说明该仪轨依据的是瑜伽密

---

① （唐）善无畏译《大毗卢遮那成佛神变加持经》卷7，《大正藏》第18卷，第52页中。

教经轨《金刚顶瑜伽经》的内容。从其内容来看，该仪轨确与唐译的《金刚顶经》系统中的毗卢遮那修行法基本相同，只是此略而彼详，其翻译各有所自。有意思的是大理密教的仪轨中保留了一铺毗卢遮那佛字轮曼荼罗样图，三重莲花，中心花台为毗卢遮那种子字 vi，第一重八叶莲花，叶上种子字，叶间尊位，八尊八种字。第二重十二叶莲花，十二尊位、十二种字。第三重十六叶莲花，十六尊位、十六种字。这种曼荼罗图样并不见唐译经轨，应属晚期瑜伽密教乃至大瑜伽密教曼荼罗。

从该仪轨中的神祇也可以看出，大理密教完全超出了唐译瑜伽密教经轨，其神祇系统表现出大瑜伽密教以及晚期密教的特点。如其中属于佛部的启请仪轨主尊有毗卢遮那佛、弥勒尊佛、药师佛、炽盛光如来、无量寿如来等，除了毗卢遮那佛和炽盛光佛也为唐译密教中盛行之外，弥勒佛、药师佛、无量寿佛诸尊与藏传密教中盛行的一致，也就是后期密教中盛行的诸佛。大理仪轨中菩萨有文殊、观音、普贤等八大菩萨以及五方菩萨，但菩萨信仰远不如内地传统佛教那样盛行，其地位和数量并不突出，这也是后期密教崇拜对象的特点。即便是显教菩萨，在后期密教中也被密教化。最为典型的例子就是十地位菩萨曼荼罗中，显教菩萨进修十地位而有十地菩萨之称，大理密教仪轨中将其化为具体形像。如药师佛仪轨中立十地位菩萨，有登十地位真言：ma hūṃ trāṃ hrīḥ hūṃṣrā hrīṃ aṃ rama，及各有种子字，并有净心咒、大陀罗尼咒，分布莲心及八叶莲花曼荼罗中。

大理密教中佛母有大自在随求、多罗、波栗那社嚩梨、闻缚嘌佛母，还有护国般若佛母等。佛母是女性菩萨，是智慧的象征，佛从智慧产生，故称佛母，也称"般若"，这是早中期密教流行的称呼。度母全称救度母，是"波罗蜜"的意译，救度众生到涅槃彼岸的意思，是供养女菩萨。但早中期密教的度母慈眉善目，一副菩萨形像，而大理密教中却是三目多臂，佩饰骷髅，其中大自在随求在早中期密教中不过是一种陀罗尼而已，并不具有形像，只有到后期密教才出现尊形，具有典型的后期密教特征。这在内地最早也只到五代，流行于宋代密教经轨。度母到后期密教也发展成一类，藏传密教中以颜色加以区别。大理密教中的波栗那社嚩梨佛母、闻缚嘌佛母，不见于唐译密教经轨。修持佛母与护国有关，不仅有专门称呼的护国般若佛母，其他佛母也与护国有关，如随求佛母启请仪轨中称，为国开结随求道场，安随求佛母一帧，释迦佛座安置绣像或画像。波栗那社嚩梨佛母仪轨中，也说为国开结栗那社嚩梨佛母道场，一朝支给所要，数日内安佛母像一帧，坛作两重，外坛开四愿门，内作圆坛，画八叶莲花。佛母多臂，手执般若梵夹以及各种法器，具有后期密教造像的特征。

  大理密教仪轨中的金刚最为突出，有金刚萨埵、大安乐药叉金刚、大威德五道大将军、无能胜金刚、降三世明王、秽寂婆罗金刚王、大白金刚、二臂婆罗金刚、祈雨摩诃婆罗、婆罗六臂、太青法界文殊童子、金刚鸳等。金刚是密教特有的一类菩萨，也称忿怒菩萨，尤其瑜伽密教中的核心神祇都是金刚，因而瑜伽密教被称为金刚乘。与善相的菩萨相比，金刚具有忿怒相。不空在《理趣释》里解释说，佛教有两种法轮，一种是正法轮，另一种是教令轮。前者以显教教化，比丘、菩萨化导可以教化的众生。后者以密教教化，金刚以忿怒威猛驯服难以教化的众生。金刚有三种，即狭义的金刚、忿怒明王和童子，后期密教中大力发展了忿怒金刚和明王以及童子。唐译密教经轨中，狭义的金刚占有主流地位，如金刚界的金刚萨埵等十六大金刚菩萨。但到后期密教，金刚的忿怒性越来越强，金刚与明王的界限逐渐模糊。大理密教中的大安乐药叉金刚类、婆罗金刚类、大白金刚类非唐朝密教所有，秽迹金刚虽见于唐代密宗，但其仪轨类似于持明密教的形式。而大理密教的秽寂金刚仪轨完全是后期密教仪轨，其三角曼荼罗的中心为圆形尊位，三个角上又有三躯鬼形，也未为唐代密宗所有。明王类在大理密教中占有重要地位，其中八大明王为唐代密宗和大理密教共同所有，法门寺地宫出土的文物上也有，但有诸多不同。又唐代密宗文殊菩萨形象，并没有太青、法界文殊童子等。大理密教中诸天有摩醯首罗天王、摩梨支天女等，鬼神有乾挞婆王、十二神王等，还有各种龙王等，也都比较流行。另外该仪轨中还有《大云请雨经》等启请仪轨，是祈雨求雨的密法，与不空译的《大云轮请雨经》几乎同名，但两者完全是不同的密教经轨，不空译属于陀罗尼密教经典，以龙王云海为主尊，以陀罗尼咒语为主要内容。而大理密教的《请雨经仪轨》属于后期密教的仪轨，以金刚三王为主尊。

三　大理密教的性力崇拜

性力崇拜是个敏感的话题，不仅因为宗教的禁欲主义，更因为人们固有的公共伦理道德观念和立场，往往谈性色变，似有难以启齿之感，但从事学术研究，又不能不面对，故在此从学术研究层面略作讨论。

性力崇拜是后期密教的重要特征之一，以此来判定大理密教也不失为一种重要的方法。在现存的四大密教派别中都有性力崇拜的直观表现，如藏传密教有双身像，其经轨译文中有毫不掩饰的性力崇拜描述。尼泊尔以及不丹密教中同样有双身像，还有男根以及女根形像，也有圣女崇拜遗迹。其实日本密教中也有性力崇拜遗迹可寻，只是不为外界所知。中国的汉传密教也曾有过，汉译的密教经轨中有不少象征性的描述，只是没有流行开来，因为性力崇拜传入的宋代正是具有浓厚禁欲主义思想的理学兴起的时代，从经轨翻译的源头被禁止，在宗教实践中也被严格禁止。后期密教的性力崇拜来自印度教，印度教的毗湿奴派以及怛特罗 tantra 派别至今仍然奉行性力主义，所谓沙克迪崇拜，其神庙造像中充斥着性力崇拜的遗迹，反映了古代印度教普遍存在性力思想的事实。

大理密教中最为直观的性力崇拜遗迹就是女根崇拜，也就是白语所称的"阿央白"。一般将其解释为白族的原始宗教信仰痕迹，如同世界上曾普遍存在的女根崇拜一样，实际上这是典型的密教性力崇拜遗迹。剑川石窟石钟寺 8 号窟正中的阿央白造像场景，完全是一幅密教曼荼罗道场，不妨称阿央白曼荼罗。窟内中央雕刻主尊阿央白造像，女根形状，阴唇凸显，阴道凹陷，置于莲花座。左右两侧各为四尊线刻造像，均有椭圆形背光、头光，主背光为火焰形，发髻高顶，结跏趺坐高台莲花座。左侧金刚部造像，主尊阿閦佛斜被袈裟，裸右臂施无畏印，左臂施触地印。座下左右两侧胁侍为金刚造像，立于花台。左当降三世明王，多头多臂。右当金刚萨埵，双臂向上，手持金刚杵等。中间供养比丘，坐莲花座。右侧莲花部造像，主尊阿弥陀佛通肩袈裟，结弥陀定印。座下左右两侧胁侍为菩萨造像，跪于莲花座，左当莲花法菩萨，右当金刚利菩萨，中间偏低供养人，再下供养比丘（如图 1）。

图1　阿央白造像展开图

窟外左右两侧为两大天王造像，再外两侧为各有一铺坐佛曼荼罗造像，座下又有一佛二金刚，应是窟内金刚部和莲花部尊像的补刻。窟拱顶上方线刻一佛二菩萨，主尊应为不空成就佛，发髻高顶，被服袈裟，手持五股杵竖立胸前，坐莲花座，有背光头光。左右两侧菩萨侍立，有头光，其中左侧菩萨右手持锡杖，右侧菩萨左手持物。花台下方偏右侧也有一佛，应为宝生佛，向右斜披袈裟，双臂聚拢前置。右侧小龛有宝珠、宝瓶等三件，应为宝生佛三昧耶。其左侧下方依次有三龛，一跏趺坐，一双跪，一高坐，均为供养人。曼荼罗造像前，置圆形供养坛场（如图2）。按窟内外形成一个完整的曼荼罗造像结构，应是大瑜伽密教的秘密集会曼荼罗造像，其中主尊阿央白应是大日如来的象征。

大瑜伽密教的代表经典是《秘密集会瑜伽大教王经》，8世纪中不空游历印度时已经形成最早的仪轨，编入《金刚顶经》第十五会，名《秘密集会瑜伽》，不空《金刚顶瑜伽十八会指归》介绍其内容说：

> 第十五会名《秘密集会瑜伽》，于秘密处说，所谓喻师婆伽处说，号般若波罗蜜宫。此中说教法坛、印契、真言，住禁戒，似如世间贪染相应语。会中除盖障菩萨等从座而起，礼佛白言："世尊，大人不应出粗言、杂染相应语。"佛言："汝等清净相应语，有何相状？我之此语，加持文字，应化缘方便，引入佛道，亦无相状，成大利益，汝等不应生疑。"从此广说实相三摩地，

诸菩萨各各说四种曼荼罗四印。[①]

图 2 阿央白曼荼罗造像

---

① （唐）不空译《金刚顶经瑜伽十八会指归》,《大正藏》第 18 卷,第 287 页上中。

后来该经进一步扩编，宋代施护汉译《佛说一切如来金刚三业最上秘密大教王经》，共七卷、十七品，仁青桑波藏译 de bzhing gśegs pa thams cad kyi gsang chen gsang bha 'adus pa bhrtag-pi rgyal po chen po，藏译梵题 Sarvatathāgata-kāya-vāk-citta-rahasyo guhyasamā-nāma-mahākalparāja，日本东北帝国大学西藏大藏经目录译《一切如来身口意大秘密秘密集会仪轨大王》，大谷大学西藏大藏经目录译：《试一切如来身语意大密密聚大王本续》。现存梵文本两种，日本东北帝国大学藏 195 号梵本，与汉译同本。同藏第 475 号梵本，前半部分与汉译本同。① 梵文经题：Śrī sarva tathāgata-kāya-vāk-citta-rahasyād-vinirgamaśrī guhyasamājasya mahā-tantra-rājasya pūrvārddhaḥ，可直译《吉祥一切如来身口意决定无二秘要吉祥秘密集会古来大本续王》，略作 Śrī guhyasamājasya tantrarāja，译《密集本续王》。

该经中广大法界都包罗在秘密曼荼罗之中，一切如来住在深密金刚明妃的秘密处，五方佛从一切如来深密金刚明妃秘密处出生，秘密大海中矗立须弥山，其上七宝楼阁莲花台上，毗卢遮那佛结印入定，四面四方佛，四维四波罗蜜，十六大金刚菩萨各居其位，一幅大曼荼罗由此展开。所谓秘密处指女根，即女性生殖器，须弥山即指阴蒂。梵文经典对此毫不隐讳，藏译本也照样翻译，唯有汉译本删略不译。女根，梵文作 bhaga，藏文作 bha-ga、bha-gra。该经梵藏文本中该词至少出现 6 处，有时还用秘密等词表示。该经的汉译本将梵文表示女根的词语翻为清净境界，金刚明妃、智慧佛母也转译为正智出生变化，均隐去其词句的原意。如经文初句"如是我闻"后，第二句译为"一时佛住一切如来神通加持一切如来金刚三业一切如来正智出生变化清净境界"。梵文原作：

evaṃ mayā śrutam ekasmin samaye bhagavān sarvatathā gatakāyavākcittahṛdayavajrayoṣidbhageṣu vijahāra. ②

藏文译作：

bcom ldan 'adas de bzhen gshegs-pa thams cad kyi snyang-po rdo rje btsun mo'i bha ga rnams la bzhugs so.

---

① 有关《密集》梵藏文版本情况，详见 A Critical Study of the GUHYSAMĀJA TANTRA, by Francesca Fremantle, LONDON 1971。

② 梵、藏文本参见 A Critical Study of the GUHYASAMĀJA TANTRA, by Franceca Fremantle. TOHO SHUPPAN, YINC. OSAKA 1978。

藏译与梵本的意思完全一致，其原意为：一时世尊住一切如来身语意深密金刚明妃之秘密境界。其中金刚明妃，宋译"一切如来正智出生变化"，此由金刚明妃原意演绎而来，明妃亦译佛母，佛母是般若的转译，以一切如来从智慧出生之故。金刚是破除烦恼的智慧，正智，即正等正觉的智慧，金刚明妃即由出生一切如来的智慧所变现者。秘密境界，此"秘密"，梵文 bhageṣu，指女性生殖器，名词复数。藏文 bhaga，也同指女性生殖器。汉译"清净"者，表示一切如来所住之处超越一切境界，并非世俗所谓女根。该经梵文中也有此意，后文中说 bhaga 为胜义谛，具有空性。

又如第九句汉译：尔时世尊阿閦金刚如来、于诸如来清净境界周遍十方广大圆满大三昧耶大曼拏罗中，以加持愿力故，如理安住。梵本原作：

ath khalv akṣobhyas tathāgataḥ sarvatathāgatakāyavākcittahṛdayavajrayoṣidbhageṣu caturasraṃ virajaskaṃ mahāsamayamaṇḍala adhiṣṭhāpayāmāsa.

藏译：

de nas de bzhin gshe pa mi bskyod pas de bzhin gshegs pa thams cad kyi btsun mo'i bha ga la gru bzhi rdul med pa dam tshig chen po'i dkyil akhor byin gyis brla bas pa ni.

其中"于诸如来清净境界"的梵本原文为：sarvatathāgatakāyavākcittahṛdayavajrayoṣidbhageṣu，其原意直译即："一切如来身语意深密金刚明妃女根中"。藏文译：de bzhin gshe pa thams cad kyi batsun mo'i bha ga. 其原意即：于一切如来明妃女根。

此亦可知阿閦如来安住之处为一切如来身语意深密金刚明妃女根清净境界大三昧耶曼荼罗中。

剑川石窟的这幅阿央白曼荼罗生动地再现了《密集本续》的内容，是其中大喜三昧耶大曼荼罗。曼荼罗的核心之所以雕刻成阿央白，正是表示一切如来深密金刚明妃的秘密境界，也就是从俗谛表现一切如来的清净境界。一切如来以方位分别五佛五部，以阿閦如来为东方金刚部主，以宝生金刚如来为南方宝部主，以无量寿金刚如来为西方莲华部主，以不空成就金刚如来为北方三昧部主，以大毗卢遮那金刚如来为中方佛部主，是为五部甚深秘密法门，即五种秘密解脱成就。曼荼罗东南、西南、西北、东北四隅为四持明菩萨，即如来四明妃。东南西北四门为四大金刚忿怒明王，即金刚大忿怒焰鬘得迦明王、金刚大忿怒钵啰研得迦明王、金刚大忿怒钵讷鬘得迦明王、金刚大忿怒尾觐难得迦明王。中方大毗卢遮那佛金刚如来居曼荼罗中心，作为清净法身佛，以金刚明妃女根象征，故称其诸佛大秘密主大毗卢遮那金刚如来，大秘密主，秘密是女根的另一种称谓，大秘密者依胜义谛所称，为一切如来深密金刚明妃之清净境界。

大理密教中表现后期密教性力崇拜的不止阿央白曼荼罗一种，经常能见到的经幢实际上是象征男根或男女根相合的经幢，一如印度教象征大自在天的男根崇拜造像一样。这类经幢与唐宋间内地流行的陀罗尼经幢有所不同，其幢头部为莲花装饰的龟头，而不是屋顶盖，龟头上还刻有种子字，幢颈上也被装饰并刻有种子字，幢身上除了刻陀罗尼之外，还雕刻有佛菩萨造像（不同类型造像见图1至图8）。除了小型的经幢之外，昆明地藏寺陀罗尼经幢身上雕刻曼荼罗图像，也应是后期密教中象征男根的经幢。幢身或幢头象征男根，莲花象征女根，经幢置于莲花座上，表示男女和合。印度密教的传统，莲花上矗立金刚杵，大理密教改造陀罗尼经幢，将莲花巧妙地配置于幢身，形成独特的性力崇拜的象征符号，表示定慧合一，止观双修，赋予其佛教的思想内涵。

对照日本密教中的秘密造像，也可知以女根、男根作为崇拜对象，并以其为主尊，与诸菩萨等构成曼荼罗，是后期密教中普遍存在的现象。日本密教中的女根造像，如图9、图10，红色花岗岩石墩上雕刻阴体，凸面雕刻女根形像，阴体分上下两枚竖眼，上凹大长为阴口，下凸小短为阴蒂。左右两侧线刻立佛造像，佛像立莲花上，高发髻，通肩袈裟，贴身百褶长衣，右手上举施无畏印，左手下垂，中指、无名指和小指握拳，拇指、头指下伸，其印名不详，像主应为莲花部主尊阿弥陀佛。女根阴唇上线刻佛像，与阿央白曼荼罗造像同理，表示佛住一切如来身语意深密金刚明妃秘密境界。

图3　莲颈杵头经幢例1

图4　莲颈杵头经幢例2

图5　莲颈杵头经幢例3

图6　莲颈杵头经幢例4

图 7　莲座杵头经幢例 1　　　　　图 8　莲座杵头经幢例 2

另有一尊女根造像，雕刻于黑色花岗岩圆形石墩侧立面，凸出阴体上雕刻女根，阴口在下，阴蒂在上，与上两尊女根位置正好相反。其顶面是佛足印图，同样表示佛住金刚明妃秘密境界。足掌面刻有云饰法轮，轮上有连枝三台莲花座，座上为放射光芒的太阳图案，应是象征大日金刚如来（遍照大毗卢遮那佛），其上方背景中有三株树和一朵云。

与女根崇拜有关，同处一地的还有几尊男根立像和观世音菩萨立像，男根立像雕刻于红色、黑色花岗岩石上，龟头下根茎上线刻观世音菩萨立于莲花上，其中红色花岗岩立像无莲花座。头戴花冠，妙衣飘带，项链臂钏庄严，左手胸前持未开敷莲花，茎干上出侧面。右手斜下，施与愿印。

男根上刻造观世音菩萨，男根代表金刚部，象征禅定。观世音菩萨代表莲花部，象征智慧。二者合一，象征定慧合一，空性不二。这种模式与大理密教经幢的男根幢头与莲花颈、座的造像结构类似，属于同一原理。

这些造像所在地另有两通小型的鹅卵石碑（见图10），碑文竖刻。其中一通上刻铭文：观音、六臂圣天、善光寺、阿弥陀、不动明王、毗沙门天。另一通石碑上刻铭文：藏天权现、阿弥陀、毗沙门天、遍照天。两碑落款人名相同，细体字刻：智山化主隆记。

图 9　观世音菩萨立像　　　图 10　题铭石碑

其中善光寺应是地处本岛中部的长野善光寺，该寺以其超度所有人到极乐世界的宣言和每七年展示一次阿弥陀佛立像而闻名，神秘的阿弥陀佛立像被称为"秘像"，开放之际信众只能在"秘佛"下漆黑的回廊里间接地接触。由此可知，所谓阿弥陀佛"秘像"就是有阿弥陀佛立像的女根造像，"秘密"不过是女根的隐晦称呼。这些造像或为善光寺造，或以善光寺"秘像"为蓝本向外出售。据说民间习俗，新婚夫妇婚配之际都要向"秘像"行礼，并有行像和拥抱仪式。善光寺不以为密教寺院，但提供造像的化主隆某却是智山人，智山是真言宗智山派所在地，隆某是否与智山派有关？造此秘像是否也与智山派有关？都不得而知。但可以肯定的是这些石刻造像是表现性力崇拜的密教造像，碑刻题名中有印度教神祇藏天、六臂圣天、遍照天以及与佛教共有的毗沙门天，其中遍照天与毗卢遮那佛同名，"藏天权现"也表明女根形像不过是藏天的方便化现。至于善光寺的密教造像从何而来，现无从考察，据说善光寺由本田善光于 7 世纪创建，其主佛是从百济首次传到日本的佛像，654 年变成"秘佛"。从密教传播中国的历史考察，7 世纪中叶尚无此种"立像"，乃至唐代也不见有此类造像，此疑这类造像当在宋代从开封一带传入日本，不为密教主流认可，只在一定范围内秘密传承，流行于民间。有史料记载，宋朝传译后期密教之际，有日本真言宗僧人俊芿等在汴京弘传密教。宋朝虽禁止传播密教，但不免民间流传，乃至东传日本，也未可知。

　　从上可以看出，大理密教的女根造像与日本密教在表现形态上基本相同，只是日本密教用性器表现，其造像形态比较直白和原始。藏传佛教用男女相抱状表现，其造像形态比较含蓄和隐晦，而大理密教造像的表现形态象征化程度较高，是在中期密教陀罗尼经幢基础上加以改造而成。

　　　　　（吕建福，陕西师范大学宗教研究中心教授）

仪轨与经咒研究

大理密教仪轨与唐代佛教文献：
以《通用启请仪轨》《诸佛菩萨金刚等启请仪轨》为例

[美] 白美安

内容提要： 大理法藏寺经藏中的密教科仪《通用启请仪轨》，大量引用了唐代的佛教文献，尤其是不空金刚的翻译。不过大理国的文本还包含唐代密教文献所没有的内容，比如补充唐代文献的资料和某些神祇的名字。本论文论证了大理国的密教专门以唐代文献为基础而形成了具有地域特色的佛教系统。

关键词： 通用仪轨　大理密教　唐代密教

从937年到1253年，大理国统治了包括今中国云南省与部分贵州、四川，越南、老挝和缅甸的领域。当时的大理是文化的中心，邻接了宋朝、吐蕃、印度和东南亚的国家，但这并不表示大理国的统治者们同样程度地吸收各个方向的影响，反而他们有意地摄取了某些地区的某些文化因素。本文以大理国独有的密教仪轨——《通用启请仪轨》——探究大理国佛教如何形成的问题。通过这部密教仪轨的分析，笔者认为，大理国的佛教文献大量采取唐朝不空三藏（或师弟）的翻译和著作，但是大理国王所信奉的佛教神祇（包括菩萨、金刚、明王等）属于地域性的密教系统，而不是唐宋密教直接传入的。

《通用启请仪轨》来自凤仪北汤天的董氏宗祠——法藏寺。1956年发掘的法藏寺保存了一大批大理国佛教资料，大部分是唐宋流行的经文，例如《妙法莲华经》《维摩诘经》《大般若波罗蜜多经》《金刚经》等等，另外还有七部尚未发现的经疏和仪轨。除了本文探讨的仪轨外,其他遗存经轨有《护国司南钞》《无遮灯食法会仪》《广施无遮道场仪》《大黑天神道场仪》《诸佛菩萨金刚等启请仪轨》和《金刚大灌顶道场仪》。[1]《护国司南钞》是根据良贲的《仁王经疏》和不空翻译的《仁王经》写的,表示不空发展的密教护国思想引起了大理国王的瞩目。《无遮灯食法会仪》和《广施无遮道场仪》都是水陆仪式,后者的密教色彩比较浓郁。《大黑天神道场仪》专门提供成就法的仪式,比如大黑天神七种形象的真言和曼荼罗,包含着华严和密教思想。剩下的三部仪轨最显出密教色彩,如灌顶仪式、三密、密教陀罗尼等等。

《通用启请仪轨》(一卷,首残)现藏于云南省图书馆,内容是启请神祇降临道场、获得保护、给神送别的密教仪式。经末附加了《海会八明王四种化现歌赞》,与《通用启请仪轨》双题并论。侯冲先生认为是大理国时代的著作,还指出《通用启请仪轨》提及汉地撰写的《方广经》,以此来证明大理国的仪轨本来也是汉地的作品。侯先生对大理国密教研究的贡献已经莫大,但是笔者还想提出别的观点,《通用启请仪轨》和《歌赞》里独特的神祇表明这部科仪是大理国佛教徒编撰的。

顾名思义,《通用启请仪轨》专门有通用的密教仪轨,从选择合适的道场到解结道场的阶段。在中间修行者还演出一系列观想、真言和手印,为了自身清净、启请神祇、观自身同于金刚或大毗卢遮那佛、消灾辟邪等。所启请的神祇,包括胎藏界的三部和金刚界的五部。除了这套常见的神佛以外,还有一些其他汉字文献所没有的神,例如四方的金刚:东方的益俱地、南方的跛地、西方的细普吒和北方的髀地。[2] 这些名字也许是地域性的梵文音译。

尽管四方金刚可能属于大理国地域传统,《通用启请仪轨》毫无疑问还大量地依赖了汉地翻译和撰著的佛教资料。《通用启请仪轨》的内容至少与大正藏的十三部文献部分重叠。十三部文献多半是归功于唐代

---

[1] 《护国司南钞》是1052年的写本,《无遮灯食法会仪》是1402年的写本,侯冲认为抄了大理国的写本。其他都无日期,是侯冲按照写本的内容和形式判断是大理国时期的。其中《大黑天神道场仪》《广施无遮道场仪》和《金刚大灌顶道场仪》原来无题,是侯冲拟名的。参见侯冲《大理国写经研究》,《民族学报》2006年第4期,第19—21页。

[2] 杨世钰、赵寅松、郭惠青主编:《大理丛书·大藏经篇》卷1,民族出版社2008年版,第496—498页。

密宗祖师善无畏、金刚智和不空三藏的密教经文翻译、经疏和仪轨。这三位祖师介绍了《大毗卢遮那成佛神变加持经》(《大毗卢遮那经》) 和《金刚顶瑜伽中略出念诵经》(《金刚顶经》) 的仪式系统。被善无畏翻译的《大毗卢遮那经》让修行者以 "三密", 即真言、手印和三摩地, 成为法身佛。文本的结构集中于胎藏界曼荼罗的佛、莲花、金刚三部。① 《金刚顶经》先被金刚智翻译, 不过他弟子不空的翻译成为标准版本。此经介绍的是密教瑜伽和金刚界曼荼罗的五部 (三部之上再加羯磨部和宝部)。②

《通用启请仪轨》引用了与《大毗卢遮那经》和《金刚顶经》相关的几部文献, 证明大理国佛教徒沿袭了唐代的密教传统。比如, 《通用启请仪轨》入道场的阶段引用了《大毗卢遮那经》的偈文:

阿字遍金色　用作金刚轮
加持于下体　说名瑜伽座
鑁字素月光　在于雾聚中
加持自脐上　是名大悲水
囕字初日晖　彤赤在三角
加持本心位　是名智火光
啥字劫灾焰　黑色在风轮
加持白毫际　说名自在力
佉字及空点　相成一切色
加持在顶上　故名为大空③

---

① 吕建福:《中国密教史》, 中国社会科学出版社 1995 年版, 第 57—63 页; Charles Orzech, "Esoteric Buddhism in the Tang: From Atikūṭa to Amoghavajra (651 – 780)," in Charles D. Orzech, Henrik H. Sørensen, and Richard K. Payne, eds. *Esoteric Buddhism and the Tantras in East Asia* (Leiden: Brill, 2011), 276 – 277。

② 吕建福:《中国密教史》, 中国社会科学出版社 1995 年版, 第 63—72 页; Charles Orzech, "Esoteric Buddhism in the Tang: From Atikūṭa to Amoghavajra (651 – 780)," in Charles D. Orzech, Henrik H. Sørensen, and Richard K. Payne, eds. *Esoteric Buddhism and the Tantras in East Asia* (Leiden: Brill, 2011), 第 279—280 页。

③ (唐) 善无畏译《大毗卢遮那成佛神变加持经》卷 7,《大正藏》第 18 卷, 第 52 页中。

《通用启请仪轨》又以黑色汉字的音译和红色悉昙字相配合这段的真言，是《大正藏》版本没有的。

《通用启请仪轨》没有直接引用《金刚顶经》的内容，但引用《金刚顶经》相关仪轨的偈文。《通用启请仪轨》引用最多的文本之一是金刚智翻译的《金刚顶瑜伽修习毗卢遮那三摩地法》（《三摩地法》）。当《通用启请仪轨》教修行者观自身为金刚身时，引用了《三摩地法》的以下偈文：

> 自身为金刚　坚实无倾坏
> 复白诸佛言　我为金刚身
> 时彼诸如来　便勅行者言
> 观身为佛形　复授此真言①

《通用启请仪轨》同样引用了不空翻译《金刚顶一字顶轮王瑜伽一切时处念诵成佛仪轨》的偈文，这段偈文也出现于金刚智翻译的《药师如来观行仪轨法》。偈文的内容是献阏伽香水和五种供养，在《通用启请仪轨》属于启请圣主降临道场的阶段。几句和《金刚顶经》的仪轨文本相似，但也差别，而《通用启请仪轨》改了偈文的顺序。《通用启请仪轨》将献阏伽香水放在前面，相反地，《金刚顶经》的仪轨将这部分放在后面。《通用启请仪轨》的偈文如下：

> 我今奉法王　献阏伽香水
> 证平等性智　迴三界法王位
> 迴施此降主　金刚甘露水
> 灌泼水居者　永离傍趣
> 速获净法身　及下彻无间
> 脱彼诸地狱　苦具碎如尘
> 皆成清凉地　受苦诸群品

---

① （唐）不空译《金刚顶一切如来真实摄大乘现证大教王经》卷1，《大正藏》第18卷，第329页。与《通用启请仪轨》第491—492页的最后一句写的稍微不同：前者写"复授此真言"，后者写"复受本心言"。

解脱生净土①

这段与以上举的例子一样,《通用启请仪轨》还加上其他仪轨没有的汉字音译真言。

《通用启请仪轨》经常提供《大正藏》版本所缺乏的具体指示,尤其是真言和手印。因此,可以补充唐宋密教资料的不足。当《通用启请仪轨》音译的真言也出现在汉地翻译里,两个真言相符合。《通用启请仪轨》准备进入道场的整个阶段来自菩提流支翻译的《广大宝楼阁善住秘密陀罗尼经》,都是进入道场以前该用的真言。虽然有些汉字不一样,但两个真言明明有同一个梵文来源(《通用启请仪轨》还提供悉昙文的真言)。② 另外,《通用启请仪轨》引用了般若翻译《诸佛境界摄真实经》的金刚缚印和真言,汉字的音译完全一致,但《通用启请仪轨》再加两个悉昙字。③

这几个例子说明《通用启请仪轨》的编辑者对唐代翻译或撰著的密教仪轨相当熟悉,但是没有涉及大理国密教的特征。按照以上引用的几段,大理国佛教显得只是唐代密教的拷贝。《通用启请仪轨》附加的《歌赞》更好地揭露了大理国密教最特殊的一面。

"大阿左梨周梵彰"写的《歌赞》将八大明王形容为如来、菩萨和佛母的化现,它们的功能是救有情于各种灾难。唐宋密教也有八大明王的概念,但侯冲先生指出大理国的八大明王和唐宋流行的八大明王不一样。唐宋八大明王崇拜的基础是唐代达磨栖那翻译的《大妙金刚经》。至于八大明王的身份,《大妙金刚经》《歌赞》和法藏寺的密教修行图都给一致的名字,然而配合的方向、颜色和菩萨则有出入。比如,按照《大妙金刚经》降三世明王属于东方和蓝色,是金刚手的化现,但在《歌赞》里它是金刚藏的化现,属于东南方。密教修行图也把降三世放在东南方,但写

---

① 《通用启请仪轨》第499—500页。此段符合《金刚顶一字顶轮王瑜伽一切时处念诵成佛仪轨》,《大正藏》第19卷,第323页;《药师如来观行仪轨法》,《大正藏》第19卷,第27页。

② 《通用启请仪轨》,第469—70页;《广大宝楼阁善住祕密陀罗尼经》,《大正藏》第19卷,第644页。

③ 《通用启请仪轨》第473页;《诸佛境界摄真实经》,《大正藏》第18卷,第281—282页。

它是青黑色，普贤菩萨的化现。① 罗炤先生认为不管《大妙金刚经》和《歌赞》的八大明王有小出入，前者还是后者的本源。② 笔者臆断大理国佛教徒也许稍微改了唐宋的文本，形成了地域性的密教系统。

《歌赞》的八大明王符合云南和四川有关八大明王的图象和文献：石宝山第六窟把八大明王排列在中间大毗卢遮那佛的两边，程序和《歌赞》的一样。南宋峨眉山僧人释祖觉写的《重广水陆法施无遮大斋瑜伽密教第一坛》和现代剑川阿吒力法师演的两部经文也有同一体系八大明王。侯冲认为这种一致性反映出一致的来源，即宋代流行于四川的密教。《歌赞》的八大明王有可能从四川进入了大理国，但是大理地区有四部文献保留了独特的八大明王，而四川只有一部。并且，《歌赞》、密教修行图和石宝山都跟大理国宫庭有关，所以八大明王也许跟大黑天神一样能够专门保护大理国土，因为这些神在宋代佛教当中不太明显。笔者还假定《歌赞》中的八大明王代表大理国崇拜的特殊神祇。

总的来讲，《通用启请仪轨》和《歌赞》各自反映出大理国密教的双面：《通用启请仪轨》证明大理国的密教仪式随着唐代密教的模范，《歌赞》证明大理国同时发展了具有地域特色的密教神祇。这两面不是铁定的。Henrik Sørensen 曾注意到，藏于千寻塔的梵文种字曼荼罗与汉地流行的曼荼罗不一样，或许表示大理国的密教仪式也有独特的地方。③ 同样，大理国的特殊神祇一般不是汉地完全未知的神，反而是汉地密教不占重要地位的神，诸如大黑天神和八大明王。这类护法神的身份可能没有佛或菩萨那么固定，因此国王可以请来自己的国土给予特别的保护。

（白美安，美国田纳西大学副教授）

---

① 侯冲提供了八大明王的比较图，参见《大理国写经研究》第 58 页。也参见《通用启请仪轨》第 531 页；《大妙金刚经》，《大正藏》第 19 卷第 340 页。
② 罗炤：《剑川石窟石钟寺第六窟考释》，载赵寅松编《白族文化研究》，民族出版社 2003 年版，第 388 页。
③ Henrik H. Sørensen, "Esoteric Buddhism in the Nanzhao and Dali Kingdoms (ca. 800 – 1253)", in Charles D. Orzech, Henrik H. Sørensen, and Richard K. Payne, eds. Esoteric Buddhism and the Tantras in East Asia (Leiden: Brill, 2011), 384.

Dali Tantric Ritual and Tang Buddhist Texts: Taking *The Tongyong qiqing yigui* and *Zhu fo pusa jingang deng qiqing yigui* as Examples

Megan Bryson

Abstract Among the many texts found at Dali's Fazang si are the tantric ritual texts *Tongyong qiqing yigui* and *Zhu fo pusa jingang deng qiqing yigui*. Analysis of these texts reveals that they drew directly on sources translated or written in the Tang dynasty, especially those associated with the eminent monk Bukong (Amoghavajra, 704 – 775). However, they also contain content not found in Tang texts, such as rituals for certain deities as well as material that supplements Tang sources. This paper shows that tantric Buddhism in the Dali kingdom relied primarily on texts from Tang territory, but also developed into a distinctive regional tradition.

From 937 to 1253 the Dali kingdom ruled over a large area that encompassed modern-day Yunnan province and parts of modern-day Guizhou, Sichuan, Vietnam, Laos, and Burma. Dali's position put it in the center of a cultural nexus: it bordered Song China, Tibet, India, and Southeast Asia. However, influence did not flow equally into Dali from each direction; instead, Dali rulers and officials selectively adopted elements from certain areas. This paper uses two esoteric ritual texts that have only been found in Dali – the *Tongyong qiqing yigui* and *Zhu fo pusa jingang deng qiqing yigui* – to examine how Dali kingdom Buddhism developed. Analyzing these ritual texts will show that even though Buddhist documents from the Dali kingdom drew heavily from the translations and creations of the Tang master Bukong (or others tied to him), the pantheon of deities worshipped by Dali kingdom rulers (including bodhisattvas, vajra beings, *vidyārājas*, etc.) belonged to a distinctive regional tradition of esoteric Buddhism that did not enter directly from Tang or Song territory.

The *Tongyong qiqing yigui* and *Zhu fo pusa jingang deng qiqing yigui* both came from the Dong family temple Fazang si in Beitangtian, Fengyi. They belong to a cache of Buddhist texts that was found in Fazang si in 1956. Most of these texts also circulated in the Tang and Song dynasties, such as the *Lotus Sūtra*, *Vimalakirti Sūtra*, *Mahāprajñāpāramitā Sūtra*, *Diamond Sūtra*, etc., but in addition there are seven texts that have not been found elsewhere. In addition to the two ritual manuals that are this paper's focus, the others are the *Huguo sinan chao*, *Wuzhe dengshi fahui yi*, *Guangshi wuzhe daochang yi*, *Dahei tianshen daochang yi*, and *Jingang daguanding daochang yi*.[①] The *Huguo sinan chao* is a subcommentary based on Liang Bi's commentary on Bukong's version of the *Renwang huguo boreboluomiduo jing*, which shows that the esoteric nation-protecting thought promoted by Bukong appealed to the rulers of the Dali kingdom. The *Wuzhe dengshi fahui yi* and *Guangshi wuzhe daochang yi* are both *shuilu* ritual texts, with the latter containing more esoteric content. The *Dahei tianshen daochang yi* mainly offers *sādhana* rites, including the mantras and maṇḍalas of Mahākāla's seven forms, and contains both Huayan and esoteric thought. The remaining three ritual texts are the most clearly esoteric, with their *abhiṣeka* rites, "three mysteries," esoteric *dhāraṇīs*, etc.

---

① The *Huguo sinan chao* manuscript dates to 1052 (though its contents come from the early tenth century). The *Wuzhe dengshi fahui yi* manuscript dates to 1402, but Hou Chong has argued that it was based on a Dali kingdom original. The other manuscripts are undated, but Hou Chong has determined that they come from the Dali kingdom based on their contents and styles. In addition, the *Dahei tianshen daochang yi*, *Guangshi wuzhe daochang yi*, and *Jingang daguanding daochang yi* originally lacked titles, so these titles have been created by Hou Chong. See Hou Chong, "Dali guo xiejing yanjiu," *Minzu xuebao* no. 4: 19 – 21.

Tongyong qiqing yigui

The *Tongyong qiqing yigui* contains a set of esoteric rituals for inviting divine beings to a ritual area and obtaining their protection. The extant manuscript of the one-fascicle text is currently held in the Yunnan Province Library. Though the very beginning is missing, the text starts with a section on choosing a place of practice, which suggests that not much has been lost. Its title appears at the end of the main text, before the *Haihui ba mingwang sizhong huaxian gezan*.[1] Hou Chong dates it to the Dali kingdom based on its contents and the correlation between its set of eight *vidyā-rājas* and the set at Shibao shan. He notes in particular its reference to the *Fangguang jing*, an abbreviation for an indigenous Chinese text.[2] Though Hou uses the *Fangguang jing* reference to argue that the *Tongyong qiqing yigui* entered Dali from Chinese territory, I believe the pantheon in the appended hymn suggests instead that Dali Buddhists compiled the text to fit their regional and political tradition.

As its title suggests, the *Tongyong qiqing yigui* consists of generic esoteric rituals, starting with selecting an appropriate place of practice (Chn. *daochang* 道場; Skt. *bodhimaṇḍa*) and ending with dismantling the ritual area. In between, the practitioner performs a series of visualizations, mantras, and mudras for purification, invitation of holy beings, identification with Vajra beings and Mahāvairocana, and the elimination of disasters. The text's pantheon includes the Three Families of the Garbhadhātu *maṇḍala* and Five Families of the Vajradhātu *maṇḍala* (represented by the five *dhyāni* buddhas). A set of four Vajra beings associated with the cardinal directions gives names that I have not found elsewhere in Sinitic texts: Yijudi 益俱地 in the East, Bodi 跋地 in the South, Xipuzha 細普吒 in the West, and Bidi 髀地 in the North.[3] It is possi-

---

[1] *Tongyong qiqing yigui*: 530 – 531.
[2] The *Fangguang jing* (T. 2871) is a circa-sixth-century Chinese scripture reconstructed in the twentieth century from three Dunhuang manuscripts. Hou 2006a: 28, 37; *Tongyong qiqing yigui*: 519.
[3] *Tongyong qiqing yigui*: 496 – 498.

ble that these are regional transliterations of Sanskrit terms, which is a common occurrence in Dali-kingdom texts.

Though this set of four Vajra beings may belong to Dali's regional tradition, there is no question that the *Tongyong qiqing yigui* relied heavily on Buddhist materials composed and translated in Chinese territory. Altogether I have found thirteen texts in the Taishō canon that overlap with content in the *Tongyong qiqing yigui*. Most of these are verses from esoteric *sūtras*, commentaries, and ritual manuals attributed to the Tang esoteric masters Shanwuwei (637 – 735; Skt. Śubhākarasiṃha) Jingangzhi (671 – 741; Skt. Vajrabodhi) and Bukong.

These three esoteric masters introduced the textual and ritual traditions centered around the *Dapiluzhena chengfo shenbian jiachi jing* (hereafter *Dapiluzhena jing*; T. 848) and *Jingangding yuga zhong lüechu niansong jing* (hereafter *Jingangding jing*). ① Shanwuwei translated the former, which focuses on transforming the practitioner into a cosmic buddha through the "three mysteries" of mantra, mudra, and *samādhi*. It uses the Three Families of Buddha, Lotus, and Vajra as its organizing principle, which corresponds to the Garbhadhātu (Womb Realm; Chn. Taizangjie) *maṇḍala*. ② Jingangzhi translated part of the *Jingangding jing* (T. 866), though his disciple Bukong's translation (T. 865) became the standard version. The *Jingangding jing* introduced the techniques of esoteric yoga as well as the Five Families, which added the Karma and Ratna divisions to the Three Families of the *Dapiluzhena jing*. These Five Families correspond to the five *dhyāni* buddhas and are associated with the Vajradhātu (Diamond Realm; Chn. Jingangjie) *maṇḍala*. ③

The *Tongyong qiqing yigui* quotes texts related to both the *Dapiluzhena jing* and *Jingangding jing*, which shows how much Dali-kingdom Buddhists fol-

---

① The Sanskrit title of the *Dapiluzhena jing* is *Mahāvairocanābhisaṃbodhi sūtra*, and the Sanskrit title of the *Jingangding jing* is *Sarvatathāgatatattva-saṃgraha*.

② Lü Jianfu, *Zhongguo mijiao shi*, Beijing: Zhongguo shehui kexue chubanshe, 1995, 57 – 63; Charles Orzech, *Esoteric Buddhism in the Tang: From Atikūṭa to Amoghavajra (651 – 780)*, in Charles D. Orzech, Henrik H. Sørensen, and Richard K. Payne, eds. *Esoteric Buddhism and the Tantras in East Asia* (Leiden: Brill, 2011), 276 – 77.

③ Lü Jianfu, ibid., 63 – 72; Orzech, ibid., 279 – 80.

lowed esoteric traditions from the Tang dynasty. For example, the *Tongyong qiqing yigui* includes verses from the *Dapiluzhena jing* in its section on entering the place of practice. In Shanwuwei's translation of the *Dapiluzhena jing*, these verses appear toward the end in the section "Rules for Recitation":

The letter A, completely golden in color, is used to form a *vajra* circle:
It empowers the lower part of the body and is called the *yoga* seat.
The letter *Vaṃ*, [the color of] white moonlight, is in the midst of a hazy mass:
It empowers your navel and is called water of great compassion.
The letter *Raṃ*, like the first light of day, is red and in a triangle:
It empowers the locus of your heart and is called light of the fire of wisdom.
The letter *Haṃ*, like the flames of the [fire] calamity [at the end] of an eon, is black in color and in a wind circle:
It empowers the place of the white tuft [between the eyebrows] and is calledsovereign power.
The letter *Kha* with a dot of emptiness (i.e., *Khaṃ*) becomes all colors:
It empowers the top of the head and is therefore called great emptiness. ①

The *Tongyong qiqing yigui* additionally gives the five corresponding *mantras* in Chinese transliteration and Sanskrit, with the latter characters rendered in red ink.

Though the *Tongyong qiqing yigui* does not directly quote the *Jingangding jing*, it does use verses from ritual texts based on the *Jingangding jing*. One of the most frequently quoted texts in the *Tongyong qiqing yigui* is Jingangzhi's translation of the *Jingangding yuqie xiuxi Piluzhena sanmodi fa* (T. 876; hereaf-

---

① T. 848p52b19 – c5; translation from Giebel 2005: 265. *Tongyong qiqing yigui*: 471 – 473.

ter Sanmodi fa). When the *Tongyong qiqing yigui* directs the practitioner to visualize him- or herself as a Vajra Being, it quotes the following verses from the *Sanmodi fa*: "My own body is adamantine [i. e. vajra], strong and flawless. I again entreat the buddhas, saying: 'I have an adamantine body.' Then the *tathāgatas* instruct the practitioner, saying: 'Perceive your body in the form of a buddha.' I again receive the speech of the original mind."①

Similarly, the *Tongyong qiqing yigui* uses verses from Bukong's translation of the *Jingangding yizi ding lunwang yuqie yiqie shichu niansong chengfo yigui* (T. 957), which is based on the *Jingangding jing* system; these same verses also appear in Jingangzhi's translation of the *Yaoshi rulai guanxing yigui fa* (T. 923). The verses concern offerings of *arghya* water as well as the "five kinds of offerings" (i. e. flower garlands, incense, lamps, unguents, and food and drink). In the *Tongyong qiqing yigui* they belong to the section on inviting the Holy Lord (*shengzhu*) to the ritual area. Some of the language is identical to the *Jingangding jing* ritual texts, but there are several differences, as well, and the *Tongyong qiqing yigui* puts the verses in a different order than they appear in the other texts. For example, the offering of *arghya* water appears first in the *Tongyong qiqing yigui*, but last in the other two texts. In the *Tongyong qiqing yigui*, the verses read:

    I now respectfully make offerings to the Dharma King by presenting perfumed

    arghya water.

    I realize the wisdom of equanimity and return to the position of Dharma King of the

    Three Realms.

    I repay the kindness of this Subjugating Lord.

---

① *Tongyong qiqing yigui*: 491 – 92; T. 876p329a27 – b1. The last line is different: the *Tongyong qiqing yigui* gives *fu shou benxin yan* 復受本心言, "I again receive the speech of the original mind," while the *Sanmodi fa* gives *fu shou ci zhenyan* 復授此真言, "They [i. e. the buddhas] again bestow this mantra." The *Tongyong qiqing yigui* also quotes from the *Sanmodi fa* in ten other places, though most of these quotations only consist of a few lines each.

Vajra sweet dew sprays those who live in the water.

May they forever leave the animal path and quickly obtain a pure dharma body.

May this [water] reach Avici below and free beings from the hells.

May instruments of suffering crush [the hells] into dust, so they all become cool,

refreshing earth.

May all classes of beings who have suffered be liberated and reborn in the Pure Land. ①

As with the previous example, the *Tongyong qiqing yigui* then gives a mantra in Chinese transliteration, though the two other texts do not.

The *Tongyong qiqing yigui* frequently provides specific ritual instructions — especially mudras and mantras — that do not appear in the texts it quotes. It can thus supplement Tang-Song translations of esoteric works that lack such content. When the *Tongyong qiqing yigui* transliterates a mantra that also appears in a Chinese translation, the two match up. The entire section on "preparing the place of practice" in the *Tongyong qiqing yigui* comes directly from the *Guangda baolouge shanzhu mimi tuoluoni jing* (T. 1006), which was translated by Putiliuzhi (Bodhiruci; d. 727). Both give a mantra to be recited before entering the ritual area. Though they use different Chinese characters in some places, it is clear that both are based on the same Sanskrit text (and the *Tongyong qiqing yigui* provides the Sanskrit characters in red ink). ② Elsewhere, the *Tongyong qiqing yigui* gives instructions for forming the Vajra Rope mudra and mantra that come from the *Zhufo jingjie she zhenshi jing* (T. 868), which Bore (Prajñā) translated in the Tang dynasty. The Chinese transliterations of the mantra are the same in both texts, though the *Tongyong qiqing yigui*

---

① *Tongyong qiqing yigui*: 499 – 500. This passage corresponds to the *Jingangding yiziding lunwang yuqie yiqie shichu niansong chengfo yigui* T. 957p323c4 – 10, and the *Yaoshi rulai guanxing yigui fa* T. 923p27c2 – 8.

② *Tongyong qiqing yigui*: 469 – 70; T. 1006p644a15 – 25.

gives two additional Sanskrit characters.①

These examples show that whoever compiled the *Tongyong qiqing yigui* was familiar with esoteric ritual texts translated in Tang China. It is possible that other sections of the text came from existing texts that were lost or not included in the Taishō canon. It is also possible that the *Tongyong qiqing yigui* was not composed by Buddhists in the Dali kingdom, but was by chance only preserved there. Even with these considerations, it is reasonable to conclude from the *Tongyong qiqing yigui* that the form of esoteric Buddhist ritual known in Dali-kingdom Buddhism came from Tang sources. However, the hymn to the eight *vidyā-rājas* appended to the *Tongyong qiqing yigui* reveals the distinctive side of esoteric Buddhism in the Dali kingdom.

The extant manuscript of the *Tongyong qiqing yigui* includes a brief set of verses honoring eight *vidyā-rājas*, which the text identifies as manifestations of buddhas, bodhisattvas, and buddha mothers. Each of the eight *vidyā-rājas* appears to save sentient beings from various disasters, from droughts to dragons. This text, the *Haihui ba mingwang sizhong huaxian gezan* (hereafter *Gezan*) is attributed to the "Great Ācārya Zhou Fanzhang" (*da azuoli* Zhou Fanzhang 大阿左梨周梵彰). Though other sets of eight *vidyā-rājas* were known in Tang through Song Buddhism, Hou Chong has shown that this set belonged to a distinctive regional tradition. In relation to the *Tongyong qiqing yigui*, the *Gezan* suggests that it was the pantheon, rather than the ritual form, that distinguished Dali-kingdom esoteric Buddhism from the esoteric Buddhism of Tang through Song China.

As Hou Chong notes, the main source for the worship of the eight *vidyā-rājas* in Chinese Buddhism is the *Damiao jingang jing* (T. 965), translated by Damoxina (Dharmasena) in the Tang dynasty.② The names of the eight *vidyā-rājas* are consistent in the *Damiao jingang jing*, *Gezan*, and an "esoteric practice illustration" found at Fazang si, but their directions, colors, and corre-

---

① *Tongyong qiqing yigui*: 473; T. 868p281c29 – 282a1. The *Tongyong qiqing yigui* also quotes a long section of the *Zhufo jingjie she zhenshi jing* at the beginning of the extant manuscript. See *Tongyong qiqing yigui*: 467 – 69; T. 868p280c26 – 281a19.

② The full title of this text is *Damiao jingang daganlu junnali yanman chisheng foding jing* 大妙金刚大甘露军拏利焰鬘炽盛佛顶经。

sponding bodhisattvas differ. For example, the *Damiao jing* identifies Trailokyavijaya (Chn. Jiangsanshi 降三世) as a manifestation of Vajrapaṇi (Jingangshou 金刚手), and associates him with the east and the color blue. In the *Gezan* he is instead a manifestation of Vajragarbha (Jingangzang 金刚藏) and corresponds to the southeast. The illustration also places him in the southeast, but identifies him as a manifestation of Samantabhadra and describes him as blue-black in color. ①Luo Zhao asserts that even if there are minor discrepancies in the eight *vidyā-rājas* of the *Damiao jingang jing* and *Gezan*, the former was still the main source for the latter. ② However, I would suggest that Dali kingdom Buddhists changed the set that came from Tang-Song territory to develop a regional esoteric system.

The set of eight *vidyā-rājas* in the *Gezan* does match other sets from Yunnan and Sichuan: cave six at Shibao shan, located in the Jianchuan region northwest of the Dali Plain, depicts the same eight *vidyā-rājas* arranged around the central buddha Vairocana in the same configuration as the *Gezan*. ③ The Southern Song *Chongguang shuilu fashi wuzhe dazhai yuqie mijiao diyi tan* 重广水陆法施无遮大斋瑜伽密教第一坛, written by the Emei shan monk Shi Zujue 释祖觉, contains the same set of eight *vidyā-rājas*, as do two texts used by *azhali* 阿吒利 (Skt. *ācārya*) ritual masters in modern Jianchuan. ④Hou Chong interprets this consistency as a sign of Dali Buddhism's Chinese provenance. He argues that the eight *vidyā-rājas* must have reached Dali from neighboring Sichuan, a region that by the Song dynasty had a developed esoteric tradition (as the Dazu grottoes show). It is possible that this set of "brilliant kings" entered Dali from Chinese territory, as did many other elements of Dali-kingdom Buddhism. However, Buddhists in Dali might have embraced this set more than Buddhists in Sichuan. After all, these eight *vidyā-rājas* survive in four sources

---

① For a comparison of each set of eight *vidyā-rājas*, see the table in Hou, "Dali guo xiejing yanjiu," 58. Also see *Tongyong qiqing yigui*: 531; T. 965p340c14 – 17.

② Luo Zhao, "Jianchuan shiku Shizhong si diliuku kaoshi," in *Baizu wenhua yanjiu* 2002, edited by Zhao Yinsong (Beijing: Minzu chubanshe, 2003), 388.

③ Hou, "Dali guo xiejing yanjiu," 58.

④ Ibid., 59.

from Dali, but only one from Song China. The inclusion of another set of eight *vidyā-rājas* in the Fazang si illustration suggests that these figures were particularly important in Dali-kingdom Buddhism. It is likely that the eight *vidyā-rājas*, like the god Mahākāla, were seen as lending special protection to Dali kingdom territory because they were not as prominent in Song-dynasty Buddhism. The distinctive set of eight *vidyā-rājas* thus represents (and constitutes) the distinctive esoteric pantheon of the Dali kingdom.

Taken together, the *Tongyong qiqing yigui* and *Gezan* illuminate the ways in which Dali-kingdom Buddhism drew on esoteric ritual from Tang China and hint at the distinctive aspects of Dali-kingdom Buddhism, particularly its different pantheon. The *Zhu fo pusa jingang deng qiqing yigui* shows the distinctive pantheon of Dali-kingdom esoteric ritual even more clearly.

Zhu fo pusa jingang deng qiqing yigui

The *Zhu fo pusa jingang deng qiqing yigui* is much longer than the *Tongyong qiqing yigui*, and contains esoteric rituals for the various buddhas, bodhisattvas, and vajra beings mentioned in the title. Its rituals primarily consist of mantras, mudras, and visualizations for invoking these holy beings. Unlike the *Tongyong qiqing yigui*, the *Zhu fo pusa jingang deng qiqing yigui* manuscript has a date, year eight of the Baotian 保天 reign era, which corresponds to 1136. It also has an author, Shi Zhaoming 释照明, whose secular name was probably Yang Yilong 杨义隆 or Yang Junsheng 杨俊升.[①] However, Hou Chong notes that part of the text lacks red marks and has a different calligraphic style that he identifies as similar to that of Ming manuscripts. He has concluded that most of the manuscript comes from the Dali kingdom, but that some sections date to the Ming dynasty.[②] Currently most of the manuscript is held in the Yunnan Province Library, with some pages in the Yunnan Province Museum.

The length of the *Zhu fo pusa jingang deng qiqing yigui* means that it will re-

---

[①] Hou, "Dali guo xiejing yanjiu," 23.
[②] Ibid.

quire extensive study to be fully understood, but even a cursory examination of its contents sheds light on Dali-kingdom esoteric Buddhism. Most of the buddhas, bodhisattvas, and deities in the *Zhu fo pusa jingang deng qiqing yigui* are familiar figures that were also popular in Tang and Song Buddhism. The text contains rituals for the buddhas Vairocana, Maitreya, and Bhaiṣajyaguru; the bodhisattvas Avalokiteśvara, Samantabhadra, and Mañjuśrī; and the dharma guardians Maheśvara, Mārīcī, and Ucchuṣma. Descriptions of rituals do not include the preparations found in the *Tongyong qiqing yigui*, which describes a ritual sequence from beginning to end. Instead, the *Zhu fo pusa jingang deng qiqing yigui* appears to be a manual from which a practitioner could select the ritual appropriate to a particular occasion or deity. The rituals themselves closely resemble the rituals of invocation prescribed in the *Tongyong qiqing yigui*, as the section on Maitreya shows:

Steps for Inviting the Worthy Buddha Maitreya

First the text for inviting the buddha. Next the mantra and mudra for the protection of the three vajra beings. Next transform the throat and palm. Next the mantra and mudra for universal obeisance. Next the mantra and mudra for giving rise to the thought of enlightenment. Next form the mantra and mudra of the crescent moon and full moon. The visualization is the same. Next invite the Holy Lord. First imagine that within your own heart is a red *xi* letter that transforms into a lotus flower. Imagine that within the flower a white *a* letter becomes a great white lunar disc. Imagine that within the disk a green *miyi* character transforms into the worthy *tathāgata* Maitreya. Form the mantra and mudra of invitation three times. Mantra: *yi xi ji po he qie yi mi yi ju ye ye suo he yin.* Mudra: place your palms together, slightly bending the thumbs and pointer fingers. Place the pointer fingers on top of the thumbs. Point the thumbs inward three times. The mantra is the same as before. [1]

---

[1] *Zhu fo pusa deng qiqing yigui*, in *Dali congshu. Dazangjing pian* vol. 2, 54 – 55; see also Hou Chong, "Dali guo xiejing yanjiu," 24. The text includes Sanskrit letters for the mantra and visualizations, but I have not yet been able to decipher them.

Though the *Zhu fo pusa jingang deng qiqing yigui* does not directly quote from Tang esoteric texts as much as the *Tongyong qiqing yigui*, it does include passages that supplement and overlap with Tang sources. For example, its section on the "Nation-Protecting Prajñā Buddha Mother" (*huguo bore fomu* 护国般若佛母) draws from and supplements three texts centered on Bukong's version of the *Renwang huguo boluomiduo jing* 仁王护国波罗蜜多经 (hereafter *Renwang jing*): the *Renwang jing* itself (T. 246); Liang Bi's commentary, the *Renwang huguo boreboluomiduo jing shu* 仁王护国般若波罗蜜多经疏 (T. 1709); and a *dhāraṇī* ritual text whose translation is attributed to Bukong, the *Renwang huguo bore boluomiduo jing tuoluoni niansong yigui* 仁王护国般若波罗蜜多经陀罗尼念诵仪轨 (T. 994).

In the first case, the *Zhu fo pusa jingang deng qiqing yigui* condenses a section from the *Renwang jingshu* about the god Vajrapāṇi. The commentary reads:

> According to the scripture, "The bodhisattva Vajrapani of the east holds in his hand a vajra pestle that emits blue-black light. He protects the country along with the bodhisattva Four *Koti*." Commentary: Vajrapāṇi, based on the Sanskrit volumes of the *Jingangding yuga jing* held by the Tripiṭaka [master], means both resolve and expedience. Based on that scripture, the five bodhisattvas manifest their forms differently depending on the two kinds of wheels. First, based on the dharma wheel they manifest their true forms because those are the forms they obtained through their vow of cultivation. Second, based on the teaching wheel they display wrathful forms because ferocity manifests from great compassion. This Vajrapāṇi is the bodhisattva Samantabhadra. His hand holds a vajra pestle, which symbolizes that correct wisdom is like a vajra. It can cut off the subtle obstacles of "self" and "phenomena." When he manifests himself based on the teaching wheel, he is the wrathful Trailokyavijaya with four heads and eight arms. He subjugates the demon armies of Maheśvara, the deity of great freedom. This regulation is because they injure the correct dharma and harm living beings. The fact that [his vajra] emits blue-black light shows

that he can dispel the various demons. Together with the Country-Upholding God-King of the East, he has limitless *gandharvas* and *piśācas* as his followers. ①

The underlined sections in this passage are those that also appear in the Dali ritual text: "The bodhisattva Vajrapāṇi of the east is an avatar of the bodhisattva Samantabhadra. His vajra pestle symbolizes correct wisdom. It emits a blue-black light that cuts off all subtle defilements. He is an avatar of the wrathful Trailokyavijaya." ②

In addition, a*dhāraṇī* given in the *Zhu fo pusa jingang deng qiqing yigui* matches a *dhāraṇī* from the *Renwang jing*. The latter text gives the full *dhāraṇī* as follows:

jñāna-pradīpe akṣaya-kośe pratibhānavati sarva-buddhāvalokite yogaparini ṣ panne gambhīra-duravagāhe try-adhva-arini ṣ panne bodhi-cittasaṃjānāni sarvābhiṣ ekā-bhiṣ ikte dharma-sāgara-sambhūti amoghaśravaṇe mahā-samantabhadra-bhūmi-niryāte vyākaraṇa-pariprāptāni sarva-siddhanamask ṛ te sarva-bodhi-sattva-samjānāni bhagavati-buddhamāte araṇe akarane araṇakaraṇe mahā-prajñā-pāramite svāhā. ③

In the *Zhu fo pusa jingang deng qiqing yigui* only the first syllables of each term appear (indicated by underlining), making the abbreviated *dhāraṇī* "*jñā a pra sa yo gaṃ trī bo sa dha a ma vyā sa sa bha araṇe karaṇe araṇa karaṇemahā prajñā pāramitā svāhā.*" ④

Finally, the *Zhu fo pusa jingang deng qiqing yigui* describes and gives an

---

① T. 1709p515c19 – 516a2.

② *Zhu fo pusa jingang deng qiqing yigui*, 122.

③ T. 246p843c25 – 844a9. The *Renwang jing* in the Taishō only transliterates the *dhāraṇī* in Sinitic script; the Sanskrit reconstruction comes from Hatta Yukio via Charles Orzech, *Politics and Transcendent Wisdom: The Scripture for Humane Kings in the Creation of Chinese Buddhism* (University Park, PA: Pennsylvania State University Press, 1998), 269.

④ *Zhu fo pusa deng qiqing yigui*, 123.

illustration of a nation-protecting character wheel that closely matches the description in the *Renwang huguo bore boluomiduo jing tuoluoni niansong yigui* 仁王护国般若波罗蜜多经陀罗尼念诵仪轨（T. 994）, which Bukong translated.① This further demonstrates the correlation between Dali-kingdom Buddhism and Tang esoteric Buddhism, as well as Dali rulers' particular favor for the *Renwang jing* tradition.

If the *Zhu fo pusa jingang deng qiqing yigui* shows that the form of esoteric ritual in Dali-kingdom Buddhism drew heavily on Tang models, it also shows the distinctive aspects of the Dali kingdom's esoteric pantheon. At least one of its deities, the Yakṣa of Great Peace（Da anle yaocha 大安乐药叉）, does not seem to appear outside of Dali, but he appears in multiple sources from the Dali kingdom. The Yakṣa of Great Peace is one of Mahākāla's seven forms in the *Dahei tianshen daochang yi* and he is the central deity in frame 122 of the *Fanxiang juan*. The *Zhu fo pusa jingang deng qiqing yigui* devotes considerable space to him: the three sections on the Yakṣa of Great Peace take up sixteen pages in the manuscript reproduction, while most deities' sections take up fewer than ten pages.②

In each of the Dali-kingdom sources that include the Yakṣa of Great Peace, he appears as a wrathful dharma guardian. His iconography in the *Fanxiang juan* closely matches his description in the *Dahei tianshen daochang yi*, and the *Zhu fo pusa jingang deng qiqing yigui* includes in his section invocations of the wrathful gods Mahākāla, Yamāntaka, and Kuṇḍali, among others.③ This consistency shows that the Yakṣa of Great Peace belonged to the larger system of Dali-kingdom Buddhism, and suggests that the Dali court looked especially to esoteric dharma guardians for the distinctive members of their pantheon.

---

① Hou Chong, *Dali guo xiejing yanjiu*, 25; *Zhu fo pusa deng qiqing yigui*, 122 – 24; T. 994p519b1 – 19.

② *Zhu fo pusa jingang deng qiqing yigui*, 177 – 93.

③ *Zhu fo pusa jingang deng qiqing yigui*, 185 – 86; *Dahei tianshen daochang yi*, 419 – 421.

Conclusions

Rulers of the Dali kingdom looked primarily to Tang esoteric Buddhism for strategies of politico-religious legitimation, but presented their Buddhist tradition as coming directly from India. I have argued elsewhere that this stemmed from Dali's position in relation to both China and India: Chinese records label Dali rulers as "barbarians" who could not compete in the realm of Chinese culture, but Dali's proximity to India meant that its rulers*could* claim superiority in the realm of Buddhism. A cursory overview of the *Tongyong qiqing yigui* and *Zhu fo pusa jingang deng qiqing yigui* shows how the Dali kingdom's esoteric ritual texts fit into this strategy. The major ritual forms come from Tang Buddhism, but the Dali court invoked deities-or sets of deities-that could offer special protection to their regime.

It is not a coincidence that most of the distinctive members of the Dali-kingdom esoteric pantheon are wrathful dharma guardians, vajra beings, and *vidyārājas*. Such beings outnumber the more benign buddhas and bodhisattvas, and their identities could be more flexible. Mahākāla exemplifies this phenomenon: his relative lack of prominence in Chinese Buddhism meant he could serve as a guardian to the Dali court. The *Tongyong qiqing yigui* and *Zhu fo pusa jingang deng qiqing yigui* show that the same process occurred in more clearly "esoteric" ritual texts: they, too, drew mainly from Chinese sources, but included deities that distinguished Dali court Buddhism from that of its Chinese neighbors.

(Megan Bryson, University of Tennessee, Knoxville)

关于《大黑天写经》残卷的几个问题

陈亮旭

内容提要：大理北汤天董氏祠堂发现的《大黑天写经》残卷，或称《大黑天仪轨》《大黑天神仪轨》，《大理丛书·大藏经篇》以《大黑天神与白姐圣妃仪赞》命名后公诸于世，但文有错简。残卷以长行与偈颂体间杂，共有24节，分属四大部分，全篇7000余字。其中第一部分为第1节至第7节，说"摩诃迦罗七现"，即大黑天的七种化身。第二部分为第8节至第16节，其中第8节说"赞扬白姐圣妃"，第三部分为第17节至第23节，说净水、供食、忏悔等法。第四部分为第24节至第25节，说辟支罗汉、大黑天赞仪。

关键词：大黑天　白姐圣妃　仪轨

1956年8月，在大理白族自治州原凤仪县城东南的北汤天董氏宗祠内发现了一批南诏、大理国时期的写经，为研究南诏、大理佛教的重要的资料。这批资料分别收藏于云南省博物馆、云南省图书馆、云南省社科院等单位，一般人难以见其真容。直至四十多年后，这些经卷才被收入《大理丛书·大藏经篇》，公开发表，读者才得以一睹其庐山面目。这批写经中有一部关于大黑天的残卷，被编者命名为《大黑天神与白姐圣妃仪赞》，收入第一卷中。

关于这部写经残卷，李玉珉先生在其《南诏大理大黑天图像研究》（载台北《故宫学术季刊》第十三卷第二期）一文中说："经卷的全文迄今仍未发表。一九九三年笔者赴云南收集研究数据时，在昆明云南省省立图书馆中，很偶然地发现数页董氏家祠所出的大理国残经。这几张经页非常残破，不相连续，部分字迹磨损，已不可识。它们既无标题，又未编号,也从没有被研究南诏大理写经的学者提及。依它们的内容观之,这些残页当是大黑天仪轨的一部分,今暂称该经为《大黑天仪轨》。"① 此后,侯冲、张锡禄所说的《大黑天神仪轨》,② 应即此写经残卷,"大黑天"与"大黑天神",仅一字之差,不过惯加一"神"字而已。

这个写经残卷,在收入《大理丛书·大藏经篇》之前,我无缘看到原件,而且在出版多年以后,我才有幸看到书中的影印件。虽然我所见到的是影印件,但除少数字迹模糊,难以判断、标点外,绝大部分还是清晰的。当年李玉珉看到的写本"非常残破,不相连续,部分字迹磨损,已不可识",而且"它们既无标题,又未编号",所以他在引用时,也难免有些错误,包括文字和标点,这是可以理解的。即是现在正式出版的影印本,其中也还有一些难以判定的字、词,甚至互不连贯的文句。因此,我不认为我所点校的就没有错误,就符合原意,其中也难免有错误,还有可能存在理解上的问题。

至于其定名,我认为《大黑天仪轨》是较为合理的,也符合该写经的体例。但我现在录入、标点、校勘所依据的是《大理丛书·大藏经篇》第一卷,既然已被命名为《大黑天神及白姐圣妃仪赞》,还是名从影印本为好。不过,为了论述的方便,亦为节省字数,本文一律简称为"大黑天写经"。

(一)《大黑天写经》残卷的体例和内容

《大黑天写经》残卷的体例,一般是一段文字后接一首颂偈,各节的颂偈大多为七言八句,唯第 16 节"虚疑妙刹"有 30 句,第 18 节"界趣圣神"则多达 78 句,而第 19 节"召资下凡鬼趣"则为五言,共 20 句。第 21 节至第 23 节则无颂偈,内容也有所不同。据此,我大体上将其分为 24 节,并归为四大部分。通过标点校勘,全篇 7000 余字。现将其基本面目和内容简介如下:

第一部分,第 1 节至第 7 节,为"摩诃迦罗七现",即大黑天的七种化身。无独有偶,《大理国描工张胜温画梵像卷》(以下简称《梵像卷》)中,第 116 开至第 121 开,有 6 尊迦逻神,背后现火焰光,除第 121 开名

---

① 李玉珉:《南诏大理大黑天图像研究》,《故宫学术季刊》(台北)第 13 卷第 2 期。
② 张锡录:《大理白族佛教密宗》,云南民族出版社 1999 年版,第 158 页。

为"金钵迦罗神"而外,其余均无题名。加上第122开"大安药叉神"(背后无火焰光),一共七位。这七个化身,是否就是《大黑天写经》所说的七现迦逻神呢?因为后面第124开正是"大圣大黑天神",这样加起来就有八位,多出一位。

第一个化身是"殊盛迦罗",由于开头残损,部分文字阙失,只剩"勇气见闻,始登妙觉,知会今契真如"三句解释性文字和八句七言颂偈:

殊盛迦罗大黑天　七形圣主最为先
内融佛性仁慈智　外现神威勇猛权
身遍太虚何所际　心包法界广无边
利生除疫洪恩德　赫赫毫光遍大千

这应是大黑天神本身,即《梵像卷》第124开中的"大圣大黑天神"。不过,在仔细察看、对比和分析后,我觉得第116开所绘之像,即七像之第一像。当然,究竟是116开,还是124开,这个问题还可以讨论。

第二个化身是安乐迦罗。

"周法界,融一真,权化安乐药叉之相……内含法性慈悲,外现天神勇猛。身垂臂六,面示目三,左上手持钺斧而电光,中戟叉,之下慧剑;右上手执持层鼓而雷响,中罥索,之下髅盃;足踏七星,裙披一虎。"标题为"安乐迦罗",释文则为"安乐药叉",颂偈亦有"二现安乐药叉神,荡荡雄容利物人"的文字,说明"安乐迦罗"就是"安乐药叉",也就是《梵像卷》中的"大安药叉神"。当然,文字描述与画卷上的形象还是有一定的差别,并不完全相似。

"药叉",亦名"夜叉"。南朝梁代三藏法师僧伽婆罗译有《二十八夜叉大军主名号》,唐代不空亦译有《二十八药叉大将名号》一卷,另外,唐代三藏法师义净奉制译《正了知王药叉眷属法》中亦有二十八部药叉名号。名号所用字虽有不同,但读音基本相同。以上三种均收入《新纂卍续藏经》本。我参与大藏经的点校时,曾点校过这几篇,故印象深刻。以前看古典小说,以为"夜叉"就是凶神恶煞一类,其实错了,他们是"守护十方国土"的大将,"能于十方世界,覆护一切众生,为除衰患厄难之事。"①

这一节中有几个字，用的是同音字，如"钺斧"作"越斧"，"披"作"皮"，"增"写作"曾"等，已随手改正，并在校记中说明。

第三个化身是日月伽罗，其形象为："面张二眸，身垂四臂，左上托日智，下持骷髅之盃；右上捧月轮，下牵戟枪之杖。四臂主四时之气，三目显三才之流。日乌足有三智关，月兔魄具五色光。"颂曰："大虚日月光明天，三现伽罗佛性圆"。这些文字似与《梵像卷》中的形象对不上号，比如四臂的仅有119开，但是手中持物却不同，其他的像也没有手持日月的比较相似。经过反复研究，我觉得以118开的三只脚或许能够代替"日乌足"的形象。

第四个化身是金钵迦罗，其形象为"首分三面，体具一身；面各三眸，身同六臂。左上手持铃而传三界，中螺杯而下弓；右上手持杵智而动十方，中螺杯亦而下箭。一龙捧座，二足揌莲。"残卷文字与《梵像卷》第121开所绘"金钵迦罗神"还是吻合的。

李玉珉氏说："'梵像卷'金钵迦罗神的图像特征与仪轨所载完全一致，金钵迦罗当是大黑天的变身无疑。……仪轨提到此神腾拳挥杵，可以息战除灾，所以祂可视作一名战斗神。"这是对的。但接下来又说："另外，此仪轨又称此神为'冡间之圣'，并言其于阴府具'判生死权'，所以当大黑天化现为金钵迦罗神时，它又具有冥府神的身份。"这明显是错误的。因为后一段的开头"冡间迦罗"四字又残缺，恰与前面的金钵迦罗相连，故被误认为是金钵迦罗的文字。

第五个化身正是"冡间迦罗"，其形象为"面示三眸，身垂八臂，左上手持尺而中印，次索，下柳枝；右上手持铎而中印，次铃，下盂钵。体钏蛇腹，足踏象猪。"其职能是"阴府判生死权，大黑冡间之圣；正觉场圆四理，示普光明殿之天。""超升亡者魂灵，""起死回生，统御冥司"。故又称为"冡间大圣伽罗天""冡间天神"。他的这个形象，"八臂顿除于八邪，三眼常观于三密。猪乃五智，文殊空寂无生之现；象则万行，萨埵真照不灭之源。"这一形象描述与《梵像卷》所绘亦有明显的不同。是118开还是119开？待考。

李玉珉说："'梵像卷'保存了四幅大黑天的图像，足见大黑天信仰

---

① （唐）义净译《正了知王药叉眷属法》，《新纂卍续藏经》第2卷，第839页上。

在大理国时期已十分重要。值得注意的是，其中'大安药叉神'和'金钵迦罗神'的图像特征与《大黑天仪轨》这部残籍所载的内容相近，说明这部典籍与大理国的大黑天信仰有着密切的关连。该仪轨特别提到，大黑天'七现七相'，显示大理国时期大黑天的图像至少有七种之多。除了上述二种之外，《大黑天仪轨》还提到四臂的日月迦罗、八臂的宝藏迦罗、以及另一种八臂大黑天的类型。"从这段话看，李氏似乎没有看到残卷的所有文字，未提及"殊盛迦罗"和"帝释伽罗"，而"另一种八臂大黑天的类型"，应即"冢间迦罗"。现在出版的《大黑天写经》残卷正好有7节文字，7个化身，比李氏所说的5种明显多出两个。另外，《梵像卷》也不止四幅大黑天的图像，而是有8幅。还有，这里说的"大黑天'七现七相'"，应即第25节"赞扬大黑天神仪当演"中的"一身七现，七相一分"两句，因为原抄本无标点，李氏将其读为"七现七相"，这并不难理解。

偈颂有"冥阳善恶丹书判，凡圣果因玉箸篆"的对仗句，"箸"错为"筋"，其实，"筋"即"箸"，指筷子。而"玉箸篆"是篆书的一种，清陈澧《摹印述》云："篆书笔划两头肥瘦均匀，末不出锋者，名曰'玉箸'，篆书正宗也。""玉箸篆"与"丹书判"对应，据改。

第六个化身为帝释伽罗，"金阙一身，玉躯二臂。右手执吉祥之宝印，左手伸童子之圣人。印掌泗州，率土之滨，人证三会龙华之果。"其形象与《梵像卷》的117开相似。而《梵像卷》的8个迦逻像之中，具有双臂的也唯有此像。"泗州"为地名，而这里说的应是四大部洲，故点校时将"泗州"改为"四州"。

第七个化身是宝藏伽罗。"勇金刚气清锐，乃护城宝藏之天神；真佛性心圆，即法界玄门之地位。奋勇风雷扫千障，护国护民。大狮象除万魔，作威作福"。其形象为"身垂八臂，面现三眸。左上持杵而中轮，次弓并下索；右上手执剑而中轮，次箭及下叉。""三目观三界，八臂安八方。""足食足兵，息天下之干戈；除瘟除疠，绝人间之涂炭。"显示出大黑天息干戈、除瘟疫的无边法力，应是《梵像卷》之120开。其颂偈曰："摩诃宝藏护城坚，七现迦罗像已圆。"至此，7个形象全部出现，而不是李氏所说的只有5种。

第二部分，第8节至第16节。

第8节为"赞扬白姐圣妃"："献明珠，感佛果，乃娑伽海女也；真仙助，猛圣助，龙华实弥勒化。"讲的是其出身，即《梵像卷》123 开之"大圣福德龙女"。而末后的颂偈曰："赤□迦罗大圣妃，懿名白姐吉祥微"，说明她是大黑天的圣妃。"龙华会上无为位，秘密坛中有色威。曾献明珠铭佛念，已登道果助神机。参随窈窕诸天女，云集光临绕圣图。"全篇 24 节，专门叙述白姐的仅此一节，似与篇名《大黑天神与白姐圣妃仪赞》不大相称。

需要说明的是，"白姐圣妃"的"妃"字，钞本一律写作"妃"。这个"妃"字，现在的读音作"葩"，而这里明显应为"妃"。钞本为什么这样写，对不对？经查对古体字，发现"妃"的异（俗）体字为"肥"字下面一个"女"字［肥/女］，写本可能减去肉旁，把女字旁上提，与"巴"合成为"妃"—"妃"的简化字。我猜测，这个［肥/女］的"妃"字，很有可能是唐人造出来的俗字，理由有二：一是唐代以肥胖为美，二是杨贵妃就是典型的丰腴型美女，所谓"环肥燕瘦"是也。所以，这个"妃"字不能读奇葩的"葩"，而应读贵妃的"妃"，故改为通行字。

第 9 节为"中围伴绕"。"阳为神，阴为鬼，二气乃天地间之造化；听弗闻，视弗见，一无终始际之体遗。发现乎四时气候之端，化生乎万物情之理。神鬼交泰大密会，阳阴……"此段文字开头有阙，"阳为神"三字系依照文意补。"大黑中围教外传，阴阳会合自玄玄。四三主圣迦罗化，廿八伴从神鬼旋。""四三主圣"即迦罗的 7 个化身，主要描述的是二十八侍从伴绕。

第 10 节为"十方善神仪当演"，仅存下半边"法王释、帝释因陀罗、摩诃迦罗天、二乘二权众"等四位，而上半部分阙，遗失"八位圣众"的另外四位。此外，这里似乎还有阙文，按照其他段落（节）的行文，末后为"加持□□真言"，而这段后面恰有"加持献宝花座真言"，"加持散花真言"两段，故疑有阙，惟其没有更多的证据，只能存疑。

第 11 节为"守护结请本尊仪当演"："毗卢密祖元流芳，教外真传最上王"讲的是大日如来，即毗卢遮那佛。

第 12 节为"加持咒水"："绕池妙水，元自一勺之多；密教真言，最乘半字之少。""六道沾时阶十地，四生沐处契九天，同证三藐三菩提，了明无为无上道。"

第 13 节为"五智花敷"。"五佛巍巍正法王，花开五智自芬芳。大空地水火风体，中统东南西北方。"

第14节为"广施无遮"，"使一粒遍十方之大众……济甘露法乳，令一滴沾万有之多。"由于部分文字缺失，很难标点。要为"溥天皇土食为先，万物生灵本亦然。"万物生灵都以食为天，故须"广施无遮"，也就是要"一粒普施周法界，广资水陆悉均霑。"

第15节为"密宗究竟"："警觉圣贤，了明闻见，教外别传"。"教外别传大密宗，有人参问此家风。众生戏舞升平世，诸佛欢歌……"

第16节为"虚疑妙刹"："虚疑妙刹中，交感三千大千之圣贤；湛寂大空里，包百亿万亿之神灵。不分三部十方，宁论四乘之地，见闻感格，知觉来临，五体投地，一心奉请。"此节的偈颂有30句之多，除"毘卢舍那薄伽梵，地藏势至与观音。一百八佛海会来，七十二贤圣劫尊。八化佛顶五如来，三十七尊四护世"之外，尚有"八万金刚莲花族，二十八部诸药叉。尘刹去今及未来，十方三世一切佛。"而"三密金刚三族母，八大明王八明妃"，则表明一个金刚配一个族母，每个明王都配有一个明妃。

第三部分，第17节至第23节。

第17节为"沥水供养"："食充鬼魅饥虚若，物献佛身相好光。"

第18节为"界趣圣神"：文字不多，但天神地祇，阴间阳间，包罗万象。而颂偈则长达78句，内有"白姐圣妃诃梨帝"。这里首次提及白姐圣妃就是诃梨帝母，与"摩诃迦罗大黑天"相配成对，其名同样也是"唐梵并举"。

第19节为"召资下凡鬼趣"："三十六部幽魂，闻召而雾集；八万四千饿鬼，知摄而云趋。……自兹皆发菩提心，咸蒙解脱；从此顿明本自性，总悟真空。"三十六部幽魂，八万四千饿鬼，闻召而来，雾集云趋："瞻仰施食人，犹如于父母。"

偈颂为五言，共20句。

第20节为"发心勤力"："开发三心，凭三种而修大善；竭勤二力，仗二门而结良缘。"七言偈颂有25句汉字，另加一句梵文。

第21节为"赈济法食"："无遮法食，所请有情，周遍普霑，飞腾罗网……鬼神未受者今受，未足者领足，思食者受食，思水者受水，思火者受火，饥者与食，渴者与饮，暗者与光，寒者与温，热者与凉，贫者与财，苦者与乐，尽虚空界，无边遍匝，受一点者得甘露味。既得沾者，所有罪障悉皆消灭，一切苦恼终不着身。善心增多，恶心自除，欢喜快乐，寿命长远，早超苦海，速证无上证等菩提……未发无上菩提心者，想长发心已发心者，愿早成佛！愿早成佛！愿早成佛！"

第22节为"普伸忏悔"："凡夫识昧，侧度圣贤，虽遍周而未能普霑周，恐留滞招无由尤罪，或修行之此心奔散于尘寰，或禅想之意起非于妄境。仰凭十力，有漏罪除，翘望三烦恼寂灭，悟真空八正之理，得无为于三密之中。在生而福智自圆，来世则道果成就。利益群品，霑者四生，共脱沦沉，永出苦海，速证无上正等菩提。"

第23节为"均食普周"："单多法食一粒，遍于十方；不二教门三斛，施于万类。渴饮者由生道而归佛道，饥食者自凡身而证法身。"

以上三节，均无颂偈。

第四部分，第24节至第25节。

第24节为"辟支罗汉"，影印本文与上一节紧连，如不注意就会视为一节。仅从"中小二乘同进趣，观花飞锡乐金田"两句偈颂和"加持辟支罗汉真言"结句，知有此一节。而前文"伏愿万有千流蒙饶益，了明自性乾坤；四生六道尽超升，总认本来面目。"应是"修菲供""修斋"之内容，与偈颂不相连续。惟其文字阙失，难以确定。

第25节为"赞扬大黑天神仪当演"："□身实佛，大黑于太虚以立名，勇猛权神，迦罗依□□性而成像。外现天神［梵文二］纳须弥，内实毘卢遮性含大地。形容忿怒，扫除外道天魔；心地慈悲，指示□□莲境。圣中最圣，乃十方三世之至尊；天上极天，实六道四生之正主。一身七现，七相一分……"

写经残卷至此终了，但文意似未结束，疑后面尚有阙文。

关于这个写经残卷，基本面目大体如此。

（二）《大黑天写经》可能存在错简、阙文

标点校勘结束以后，笔者拟就大黑天与白姐圣妃的关系写一点文字，但在上网搜查有关的参考文章时，发现侯冲整理的《大黑天神道场仪》，与《大理丛书·大藏经篇》出入较大。难道有两个写本？但是，从侯冲在前面的说明文字看，则应是同一个写经残卷。

比如，原属最后一节，即第25节"赞扬大黑天神仪当演"中的一段文字，在侯冲整理的《大黑天神道场仪》中已被提到卷首："麟角唱□□

如来会羊车演教，果超诸漏，识照皆空。闻声及第于鹫峰，授记登科于鹿苑。自他俱利，吞日月之九转丹眨煌德有光，吸烟霞之五明学论。种善根于诸部之称上首，受佛嘱于四众之绕世尊。面奉一毫光，耳聆金口语。"

而原第10节"十方善神仪当演"，仅存下半边，我点校时就疑其有阙，唯其没有更多的证据，只能存疑。后来看到侯冲整理的《大黑天神道场仪》，其最后一节为"十方善神仪当演"，但文字却完全不同，在目前出版的《大理丛书·大藏经篇》中也没有这一段，想来必有所本。唯其不同，故将这一段文字移录在下：

夫十方者，扶正之理，守护之功。域民不以封疆为界，有德则来；海众尽列华藏之都，无察则往。东方憍尸迦天，东南方火天仙神，南方阎魔罗法王，西南方罗刹□女，西方缚鲁那龙王，西北方风神王，北方宝藏大神众，东北方大自在天王，上方大梵天王，下方坚牢地神众，各镇八方，居尊十地。咸垂卫佑之恩，广布慈仁之德。消除于不恻障本，增长于无限福源。夫妇和偕，子孙吉庆，六畜繁衍，五谷丰登。水火盗俱枥，蛊魔而荡散。□求遂意，凡望随心。

十方世界总包罗，分守封疆自不过。
上下四隅皆有主，物人万像是谁何？
权舆天地资国界，衡鉴密围宰敌魔。
甚幸真容云雨格，维持救法乐单多。
加持十方善神真言

上来赞扬法会上大黑中围八位圣贤，七形神众，降临坛墠，允应凡忱，布法延龄利益，了悟甚深奥旨，□趋竟法门，拯拔幽阳，增修福智。二时终
（下残）

侯冲所录经文至此完结。

由此看来，我觉得目前出版的《大理丛书·大藏经篇》可能存在有错简，而且还有阙文等情况。不过，作为一般读者，是难以看到原件的，只能由有关方面出面，到省图书馆、省社科院等查对，以便校勘、

补正。

已经出版的《大理丛书》影印本之"赞扬大黑天神仪当演"一节末尾,的确有"独觉辟支果地前,顶中化火便身焚"的偈颂,而独觉辟支何以厕入"大黑天神仪"中,这是值得怀疑的。同时,现在的"独觉辟支"一节的偈颂,仅存"中小二乘同进趣,观花飞锡乐金田"两句,而"大黑天神仪当演"结尾却只有6句偈颂,与这两句拼在一起,恰恰凑成一首完整的偈颂,平仄、韵脚和词意皆协和,可补阙遗。不过,值得可疑的是,为什么《大黑天神道场仪》不以大黑天为首,而将"独觉辟支"置于卷首?难道"独觉辟支"亦属于迦逻之化身?再从侯冲录文之"大黑中围八位圣贤"一句看,"独觉辟支"确属迦逻的化身之一。但是,我们今天见到的"大黑天写经"中,却只有"一身七现,七相一分"的说法。因此,"大黑天写经"存在的问题还真不少,值得进一步深入研究。

(三)《大黑天写经》的创作和抄写年代

至于其创作和抄写年代,我认为李玉珉先生所说的:"凤仪北汤天董氏家祠所发现的《大黑天仪轨》是由汉文书写,遣词用句相当讲究,文句优美而流畅,该书作者的汉学造诣甚高。""这部《大黑天仪轨》以汉文书写,却不见于汉文藏经,推测是一部在当地撰译的佛典。"应是对的。

侯冲说:"因为两个断卷尽管字体同一风格,但前一部分为《大黑天神道场仪》,有朱笔批点,后一部分为《广施无遮道场仪》,无批点。宗密撰《圆觉疏》除现存写本残缺一页而缺160字外,内容前后一贯。故可以推断本科仪与《广施无遮道场仪》的抄写年代,比大理国写本宗密撰《圆觉疏》要稍早。"

关于这个写本残卷的名称及产生背景、年代、作者等,前人多有论述。但是,在对大黑天神何以成为白族的本主神,起源于何时?另外,对白姐崇拜的来源、背景、时代,都有待于深入的研究。另外,为什么在云南、在大理白族地区会出现这样的本主神崇拜?产生的原因是什么?对此,我拟写专文作答,本文不再展开论述。

附录：《大黑天神及白姐圣妃仪赞》

大黑天神及白姐圣妃仪赞①

一卷，写于《大方广圆觉修多罗了义经》背面，首尾残缺。大黑天神和白姐圣妃均为大理国时期白族密宗崇拜的重要神祇。

本卷受雨水浸渍，一部分字迹已看不清。②

勇气见闻始登妙觉　知会今契真如。
殊盛迦罗大黑天　七形圣主最为先
内融佛性仁慈智　外现神威勇猛权
身遍太虚何所际　心包法界广无边
利生除疫洪恩德　赫赫毫光遍大千
加持大黑主圣真言。

安乐迦罗

周法界，融一真，权化安乐药叉之相，现金刚，光大日，发明虚灵觉知之心，内含法性慈悲，外现天神勇猛。身垂臂六，面示目三，左上手持钺③斧而电光，中戟叉，之下慧剑；右上手执持层鼓而雷响，中罥索，之下髅杯；足踏七星，裙披④一虎，神威赫赫，普照于三千大千，堂堂圣相，广资于有色无色。三眼观三界之物，四牙咬四生之根；六臂果证六通，二足因□二气。掌人间之寿命，添六籍之星官。扫除外魔，卫护中围⑤国家，增⑥长龟龄鸿筭。人人□□□□□□□永无疆之福［禄］，陆仁被幽冥明。同证无上菩提，顿除有终烦恼。

---

① 校记：据《大理丛书·大藏经篇》第一卷影印本整理，原件无头尾，标题为编者所加。
② 校记：楷体字三行为原书题记。
③ 校记："钺"，底本作"越"，据文意改。
④ 校记："披"，底本作"皮"，据文意改。
⑤ 校记："图"字，或作"围"，下同。
⑥ 校记："增"，底本作"曾"，据文意改。

二现安乐药叉神　荡荡雄容利物人
尊像峥嵘魔胆碎　灵威赫奕世风淳
慈悲为念资幽显　方顺随机扫业尘
主宰寿龄增禄位　内融真智法王身
加持□□□□□

日月迦罗

真浩气，迥须弥，日月光明之大圣；妙法身，遍大果，花实秀之同时。体周法界难穷，毫光皎皎；心广太虚无际，空寂优优。面张二眸，身垂四臂，左上托日智，下智骷髅之杯；右上捧月轮，下牵戟枪之杖。四臂主四时之气，三目显三才之流。日乌足有三智天关，月兔魄具五光地轴。金刚现相，权揎有形无形；华藏光风，实分等觉妙觉。勇降贼寇，心含胆□，顿除强窃之徒；仁被冤亲，根净身清，解释我人之债。

大虚日月光明天　三现伽罗佛性圆
□□虚光周沙界　昂昂浩气护金田
□□□□□□□　□□冤俦混五娟
勇猛风威降贼寇　流源华藏一乘兰
加持日月天神真言

金钵迦罗

大黑池雄威现化，开金钵之迦罗；十华藏法性融身，实毘卢之清净。灌九龙于香水海，浩浩朝宗；护三宝于紫金田，恢恢卫法。首分三面，体具一身；面各三眸，身同六臂。左上手持铃而传三界，中螺杯而下弓；右上手持杵智而动十方，中螺杯亦而下箭。一龙捧座，二足揎莲。玉色光辉，皎皎心中之月；金容融混晃曜，巍巍海上之峰。六臂扫于六尘，三面消于三毒。九目观九有，一身清净一心。官非免狱形，灾害蠲苦恼。

黑池金钵大黑天　四现天神猛烈多

慧眼遥观尘界外　他心自摄寸方过
金钵绕座投香水　宝杵腾拳息戟戈
自此皆灾危荡尽　灵光晃曜遍娑婆
加持金钵天神真言①

冢间伽罗②

阴府判生死，权大黑冢间之圣；正觉场圆四理，示普光明殿之天。灵威勇烈宰冥阳，准绳善恶；浩气腾辉冲宇宙，刻纠威威休。面示三眸，身垂八臂，左上手持尺而中印，次索，下柳枝；右上手持铎而中印，次铃，下盂钵。体钏蛇腹，足踏象猪。八臂顿除于八邪，三眼常观于三密。猪乃五智文殊，空寂无生之现；象则万行萨埵，真照不灭之源。主伴重重，佛身刹刹，从寂起照而春生万户，自实分权而月映千江。超升亡者魂灵，明心悬□□□□起死回生。统御冥司，登十地之陛阶，衡与人沐九天之福。

冢间大圣伽罗天　五现神威显赫然
猛相辉辉冲宇宙　恩光浩浩育山川
冥阳善恶丹书判　凡圣果因玉箎③篆
蠢动含灵资性命　虚灵知觉妙金仙
加持冢间天神真言

帝释迦罗仪当演

□□□無上天，权帝释桓因之瑞相；旃檀林一真性，实毗卢遮那之法王。猛雄位列七神中，武威赫赫；善法堂尊之上帝，文相彬彬。金阙一身，玉躯二臂。右手执吉祥之宝印，左手伸童子之圣人。印掌四④州率土之滨，人证三会龙华之果。武勇起忿怒，而敌修罗之战；文仁示红视之尘，而保赤子之心。光教法于上乘大乘，该森罗于太极

---

① 校记：此行据李玉珉《南诏大理大黑天图像研究》一文添加。
② 校记："冢间伽罗"四字原本无，依文意加。
③ 校记："箎"，底本作"筋"，据文意改。
④ 校记："四"，底本作"泗"，据文意改。

无极。拔度生死，运化古今。□□□□九流，德被四生六道。俱沐太平之域，咸歌极乐之天。

　　苍穹帝释提桓因　　六趣迦罗上圣神
　　妙相巍巍登紫阙　　仁心荡荡广红尘
　　宝盖璎珞光三界　　绣扆□□等万因
　　降服邪魔归正觉　　玉清玄境乐天真
　　加持帝释天神真言

宝藏迦罗仪当演

勇金刚，气清锐，乃护城宝藏之天神；真佛性，心圆融，即法界玄门之地位。奋勇风雷扫千障，护国护民；大狮象除万魔，作威作福。身垂八臂，面现三眸。左上持杵而中轮，次弓并下索；右上手执剑而中轮，次箭及下叉。□捧金轮，座乘狮子。三目观三界，八臂安八方。轮莲□日月光辉，狮象□禽兽□烈。果因证五位六位，冥阳拔有情无情。足食足兵，息天下之干戈；除瘟除疠，绝人间之涂炭。睹摩诃迦罗七现，证毘卢海印三摩。

　　摩诃宝藏护城坚　　七现迦罗像已圆
　　佛体化身真最上　　神心融佛本无偏
　　法门八万余千教　　大密一多不二传
　　忿怒威光兵疫扫　　金刚莲月自玄玄
　　加持宝藏天神真言

赞扬白姐圣妃[①]

献明珠，感佛果，乃娑伽海女之真仙；助猛圣，助龙华，实弥勒化后妃之神母。华严大吉祥，白姐凤凰威仪，梵语［四字梵文］冰霜贞洁。阴阳二气，天地一如。头戴三龙，身垂二臂。龙分中辅弼，界统欲色无。左手安自心，指迷心明觉心之理；右手摩童颜，开肉光□空寂之门。时登云阙，蟾宫统嫦娥，证五通之果；际会鳌海，藏□

---

① 校记："妃"，底本作"妃"，据文意改。下同。

腾涛浪，作三会之尊。微德昭昭，毫光遍天上天下；威仪济济①，宝盖罩龙髻龙冠。侍从神童，参随彩女，资□□顿威生□，□色空悉会中围。

赫赫迦罗大圣妃　懿名白姐吉祥微
龙华会上无为位　秘密坛中有色威
曾献明珠铭佛念　已登道果助神机
参随窈窕诸天女　云集光临绕圣图
加持圣妃

中围伴绕

阳为神②，阴为鬼，二气乃天地间之造化；听弗闻，视弗见，一无终始际之体遗。发现乎四时气候之端，化生乎万物性情之理。神鬼交泰大密会，阳阴融混

上乘图。主尊三四化之圣威，伴绕二十八侍从。

夫五眼长子者，顶戴骷髅，左手叉戟截人头，右手乾陀翻铃口。七眼长子者，手执金刚钩器，足头踏［梵文三字］。东方大将者，牙啮口唇三齿印，手持腰鼓白螺杯。南方大将者，身骆人首贯七头，手持毒蛇一剑。西方大将者，左手持三齿金刚，右手持幹叉戟。北方大将者，戴五人头乌嘴尖，持一螺盃三齿印。迅疾风王者，持三头□□根，收邪魂魄归正道；大使火王者，顶现马头立火轮，手持□□□。福德龙女者，垂黄白色，现菩萨，持摩□□大姐□□□猛王者，身垂黑池开口牙，手杯髑髅牵叉戟。东方天女者，一身贞节貌芙蓉，登白云座，四臂呈盘光日月，现宝剑锋；南方天女者，一身具菩萨妙相，座拥莲花，六臂现香果花蔓，钵浮宝杵；西方天女者，身窈窕，美姿容，立宝石座，四臂执东方杨柳，托鼎香炉；北方天女者，一身欢喜乘马座，捧北斗七星，六臂峥嵘献虎头，振金刚铃杵。东方牛头鬼王者，身现青色履蛇毒，手执金刚坚利剑；南方乌头鬼王者，身垂黑色立宝石，手持锐斧斩邪魔；西方兔头鬼王者，身现青色立白□，手执

---

① 校记："济济"，底本作"齐齐"，据文意改。下同。
② 校记："阳为神"三字底本阙，依文意补。

五彩杨旗纹；北方虎头鬼王者，身垂黄色立死尸。东方狮头力士者，身现青色天砖衣，手持风袋露青杵；南方狗头力士者，垂黄□形身，持弓箭射势；西方凤头力士者，身垂赤色形，背安钺斧器；北方猪头力士者，身绿，口牙作咬势，手执三头青毒蛇。王子遣一子者，现八目，助法持宝，现法王花。蝦蟆头力士者，系怪，主饿鬼，袋现三蝦蟆；牛头大力士者，身色奇怪又佉妖，手持怪袋竖青杵；马头大力士者，身垂二□□目□□头［梵文三字］大力士者，一身面目露口齿，右持火戟左腰鼓。天鬼神威，德赞之难穷；秘密宗风，类之无尽。权化忿怒为主伴，实际慈悲证果因。有神形鬼形人形，驱邪扶正；堪依佛宝法宝僧宝，济物利中。成就最上无上之门，总悟厥中执中之理。

  大黑中围教外传　阴阳会合自玄玄
  四三主圣迦罗化　廿八伴从神鬼旋
  法器恢恢光日月　威仪济济布云霞
  何妨世俗尘劳染　到此最乘别有天
  加持

十方善神仪当演

  法王释
  帝释因陀罗
  摩诃迦罗天
  二乘二权众
  哀悯广施无遮受请供养

上来礼请八位圣众，已沐云临，伏愿天心遥鉴，慧耳遥闻，放出毫光当空寂照，与我檀那消灾消难，延福延祥。此日今时受请供养，莲花捧足降临来。

  加持献宝花座真言　净金轮座真言
  上乘智广万行因圆　非空非色示兴宗

□□□宝□□法侣云臻，宜成馥郁天花，仪供十方觉相。是花也，清香遍界，冷艳无尘，生回掌上之阳春，柳本胸中之造化。枝枝般若，叶叶贝如，警来则楚汉霞飞，散处则江蜀锦乱。人天普泽，花果同时，众等虔诚敷扬妙偈：

花开明觉献心花　四色相融无互差
了见毘卢法界性　虔诚散献法王家
加持散花真言　升座字母　普贤也

守护结请本尊仪当演

中印教门垂甘露，润色身慧命上垂，乘法施□□□□□□。香积珍馐，十方三世诸佛之加持，六道四流众生之□□。该行散食法事，先诵金刚咒文。夫五位金刚气形忿怒，而护人护法；本尊圣像相貌端严，而利物利生。色姿赫赫冲太虚，体态堂堂动大地。勇除外道，慈济含灵，净身口意，业根断消烦恼，法应化性体，指示菩提。

毘卢密祖元流芳　教外真传最上王
萨埵密风光法界　师资性月皎冥阳
无遮法施霑甘露　不限圣凡润乳浆
先当结请五金刚
□□□□□　本尊诸位真言

加持咒水

绕池妙水，元自一勺之多；密教真言，最乘半字之少。盂胜相地，花布如天，名为甘露之王，称作法身之佛。体犹冰雪，应化鸳鸯。袈裟心乃莲池，藏胸乩字明镜。六道沾时阶十地，四生沐处契九天，同证三藐三菩提，了明无为无上道。

勺多水自源流长　淮济江河浩瀚洋
大密加持甘露滴　中围灌洒醍醐凉
森罗万象沾霖雨　蠢动千流消□□
滴虑洗心凡入圣　鹏程九万正风光

加持药叉真言　甘露水真言　诸部真言

　　　　　五智花敷
　　花开五智，心花微妙，布五方果，结三身性，果圆成契三部。气运金木水火土，根清眼①耳鼻舌身，轮分地水火风空，定位中东南西北。智豁五佛，理合一真。

　　五佛巍巍正法王　花开五智自芬芳
　　大空地水火风体　中统东南西北方
　　应念如春生万物　随机若日照千光
　　利人接物周沙界　法施无遮施冥阳
　　加持

　　　　　广施无遮
　　物人莫大以饮食为先，养资身命；教法莫大以密言最上，利济冥阳。伽耶山有麻米之仪，香积国供禅悦之喜。阿难梦回，然则三斛普施；调御乞饭，食则四众□从。是以不凭广施无遮法食，焉能普资有情生灵！□□佛开加持密咒法门，使一粒②遍十方之大众；□□□□济甘露法乳，令一滴沾万有之多。五音九□□众生佛子饥，虚蒙六味；般罗密渴，恼沾八德。甘露□□资慧命法身，了无生无熟之藏；饮者润真心妙体，□不垢不净之原。大密加持上乘法施，涓涓甘露沾法界，粒粒伊蒲布大千。

　　溥天皇土食为先　万物生灵本亦然
　　香国醍醐成玉馔　伽山麻米供金仙
　　无边法喜分三斛　最上密言诵五天
　　一粒普施周法界　广资水陆悉均霑
　　加持诸部真言

---

① 校记："眼"，原本无，依文义补。
② 校记："粒"，底本作"立"，据文意改。

密宗究竟

金刚左伽以右八角之轮坛，钩索锁铃，而结四方之疆界。轮敷本尊，座具疆界，定大圣域门，乃秘密中围，是瑜伽坛壝。混融凡圣，交感俗真。三摩嵯，三摩耶，佛母金刚之极乐；又座与，又座请，众生诸佛之威仪。警觉圣贤，了明闻见，教外别传。

教外别传大密宗　　有人参问此家风
众生戏舞升平世　　诸佛欢□□□
蠢动含情皆有分　　森罗影像□□□
空非性了真如理　　只向单多一念中
加持化轮坛四钩请娑摩嵯警觉本尊娑摩［耶］

虚疑妙刹

虚疑妙刹中，交感三千大千之圣贤；湛寂大空里，包百亿万亿之神灵。不分三部十方，宁论四乘之地，见闻感格，知觉来临，五体投地，一心奉请。

奉请虚疑妙刹中　　太青文殊法界智
圆寂乌贤真性王　　圣中圣尊独自在
上首究竟哞迦罗　　中下□鲁军荼利
三密金刚三族母　　八大明王八明妃
秘密萨埵五普贤　　歌谣供养八天女
毘卢舍那薄伽梵　　地藏势至与观音
一百八佛海会来　　七十二贤圣劫尊
八化佛顶五如来　　三十七尊四护世
八万金刚莲花族　　二十八部诸药叉
尘刹去今及未来　　十方三世一切佛
辟支罗汉四果位　　辩才天众□□□
冥空缘觉及声闻　　修多罗藏报□□
以天眼耳遥见闻　　以他心通而证知
不舍慈悲四弘誓　　恻塞目前如云集
哀垂请者降临此　　愿受法食普同餐

加持毘若钵底真言　本尊真言

沥水供养

法水□浣于法食，粒布十方；真言念诵于真乘，字资□有。献香花灯塗食之供，净眼耳鼻舌身之根。赞□□展铃歌谣，出杵上圣云，临海会下凡，雾集香汤。所陈需物，当运心外供养，时内供养；但念梵音，宜专意□圆融，处事圆融。

今宗法食赈冥阳　香积国中妙味长
甘露洒时除热恼　密言宣处护清凉
食充鬼魅饥虚若　物献佛身相好光
诸供养中法最上　清风明月自堂堂
加持沥水真言　五供养真言　赞叹真言

界趣圣神

尽天地水恒沙国土之神祇，穷畜鬼人□□□□之界趣，有情含识，无限冤亲，上徹虚空，□□□□，遥闻感格，远见来临：

伏以仰启十方神　八海大龙诸小龙
世主梵王天地释　修罗八部人非人
摩诃迦罗大黑天　白姐圣妃诃梨帝
三十三天与日月　二十八部诸神星
九曜七星六甲神　五岳四渎及四镇
江海山川泉池沼　树木丘陵冢墓间
旷野邦荒沙溪谷　风雨雷电天地祇
社稷津济河伯神　飞伏四王十二地
魁罡太一天曹府　南斗北斗圣真人
太岁飞丽江将军　大阴黄幡及豹尾
岁德岁破并岁形　月煞日游及禁忌
月德月建青龙神　朱雀腾蛇勾陈等
白虎玄武城隍神　杂行疫病十二鬼
五方宅神土母公　门庭户慰大小耗

井灶巷陌阶渠洇　　碓硙库藏谷稼神
如是无量灵神帅　　凡前兴工□□□
迴恨心而趣菩提　　终无参□□□□
复请冥间阎王众　　分生判死五道官
司命司禄把簿主　　冥使善恶双同鬼
遍周六趣无间狱　　铁围黑暗中罪徒
负财负命及冤家　　七代考妣及宗祖
堕在恶趣大僧尼　　针上咽海腹魍魉魅
历劫饥虚长困穷　　枉错形刹浮游鬼
敢精食血伺胎魂　　大力小力诸魔王
如是无量魔鬼帅　　各各将领所眷属
不可穷尽诸随徒　　比那耶迦及起尸
水陆空行飞沉类　　上极无色非非想
下至泥犁金刚际　　虚空尽边诸神祇
难度罪因及鬼魅　　仰希地藏神洪慈
愿领罪徒诸魔外　　□□□□□□□
无前无后高下等　　受我请以不违誓
弟子浅识而昧智　　歂心颙召未能周
一念愿以遍虚空　　普今受请无留滞
倾山拔海轻□众　　奋迅雄凌罗刹徒
降临设会坛边□　　奔集如云来应福
今欲广施□□□　　诚心供养等一如
随我愿力遍同霑　　法味充济常分馥
居六趣者离六趣　　处四生者出四生
咸蒙餐已证菩提　　先得道皆相庆者
加持十方神真言　　诸神真言　龙神真言
沥水内五供养真言

召资下凡鬼趣

分六道各具一乘，称惟饿鬼，无名之变身，体其众生有讳之□种形。三十六部幽魂，闻召而雾集；八万四千饿鬼，知摄而云趋。咽喉开通，气形端净，各乘甘露之法食，同开六道之业门。自兹皆发菩提心，咸蒙解脱；从此顿明本自性，总悟真空。

诸鬼既集已　瞻仰施食人　犹如于父母
行人起慈悲　兴大慈悲心　与被开咽喉
须假三种力　二羽虚心合　如莲花未□
三诵喉真言　合连开三□　心想一字□
在于合莲上　变成水精珠　□□□□□
照烛诸饿鬼　三十六部众　猛火悉□□
咽喉悉开通　开咽喉真言
［十五字梵文
十五字梵文
十八字梵文］
召请三十六部真言　施六道真言

发心勤力

开发三心，凭三种而修大善；竭勤二力，仗二门而结良缘。精进菩提广大之端，大慈大悲，财食之贡，伸念诵以资幽明

以精进心为宫殿　以菩提心为道场
以广大心为法会　以大愿力为法食
以大悲心为法财　施食功德满虚空
受者功德亦如是　愿此一食遍法界
如法供养十方佛　功德成就济群生
我今敬设无遮会　以大愿力普庄严
无量有情皆饱满　所得功德量难□
或如摩尼等微尘　或满虚空充法□
一食变成甘露食　一钱变成无□□
普施众生皆充就　甘露法味能周□
食已身心恒快乐　无边福慧自然生
常见诸佛闻妙法　速证无上佛菩提
先得道者皆相度　（八字梵文）
加持皈依三宝真言　弹指伍佛　本尊真言

赈济法食

　　□□无遮法食，所请有情，周遍普霑，飞腾罗网，飞［腾旷］野，鬼神未受者今受，未足者领足，思食者受食，思水者受水，思火者受火，饥者与食，渴者与饮，［暗］者与光，寒者与温，热者与凉，贫者与财，苦者与乐，尽虚空界，无边遍匝，受一点者得甘露味。既得沾者，所有罪障悉皆消灭，一切苦恼终不着身。善心增多，恶心自除，欢喜快乐，寿命长远，早超苦海，速证无上证等菩提。

　　次愿上承佛力，发广大心，下为有情起无遮会，周遍法界一切含灵，为大施主，结大良缘，或是千生父母□□子孙，上下六亲，尊卑九族，良朋善友，债主□□本因沦溺三界，未离苦者，愿今□□，□寻乐者，愿今安乐，未发无上菩提心者，想长发心已发心者，愿早成佛！愿早成佛！愿早成佛！

　　复愿一切圣众起慈悲心，庇护施主。□等家内穿凿举动，误犯灵祇；移改兴工，错犯神祠。年运算尽，伏望延龄或祚寿命，哀怜还久。冀诸佛之赞祐，蒙众生之密扶。长幼远序于欢欣，阃门当于康吉，祸难齐送于千里，福禄转庆于一门。谷稼仓库而添益，□□□□而满盈。家宅绝瘖疴之疠，仆隶无劳□□□强胜而滋繁，苗稼登实而丰熟。所作称□，愿得成就，无诸灾障，迴施有情，共成佛道。

　　一心皈命礼常住三宝
　　加持发菩提心真言　四业法诸部真言

普伸忏悔

　　凡夫识昧，恻度圣贤，虽遍周而未能普霑周，恐留滞招无由尤罪。或修行之此心奔散于尘寰，或禅想之此意起非于妄境。仰凭十力，有漏罪除，翘望三烦恼□□灭，悟真空八正之理，得无为于三密之中。在生而福智自圆，来世则道果成就。利益群品，霑者四生，共脱沦沉，永出苦海，速证无上正等菩提。

　　一心皈命礼当住三宝
　　加持忏悔罪业真言

均食普周

单多法食一粒，遍于十方；不二教门三斛，施于万类。渴饮者由生道而归佛道，饥食者自凡身而证法身。

加持均食真言　回施礼别圣贤

□□□净大圆镜内，本无去以无来，真如实相门□□而有□虔修菲供，洞格华颜，荫宝盖而□□□场面，绕金轮而兴佛事。然则具足三时启请，观□最上加持，珍馐遍满于舍生，法食普霑于蠢动。罄陈恭恪，惧有阙遗。已蒙八位主伴慈悲，致使阖门室家庇荫，神祇护佑，蘋菲最精。取密炬之孤光，沉檀灰而余烬，乃是香花分道，将启斋筵，楼阁乘空，咸归本土。伏愿万有千流蒙饶益，了明自性乾坤；四生六道尽超升，总认本来面目。然后修斋，善信合道场入□□□，□延百载之洪庥，允协四时之福庆。千祥萃集，万善□□。

中小二乘同进趣　　观花飞锡乐金田
加持辟支罗汉真言

赞扬大黑天神仪当演

□□身实佛，大黑于太虚以立名，勇猛权神，迦罗依真性而成像。外现天神［梵文二］纳须弥，内实毗卢阃性含大地。形容忿怒，扫除外道天魔；心地慈悲，指示□□莲境。圣中最圣，乃十方三世之至尊；天上极天，实六道四生之正主。一身七现，七相一分，虎目龙牙，□眉□□，□□□□□德为威，锄邪□□□□□麟角唱□□如来会，羊车演教，果超诸漏，识照皆空。闻声及第于鹫峰，授记登科于鹿苑。自他具利，吞日月之九转丹诚，威德有光，吸烟霞之五明学论。种善根于诸部之称上首，受佛嘱于四众之绕世尊。面奉毫光，耳聆金口语。

独觉辟支果地前　　顶中化火便身焚
出无佛世缘生灭　　乐在山林不倚偏

诸漏顿超罗汉位　　单修已悟声闻天

（下阙）

按：影印本至此，但经文似未结束，疑尚有阙文。

2015年11月录入、点校于鹤邑将倾楼故纸秃笔，2016年7月改定于昆明寓所。

（陈亮旭，云南省大理自治州鹤庆报社主任编辑）

大理密教与敦煌密教水陆仪比较研究

王　航

内容提要： 水陆仪为佛教救度六道四生之法事，大理密教和敦煌密教都保留了密教水陆仪轨，双方存在一定继承关系，而且都受到汉地密教影响。但是两地水陆文既然分属不同历史时期和不同地区，影响因素不同，在类型、内容、成因等方面也存在诸多差异。

关键词： 水陆仪　密教　大理　敦煌

水陆法会，为汉地佛教重要法事活动。关于水陆法会的研究，讨论的中心问题是水陆法会的起源，大致有三种看法，分别是梁武帝起源说、唐代起源说和宋代起源说。三说各有其据，其中逐步辨明了水陆法会与无遮大会的关系，也已解决了不少问题，[①] 但是研究成果还有明显不足。现在研究成果主要基于传统大藏经史料的利用，对藏外的敦煌和大理密教文献利用不足，研究还有待深入。敦煌密教和大理密教同受汉地密教影响，都表现出了浓厚的地域特色，两地保留的水陆仪轨也存在诸多差异。笔者拟对两地密教水陆仪轨进行对比分析，以期得出合理结论。

---

① 关于水陆法会的研究有周叔迦：《法苑谈丛》[《周叔迦佛学论著全集》第三册，中华书局2006年版]；圣凯：《汉传佛教礼仪》（宗教文化出版社2001年版）；牧田谛亮：《水陆法会小考》（《佛教与历史文化》，宗教文化出版社2001年版）；李小荣：《水陆法会源流略说》（《法音》2006年第4期）；谢生保：《敦煌文献与水陆法会——敦煌唐五代时期水陆法会研究》（《敦煌研究》2006年第2期）；侯冲：《中国佛教仪式研究》（上海师范大学博士论文，2009年）及《眉山水陆考》[《华东师范大学学报》（哲学社会科学版）2016年第1期]；戴晓云：《佛教水陆画研究》（中国社会科学出版社2009年版）及《水陆法会起源和发展再考》（《敦煌吐鲁番研究》第十四卷，2014年）等。

一　水陆仪轨渊源

水陆法会，全称为"法界圣凡水陆普度大斋胜会"。又有"水陆斋会""水陆无遮""无遮水陆"等许多名字，常常与无遮大会混为一谈。因为散食仪轨为水陆法会的主要内容和特征，敦煌文献常称为"水陆散食"。追溯其渊源，宋元明时期有许多高僧、士人编了各种水陆仪文。根据《施食通览》及相关资料，有慈云遵式撰《施食正名》《施食法》等，杨锷（1068—1077）撰《水陆仪》等，苏轼作《水陆法像赞》和《施饿鬼文》等，宗赜（1096）撰《水陆仪文》等，从而形成了历史上流行的"金山水陆""眉山水陆""南水陆"及"北水陆"等水陆仪轨。

传统典籍记载水陆法会起源于梁武帝，现在学者基本持否定态度。主要原因是无遮大会和水陆大会常混为一谈，对水陆法会含义界定不清。一般认为水陆大会来源于印度的无遮大会，以供僧为主要内容。但是汉地水陆法会是以救度六道四生为主要内容。戴晓云认为："无遮法会到梁武帝时发生分化，一种保持印度的传统，以施食僧众和寺院钱财为主，有的会伴随有论议（一种高僧之见辩论），一种发生变异，以超度亡灵（生灵）为法会的主要目的。"[①] 根据梁武帝舍财施僧的事迹及敦煌遗书 P2189《东都发愿文》研究，虽然提到"水陆空行，一切众生"，但其救度对象没有明确提到饿鬼。其无遮斋会主要目的还是供僧，属于传统的无遮大会。周叔迦言："所谓梁皇亲撰译文及神英常设此斋，可能是指《慈悲道场忏法》而言，至于水陆仪文则是后人所增附的。"[②] 笔者也认为，汉地水陆仪轨的形成与密教典籍的翻译、传入有关。传入汉地的密教仪轨与汉地流行的无遮会结合起来，融合道教及民间风俗等，才逐渐形成以救度饿鬼为中心的水陆仪轨。许多学者都把水陆仪轨的最早部分追溯到神龙三年（707）菩提流志译《不空罥索神变真言经》中的咒语部分。可以肯

---

① 戴晓云：《水陆法会起源和发展再考》，《敦煌吐鲁番研究》第十四卷，中华书局2014年版，第479—487页。

② 周叔迦：《法苑谈丛》，《周叔迦佛学论著全集》第三册，中华书局2006年版，第1030页。

定是密教水陆仪轨对汉地水陆仪轨的形成起到主要作用，从根本上改变了汉地传统无遮大会的性质。

汉地密教水陆仪轨来自密教典籍翻译，而密教典籍的形成则主要受印度文化影响。汉地密教仪轨可能与印度丧葬礼仪有一定联系，印度习俗中有专门祭拜亡灵日常性仪轨。徐梵澄言：

> 印度习俗，小祥而有祭祀（Śrāddha），所供则糍饭之团也。其常供於每新月之日，掘地阔约三手掌，以水灌之，供三糍饭团或麦粉团于其中，一奉亡父，一奉其祖父，一奉其远祖者。此外则供以十团，翼亡灵转生也；是丧礼中之所行者，俭已。[1]

这种祭祀祖先亡灵的新月祀，实际上包括净地、结坛、启请、献食、发遣等仪轨。此外印度教还有火葬和水葬习俗，火葬是在陆地上为死去亲人举行的宗教仪式，同样有启请诸神、诵呪、护摩、献食及洁净仪轨，目的在于超度亡灵。至于水祭，印度人主要认为恒河水是天上之水，流进天上和地狱，接触到恒河水就可以洗掉一切罪孽，免去地狱苦，得受天堂乐。《摩诃婆罗多》和《罗摩衍那》都有《水祭篇》，为死去的亲人、朋友、士兵举行水祭，以期往生天堂。火葬在陆上，水葬在水中，合在一起就是水陆葬，这就与密教水陆施食、救度饿鬼的仪轨比较接近，这里不做详细论证。

二　敦煌和大理密教水陆仪轨

现代流行的水陆仪轨，是遵循明代袾宏（1535—1615）编订的《法界圣凡水陆胜会修斋仪》六卷本，有所损益。根据相关研究，它属于"南水陆"。他有着严格程序，大致分为外坛和内坛，以内坛为主。相关研究已多，不再叙述。大理和敦煌都保留了一定数量密教水陆仪轨，都具有一定的代表性，能反映独特的地方特色。

---

[1] 邱永辉：《印度教概论》，社会科学文献出版社2012年版，第282页。

(一) 敦煌保留的密教水陆仪轨

水陆法会的演变宋代以后比较清晰，宋代之前水陆仪轨则不清楚。敦煌保留了许多密教水陆仪轨，但是由于敦煌文献破坏比较严重，定名等问题以及对密教水陆文的定义不清晰等原因，敦煌密教水陆仪轨的整体研究还相对滞后。由于现在出版的敦煌遗书目录题名多有争议，笔者将根据敦煌文献原题名出发进行研究。敦煌水陆仪轨的题名，大致有 S.3427B 原题"结坛散食回向发愿文"、S.4566 原题"水散食"、S.5589c 原题"散食文一本"、BD2155D 原题"咒食仪一本"、BD3099—4 原题"水散食偈"、BD5298—3 原题"咒食施一切面燃饿鬼饮水法"、BD9513—1 原题"施诸饿鬼饮食及水法"、P.3391V—2 原题"结坛散食咒"、P.3835V—2 原题"水散食一本"、P.3861—5 原题"散食法"等。这些文献从题名和内容来看，无疑属于敦煌水陆仪轨。李小荣还发现了 S.2454V《一行大师十世界地轮灯法》（原题），又名"施水陆冥道斋法"，也是密教散食文献。谢宝生的论文《敦煌文献与水陆法会》，根据《敦煌遗书总目索引新编》认为"水陆无遮大会疏文"为 S.663 的原题。不覆察原文，原文首残，没有原题名，文中也没有"水陆无遮大会疏文"及"水陆法会"字样，只是提到了"水陆生灵"。方广锠新编《英国国家图书馆藏敦煌遗书》则对 S.663 拟题名为"建道场疏文"，并对此拟题名做了专门说明。这个拟题名与《敦煌遗书总目索引新编》题名的"水陆无遮大会疏文"，含义相去甚远。可见敦煌地区密教水陆仪轨并没有统一的题名，而且题名相当混乱。

此外从敦煌遗书目录看，一些与密教散食文抄在统一卷子上，有前后继承关系，而且是同一主题的，也应该被视为密教水陆仪轨。如 BD5298 正面共包括 7 篇文献，从第三个文献依次题名为"咒食施一切面燃饿鬼饮水法""多宝如来等五如来真言""结坛散食发愿文""得食真言等真言杂抄""说五佛八菩萨坛经"，很明显诸如此类得食真言、变食真言、破地狱真言及手印都是密教仪轨程序，属于同一主题，不应该分别研究。经文方面，敦煌保留了不少不空翻译的《施诸饿鬼饮食及水法》《救拔焰口饿鬼陀罗尼经》，为密教救度饿鬼之经典依据。

敦煌还保留了许多斋愿文，如建道场文、转经文、建窟文、燃灯文、树幡文等，里面含有散食六道，救度饿鬼的表述，有学者也据此认为这些也属于密教水陆仪轨。如S663《建道场文》言："厥今置净坛于八表，敷佛像于四门，中央建观音之场，释众转金言之部。设香馔，供三世诸佛。散净食，与水陆生灵。"[①] S5639《亡文范本等》言："厥今结胜坛于五所，敷佛像于四门，经开宝藏之门，咒演如来之教。香焚檀香筑，合气覆满绕莲池，乐竟筘丝，佛音振于霄际。五晨（辰）渴仰，施净食令饱湿生。"[②] 笔者认为这类斋愿文有很强的文学色彩，多使用排比、对偶等句子形式，内容上带有强烈的感情色彩，祈愿性质居多。它显然不是专门的密教水陆仪轨，只是对密教水陆仪轨过程做了简略描述，但也是珍贵资料。总的来看，敦煌保留了不少密教水陆仪轨，只是还缺乏整理和系统研究。

（二）大理保留的密教水陆仪轨

大理密教的水陆仪轨是汉地密教在大理地区的发展和继续，保留了大量藏外密教文献。这类密教文献虽然历史上属于白族传承，但以汉文书写为主，明清写本居多。这类文献中夹注不少梵文字母和俗写字，有的是草书书写，难以辨认，其中包括不少密教水陆仪轨。由于水陆仪轨有较强的实践性，这类水陆仪轨也处在不断创造过程中，新中国成立后还有改编，不断有新水陆仪轨出现。笔者对大理密教的研究，主要基于侯冲等学者已有的研究成果。关于大理密教文献，据1986年赵文焕的实地调查，密教科仪可以分为大型仪轨和小型仪轨及其他仪轨，都有相应文本。其论文《大理白族自治州剑川县佛（宗）教活动今昔与文物古迹概述》说：

> 关于大型科仪部分，其一为水陆科（已毁）；其二为香山科（已毁）；其三为药师科（现存剑川）；其四为冥王科（现存剑川）；其五为报恩科（已在昆）；其六为地藏科（已在昆）；其七为楞严科（已在昆明）。
>
> 关于小科仪部分，其一为金刚科（已在昆）；其二为焰口科（已在昆）；其三为禳星科（已在昆）；其四为圣僧科（系手抄本，须待

---

① 郝春文编：《英藏敦煌社会历史文献释录》第3卷，社会科学文献出版社2003年版，第465页。

② 黄征、吴伟校注：《敦煌愿文集》，岳麓出版社1995年版，第219页。

恭写）；其五为往生灯（已在昆明）；其六为蒙山科（在昆明）；其七为弥勒科（已在昆明）。……

其他可以还有开坛启白科、开坛抽魂科、迎灵召亡科、扬幡挂榜科、酬谢功曹科、冥王解结科、六类解结科、破地狱科、安龙奠土科、谢恩表科（已上各科文仪均在剑川）、宿坛回向佛事、送圣回宫佛事等等。①

其中大型科仪中的水陆科无疑为水陆仪轨。小科仪中的焰口科、往生灯科等无疑为密教水陆仪轨的重要内容。其他科仪中的开坛启白科、迎灵召亡科、扬幡挂榜科、破地狱科等无疑也属于密教水陆仪轨的范畴，这些密教水陆仪轨多有保存。

侯冲在前人研究的基础上把密教科仪分为"祈、荐、火、虎、瘟、土、杂、忏、文"九部，其中荐部包含了大部分密教水陆仪轨。荐部中大科仪有《重广水陆法施无遮大斋仪》《重广冥阳金山水陆法施无遮大斋仪》《楞严解冤释结道场仪》等。小科仪有《瑜伽焰口施食集要坛仪》《瑜伽焰口施食科》《焰口填充》《蒙山施食法事等合册》《释门瑜伽破地狱血河金科》《瑜伽焰口五陵法事》《进破狱摄召亡魂法事》等，忏部的《慈悲三昧水忏法等》等也与水陆仪轨有关。除此之外，还有《藏外佛教文献》第16辑校勘的《无遮等食法会仪》。关于这些文献的具体介绍，见侯冲著作《云南阿吒力教经典研究》。其中《重广冥阳金山水陆法施无遮大斋仪》为民国僧人重新编写，《无遮等食法会仪》则为宋代写本。侯冲还对其中的《重广水陆法施无遮大斋仪》等文献做了录入和校勘工作。

三　大理和敦煌密教水陆仪轨的不同

敦煌密教属于汉地唐密的一部分，曾受到吐蕃密教影响，与大理密教在时间上存在前后承接关系。两地密教文献很大程度上是同一来源。但是不可否认，就密教水陆仪轨来言，两地存在许多差异。

---

① 赵文焕：《大理白族自治州剑川县佛（宗）教活动今昔与文物古迹概述》，转引自侯冲《云南阿吒力教经典研究》，中国书籍出版社2008年版，第4—5页。

（一）文本类型差异

现代流行的水陆法会，是依据明代袾宏编订的《法界圣凡水陆胜会修斋仪》六卷本改编而来。其文献大致包括召请、皈依、忏悔、发愿、施食、回向几个重要仪轨，他是显教经典和密教经典融合的结果，融诵经、忏悔、皈依，发愿、施食、疑难于一身。敦煌和大理保留的密教水陆仪轨显然与之有许多差别。

敦煌密教水陆仪轨多题名为"散食文"，显然是以施食为中心的水陆仪轨，主要依据不空翻译的《施诸饿鬼饮食及水法》改编而来。但是改编现象比较突出，使用者往往根据实际需要随意增减，形式多样。例如有的散食文以启请诸神和回向功德为主题，言辞华美，接近斋愿文的形式，对密教施食仪轨的具体描述反而一笔带过。如S.3427《散食文》，每盘食祝愿完毕，有诸如之类话语结尾。"然后咒师自擎手印，再三发难与咒印加持，便退出"[1]，"然后咒师与咒印加持，简称四如来名及愿此食遍于三千大千世界，众生普同饱满"[2]。显然具体的真言、手印没有详细描述。这可能与文本与实践表达的差异有关。这些具体真言、咒语、仪轨程序复杂，只有专业僧人才知晓。而这这种类型水陆文是为了迎合权贵审美需要，自然省去这些繁文末节。敦煌还有保留了水陆坛场仪轨[3]，主要是《金刚峻经金刚顶一切如来深妙秘密金刚界大三昧耶修行四十二种坛法经作用威仪法则大毗卢遮那佛金刚心地法门秘法界戒坛法仪则》和《金刚峻经金刚顶一切如来深妙秘密金刚界大三昧耶修行四十九种坛法经作用威仪法则大毗卢遮那佛金刚心地法门秘法界戒坛法仪则》包含的水陆坛场。根据戴晓云的研究，《四十二种坛法》中有十三种坛法与水陆散食有关[4]，但他显然不是专门的水陆仪轨，因为每个坛法都有许多功德，施舍六道四

---

[1] 王书庆编：《敦煌佛学·佛事篇》，甘肃民族出版社1995年版，第40页。

[2] 同上书，第41页。

[3] 郭丽英认为："《金刚峻经》一系列的曼陀罗仪轨作法是敦煌地区唯一独有的。他是汉藏二密教交流点上融合而成的产物。"但其论证不足，也没有与藏密坛场仪轨进行比较。参见郭丽英《敦煌汉传密教经典研究：以〈金刚峻经〉为例》，《敦煌吐鲁番研究》第七卷，中华书局2004年版。

[4] 戴晓云：《水陆法会起源和发展再考》，《敦煌吐鲁番研究》第十四卷，中华书局2014年版，第479—487页。

生只是其中一种。

总的来看，敦煌水陆仪轨类型与后世相比还比较单一，属于水陆仪轨初步形成阶段，文本类型分为原本和改编本两个部分。原本主要依据不空翻译的水陆仪轨，以结坛、散食、真言、手印、称佛名、施食、回向为主要内容。改编本则接近世俗斋愿文的性质，启请和回向为主要内容。

大理密教保留的密教水陆仪轨从题材上看比较丰富。侯冲所列的荐部许多大小科仪以救度亡魂为主，大部分都与水陆仪轨相关。其中侯冲《大理阿吒力教经典研究》荐部中提到的《天地冥阳水陆仪》并不是大理保留的密教文献，这里不做讨论。大科仪中的《重广水陆法施无遮大斋仪》和《重广冥阳金山水陆法施无遮大斋仪》（民国改编本）及小科仪中《瑜伽焰口施食集要坛仪》《瑜伽集要焰口施食》《焰口填充》《释门瑜伽破狱血河金科》《瑜伽焰口五陵法事》等是传统密教的水陆仪轨。大科仪中的《楞严解冤释结道场仪》，根据侯冲的校录文得知①，其包括《楞严解冤释结道场密教卷》，分为上下两卷，其内容包括"安置尊像""悬幡真言""普召集真言""献鬼神真言""施面然鬼王食咒""行甘露水真言"等，也是比较完整的水陆科仪，可以称为"楞严水陆仪轨"。其大科仪《地藏慈悲救苦荐福利生道场仪》也有密教部分，抄写诸如施食真言之类。与地藏信仰相关的小科仪《地藏十王灯轮》《地藏表破狱法事》《地藏表悬幡科仪》等显然属于密教水陆科仪，可以称为"地藏水陆仪轨"。其大科仪《新集西域毛牧净土科仪》及小科仪中的《西域仪范净方九转弥陀重修安仰净土科》《净土三时法事》《白族佛教净土念诵集》《弥陀表法事》（附宿坛）等同样如此，可以称为"净土水陆仪轨"。其大科仪《冥府十王灭罪拔苦科仪》及小科仪中的《佛门地府朝贺法事》等都有密教救度鬼神内容，可以称为"冥府十王水陆仪轨"。大科仪中的《如来广孝十种报恩科仪》，据侯冲校录本可以得知②，经文同样有密教卷，宣扬孝道，以救度父母亲辈、水陆四生，无疑也是密教水陆科仪，可以称为"孝道水陆仪轨"。其大科仪中的《圆通三慧大道场仪》，又称

---

① 侯冲：《楞严解冤释结道场仪》，《藏外佛教文献》第 6 辑，宗教文化出版社 1998 年版，第 35—226 页。

② 侯冲：《如来广孝十种报恩道场仪》，《藏外佛教文献》第 8 辑，宗教文化出版社 2003 年版，第 53—358 页。

《观音道场仪轨》，同样有密教卷，有救度水陆众生的内容，可以称为"观音水陆仪轨"。

其小科仪中有《弥勒表奠祖法事合册》，部分内容出自《瑜伽焰口施食科仪》，以救度祖先，可以称为"弥勒水陆科仪"。小科仪还有《十王真武东岳北阴太乙救苦法事》，也有招魂救度之内容，不过启请对象多涉道教神灵，无疑是体现了密教、道教、民间信仰的互融现象。总的来看大理密教水陆仪轨类型比较丰富，与地藏信仰、观音信仰、净土信仰等密切结合，形成了附属于神灵信仰的各式水陆仪轨。不过这仪轨的核心部分一般独立，作为密教卷单独存在。

（二）具体内容差异

敦煌与大理密教水陆仪轨的差异，首先体现在文本性质上。敦煌水陆仪轨，大致分为启请、施食，回向三个主要部分，属于唐代不空译水陆仪轨及其改编，是独立的密教体系。仪轨目的在于使死者离地狱苦，享天堂乐。由于敦煌的水陆道场多由官府主持，其重点是回向施主功德，所以敦煌水陆仪轨主要内容是对护国、护王、护民的描述。敦煌遗书中的建道场文、忏悔文、树幡文等文本与散食文关系还缺少研究，这里不做讨论。它还没有与具体的神灵信仰和经典密切结合，也没有形成各具特色的水陆仪轨。大理密教的水陆仪轨则与观音信仰、地藏信仰、药师信仰、净土信仰、地府十王信仰等密切结合。这类水陆仪轨融诵经、疑难、忏悔、发愿、皈依、施食等仪轨为一身，文本结构上分"教戒、仪文、提纲、密教"四个部分，这是敦煌密教水陆仪轨所没有的。并且这类水陆仪轨功德多样，救度饿鬼只是其中一个方面。有的仪轨受到孝道思想影响，以超度祖先亡灵为重点，以往生西方净土为主。而敦煌水陆文则并不以往生西方净土为主，有许多也描述为升天。

其次，启请的神灵还存在一定差别。敦煌水陆仪轨开头部分往往是启请文，而且占很大比重，这里可以和大理密教的启请神灵进行比较的。后世通行的水陆法会《法界圣凡水陆胜会修斋仪轨》一般启请上堂十位尊者，下堂十位神灵。上堂神灵主要是诸佛、诸经、菩萨、缘觉、声闻、祖师、五通神仙、明王、护法神、仪轨制定者及流通者。下堂十位神灵则包括诸天、山河诸神、帝王圣贤仙道、士农工商贵贱及阿修罗、饿鬼等。敦煌启请诸神一般分为三部，如S3427《结坛散食发愿文》三部神灵分别启请。第一部类是佛部，包括诸佛、尊经、菩萨、声闻、缘觉等。第二部是护法部，包括四大天王、上方天神类、下方地神类及山岳、龙王、夜叉等。第三部类主要是冥道诸神鬼，这类神灵一般是汉传佛教中常见神灵，大理密教水陆仪轨所启请神灵整体不太清楚。不过所启请神灵与敦煌地区所启请神灵体系显然有些不同。如《地藏慈悲救苦荐福利生道场仪》所启请神灵，第一部是诸佛，第二部是菩萨、罗汉等，第三、四部是诸天及星君等，第五、六部主要是山河神等，第七部专启冥道诸阎罗王，第八部专启冥道诸鬼王，第九部启请城隍、土地等世俗类神灵。第十部是招请亲属亡魂，第十一部招摄面燃鬼王及其眷属。其最大特点是对这些神灵极尽列出，唯恐遗漏。其佛部神灵启请言：

> 比丘（某），谨与修斋（某），恭炷信香，稽首和南，一心仰告遍法界主清净法身毗卢遮那佛、圆满报身卢舍那佛、千百亿化身释迦牟尼佛、当来下生弥勒尊佛、西方教主阿弥陀佛、十方无边世界不可说不可说一切诸佛、过去有佛、狮子奋迅具足万行如来、觉华定自在王如来、一切智成就如来、清净莲花目如来、无相如来、无边身如来、宝相如来、波头摩胜如来、狮子吼如来、拘留孙如来、毗婆尸如来、宝胜如来、宝相如来……月面佛如来、十方海会一切诸佛如来，惟愿万亿花台离净土，百千宝盖覆虚空，光降道场，证盟修奉。①

其启请诸佛数量远远超过敦煌的水陆启请文，其他诸部神鬼数量也同样如此，而且神灵分部之多也是敦煌水陆文所不能比的。其所启神灵还深受密教的影响。如《广施无遮道场仪》言："奉请虚凝妙刹中，太青文殊法界智……上首究竟吽迦罗，中下兮鲁军荼利。三密金刚三族母，八大明王八明妃。五密萨埵五普贤，歌谣供养八天女。"② 同书又言："伏以仰启十方神……摩诃迦罗大黑天，白姐圣妃诃梨帝。"③ 所启请吽迦罗、军荼利、族母、明妃、大黑天、诃梨帝均属于印度教神灵，而且许多未意译为

---

① 侯冲：《地藏慈悲救苦荐福利生道场仪》，《藏外佛教文献》第6辑，宗教文化出版社1998年版，第271页。
② 侯冲：《广施无遮道场仪》，《藏外佛教文献》第6辑，宗教文化出版社1998年版，第364页。
③ 同上。

佛经中的常用名称。敦煌和后世汉地水陆仪轨所启请密教神灵不出天龙八部等，都是一些常见的密教神灵，如散脂大将、密迹金刚之类，显然大理水陆仪轨的密教特色更加浓厚。

此外大理水陆仪轨内容更加丰富，仪轨也多样，其中的许多仪轨都是大理密教所独有的，特别是类似招亡科、抽魂科之类仪轨特别多。阿吒力上师召鬼、摄鬼，与地府神灵沟通，举行奉斋等法事，以度死去亲人。这类仪轨近似巫术，却在民间有很强的影响力，为民众所信奉。这类招鬼、摄鬼的具体仪轨，敦煌水陆仪轨中很少出现。大理水陆仪轨的疑难释义和忏悔部分等无疑是受汉地佛教水陆仪轨的直接影响，保留了不少《慈悲水忏法》等忏法写本，显示了大理密教显密互融，教行并重，信仰与实践结合的特征。

(三) 原因分析

总的来看，敦煌水陆仪轨还相对简略，结构简单，主体集中，内容体系也不丰富。大理水陆仪轨则类型多样，内容丰富，体系完善，也有浓烈的地方特色和民族特色。两地保留的水陆仪轨都与汉地历史上流行的"南水陆"仪轨《法界圣凡水陆胜会修斋仪》及北水陆仪轨《天地冥阳水陆仪文》有不少差异。

造成这种差异最主要原因是两地对密教吸收、消化程度不一样。敦煌虽然受到吐蕃统治及汉地密教影响，但是敦煌地区更多受大乘显教信仰影响。其汉文文献中密教典籍种类偏少，其中《佛顶尊胜陀罗尼经》《大乘无量寿经》《药师琉璃光如来本愿功德经》《灌顶章句拔除过罪生死得度经》《天地八阳神咒经》等几个经本占主体部分。敦煌新出的藏外密教经典，有的是依据藏文翻译过来的，根据已出版的《法国国家图书馆敦煌藏文文献》目录得知，敦煌保留的藏文文献很大部分都是密教典籍，但是翻译为汉文的种类少。显然敦煌地区对密教的吸收是有选择性的，程度也是有限的，它吸收了汉藏密教的部分经文和仪轨主要用来补充当地显教信仰的不足。大理密教则不一样，最迟在9世纪中期已在大理地区开始流行[①]，比较全面吸收了密教仪轨，并且在历史上形成了以密教为核心的阿吒力派别，一直传承到当代。密教经典和仪轨对大理白族的历史文化产生

---

① 张锡禄：《大理白族佛教密宗》，云南民族出版社1999年版，第48页。

了深刻影响,并深入其日常风俗中。这种对密教文化吸收程度的差异,对两地水陆仪轨形成与发展有直接的、深刻的影响。

其次,是由于水陆仪轨自身发展规律所造成的。敦煌保留了最早汉文书写的水陆仪轨,这类水陆仪轨集中出现在唐末、五代、宋初。这一时期敦煌虽然盛行水陆法会,但是就文本而言还处在初步形成阶段。其结构单一,体系简略,文字偏少,密教施食仪轨部分还比较简略,并且没有统一名称。大理阿吒力教水陆仪轨的形成则是先天充足,后来又受到汉地水陆仪轨的持续影响。他的水陆仪轨结合汉地水陆仪轨,在内容和形式上都有改变,形成了具有地方特色、显密结合的水陆仪轨。其水陆仪轨的突出特点是形成了密教卷,并与各种神灵信仰密切结合。

结　语

敦煌和大理水陆仪轨都是以汉传密教水陆仪轨为源头,但是两地的水陆仪轨形成、演变无疑都是独立发展的,更多地受其内在发展规律制约。两地都在汉文化圈,其内在发展规律无疑就是汉文化的内在发展逻辑,唐宋以来的三教融合观念、孝道思想、忠君思想对汉地水陆仪轨的演变有深刻影响。虽然敦煌和大理水陆仪轨形式、内容都有差别,但是这种差异是在同一主题下表现出的地方性、民族性差异,其内在精神无疑是一致的。大理密教逐步形成以孝道为核心,以护国为宗旨,以同归大乘为目的,显密互融的水陆仪轨。

(王航,陕西师范大学宗教研究中心博士研究生)

大理密教护摩法探究

——以《金刚萨埵火瓮坛受灌顶仪式》为例

王小蕾

内容提要：护摩法，原为事火婆罗门烧火祀天的仪式，后被佛教密教所沿袭，为密教仪轨之一。本文以护摩法为中心，探讨了此仪轨的基本概貌，并对大理凤仪北汤天金銮宝刹大殿内出土的古本经卷《金刚萨埵火瓮坛受灌顶仪式》为研究对象，探讨此写经中护摩仪轨的属性功能及意义，在此基础之上，对写经中所包含的大理密教护国思想加以分析。通过探究写经中护摩法的内容，进一步了解密教护摩法在云南地区的发展特点及其思想。

关键词：护摩　火瓮坛　大理密教

护摩，梵文 homa，意译"火祭""火供"，原意为"焚烧"，即以火烧除不净物，消除危害。宗教中以火焚烧祭品，用来供养神灵，称为火祭。密教中还通过观察火相来预卜吉凶，进行息灾、增益、降服等活动，形成一类密法，称为供养法。人类对"火"的崇拜起源很早，从最初发现火、利用火，发展到崇拜火，成为原始宗教中普遍存在的一种现象。后来由此还发展形成的很多民族—国家宗教中都保留了用火祭祀的传统，有的宗教甚至以火作为主要崇拜对象，其中影响最大的可追溯至公元前12世纪的琐罗亚斯德教，又称拜火教。作为人类历史最古老的宗教之一，拜火教对其他宗教，尤其对起源于中东地区的宗教有过深远的影响。本文所考察之密教护摩法，则源于婆罗门教，其中有供养火神阿耆尼之作法，为婆罗门烧火祭天之宗教祭仪。后为密教所沿袭，为其重要修法之一，几乎所有本尊都有护摩仪轨相辅。根据地域及时代不同,其形态也各异,但其基本仪式都是以设火炉为中心,并以供物投掷其中。直至现在,护摩法广传于印度泰米尔纳德邦与卡兹米尔的吠陀教和印度各地的印度教、尼泊尔佛教、日本密教、西藏密教以及云南阿吒力密教。

一 密教护摩法渊源及其在大理地区的流传

佛教大约公元7世纪中叶由中土传入今云南大理地区,并逐渐在当地白族中广为流传。随着密教在大理国的广泛流传,密教仪轨也不断兴盛。南诏大理国时期,阿吒力教派盛极一时。直到元明两代,仍然对白族民间文化产生重要影响,清代逐渐衰落。阿吒力教派的影响渗入白族文化的各个层面,与其他密教如印度密教、汉地密教、吐蕃密教及日本密教相比,阿吒力教极具本土特色。与传统密教一样,阿吒力教也以高度组织化的咒术、坛城、仪轨和各种神格信仰为特征,对神祇设坛进行供养、持咒等,其宗旨在于禳灾祈福。大理密教已延续了千年之久,但其传承始终在本民族内传播和发展。

护摩,原为事火婆罗门烧火祀天仪式。此仪式以火神为众天神之口,将食物投掷火中供诸天食用,诸天神得到供物后便赐福给人们。自古以来,"人们内心就敬畏火的燃烧,因为'火'中带有神秘力量,火中之'光''热''烟''火焰'能够让物体变成清静的烟灰,人们的这种敬畏心理导致印度火的祭礼"。"佛教吸收护摩法可能是随着佛教的大众化,为了满足在家信众的各种欲求,出家僧众越来越有必要举行仪式,不过如果想要确定佛教徒是什么时候开始使用护摩法仪轨的却很难考证"。①《大日经·护摩品》中说婆罗门有四十四种火法,佛教有十二种火法,认为"梵行事火者邪护摩法"②,"真慧之火十二种法,所谓能成大事,除尽一切垢障之暗而成大事,不同往昔邪道非法之行也"③。十二火分别是:智火、行满、摩噜多、卢醯多、没喋拏、忿怒、阇吒罗、迄洒耶、意生、羯攞微、火神、谟贺那,其中"智火"为最初,是如来慧火,也是菩提心

---

① [日]立川武藏:《インド密教》,春秋社1999年版,第175—178页。
② (唐)一行撰《大毗卢遮那成佛经疏》卷20,《大正藏》第39卷,第780页上。
③ 同上书,第780页中。

之慧光。又《大般涅槃经》说:"烦恼为薪,智慧为火,以是因缘成涅槃饭。"① 也就是说把烦恼缠缚比作"薪",以智慧火烧烦恼,便可以得到解脱。佛教认为,真正护摩,其本来意义在于供养诸佛菩萨,而将供物投掷于炉中则应理解为解脱烦恼,以如来慧火,烧尽有漏生死之身,以无漏智火将无明烦恼焚烧殆尽,最终目的实为引发胜义菩提心,如果修行者能从这一方面发心,则能契合密教修习菩提心本旨。

由于密教护摩法在佛教内部的实践与展开,又经年代及地域的变迁,逐步被整理并分类成各种修法体系,次第修法的数量随之增加并明确化。仪轨的实践次第分明,陀罗尼密教后逐渐增加了坛法、像法、供养法、灌顶法、念诵及成就法等,尤其重视供养。《佛说瑜伽大教王经·护摩品》中说:

> 其火天总摄于诸天,而皆恒住护摩真实之理,善作种种事。此护摩能祭一切天,能作诸成就。若持诵者文句阙少,仪法不具者,作此护摩,即得圆满,是故三世诸佛十方菩萨皆悉称赞护摩之法。欲作息灾、增益、敬爱三种护摩,当用钻木出火。若作降伏等护摩,当用旃陀罗舍中火及尸陀林内火。此护摩炉有四种相,一如圆月相,二如半月相,三四方相,四三角相。此四种炉各有护摩印法。②

护摩仪轨中将护摩坛的形状也分为圆形、方形、三角形、半月形等。如《佛说无二平等最上瑜伽大教王经》中说:"息灾护摩炉相圆,作增益法应四方,敬爱炉相如弓形,降伏法用应三角。"③ 关于护摩法仪轨的不同,其各个阶段有广略之差异,但其基本结构是以火天供养为基础,再加上本尊、诸尊等仪轨次第。

最初护摩的实践有三种功用,分别是灭罪消灾的息灾法;增长财富、福德的增益法;消灭怨敌,降服鬼神的降服法,在此基础上加上能够支配对方的敬爱法,构成护摩法的四种主要功用,再从敬爱中分出能够把人和

---

① (东晋)法显译《大般涅槃经》卷4,《大正藏》第12卷,第385页下。
② (宋)法贤译《佛说瑜伽大教王经》卷5,《大正藏》第18卷,第581页中。
③ (宋)施护译《佛说无二平等最上瑜伽大教王经》卷6,《大正藏》第18卷,第534页下。

物引来的勾招法和能够延长寿命的延命法，构成护摩法的六种法。护摩的方式及方法根据地域及时代的不同，其形态也各异，但其基本仪式都是以设火炉为中心，并以供物投掷其中，而其中的仪轨程序则非常繁复。大体来讲，密教护摩法可分为息灾（梵名扇底迦）、增益（梵名布瑟致迦）、降服（梵名阿毗遮噜迦）、钩召（梵名缚始迦罗拏）四大类。因祈愿各殊，所愿成就相异，护摩法修法所需供物及护摩所用护摩木也有不同的要求。如《都部陀罗尼目》中提到：

> 炉形及木，有乳、果类、苦练，所用各不同，东西南北祈愿各殊，内外护摩亦依五轮，求四种事，速疾成就。息灾、增益、降伏、敬爱，所请火天各各不同。寂静、熙怡、忿怒、喜怒，次第应知。①

护摩法有世间护摩与出世间护摩两种，又可以分为外护摩和内护摩。简单来讲，外护摩是以各种器具、供物、护摩木等实物作护摩，以众生满足世俗利益为目的，护摩起源中婆罗门护摩，有四十四种火法，此为世间护摩。与此相反，即是内护摩，亦是观想之护摩。内护摩以观想火、本尊与行者合二为一，以灭除罪业、烧除妄念执着，精神解脱为目的，确切地说即以如来智火将烦恼焚之而得净菩提心，才是护摩本旨及意义。

二 《金刚萨埵火瓮坛受灌顶仪式》的护摩法

（一）仪轨概述

《金刚萨埵火瓮坛受灌顶仪式》，一卷，发现于大理市凤仪镇北汤天村法藏寺金銮宝刹内。卷中有破损，卷中及卷尾部皆残，经九折，存九折。卷尾落款为大明建文二年庚辰岁（1400）十一月十五日大理赵州曲别居住习密阿左梨董贤写，比丘释妙真为法界有情造，回向无上菩提者。董贤为明初大理地区密教首领，洪武二十七年曾被封为国师，此卷为董贤手迹，十分珍贵。② 此写本收录于《大理丛书·大藏经篇》卷三中，因残缺较为严重，较难辨认，但不难得出此仪轨属密教护摩法内容。

---

① （唐）不空译《都部陀罗尼目》卷1，《大正藏》第18卷，第899页中。
② 杨世钰：《大理丛书·大藏经篇》第三卷，民族出版社2008年版，第527页。

由上面密教护摩法介绍中可以看出,护摩法在密教仪式当中都是以"火"为中心,择地造坛,并将檀木、乳木、五谷乌麻、大麦、谷、豆等形形色色之供物投向炉火之中,是供养火天的一种祭祀仪式。《金刚萨埵火瓮坛受灌顶仪式》经题中"瓮"可以解释为盛水或酒的陶器,这种器皿并没有在唐代密教典籍中找到,可以推测"瓮"可能作为云南本地常用器皿,当密教传入时就把这种器皿用于法事仪轨当中,云南阿叱力密教在护摩仪轨中就使用了"火瓮"作为坛城供物器具。而题中"灌顶",梵语为"Abhiṣecanī",最早源于古代印度国王即位的仪式,象征国王以灌顶的形式来赋予其力量之意。佛教文献很早就出现"灌顶"一词,如《本生经》(Jataka)中就出现了很多灌顶的故事,不过此经中基本没有记载灌顶的过程。密教中弟子灌顶这一仪式具体开始时间及具体内容也不明确,但初期密教的《苏悉地经》等经中已经有了相当复杂的灌顶仪式,中期密教为代表的《大日经》第二品中详细记载了灌顶的方法。[①] 总体来说,灌顶包括"以水洒头顶"与"给予力量"的含义。以水灌顶又表祝意,属于秘仪。另外需要指出的是,在密教的灌顶仪轨体系中,上师与弟子传灌顶过程中特别重视发菩提心。灌顶仪轨在现存为数不多的阿叱力教古本经卷中,就有《受金刚大灌顶法净坛内守护圣》《金刚大灌顶道场仪》《金刚萨埵火瓮坛受灌顶仪》《大灌顶仪》《佛说灌顶乐师经疏》等,以上典籍均为密教写本,由此也可以看出阿叱力教重视"灌顶",而此类灌顶仪轨的主要目的是灭罪、净化有漏身心等。无论是护摩仪轨,还是灌顶仪轨往往都与本地祭仪有或多或少的关系,因此与之相融合而设。

此经因残缺太过严重,只能从现存版本中整理出一个大概轮廓,并从中加以考察与推量,仪轨次第首先以奉请火天神为始,观想火神坐于八叶莲花上,想火神种子字遍照法界,观想金刚萨埵主尊种子字,灭一切诸众生罪。观想完毕后,坛主阿阇梨将供养物投入火中供养,并依法诵金刚萨埵心咒、延寿命呪,以圣上名加以护摩,消除一切十恶五逆、三灾八难。后由皇帝亲自礼拜,献十八种供养、念诵百字明咒,一一忏悔罪业,最后皇帝亲自受灌顶。

---

① 参见立川武藏主编《インド密教》,春秋社1999年版,第194—200页。

(二) 护摩种类及主尊信仰

如前所述，密教护摩法按类别可分为息灾、增益、钩召、降服四大类，从现有《金刚萨埵火瓮坛受灌顶仪式》写本可以看出，经文中提到"诵萨埵心呪""延寿命呪""乘以护摩，十恶五逆、三灾八难并□消除""不成佛间常遇三宝，承侍法界，众生业障三毒消除，亦一一灭之忏悔，莫为□□所作成就"等句，可以看出，此仪式主要用于灭罪消灾。对比《金刚峰楼阁一切瑜伽瑜祇经·金刚萨埵菩提心内作业灌顶悉地品》：

> 息灾月为炉，各如本尊貌。
> 种智发光焰，焚烧一切罪，
> 五佛波罗蜜，名为息灾事。[①]

从《金刚萨埵火瓮坛受灌顶仪式》经本内容看出，此经尤其以忏悔灭罪为法要，加以念诵金刚萨埵百字咒为主来成就。汉译《火吽供养仪轨》中也指出："火供养之法，乃助念诵之成就。于诸尊法加护摩法，则持诵者得悉地现前。修法祈愿之目的，分息灾、增益等等种类。护摩分四种，其中四度加行，最应修者，为息灾护摩法。"由此可知，《金刚萨埵火瓮坛受灌顶仪式》的功用及类别应为息灾护摩仪轨。

其次，从经名来看可以断定其主尊为金刚萨埵，在《诸佛境界摄真实经·护摩品》中说："息灾内护摩，当观为毘卢遮那如来金刚萨埵；调伏护摩法，当观东方阿閦如来；增益内护摩当观北方不空成就如来；敬爱内护摩当观西方无量寿如来。"《诸佛境界摄真实经·护摩品》中说：

> 若作佛部成就护摩，瑜伽行者谛观毘卢遮那如来，想我即是金刚萨埵，从其身中流出白光，如净琉璃内外明彻。于月轮中结跏趺坐，从我身中光焰涌出，即成圆光，庄严自身，最胜第一，一切众生悉皆惠见。想十方诸佛皆悉白色，犹如三千大千世界微尘数量，入我身

[①] （唐）金刚智译《金刚峰楼阁一切瑜伽瑜祇经》卷2，《大正藏》第18卷，第867页中。

中，是名寂静护摩之法。①

此处观想毗卢遮那如来与瑜伽行者观作金刚萨埵尊，实际上是指与本尊相应的修法，符合瑜伽密教的修行方法。瑜伽密教为密教修行方法之一，意为静虑、精神集中、相应之意，在密教中指"通过瑜伽观想使身与心、教与理、观与行、修行者与本尊、众生与佛、我与宇宙高度统一"。② 此经为罽宾国三藏般若所译，而这一时期密教已开始向大瑜伽密教转化。再从现存《金刚萨埵火瓮坛受灌顶仪式》经本残卷可以看出，此经虽具备护摩仪轨的要素，但基本以"观想"为主要特征。参考录文如下：

> 结请火天神咒印，想火焰内黄色吽□字，为八叶莲花为火天神座，是处世界内是处主心是遍照佛法界。苑内想白色□字为人，白月轮纵广六十由旬，是诸佛境界，内是菩萨心月轮，内想赤色览字为火龙，能烧一切有漏万物，内灭一切烦恼根本。火轮中想赤色□字，金色亦得，变为火天神……字变成□□二字，和合成大空真如印。又想金色□字成妙□堂，青火神成金刚萨埵，火神舌上想□字，变□中是□生，次香美味，生吞教相，萨埵舌上想若□字，是□说十六分般若到彼岸……

由上述经本文字可以看出，此经具备了瑜伽密教修法的基本特征。又从《大藏经篇》所收录典籍来看，关于金刚萨埵主尊护摩法仅此一篇，对比分析可以得出，《金刚萨埵火瓮坛受灌顶仪式》与《诸佛境界摄真实经·护摩品》两部经为一个体系，阿吒力密教与唐密相比，虽有相似之处，但同时具有自己的特点。

（三）汉译护摩法与《金刚萨埵火瓮坛受灌顶仪式》对比

由于护摩法是密教仪轨中非常重要的修法，在密教发展至持明密教时期，修持方法上发生了演变，由简单的陀罗尼持诵而发展增加了供养法、

---

① （唐）般若译《诸佛境界摄真实经》卷3，《大正藏》第18卷，第868页上。
② 吕建福：《中国密教史》，中国社会科学出版社2011年修订版，第9页。

曼荼罗法、供养法、灌顶法等一整套密教仪轨，密教神祇信仰普及至社会各个阶层。这也集中体现在阿吒力密教的《金刚萨埵火瓮坛受灌顶仪式》和唐密的《火吽供养仪轨》之中。然而火吽仪轨与金刚萨埵火瓮坛受灌顶仪式对护摩法的展现既有共性，也有各自独立的特点。仪轨和咒法是密教最显著的特征，因此通过比较火瓮坛受灌顶仪式和火吽供养仪轨两者之间的仪轨以及咒法来进行阿吒力密教与汉译护摩法间的比较，以此来看阿吒力密教固有的突出特点。

首先，从《金刚萨埵火瓮坛受灌顶仪式》经名可以看出，云南阿吒力密教多用本民族特有的"瓮"作坛，而非"露地撩治一坛"，汉译经轨中的护摩法从未用"瓮"这种器皿，这也体现出云南地区特有的民族特色。

其次，汉译火供仪轨《火吽供养仪轨》说：

> 夫欲修行陀罗尼法，先须严饰道场，内外清洁，衣服鲜净……著衔蒸作乳粥，酪飧，加之酥蜜，种种妙馔随力供养……业行精微，虽有课数，而秉护龟疎，亦非相应。事须三业调柔，事法淳熟，自须观察，与理相应，自感圣者，犹如明镜，自现镜像。①

再次，需择地建坛，严饰道场，依次进行供养、结界护身、观想、召请八方护法天王等，步骤非常复杂。而《金刚萨埵火瓮坛受灌顶仪式》中除观想法之外，又说：

> 次阿伽水三遍，十六种供养，次以轧陷赞叹，八供养，更阿伽水十六供养……次白小枒苏二十一变，或一百八变。次烧□草、枇攀、松枝、□□、乌麻、大麦、小麦、五谷、米、白□、苴甘、园竹，每盘各二十一变，遣圣主咒印法，解界咒者。次灌顶咒印，次说五金刚守护咒印，次坛场供具，不□发遣，须待圣上受灌顶，主授记圣上而敬，次圣上入坛。

对比来看，《金刚萨埵火瓮坛受灌顶仪式》主要以观想为主，后投

---

① 《火吽供养仪轨》卷1，《大正藏》第18卷，第934页下。

入供物，进行护摩灌顶等次第步骤，虽然体现出瑜伽密教特点，但除了"观想"这一环节，在诵咒、供养、护摩各个次第方面都略显简略单薄，实用性非常强，没有繁琐的仪式，其目的就是攘灾招福，或许这也是其本土法术式信仰最为直观的例证，这也是云南阿吒力密教特点之一。

三 《金刚萨埵火瓮坛受灌顶仪式》中的护国思想

关于大理密教火供法中的护国思想，《金刚萨埵火瓮坛受灌顶仪式》经本中说：

> 诵萨埵心咒，延寿命咒，称圣上名，加持度白。次遍数满，次以金刚师莎出印，印圣上身五处，愿□□礼敬。次与火天神五稽供养一遍。次散洒香水三变，次发愿入圣上名，乘以护摩，十恶五逆、三灾八难并得消除，不成佛间常遇三宝，承侍法界，众生业障三毒消除，并同火天，更为□炉。次请十二神、瑜伽顿教文，为皇帝发□□。次烧食同。次说五金刚守护咒印，更守护受法人一变。次付法授记圣上一遍，次□坛主法施□□一□。次圣上礼佛四拜了而出入根本坛。次根本□，□□□火瓮坛□□□□□。次火瓮坛印□□更阿伽水三遍。次内外十八种供养□轧陌八供养百字咒次更阿伽水三变，内外十六种供养，次诵我□□火食之间有多不□如法之事，亦一一灭之忏悔，莫为□□所作成就。次奉属咒印，遣圣主咒印，法解界咒者，次灌顶咒印次说五金刚守护咒印。次坛场供具不□发遣，须待圣上受灌顶，主授记圣上而敬，次圣上入坛□灌顶。

上面经本录文有提及"皇帝""愿以圣上名，乘以护摩"等词，又参考参加过凤仪北汤天经卷发现和整理者周泳先说："最有史料价值的是另外的十多册明初传抄的南诏大理国时代的阿吒力教的经卷典。……其中的一册《大灌顶仪卷第七》，题'大理摩伽国三藏赞那崛多译'。所记并为帝王灌顶时的仪式。"通过这一点也更加明确，此仪轨专为皇室灌顶而作。从云南阿吒力教历史发展轨迹可以看出，自南诏国到大理国时期佛法相当兴盛，上至王室，下至人民，都虔敬三宝，皈信佛教。

大理国时期官员都要从僧侣中选拔，而王室中很多成员都出家为僧。云南各地建大寺八百，小寺二千，也都为王室建造，臣民皆以敬佛为务。从上述分析可以得出，既然此灌顶仪式是为皇室而作的仪轨，便可以推测出是为除灾害、疫病、水旱不调、虫损稼苗、消除国难而作护摩息灾法会。结合《金刚萨埵火瓮坛受灌顶仪式》经本内容与云南阿吒力密教的历史背景来看，此经专为皇帝灌顶而撰写，表现出极为明显的护国思想。

《金刚萨埵火瓮坛受灌顶仪式》由大理密教国师董贤所写，据史料载，董贤不但精通佛教典籍，其文学造诣也颇深。另据颠董氏宗祠明洪武二十七年《圣旨》刻石记载，明太祖朱元璋曾三次召董贤进京。另据《大理赵州南山大法藏寺碑铭》碑文载，皇帝敕命董贤在赵州北汤颠村兴建法藏寺。从上述碑文记载可以看出，云南阿吒力密教的发展得到了朝廷的支持，而大理国时期的阿吒力教更被奉为国教。元代郭松年《大理行记》载："此邦之人，西去天竺为近，其俗多尚浮屠法，家无贫富，皆有佛堂；人不以老壮，手不释数珠，一岁之间斋戒几半，绝不茹荤饮酒，至斋毕乃已。沿山寺宇极多，不可殚记。"① 阿吒力密教与唐密有许多相似之处，但阿吒力密教又有其独有特征，尤其它的护国思想及统治阶级的认同大大推动了阿吒力密教在云南发展与传播。

《金刚萨埵火瓮坛受灌顶仪式》仪轨是为王室而撰写，给皇帝灌顶祈福为主的仪式。统治者接受密教灌顶，不但是为个人祈福免灾，同时也是为维护政权稳定，国家安康，认为佛法不仅对国家及国民有益，又可以佑国昌盛兴旺。唐朝不空三藏的护国政教思想也以灌顶为最殊胜法门，他在《请于兴善寺置灌顶道场状》奏文中说："度灾御难之法，不过秘密大乘，大乘之门，灌顶为最。今属闰夏之月百花皆荣，伏望令三藏不空于前件寺为国修一灌顶道场。其道场有息灾增益之教，有降伏欢喜之能。"② 密教能够在中土流传弘扬，从一定程度上说是契合广大民众思想，以息灾、增益、降伏、勾召四大现实利益为出发点，更能使民众得到切实的利益。明

---

① （元）郭松年：《大理行记校注》，王书武校注，云南民族出版社1986年版，第22—23页。
② （唐）圆照撰《代宗朝赠司空大辨正广智三藏和上表制集》卷1，《大正藏》卷52，第829页中下。

代杨森在其所撰碑铭中说:"稽郡志,唐贞观时,大士自乾竺来建大理,以释氏显密之教,化人为善,摩顶授记。蒙氏细奴罗号为奇王,主宰斯土,选有德行者为阿吒力灌顶僧,祈祷雨阳。厥后复有赞陀崛多从摩伽陀国至此,大阐瑜珈密典,著述降伏、资益、爱敬、息灾四术以显化。"[①]由此可见,阿吒力密教对瑜伽密典中四种密法相当注重,尤其以各种仪轨法事祈福国家昌盛安宁。印僧赞陀崛多为著名的密教阿吒力僧人,他于保和十六年(840)到大理地区传授密教教法,作为国师,赞陀崛多深受南诏王丰祐器重。作为密教传入大理第一人,他来到大理国后主要以瑜珈密典中降伏、资益、爱敬、息灾四种密法进行弘传。《金刚萨埵火瓮坛受灌顶仪式》等阿吒力经本,是以护摩、灌顶为主的皇家仪轨。由上可以推知,阿吒力教很有可能由印僧从印度直接传入大理地区。

结　语

密教护摩法源于婆罗门教供养火神阿耆尼之作法,为婆罗门烧火天宗教祭仪,后为佛教中密教所沿袭吸收,成为密教中最为重要的修法之一。密教护摩法按照种类与功用分为息灾、增益、降服、钩召四大类,根据云南本地所保存下来的《金刚萨埵火瓮坛受灌顶仪式》经本的分析与研究,可以把它归入"息灾"护摩仪轨。又因南诏、大理国时期尤其崇奉佛教,阿吒力教被奉为国教。从《金刚萨埵火瓮坛受灌顶仪式》经本及当代遗存下来的经本及古迹可以看出,大理国时期灌顶、护摩等仪轨非常流行。《金刚萨埵火瓮坛受灌顶仪式》是专为皇室灌顶法事所用,因此其思想具有浓厚的护国思想,可以看出统治者以佛教护国的实践,无论对统治者本人抑或对国家的兴盛、政治统治,都有重要的历史意义与影响。

印僧赞陀崛多作为国师和密宗传入大理第一人,在来到大理国后主要以瑜珈密典中降伏、资益、爱敬、息灾四种密法进行弘传,《金刚萨埵火瓮坛受灌顶仪式》等阿吒力经本又是以护摩、灌顶为主的皇家仪轨,又此经经轨以"观想"为主,具备瑜伽密教的特点,而瑜伽密教是从南印

---

① 《弘圭山碑文摘录》,转引自侯冲《云南阿吒力教的经典及其价值》,《藏外佛教文献》1998年第3期。

度一带兴起，故阿吒力教很有可能由印僧从印度直接传入云南大理国。在千余年漫长的历史进程中，阿吒力密教对云南尤其是云南白族地区产生了积极的影响，构成了云南民族传统文化的重要组成部分。

（王小蕾，陕西省社科院宗教研究所）

《消灾经》溯源

黄 璜 李学龙 侯 冲

内容提要：《消灾经》是阿吒力教常见的一种经典，其雏形是元代写本《佛说金轮佛顶大威廉积盛光如来消除一切灾难陀罗尼经》，并在大理国时期业已在云南流传。追溯其奉行和实践时间，则不晚于南昭中期。《消灾经》作为从汉地传入的密教典籍，在云南之外也广泛流行，并不具有云南地方地点。

关键词： 消灾经 阿吒力教 科仪

方广锠先生曾经指出："研究阿吒力教，靠实地调查，靠历史资料的考证，靠对阿吒力教所依凭典籍的研究。三者缺一不可。"[①] 方先生无疑指明了阿吒力教研究的正确方向，值得我们去努力，去实践。本文对《消灾经》的溯源，正是对这一思路的细化。

虽然《消灾经》是常见阿吒力教经典之一，但此前对《消灾经》只有简单的介绍，尚未见专门的讨论和研究。本文梳理《消灾经》在云南和其他地方的传播情况，整理不同的文本，追溯其源头，以之为证据证明，云南大理等地佛教是汉传佛教在云南的传播，大理密教是汉传密教。

一 阿吒力教经典中的《消灾经》

（一）《消灾经》何谓？

本文所说的《消灾经》，在不少《佛门禳星科仪》中均出现，侯冲此

[①] 方广锠：《读云南阿吒力教典籍随笔》，印顺主编《虚云法师与鸡足山佛教——中国宾川鸡足山佛教文化论坛论文集》，宗教文化出版社2008年版，第531页。

前在叙录该科仪时已经作过介绍：

赵文焕藏本有"讽《消灾经》一卷"的文字，与其他抄本一样都附录了此经经文：

> 如是我闻，一时佛在净居天宫，说文殊大集会。告诸游空天众二十八宿、十二宫宸、九曜诸天等言：我于过去娑罗树王佛所，受此大威德炽盛光如来吉祥陀罗尼。即说咒曰：南无三满哆……佛言：以此陀罗尼能除一切世间八万种不吉祥事，复能成就八万种大吉祥事。一切众生，如遇年灾月厄、土火恶星、妖怪恶人临逼于身，皆当志心诵持此咒，一切灾障，自然消散，所有冤家毒药，不能为害。起恶心者，反受其殃。此佛如来，是诸星辰之本命。若人称念如来名号，一切灾祸尽变吉祥，何况清净诵持真言，焚香持花供养尊像。普告四众，信受奉行。

这段经文，与唐代失译《佛说大威德金轮佛顶炽盛光如来消除一切灾难陀罗尼经》相近，为该经的节录。[①]

也就是说，本文所说《消灾经》，是指见于阿吒力教经典中，内容"与唐代失译《佛说大威德金轮佛顶炽盛光如来消除一切灾难陀罗尼经》相近"的经。

（二）《消灾经》是常见阿吒力教经典之一吗？

回答这一问题，要涉及两个方面的内容，一要明确《消灾经》是否阿吒力教经典，二要落实它是否常见。

1. 《消灾经》是否阿吒力教经典？

答案是肯定的。因为《消灾经》不仅见于剑川阿吒力僧所用《佛门禳星科仪》，也见于洱源阿吒力僧所用《禳星法事》，还见于其他阿吒力教经典中。这里只说明《佛门禳星科仪》和《禳星法事》属于阿吒力教经典，至于《消灾经》见于其他阿吒力教经典中，则在论证它为常见阿吒力教经典时再说。

首先，《佛门禳星科》是剑川阿吒力僧所用经典。《云南阿吒力教经

---

① 侯冲：《云南阿吒力教经典研究》，中国书籍出版社2008年版，第32—33页。

典研究》介绍说，《佛门禳星科仪》"又作《佛门星辰科仪》《佛门星宸法事》《佛门星辰宝科》《释门禳星科仪》《释门星辰法事》《禳星科仪》等，著者不详，一册。有云南省佛协顾问赵文焕、云南省剑川县杨建鸿、云南省党史办杨新旗等人的藏本多种。张宽寿著录作《禳星科法事》。"①除侯冲另在《云南阿吒力教经典及其在中国佛教研究中的价值》一文中著录②外，赵文焕先生《大理白族自治州剑川县佛（宗）教活动今昔与文物古迹概述》③、张宽寿《白族阿叱力教现状调查》④、苏青《云南阿吒力教——对"滇密"的文化浅释》⑤、张文《云南剑川白族阿叱力佛教科仪音乐》⑥、陆家瑞《剑川县民族宗教志》⑦、段鹏与李艳编《非物质文化遗产阿吒力教派口传经选》⑧等著述，均能证明包括《消灾经》的《佛门禳星科仪》为剑川阿吒力教经典。

其次，《禳星法事》是洱源阿吒力僧所用经典。杨畅奎先生是洱源炼铁乡翠坪三江村人，他所藏《禳星法事》"又作《顺星科范》《烛点兰膏》"⑨。《烛点兰膏》是他"抄于公元1969己酉年九月十一日霜降前二天晚于灯下"⑩的抄藏本。其中有《消灾经》⑪。他另外还有一本经常使用的《顺星科仪》（又作《顺禳法事》），有"壬寅年（1962）正月十二日灿奎学抄"的题记，其中也包括《消灾经》。杨畅奎先生被张锡禄先生

---

① 侯冲：《云南阿吒力教经典研究》，第32页。
② 方广锠主编：《藏外佛教文献》第六辑，宗教文化出版社1998年版，第392页。
③ 原本未见，参见侯冲《云南阿吒力教经典研究》，中国书籍出版社2008年版，第4页。
④ 张宽寿：《白族阿叱力教现状调查》，《白族学研究》1993年第3期，第216页；侯冲：《云南阿吒力教经典研究》，中国书籍出版社2008年版，第32页。
⑤ 苏青：《云南阿吒力教——对"滇密"的文化浅释》，《民族艺术研究》1994年第6期；侯冲：《云南阿吒力教经典研究》，中国书籍出版社2008年版，第32页。
⑥ 张文：《云南剑川白族阿叱力教佛教科仪音乐》，载《2000年佛学研究论文集——佛教音乐》，佛光文化事业有限公司出版2001年版，第409页；侯冲：《云南阿吒力教经典研究》，中国书籍出版社2008年版，第17页。
⑦ 剑川县民族宗教事务局编：《剑川县民族宗教志》，云南民族出版社2003年版，第213页；侯冲：《云南阿吒力教经典研究》，中国书籍出版社2008年版，第19页。
⑧ 段鹏、李艳编《非物质文化遗产阿吒力教派口传经选》，剑川县旅游局编印，云南省大理州新闻出版局内部数据准印证大新出（2013）准印内字B124号，大理地矿绘图印刷有限责任公司印装，2013年，第15页。
⑨ 侯冲：《云南阿吒力教经典研究》，中国书籍出版社2008年版，第33页。
⑩ 同上书，第33页。
⑪ 同上书，第34页。

称为"活着的'赵金龄'",是"在整个大理市和其他地方做佛事的都不知什么是'阿吒力'了。他在边远的山沟里,躲过了'文化大革命'的劫难,奇迹般地留下来了"①的阿吒力僧。他的照片还上了张锡禄先生《大理白族佛教密宗》卷首的彩图(13)。杨畅奎先生抄藏的《禳星法事》《顺星科仪》(《顺禳法事》)中有《消灾经》,足证《消灾经》与《禳星法事》《顺星科仪》(《顺禳法事》)等一样属于阿吒力教经典。

最后,收录《消灾经》的科仪保存者,是阿吒力教传人。下文将指出,在赵沛霖先生藏《佛门地府朝贺法事》(又名《诵经法事》《送经法事》)《佛门诸部因缘科》等科仪中,同样保存了《消灾经》。赵沛霖是剑川县甸南镇发达和村人,在段鹏等人著作中有其小传,称他为发达和村"第四代阿吒力传人"②。

2. 《消灾经》常见于阿吒力教经典

(1)《禳星法事》(又作《顺星科范》《顺星科仪》《顺禳法事》《烛点兰膏》)属于常用科仪

侯冲1995年到剑川县调查,"阿吒力僧杨云轩先生在介绍阿吒力教经典情况时,将阿吒力教经典分为祈、荐、火、虎、瘟五种,大致包括了阿吒力教经典的主要类型。"③目前火、虎、瘟三类法事举行较少,阿吒力教法会主要是祈、荐二类,甚至往往合为祈带荐或荐带祈。举行祈类法会时,《禳星法事》(又作《顺星科范》《顺星科仪》《顺禳法事》《烛点兰膏》)是较为常用的科仪之一。因此,见于《禳星法事》的《消灾经》,无疑属于阿吒力教常见经典之一。

(2)《消灾经》也见于其他阿吒力教经典

事实上,《消灾经》并非仅见于《禳星法事》一类祈类科仪中,在荐亡类科仪及杂录科书中,亦能看到《消灾经》。据侯冲《云南阿吒力教经典研究》介绍,《消灾经》尚出现在赵沛霖先生藏《佛门地府朝贺法事》

---

① 张锡禄:《大理白族佛教密宗》,云南民族出版社1999年版,第345页。
② 段鹏、李艳编《非物质文化遗产阿吒力教派口传经选》,剑川县旅游局编印,云南省大理州新闻出版局内部数据准印证大新出(2013)准印内字B124号,大理地矿绘图印刷有限责任公司印装,2013年,第131页。
③ 侯冲:《云南阿吒力教经典研究》,中国书籍出版社2008年版,第32页。

（又名《诵经法事》《送经法事》）①《佛门诸部因缘科》②，张宗义先生藏《仪文杂录》③ 中。其中《佛门地府朝贺法事》属于荐亡类科仪，而《佛门诸部因缘科》由于内容复杂，属于杂录科书。

近来我们重新核验阿吒力教经典，发现《消灾经》在以下阿吒力教经典中同样出现：

首先是《地藏慈悲救苦荐福利生道场仪》延光居士藏乙本。侯冲曾经叙录：

> 封皮题"地藏慈悲道场密教并经卷上"，首题"荐福利生慈悲救苦地藏尊经密教卷上全"，无尾题，有"道光三十年（1850）岁在上章阉茂玄黑敦屈月玄黑徐执朔重光人渊献日玄黑执徐时隐尘祔子配苍录"的题记，后附录"断烟药丹""大威德炽盛光如来吉祥陀罗尼""佛说观音救苦经""小涅槃经"等内容。④

核验内容，叙录中的"大威德炽盛光如来吉祥陀罗尼"，就是《消灾经》。

其次是经名中包括"净土"二字的几种科仪，包括《净土三时法事》《净土会三时仪》《净土真经》（有几个同名抄本）三种。杨畅奎先生藏有其中的两种，即《净土会三时仪》和《净土真经》。侯冲藏有两种，即《净土三时法事》和《净土真经》乙本。⑤ 侯冲叙录时，提到他所藏《净土三时法事》"三时后送圣，却另附大威德炽盛如来吉祥陀罗尼"⑥，杨畅奎先生藏本《净土真经》"内容分净土一时至三时，包括开坛、《佛说数珠经》、礼观音、礼药师大威德炽盛光如来吉祥陀罗尼咒、送圣、观音修行、十二月修行、观音菩萨十二愿等。"⑦ 重新核验后，可知叙录所说

---

① 侯冲：《云南阿吒力教经典研究》，中国书籍出版社 2008 年版，第 132—133 页。
② 同上书，第 199—200 页。
③ 见于《仪文杂录》的《报恩功课》，作"消灾尊经"，由于出现"禳星告斗"的字样，故可知此"消灾尊经"即"消灾经"。参见侯冲《云南阿吒力教经典研究》，中国书籍出版社 2008 年版，第 229—230、305 页。
④ 侯冲：《云南阿吒力教经典研究》，中国书籍出版社 2008 年版，第 132—133 页。
⑤ 同上书，第 136—137 页。
⑥ 同上书，第 136 页。
⑦ 同上书，第 137—138 页。

"大威德炽盛如来吉祥陀罗尼"即《消灾经》。

不论是《地藏慈悲救苦荐福利生道场仪》，还是经名中包括"净土"二字的几种科仪，都属于荐亡类阿吒力教经典。

综上可知，《消灾经》是常见云南阿吒力教经典之一。其内容与唐代失译《佛说大威德金轮佛顶炽盛光如来消除一切灾难陀罗尼经》相近。它不是作为单独的阿吒力教经典出现，而是以附属的方式出现。它既出现在《佛门禳星科》一类祈吉类阿吒力教经典中，也出现在《地藏慈悲救苦荐福利生道场仪》和经名中包括"净土"二字的几种科仪中，还出现在《佛门诸部因缘科》一类的杂录科仪中。侯冲已经叙录了他们在《佛门禳星科》等祈吉类阿吒力教经典和杂录类科仪中的情况。现在我们又发现，在数种包括"净土"二字经名的荐亡类阿吒力教经典中的"大威德炽盛如来吉祥陀罗尼"，也是《消灾经》。为便于理解，现以赵沛霖藏旧抄本《佛门诸部因缘科》所收为底本，以道光三十年（1850）配苍录《地藏慈悲道场密教并经卷上》（甲本）、杨建鸿藏旧抄本《释门禳星科仪》（乙本）为校本，将阿吒力教经典中的《消灾经》录文整理①如下：

[录文]

消灾经②

金轮炽盛光，功德最难量。
施③主虔诚请，星斗降吉祥④。
仰启五星尊重⑤主，天中自在炽盛光。
行乘⑥赫奕⑦紫金车，车中复⑧居红莲座。
其花八万四千叶，叶叶皆放火焰光。

---

① 整理本以赵沛霖藏《佛门诸部因缘科》本为底本，以道光三十年（1850）配苍录《地藏慈悲道场密教并经卷上》为甲本，以杨建鸿藏本《释门禳星科仪》为乙本。
② "消灾经"，甲、乙本无。
③ "施"，乙本作"斋"。
④ "金轮炽盛光……降吉祥"，甲本无。
⑤ "重"，甲、乙本作"众"。
⑥ "乘"，底本作"称"，据甲、乙本改。
⑦ "奕"，乙本作"翼"。
⑧ "复"，底本作"佛"，据甲、乙本改。

光明上照尼①吒天，下照泥②犁十八狱。
前将五星为侍③者，后以释梵④作威仪。
眉间放大⑤日月光，光中化佛无数亿。
八万恒沙诸世界，慈悲引接⑥苦众生。
二十五有诸含灵⑦，既向皆蒙罪消灭。
若有恶星⑧临命者，随念⑨炽盛光如来⑩。
随处念者现神通，妖怪恶星自⑪退散。
或现⑫神威大元⑬帅，震⑭动乾坤⑮万国中。
或现勇⑯猛胜金刚，摧⑰灭邪魔诸⑱外道。
纵⑲有运逢⑳灾患者，土㉑星纲㉒曜照临身。
公私口舌及㉓冤雠，一切灾殃皆解脱。
我今称赞真言教，愿降神通护我身。
十缠九结永消除，万善千祥悉圆满。

---

① "尼"，底本作"泥"，乙本作"呢"，据甲本改。
② "泥"，甲本作"尼"。
③ "侍"，底本、乙本作"使"，据甲本改。
④ "梵"，乙本作"范"。
⑤ "大"，底本作"太"，据甲、乙本改。
⑥ "引接"，乙本作"接引"。
⑦ "灵"，底本作"寒"，乙本作"识"，据甲本改。
⑧ "星"，甲本、乙本作"心"。
⑨ "随念"，乙本作"须识"。
⑩ "如来"，底本作"王佛"，据甲、乙本改。
⑪ "自"，乙本作"悉"。
⑫ "现"，乙本作"显"。下同。
⑬ "威大元"，乙本残。
⑭ "震"，甲本作"振"。
⑮ "坤"，乙本残。
⑯ "勇"，甲本作"涌"，乙本作"威"。
⑰ "摧"，乙本作"推"。
⑱ "诸"，乙本残。
⑲ "纵"，甲本作"从"。
⑳ "运逢"，底本作"恶心"，据甲、乙本改。
㉑ "土"，乙本作"吉"。
㉒ "纲"，甲、乙本作"光"。
㉓ "及"，底本作"结"，据甲、乙本改。

110　仪轨与经咒研究

　　如是我闻。一时佛在净居天宫，说文殊大集会，告①诸游空天众、二十八宿、十二宫辰②、九曜诸天等言：我于③过去娑罗树王佛所，受持④大威德炽盛光如来吉祥陀罗尼⑤。即说咒曰：

　　南无三满哆⑥。母驮⑦喃。阿婆⑧啰底。贺哆⑨舍⑩。苏恒那⑪。恒侄⑫他。唵。佉⑬佉⑭。佉呬⑮。佉呬。吽⑯吽。入⑰嚩啰。入嚩啰。婆⑱啰入嚩啰。婆啰入嚩啰。底瑟吒。底瑟吒。瑟侄哩⑲。瑟侄哩。娑登⑳吒。娑登吒。扇㉑底迦。室哩耶㉒。娑婆㉓诃。

　　佛㉔言：以此陀罗尼㉕，能除㉖一切世间㉗八万种不吉祥事，复㉘

---

① "告"，乙本作"各"。
② "辰"，底本、乙本作"宸"，据甲本改。
③ "于"，底本作"以"，乙本作"遇"，据甲本改。
④ "持"，甲本作"此"。
⑤ "陀罗尼"，乙本作"驮罗呢"。
⑥ "哆"，甲本作"多"。
⑦ "没陀"，甲本作"母驮"，乙本作"没驮"。
⑧ "婆"，甲本作"钵"。
⑨ "哆"，甲本作"多"。
⑩ "舍"，乙本残。
⑪ "苏怛那"，甲本作"娑曩喃"，乙本作"娑怛那"。
⑫ "致"，甲本作"姪"，乙本作"咥"。下同。
⑬ "佉"，底本作"虔"，据甲、乙本改。下同。
⑭ "佉"，乙本作"佉佉佉"。
⑮ "呬"，底本作"唏"，据甲、乙本改。下同。
⑯ "吽"，乙本作"吽吽"。
⑰ "入"，底本、乙本作"叺"，據甲本改。下同。
⑱ "婆"，甲本作"钵"。下同。
⑲ "致哩"，乙本作"咥唎"。下同。
⑳ "登"，乙本作"［口＊登］"。下同。
㉑ "扇"，底本作"舍"，据甲、乙本改。
㉒ "耶"，甲、乙本作"曳"。
㉓ "婆"，甲本作"嚩"。
㉔ "佛"，底本作"伏"，据甲、乙本改。
㉕ "尼"，乙本作"呢"。
㉖ "除"，底本无，据甲、乙本补。
㉗ "一切世间"，乙本作"世间一切"。
㉘ "复"，底本无，据甲、乙本补。

能成就八万种大吉祥事。一切众生，如遇年灾月厄，土火恶星[①]，妖怪恶人，临逼[②]于身，皆当志心持诵[③]此咒，一切灾障[④]自然消散，所有冤家毒药不能为害。起恶心者，返[⑤]受其[⑥]殃。此[⑦]佛如来，是诸星辰[⑧]之本师[⑨]。若人称念如来名[⑩]号，一切灾祸[⑪]尽变吉祥。何况清净诵持真言，焚香持花，供养尊像[⑫]。普告四众，信受奉行。

无量寿尊[⑬]佛。

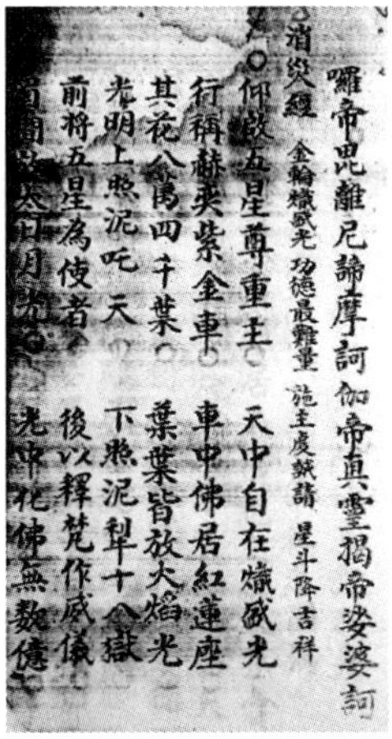
仰啓五星尊重主　天中自在熾盛光
行稱赫奕紫金車　車中佛居紅蓮座
其花分為四千葉　葉葉皆放大焰光
光明上照泥吒天　下照泥犁十八獄
前將五星為使者　後以釋梵作威儀

图1　《佛门诸部因缘科》

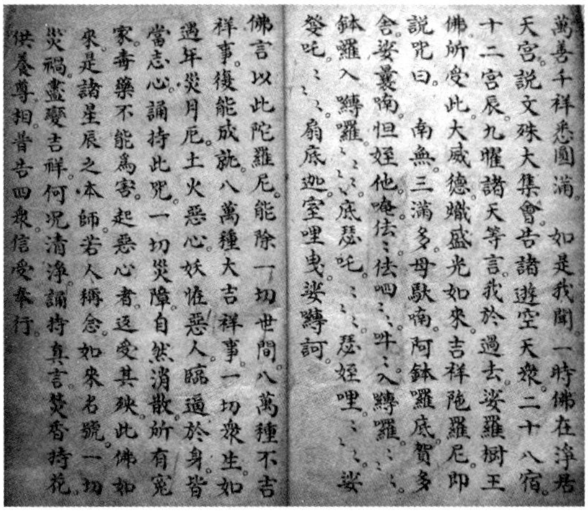
萬善千祥悉圓滿。如是我聞一時佛在淨居天宮。說文殊大集會。告諸遊空天衆。二十八宿。十二宮辰。九曜。諸天等言。我於過去。娑羅樹王佛所。受此大威德熾盛光如來吉祥陁羅尼。即說咒曰。南無三滿多。母馱喃。阿鉢囉底賀多舍。娑曩喃。怛姪他。唵。佉々佉呬々吽々入嚩囉々鉢囉入嚩囉々々底瑟吒々々瑟姪哩々々娑癹吒々々扇底迦。室哩曳。娑嚩訶。
佛言以此陀羅尼。能除一切世間八萬種不吉祥事。復能成就八萬種大吉祥事。一切衆生。如遇年災月厄。土火惡心。妖怪惡人。臨逼於身。皆當志心誦持此咒。一切災障自然消散。所有冤家毒藥不能為害。起惡心者。返受其殃。此佛如來。是諸星辰之本師。若人稱念如來名號。一切災禍盡變吉祥。何況清淨誦持真言。焚香持花。供養尊相。普告四衆。信受奉行。

图2　《地藏慈悲道场密教并经》卷上

① “星”，甲本作“心”。

② “逼”，乙本作“迫”。

③ “持诵”，甲、乙本作“诵持”。

④ “障”，乙本作“殃”。

⑤ “返”，乙本作“反”。

⑥ “其”，乙本残。

⑦ “此”，乙本残。

⑧ “辰”，乙本作“宸”。

⑨ “师”，乙本作“命□”。

⑩ “名”，乙本残。

⑪ “祸”，乙本作“过”。

⑫ “像”，底本、乙本作“相”，据甲本改。

⑬ “尊”，甲、乙本无。

二 元代写本《消灾经》

正如侯冲已经指出的一样,《消灾经》与唐代失译《佛说大威德金轮佛顶炽盛光如来消除一切灾难陀罗尼经》有密切关系。大理佛图塔出土元代写经可以证明这一点。

《大理丛书·大藏经篇》卷五收录有佛图塔出土的大理国时期写经《妙法莲华经卷七》(一)[①]。该经背面依次抄有《佛说摩利支天菩萨经》《残经一段》《佛说金轮佛顶大威德炽盛光如来吉祥陀罗尼经》和《佛说灌顶药师经》(《佛说灌顶拔除过罪生死得度经》)[②]。《佛说灌顶药师经》卷末尾题后有题记,时间为"至正二十九年岁次己酉二月二十五日终"[③]。"至正二十九年"即公元1369年,为明洪武二年,但这个时候云南尚在元朝梁王的控制下,故沿用元朝年号。据此题记可知,该《妙法莲华经》背面所抄诸经,至少是元代写经。

《佛说金轮佛顶大威德炽盛光如来吉祥陀罗尼经》抄在"《残经一段》"和《灌顶经》之间。侯冲已经指出,《大理丛书·大藏经》卷五收录的《残经一段》《佛说金轮佛顶大威德炽盛光如来吉祥陀罗尼经》和《佛说灌顶药师经》有错简。[④] 廖旸研究员也指出,《大理丛书·大藏经》卷五所收《金轮佛顶炽盛光吉祥陀罗尼经》与《灌顶经》均有错简[⑤],发表时前者打散成前后不连贯的数页,一些与《佛说金轮佛顶大威德炽盛光如来吉祥陀罗尼经》相接,另一些则与《佛说灌顶药师经》的部分内容接在一起,公布时被错误地归入《残经一段》。廖旸将《金轮佛顶炽盛光吉祥陀罗尼经》重新拼接组合后,复原了其正确顺序。[⑥] 在前人研究基础上,我们根据《藏外佛教文献》体例,以《大理丛书·大藏经篇》卷五所收佛图塔出土元代写经《佛说金轮佛顶大威德炽盛光如来吉祥陀

[①] 郭惠青主编:《大理丛书·大藏经篇》卷5,民族出版社2008年影印本,第115—178页。
[②] 同上书,第179—246页。
[③] 同上书,第246页。
[④] 侯冲:《"滇藏"考》,载方广锠主编《藏外佛教文献》第十三辑,中国人民大学出版社2010年版,第400页。
[⑤] 廖旸:《〈大威德炽盛光如来吉祥陁罗尼经〉文本研究》,《敦煌研究》2015年第4期。
[⑥] 同上。

《消灾经》溯源　113

罗尼经》为底本,参证上文整理的《消灾经》,对其录文整理如下:

[录文]

佛说①金轮佛顶大威德炽盛光如来吉祥陀罗尼经

仰启②五星尊重主,天中自在炽盛光。
行乘赫奕紫金车,车中复居红莲座。
其花八万四千叶,叶叶③皆放火焰光。
光明上照尼吒天,下④烛泥梨十八狱。
前将五星为侍者,后以释梵作威仪。
眉间放大日月光,光中化佛无边亿。
八万恒沙诸世界,慈悲应接苦众生。
二十五有诸含灵,既向皆蒙罪消灭。
若有恶星临命者,须念炽盛光如来。
随处念者现神通,妖怪恶星自退散。
或现身为大元帅,震动乾坤万国中。
或现勇猛圣金刚,摧灭降伏诸外道。
纵有运逢灾患者,土星刚曜照临身。
公私口⑤舌及冤雠,一切灾殃皆解脱。
我今称念真言教,愿降神通护我身。
十缠九结永消除,万善千祥悉圆满。
佛说金轮佛顶大威德炽盛光如来吉祥陀罗尼经
如⑥是我闻。一时佛在净居天宫,说文殊大集会,告诸⑦遊空天

---

① "佛说",底本无,据下文行文补。下同。
② "仰启",底本无,据上文整理《消灾经》补。
③ "其花八万四千叶,叶叶",底本残,据上文整理《消灾经》补。
④ "光明上照尼吒天,下",底本残,据上文整理《消灾经》补。
⑤ "公私口",底本残,据上文整理《消灾经》补。
⑥ "如",底本残,据上文整理《消灾经》补。
⑦ "诸",底本残,据上文整理《消灾经》补。

众、二十八宿、十二宫神、九曜诸天等言：我①于过去娑罗树王佛所，受此大威德炽盛光如来②吉祥陀罗尼。即说咒曰：

曩谟三满多。母驮喃（过去未来见在诸仏）。唵。阿钵罗底（清净法身毗卢遮那佛号）。卢舍那佛眷属。贺③多舍。娑曩喃（不动尊仏眷属等号）。唵（本师释迦牟尼仏）。佉佉（一切鬼神闻此□字悉皆合掌听受佛言）。□……□……□（文殊）钵啰入嚩罗。入嚩罗。底瑟姹（□香花□……□在王眷属）。底瑟姹。□……□。瑟致哩。瑟致哩。娑癹吒（四天门王眷属号）。娑癹吒。扇底迦（金刚菩萨眷属）。室哩曳（除盖障菩萨名）。娑嚩贺（妙吉祥菩萨名）（炽盛光如来本尊等号）。

佛言：此陀罗尼，能除一切世间八万种不吉祥事，复能成就八万种大吉祥事。一切众生，如遇年灾月厄，土火恶星④，妖怪恶人，临逼于身，皆当至心诵持此咒，一切灾障，自⑤然消散，所有怨家毒药，不能为害。起恶心者，返受其殃。此佛如来，是诸星辰之本师。若人称⑥念如来名号，一切灾祸尽变吉祥。何况清净诵持真言，焚香持花，供养尊像。普告四众，信受奉行。

佛说金轮佛顶大威德炽盛光如来吉祥陀罗尼经

金星真言曰每月十五日降下

曩谟三满多。没驮南。唵。戍萨罗献缚逻惹耶。娑嚩贺。

木星真言每月二十五日降下

曩谟三满多。没驮南。唵。虞呬坞荅波部邻誐。娑缚贺。

水星真言曰每月二十九日降下

曩谟三满多。没驮南。唵。母驮诺叉。怛罗契努么。娑贺。

火星真言曰每月二十九日降下

曩谟三满多。没驮南。唵。阿越罗誐阿路迦娑嚩贺。

---

① "我"，底本残，据上文整理《消灾经》补。
② "来"，底本残，据上文整理《消灾经》补。
③ "贺"，底本残，据上文整理《消灾经》补。
④ "星"，底本残，据上文整理《消灾经》补。
⑤ "自"，底本残，据上文整理《消灾经》补。
⑥ "称"，底本残，据上文整理《消灾经》补。

土星真言曰每月十九日降下

曩谟三满多。没驮南。唵。设你设你。施设罗舍。摩领娑贺。

太阴星真言每月二十六日降下

曩谟三满多。没驮南。唵。阿目佉。写设底南。娑缚贺。

大阳星真言每月二十七日降下

曩谟三满多。没驮南。唵。战捺罗。素里野喻。诺叉怛罗。逻惹耶。娑缚贺。

计都星真言每月十八日降下

曩谟三满多。没驮南。唵。嚩罗计都。诺叉怛罗。逻惹耶娑缚贺。

罗睺星真言　每月八日降下

曩谟三满多。没驮南。唵。缚罗曩。阿乘罗。逻惹耶。娑缚贺。

佛说金轮佛顶大威德炽盛光如来吉祥陀罗尼经

比较上文整理的《消灾经》和元写本《佛说金轮佛顶大威德炽盛光如来吉祥陀罗尼经》，可以看出都包括仰启偈、大威德炽盛光如来吉祥陀罗尼咒的经文，元写本另外还多出了金、木、水、火、土、太阴、太阳、计都和罗睺星九曜的真言，二者之间存在直接的继承关系。

当然，佛图塔出土《佛说金轮佛顶大威德炽盛光如来吉祥陀罗尼经》虽然是元代写本，但它传入云南的时间当在唐代。因为我们发现，在大理写经中，至今仍然保存有与《佛说金轮佛顶大威德炽盛光如来吉祥陀罗尼经》相关的内容。

三　大理国时期云南已经流传《佛说金轮佛顶大威德炽盛光如来吉祥陀罗尼经》

（一）见于《诸佛菩萨金刚等启请》的大威德炽盛光如来启请次第

费孝通先生等人发现凤仪北汤天大理写经后，汉梵相间的大理国保天八年（南宋淳熙六年，1136）写本《诸佛菩萨金刚等启请》是最先被他携到昆明的经卷之一。此写卷现藏云南省博物馆，原为旋风装，但在20世纪70年代已被改为卷轴装。后来凤仪北汤天发现经卷大部分被保存在云南省图书馆，其中包括《诸佛菩萨金刚等启请》的其他散叶。[1] 据云南省博物馆保存部分卷末题记可知，杨义隆"敬写诸佛菩萨金刚等启请叶一百张壹卷"，即最初抄写了100叶，但现存已不足50叶。我们将其录文整理后，共梳理出四十七种启请次第。其中可以看到与《佛说金轮佛顶大威德炽盛光如来吉祥陀罗尼经》相关内容。兹根据《藏外佛教文献》体例，以云南省博物馆藏《诸佛菩萨金刚等启请》之照片为底本（无校本）录文整理如下：

[录文]

大威德[2]炽盛光如来启请次第

□……□"稽首五星尊重主"文。次三金刚守护□……□次发菩提心。次变喉掌空寂。次四婆噾咒印。次毗渃□明。次三族咒印。次化轮坛。次些摩嵯。次四钩请。次请本尊炽盛光如来咒印。入观。先想自心内白色阿 ā 字为大白月轮。轮内想赤色唏 hrīḥ 字变为八叶莲花。花内想赤色摩 mā 字为日轮。轮内想金色噇] bhrūṃ 字为大威德[3]如来。如来心内想青虚色阿 ā 字为青虚圆明。圆明内想白色吽 hūṃ 字放白色光明，照七星神宿曜、廿八宿等。心内更想金色 jā 字为星神宿曜众，承吽字咒字光明上应现，结请咒印三遍。印：合掌顶上，诵咒曰：阿伽磋些摩耶吽引。次合掌当心，诵大威德[4]炽盛光如来咒三遍。咒同经中陀罗尼印同前。次请九曜，诵共契咒。次请廿八宿亦得。次参问。次阏伽。次与座请坐。次些摩耶咒印。安身六处。次十六种供养。次振干陁赞叹。次更阏伽，更与十六种供养。次除魔，结城塀盖地等同。次金刚宝冠拍掌。次百字咒印。次赞佛发愿。次取念珠、本心咒印，然后念诵。次解散同。

---

[1] 侯冲：《从凤仪北汤天大理写经看旋风装的形制》，《文献》2012年第1期。
[2] "大威德"，底本无，据文意补。
[3] "德"，底本作"得"，据文意改。
[4] 同上。

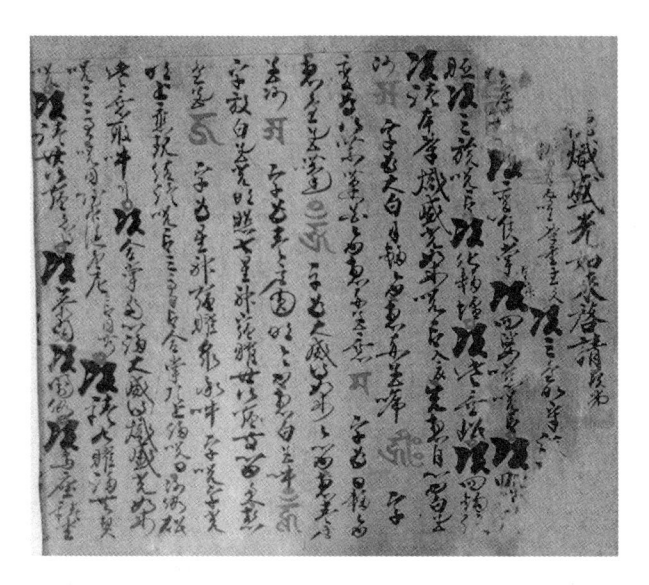

图 3　大威德炽盛光如来启请次第

上录大理国写本"大威德炽盛光启请次第"开头为"'稽首五星尊重主'文"。"'稽首五星尊重主'文"是什么？大理国写经未见说明。由上文整理《消灾经》和元代佛图塔出土《佛说金轮佛顶大威德炽盛光如来吉祥陀罗尼经》写本，表明尽管是"稽首五星尊重主"而不是"仰启五星尊重主"，由于"稽首""仰启"义近，故"大威德炽盛光启请次第"开头的"'稽首五星尊重主'文"，当即上面见于《消灾经》和《佛说金轮佛顶大威德炽盛光如来吉祥陀罗尼经》的仰启偈，也就是位于包括大威德炽盛光如来吉祥陀罗尼咒的经文之前的"仰启五星尊重主，天中自在炽盛光……我今称念真言教，愿降神通护我身"等文字。"大威德炽盛光如来启请次第"中其他材料可以证明这一点：

首先，"大威德炽盛光如来启请次第"除提到"'稽首五星尊重主'文"外，还提到"诵大威德炽盛光如来咒三遍，咒同经中陀罗尼印同前"。这里所说"经"，当即《佛说金轮佛顶大威德炽盛光如来吉祥陀罗尼经》；"经中陀罗尼"，当即"大威德炽盛光如来启请次第"要诵的"大威德炽盛光如来咒"，其文字为见于上文整理的《消灾经》和《佛说金轮佛顶大威德炽盛光如来吉祥陀罗尼经》。因为事实上，就目前所见来看，同时出现"五星尊重主"和"大威德炽盛光如来咒"的佛经，只有上文整理的《消灾经》和《佛说金轮佛顶大威德炽盛光如来吉祥陀罗尼经》。

其次，"大威德炽盛光如来启请次第"除提到"'稽首五星尊重主'文"外，还有文称"次请九曜，诵共契咒。次请廿八宿亦得"，将九曜、廿八宿与"五星尊重主"相提并论。就目前所见佛经来看，"五星尊重主""九曜""二十八宿"三者仅在上文整理的《消灾经》和《佛说金轮佛顶大威德炽盛光如来吉祥陀罗尼经》中同时出现。

总之，基于《诸佛菩萨金刚等启请》中保存的"大威德炽盛光如来启请次第"，可以肯定佛图塔出土元代写本《佛说金轮佛顶大威德炽盛光如来吉祥陀罗尼经》在大理国时期已经在云南有一定影响。那么，它会是什么时候传入云南的呢？

（二）《佛说金轮佛顶大威德炽盛光如来吉祥陀罗尼经》唐代会昌四年（844）以前传入云南

目前尚未发现有关《佛说金轮佛顶大威德炽盛光如来吉祥陀罗尼经》传入云南时间的直接证据。但有几个重要信息，表明《佛说金轮佛顶大威德炽盛光如来吉祥陀罗尼经》唐代已经传入云南。

在展开这一论证之前，首先必须指出的是，《佛说金轮佛顶大威德炽盛光如来吉祥陀罗尼经》属于密教经典。理由有二：首先是《佛说金轮佛顶大威德炽盛光如来吉祥陀罗尼经》被收入《大正藏》第19册，属于密教部经典。其次是"仰启五星尊重主"文中，有"我今称念真言教，愿降神通护我身。十缠九结永消除，万善千祥悉圆满"的文字。结合《佛说金轮佛顶大威德炽盛光如来吉祥陀罗尼经》为密教典籍，可知这里的"真言教"指密教。

既然《佛说金轮佛顶大威德炽盛光如来吉祥陀罗尼经》是密教经典，保存"大威德炽盛光如来启请次第"的《诸佛菩萨金刚等启请》也是密教经典，故对《佛说金轮佛顶大威德炽盛光如来吉祥陀罗尼经》传入云南时间的考察，不能脱离密教在云南的传播史。

佛教常说，人能弘道，意指在佛教传播过程中，人是非常重要的因素。不论是经典还是造像，都要依靠人，才能得到弘传。而且也只有依靠人，密教经典、密教造像才能传到云南。基于此，《佛说金轮佛顶大威德炽盛光如来吉祥陀罗尼经》传入云南的时间，当不早于密教传入云南的时间。结合侯冲此前对密教传入云南时间的讨论来看，当如南诏义学僧一样，"当在贞元十年以后至会昌四年以前（793—844）"。①

有人或许会问，既然《佛说金轮佛顶大威德炽盛光如来吉祥陀罗尼经》会昌四年（844）以前已经传入云南，那么从唐代至今，它是否有过变化，尤其是保存在阿吒力教经典中的《消灾经》，是否带有什么云南地方特点呢？

答案是，阿吒力教经典中的《消灾经》，在云南之外的应赴僧所用科仪中可以发现相类文本；元代写本《佛说金轮佛顶大威德炽盛光如来吉祥陀罗尼经》，在黑水城出土西夏、汉文文献中可以找到同类文本；在敦煌遗书中保存的《佛说大威德金轮佛顶炽盛光如来消除一切灾难陀罗尼经》，当为唐代传入云南的《佛说金轮佛顶大威德炽盛光如来吉祥陀罗尼经》的同类文本，甚至比《佛说金轮佛顶大威德炽盛光如来吉祥陀罗尼经》更早。

四　云南之外的《消灾经》溯源

在云南之外，我们看到了不同时期的《消灾经》文本。包括贵州、甘肃两地应赴僧所用科仪，黑水城出土汉文文献和法国图书馆藏敦煌遗书。为避文繁，下面仅做两个方面的工作。一是分别叙录文本出处，二是分别录文，以便与云南诸本进行比较。

（一）应赴僧所用科仪中的《消灾经》

1. 贵州本

（1）禳星科仪、大乘西祖解释尊经

民国十四年（1925）抄本，一册。

封皮后做，无题署，书内夹有题签"禳星科"。内容包括两部分，第一部分首题"禳星科仪"，无尾题，末行作："七元已满，转上元甲子。神仙过劫，在劫难逃。回心转意，改换心田。"第二部分首题"大乘西祖解释尊经"，无尾题，末行作："南无消灾障菩萨摩诃萨二合。"后有抄写题记："中华民国乙丑岁十四年四月廿一日丁酉干支李心贤 济贤/抄兵扎
道
名

---

① 侯冲：《云南与巴蜀佛教研究论稿》，宗教文化出版社2005年版，第20页。

太极邹家白菓宋家毛家塆，扰辞不可一主，神天/降下紫微安邦镇国，万民沾恩离苦。皆因前世造罪，怪得谁人？"

（2）《消灾经》整理

[录文]

　　金炉焚起五分香，拜请消灾炽盛光。
　　本命元辰尊赴会，消灾解厄降祯祥。
　　仰请五方尊圣主，天宫自在炽盛光。
　　形秉赫奕紫金身，车中示现红莲座。
　　其花八万四千叶，叶叶皆放白毫光。
　　光明上照泥吒天，下破泥犁十八狱。
　　前有五星为使者，后有释梵作威仪。
　　眉间放大日月光，光中化佛无数亿。
　　百亿恒沙诸世界，慈悲应接苦众生。
　　二十五有诸含识，皈向已蒙灭罪愆。
　　若有恶星临命者，须念炽盛光如来。
　　随处念者显神通，妖怪恶星皆退散。
　　或现身为大元帅，震动乾坤大国中。
　　或现猛勇胜金刚，摧灭邪魔诸外道。
　　纵有运逢灾横者，土星罡曜照其身。
　　公私口舌及冤雠，一切灾殃皆解脱。
　　我今称赞真言力，愿赐神通护我身。
　　十缠九结永消除，万善千祥悉圆满。
　　南无消灾炽盛光王佛　二合

　　如是我闻：一时佛在净居天上，说法之时，三界鬼神悉来集会。尔时佛告诸众等言：我于过去娑罗树王佛所，得受此大威德消灾炽盛光如来吉祥陀罗尼。陀罗尼曰：

　　曩谟三满哆。没驮喃。阿般罗底。贺哆社。萨埵喃。怛侄他。唵。佉佉。佉呬。佉呬。吽吽。入嚩啰。入嚩啰。钵啰入嚩啰。钵啰入嚩啰。底瑟吒。底瑟吒。瑟至哩。瑟至哩。娑癹吒。娑癹吒。善底迦。什哩耶。娑婆诃。

佛说此陀罗尼咒，能成就世间八万种苦吉祥事，能消灭世间万种不吉祥事。但凡世间人民，若遇年灾月厄，水火恶星，一切横事，临被于身，皆当志心诵持此咒，一切灾害，自然消灭。纵有冤家毒药，不能为害。起恶星者，返受其殃。此佛如来之密语，是诸星辰之戒师。若人称念如来名号，一切灾害并降吉祥。何况清净受持真言，焚香供养。普告四众，信受奉行。

图 4　1925 年贵州抄本《消灾经》（1）

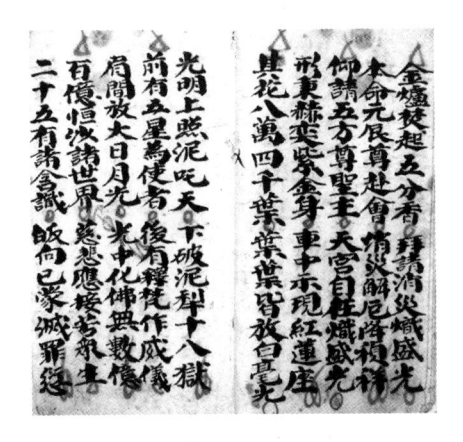

图 5　1925 年贵州抄本《消灾经》（2）

2. 甘肃本

(1) 佛门灯仪道场

又作"佛门灯仪道场全册""佛门祈禳运星科仪",旧抄本,一册,封皮原署"□……□道场""太原郡",后人补题"佛门祈禳运星科仪"。首题"佛门灯仪道场全册",首题下钤"王现明"朱印。尾题"岁次辛卯无射月腾录灯仪终",后有道场布置说明。

从此抄本纸质及磨损程度来看,辛卯年不可能是1951年辛卯,则最晚也是1891年辛卯(清光绪十七年)抄本。

(2)《消灾经》整理

[录文]

南无消灾教主金轮炽盛光王佛
稽首金轮王,消灾炽盛光。
内魔皆拱手,外道消悉藏。

佛说消灾经
佛说金轮[①]**佛顶大威德炽盛光如来消灾吉祥陀罗尼经**
仰启五星尊中主,天中自在炽盛光。
行身赫叶紫金车,车中复居红莲座。
其花八万四千叶,叶叶皆放火焰光。
光明上照尼吒天,下看尼利十八狱。
前有五星为使者,后有什放作威仪。
弥间放大日月光,光中化佛无边意。
八万恒沙诸世界,慈悲应接苦众生。
二十五有诸含灵,皈依皆盟罪消灭。
若有恶星临命者,须念炽盛光如来。
随念处者显神通,妖怪恶星自退散。
或现身威大元帅,震动乾坤万国中。

---

① "金轮",底本作"经轻",据文意改。

或现猛勇大金刚，摧威邪魅诸外道。
纵有命运灾横者，土星恶曜照临身。
官私口舌及冤雠，一切灾殃皆解脱。
我今持念真言教，愿降神通护我身。
十缠九结永消除，万喜吉祥悉圆满。
诵救苦经

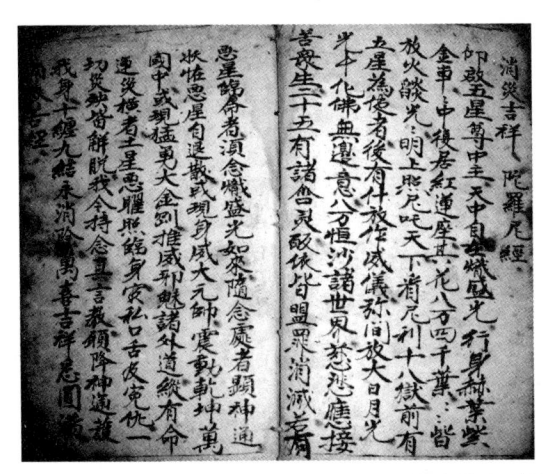

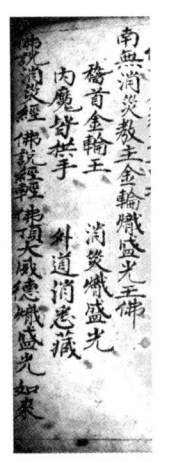

图6 清光绪十七年（1891）甘肃抄本《消灾经》

（二）黑水城出土汉文文献《佛说金轮佛顶大威德炽盛光如来陀罗尼经》

1. 叙录

刊本三种。黑水城文献，现藏俄罗斯圣彼得堡，收入《俄藏黑水城文献》③[1]。编号 TK.129、TK.130 和 TK.131。但保存情况不一，相对来说，TK.129 保存较好，首残尾全。为尚座袁宗鉴等善友于乾祐甲辰十五年（1184）八月初一日重开板印施本。TK.130 和 TK.131 均首尾残缺。可以肯定与 TK.129 不是同一个版本。TK.130 可校补 TK.129 个别文字。故整理本以 TK.129 为底本，以 TK.130 为校本（甲本）。

---

[1] 《俄藏黑水城文献》③，上海古籍出版社1996年版，第77—81页。

2.《消灾经》整理文本

[录文]

（上残）
光明上照尼吒天，下烛泥犁十八狱。
前将五星为侍者，后以释梵作威仪。
眉间放大日月光，光中化佛无边亿。
八万恒沙诸世界，慈悲应接苦眾□。
二十五有诸含灵，既向皆蒙罪消□。
若有恶星临命者，须念炽盛光如来①。
随处念者现神通，恶星退者命延永②。
或现身为大元帅，震动干坤万国中③。
或现勇猛圣金刚，摧灭降伏④诸外道。
纵有运逢灾患者，土星刚曜照临身。
公私口舌及冤仇，一切灾殃皆解脱。
我今称念真言教，愿降神通护我身。
十缠九结永消除，万善千祥悉圆满。

佛说金轮佛顶大威德炽盛光如来陀罗尼经

如是我闻。一时佛在净居天官，说文殊⑤大集会，告诸游空天众、二十八宿、十二宫神、九曜诸天等言：我于过去娑罗树王佛所，受此大威德炽盛光如来吉祥陀罗尼。即说咒曰：

南无三满多。没驮喃。阿钵啰底。贺哆捨。娑娜喃。唵。佉佉。佉呬。佉呬。吽吽。入嚩啰。入嚩啰。钵啰入嚩啰。钵啰入嚩啰。底瑟吒。底瑟姹。瑟致哩。瑟致哩。娑普吒。娑普吒。扇底迦。室哩曳。娑嚩贺。

---

① "如来"，底本残，据甲本补。
② "永"，底本残，据甲本补。
③ "中"，底本残，据甲本补。
④ "伏"，甲本作"魔"。
⑤ "殊"，底本残，据甲本补。

佛言：此陀罗尼，能除一切世间八万种不吉祥事，复能成就八万种大吉祥事。一切众生，如遇年灾月厄，土火恶星，妖怪恶人，临逼于身，皆当至心，诵持此咒，一切灾障，自然消散，所有冤家毒药，不能为害。起恶心者，返受其殃。此佛如来，是诸星辰之本师。若人空念如来名号，一切灾祸尽变吉祥。何况清净诵持真言，焚香持花，供养尊像。普告四众，信受奉行。

佛说金轮佛顶大威德炽盛光如来陀罗尼经

罗睺星真言每月八日降下
唵。啰护曩。阿苏啰。啰□野。娑诃。
金星真言每月十五日降下
曩谟三满哆。没驮喃。唵。吠那野。娑嚩贺。
计都星真言每月十八日降下
唵。嚩啰计睹。诺乞叉惹野。娑诃。
土星真言每月十九日降下
曩谟三满哆。没驮喃。唵。替曳。娑诃。
水星真言每月二十一日降下
曩谟三满哆。没驮喃。唵。嚩噜那野。娑诃。
木星真言每月二十五日降下
曩谟三满哆。没驮喃。唵。啅那啰野。娑诃。
大阴星真言每月二十六日降下
唵。战怛啰。素哩野。庚诺乞。叉怛啰。惹野。娑诃。
大阳星真言每月二十七日降下
唵。阿谟佉写。设底喃。娑嚩诃。
火星真言每月二十九日降下
曩谟三满哆。没驮喃。唵。摩利多。娑诃。[1]

---

[1] "诃"后有牌记："伏愿天威振远，圣寿无疆。金枝鬱茂，重臣千秋。蠢动含灵，法界存亡，齐成佛道。雕经善友众：尚座袁宗鉴，杜俊义，朱信忠，杜俊德，安平，陈用，李俊才，杜信忠，袁德忠，杜彦忠，杜用，牛智惠，张用，讹德胜，杜宗庆，薛忠义，张师道等。乾佑甲辰十五年八月初一日，重开板印施。"

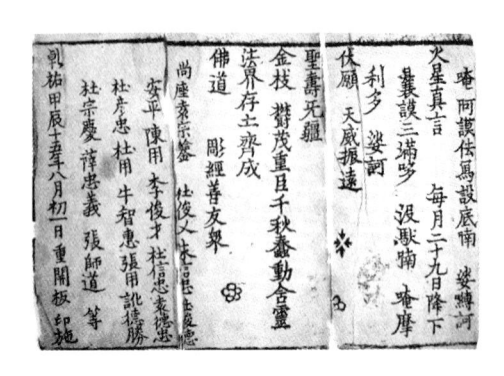

图7 俄藏黑水城《佛说金轮佛顶大威德炽盛光如来陀罗尼经》

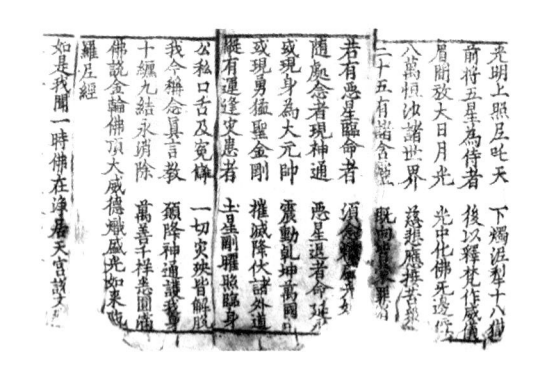

图8 俄藏黑水城《佛说金轮佛顶大威德炽盛光如来陀罗尼经》

（三）法藏敦煌遗书中的《佛说大威德金轮佛顶炽盛光如来消除一切灾难陀罗尼经》

敦煌遗书中没有发现包括九曜真言的《佛说大威德金轮佛顶炽盛光如来消除一切灾难陀罗尼经》，但就该经内容来看，显然应包括九曜真言，《大正藏》所收该经有九曜真言印证了这一点。因此，本文所说法藏敦煌遗书中的《佛说大威德金轮佛顶炽盛光如来消除一切灾难陀罗尼经》，既包括有《佛说大威德金轮佛顶炽盛光如来消除一切灾难陀罗尼经》的法藏敦煌遗书，也包括有九曜真言的法藏敦煌遗书。

1. P. 3920

（1）叙录

梵箧装，两面抄写。依次所抄佛经计有智通译《千眼千臂观世音菩萨陀罗尼神咒经》、佛陀波利译《佛顶尊胜陀罗尼经》、宝思惟译《佛说随求即得大自在陀罗尼神咒经》、菩提流志译《如意轮陀罗尼经》（出《大莲华金刚三昧耶伽持秘蜜无障碍经》）《佛说大轮金刚总持陀罗尼神咒经》（《佛说大轮金刚经》）、不空译《金刚顶经一切如来深妙秘密金刚界大三昧耶修习瑜伽迎请仪》《金刚顶经一切如来真实摄大乘现证大教王经深妙秘蜜金刚界大三昧耶修习瑜伽仪》（《金刚顶瑜伽念诵轨仪》）《佛说救拔焰口饿鬼陀罗尼经》《佛说大威德金轮佛顶炽盛光如来消除一切灾难陀罗尼经》（《佛说炽盛光消灾经》）《高王观世音经》等十一种，[1] 大都为唐代翻译的密教经典。就装帧形式来说，抄写时间当不晚于唐中期。本文录文整理者为倒数第二种。

P.3920本《佛说大威德金轮佛顶炽盛光如来消除一切灾难陀罗尼经》有对"设睹噜"的注释，与大理佛图塔出土《佛说金轮佛顶大威德炽盛光如来吉祥陀罗尼经》对大威德炽盛光如来吉祥陀罗尼咒注释遥相呼应，可为互证。

（2）《佛说大威德金轮佛顶炽盛光如来消除一切灾难陀罗尼经》录文整理

[录文]

    佛说大威德金轮佛顶炽盛光如来消除一切灾难陀罗尼经
  尔时释迦牟尼佛住净居天宫，告诸大菩萨摩诃萨及四众八部游空大天、九执七曜、十二宫神、二十八星、日月诸宿：我昔于过去娑罗树王佛所，受[2]此大威德金轮佛顶炽盛光如来消除一切灾难陀罗尼法。于未来世中，若有国界日月五星、罗睺、计都、彗孛、妖怪恶星，照临所属本命宫宿及诸星位，或临帝座，于国于家并分野处陵逼之时，或进或入诸灾难者，应于清净处置此道场，志心持是陀罗尼经一百八遍，或一千八十遍，若一日二日乃至七日，依法修持坛场，受持读诵，一切灾难自然消灭，不能为害。若太白火星入于南斗，于国

---

[1] 敦煌研究院编《敦煌遗书总目索引新编》（中华书局2000年版）只列有8种，参见该书第305页。

[2] "受"，底本作"授"，据文意改。下同。

于家及分野处作灾难者，应于一忿怒尊像前，画彼设睹噜形_{设睹噜者，梵语云是所临恶星辰名也。}，应作励声持此陀罗尼曰：

南无去三满多。没驮喃。阿上钵啰_{二合}底_{丁以反}贺哆舍。娑那喃。唵_引。佉佉。佉佉。佉呬。佉_{去引}呬_{声异反}吽_{半音}吽_引入嚩_{二合}啰。入嚩_{二合}啰。钵啰_{二合}入嚩_{二合}啰。钵啰_{二合}入嚩_{二合}啰。底瑟妊_{二合}。底瑟妊_{二合}。瑟置哩_{二合}。娑癹_{二合}吒。扇底迦_{若持到此至心称己姓名云：弟子某乙为某事愿息灾。至诚恳告，无不应验。}室哩_{二合}曳_引。娑嚩_{二合}贺。

佛言：若国界分野，及男子女人，彼诸天星辰，所临身形。但书写此经，志心受持读诵，常须护净。此陀罗尼一切如来同共宣说，能成就八万种大吉祥事，复能除灭八万种不吉祥事。若有国王大臣及诸眷属，一切庶民，或被五星、罗睺、计都、彗孛、怪恶诸宿，陵逼帝座，于国于家并分野处，所属宫宿，灾难竞起，或土星侵陵，或进或退，及宿世怨家，欲相谋害，诸恶横事，口舌厌祷，呪诅符书，以为灾难。令诸众生，依法受持，一切灾祸不能为害。变灾为福，皆得吉祥。我说此真言不可思议，功德无比，秘密受持，勿妄宣传。

佛告大众：若有国界不安，灾难起时，及男子女人灾祥变祸，但请僧如法建立道场，安置像，结戒护持。香花灯烛，随分供养。令诸众生，获福无量，其灾即除。

尔时如来复告大众：若人行年被金木水火土五星及罗睺、计都、日月诸宿临身，灾难竞起。我有大吉祥真言，名破宿曜，若能受持，志心忆念，其灾自灭，变祸为福。即说真言曰：

唵_引萨嚩诺。刹怛啰_{二合}糁摩曳。室哩曳。扇底迦句噜。萨婆诃。

尔时如来说是经时，文殊师利菩萨摩诃萨及诸四众游空大天，诸星辰等一切圣众，咸依佛勅顶礼奉持，各还本宫。天龙八部等，闻佛所说，皆大欢喜，信受奉行。

佛说炽盛光消灾经

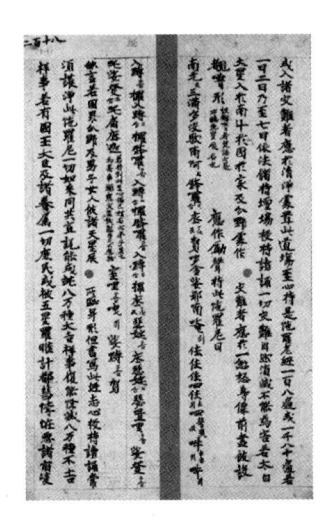

图 9　法藏敦煌遗书《佛说大威德金轮佛顶炽盛光如来
消除一切灾难陀罗尼经》

2. P. 2197

（1）叙录

卷轴装。内容包括大降魔秽积金刚圣者启请及真言、大元帅启请及真言、佛说金刚莲花部大摧碎启请并真言、安土地陀罗尼启请及真言、灌顶吉祥金色大轮王陀罗尼启请及真言、大悲启请及真言、佛顶尊胜陀罗尼启请及真言、佛说大随求真言启请及真言等。九曜真言写在卷轴卷首裱上，抄写时间当比诸启请及真言稍早。

P. 2197 保存的其他启请文，均与真言抄录在一起，这种抄写形态为理解大理国写经中启请文和真言的组合提供了具体的例证。

（2）《九曜真言》录文

［录文］

　　九曜真言
　　金星真言

南无三满多。没驮南。唵。亡捺罗耶。娑嚩贺。

木星真言

南无三满多。没驮南。唵。嚩噜拏耶。娑嚩贺。

水星真言

南无三满多。没驮南。唵。阿誐曩盛。娑嚩贺。

火星真言

南无三满多。没驮南。唵。钵啰替或吠。娑嚩贺。

土星真言

南无三满多。没驮南。唵。赞捺啰野。娑嚩贺。

太阴真言

南无三满多。没驮南。唵。阿你他野。娑嚩贺。

太阳真言

南无三满多。没驮南。唵。嚩啰药叉。娑嚩贺。

罗睺真言

南无三满多。没驮南。唵。阿嚩噜力迦野。娑嚩贺。

计都真言

南无三满多。没驮南。唵。嚩啰计都。娑嚩贺。

图10 法藏敦煌《九曜真言》

五　本文结论

　　《消灾经》虽然是阿吒力教常见经典之一，但此前未见专门讨论。就云南保存的相关资料来看，《消灾经》的雏形是元代写本《佛说金轮佛顶大威德炽盛光如来吉祥陀罗尼经》。但大理国写经《诸佛菩萨金刚等启请》中保存的"大威德炽盛光如来启请次第"表明，《佛说金轮佛顶大威德炽盛光如来吉祥陀罗尼经》至少在大理国时期已经在云南流传。《佛说金轮佛顶大威德炽盛光如来吉祥陀罗尼经》属于密教经典，它传入云南并得到信奉和实践的时间，当不晚于会昌四年（844）。也就是说，《消灾经》在云南受到奉行的时间，不晚于南诏中期。

　　作为从南诏至今都受到崇奉的佛教经典，《消灾经》只是云南的吗？它有什么云南地方特点吗？我们发现，在云南之外保存的敦煌遗书、俄藏黑水城汉文文献和应赴僧所用科仪，证明云南不同历史时期流行的《消灾经》，在云南之外均有保存。《消灾经》没有云南特点，它是从汉地传入云南的密教典籍。《佛说金轮佛顶大威德炽盛光如来吉祥陀罗尼经》唐代已经传入云南，见于《禳星科仪》等科仪中的《消灾经》，则是明代朱元璋将佛教三分为禅、讲、教后，传入云南的"教"（举行瑜伽应赴法事）僧所用经典。

　　此前，我们基于对云南地方史志资料和大理国写经《护国司南抄》的考察，指出"云南佛教受中原汉传佛教的影响甚大，可以说是中原汉地佛教在云南的传播"[1]；基于云南保存的相对系统的汉传密教资料指出，"大理密教属于汉地密教系统，是汉地密教在云南的传播"[2]。本文基于文本整理对《消灾经》的溯源，同样证明了此前的观点。近年来，根据云南佛教资料不同历史时期保存都相对系统的特点，我们认为云南佛教是汉传佛教研究的典型参照标杆，《消灾经》无疑也证明了这一点。

　　（黄璜，上海师范大学博士后研究人员；李学龙，大理大学教授；侯冲，上海师范大学教授）

---

[1]　侯冲：《云南与巴蜀佛教研究论稿》，宗教文化出版社2006年版，第83页。
[2]　侯冲：《论大理密教属于汉传密教》，载王颂主编《佛教与亚洲人民的共同命运——2014崇圣（国际）论坛论文集》，宗教文化出版社2015年版，第207页。

剑川阿吒力《观音表》与祥云汉族善坛《观音表》文本章法比对研究

杨建军

内容提要：本文通过对剑川阿吒力《观音表》与祥云汉族善坛《观音表》两种同名表达词式的文本章法的比对研究，认为二者不论是文本内容或是文本技术基本都是一致的。表文的书写是民间信仰对普灵力量崇拜的一种表现，是在敬惜字纸的传统中国文化语境下的文化产品。因此，二者的一致性也显示出他们有共同的来源关系。

关键词： 剑川阿吒力　祥云汉族善坛　《观音表》　文本章法

有学者认为剑川的阿吒力是一种特殊的佛教信仰，并把他置于佛教信仰的语境中进行研究。同时，也有学者对阿吒力的属性表示质疑。侯冲先生很早就提出"阿吒力不是云南自成体系而又别具特色的地方化佛教，更非所谓'滇密'或'白密'"。且提出阿吒力的科仪属性是"汉地佛教僧人为赴应世俗的需要，根据汉译密教真言和唐代以前汉地流行的佛教斋仪编集而成"的观点。本文无意于探讨阿吒力的属性问题，而是把研究的目光落实在具体的科仪文本研究上。这个题目的选定主要是鉴于目前阿吒力的研究侧重于理论总结探讨，虽然田野工作也做了不少，但是从相关的研究成果来看，学者们对于阿吒力的理论总结更多一些，而对阿吒力有关的文本、仪式及其空间研究关注不够。本文的目的是希望通过对两地不同的同名表文词式的文本章法进行比对研究，研究的结果是：剑川阿吒力《观音表》与祥云汉族善坛《观音表》不论是文本内容抑或是写作的格式章法都如出一辙，这显示出二者同出一源的关系。试述如下：

一　个人对经忏资料收集的大致情况

笔者主要研习祥云地方史。作为学术研究的基础，原始资料的收集、整理与研究必不可少。从实践上来看，地方史料的存量少、分散，导致收集困难。不过在地方文本的收集中，民间的科仪的文本体量却相当大。就我个人而言，我是以社会形态史料和民间文学文本的眼光来看待这些资料的。我依据文本的内容将民间的科仪分为"经""忏""表""签"四大类，又将"表"分为"疏奏""愿表""忏表""文凭"四类。做此分类的主要的思想依据是光绪十年刻的《东山品聪武英膺国文帝宝忏》序中有"且夫经者，径也，乃修持之路迳也。忏者，陈也，自述已之过咎也。盖无经而何以进修，无忏而何以消罪。则知经忏是回心向道之阶梯也，明矣！然而亘古及今，亦有之耳"。就个人整理收集情况而言，经的体量偏少，忏类的较多。虽然在理论或口头上有"一经一忏"之说，但就笔者所了解的情况而言，主要仍是以忏类为多。有些科仪虽称名中带"某经"字样，其实质仍然是忏。

二　表文

表文，又叫词式表文，其主要内容是通过以旧时表奏的文书格式书写的文本，通过对神明的赞颂和祈求达成某项事愿而写就的文书。通常由上表人以自己的名义代请愿人书写。有黄、白、红三种纸色，其中以黄色为最常见和通用。

与表文相关的文物主要是表文雕版，现存的雕版大部分为晚清及民国时期。1949年后这些东西作为四旧被焚。尽管如此，一些斋公们还是偷偷将之保留了下来。表文的尺寸一般为50cm（长）×26cm（宽）或更宽，现在的印刷品大部分尺寸为39cm（长）×27（宽）或36cm（长）×26cm（宽），大大约用9开大小的纸印刷，也有一些是使用8开或A3印刷的。不管现在的尺寸如何的变法，表文的尺寸已经适应于现代印刷的需要，而不是科仪使用的需要。通常表文使用时要折为八折，如果达不到这个要求，那可能标志着表文的形制上的不规范。

　　表文不仅在样式上和奏折相类似，而且在书写格式上也与奏折相似。总的要求是，逢圣的地方要抬头两字或一字，圣号比其他的内容要高四个字。所谓的圣号是指尊神的神圣名号，如圣师黄籙教主东宫慈父太乙救苦天尊。在格式上要从第一句起，根据"道远几时通达路遥何日还乡"十二字诀来确定书写位置是否正确，凡是圣号一行的位置在道、远、通、达、遥字上的即为正确，亦即圣号的位置应该有走之旁，凡是没有在走之上的均为错误，不能使用。如果圣号正好在道和通字上的称为双黄道，双黄道是最吉利有效的表文。表文中写作人一般要写明是某坛某寺或某教。样式一般是"圣帝门某善坛宣化（或奉行）弟子某某诚惶诚恐稽首顿首俯拜"，而道家弟子在这一位置上的称呼则是"太上三五正一盟威经籙天府职官名，如传奉史纠察除魔使嗣教臣某某诚惶诚恐稽首顿首俯拜"。一般来说，在弟子的称谓上各派亦有不同，佛家和斋坛的一般称弟子，而道家的称臣。必须要说明的是，弟子和臣的书写要求要在上一个字的右下角，比其他的字号小一倍或更多，以示恭敬。弟子的名称在斋坛中大多带有善字，如姓善某，或姓某善，此名字为斋坛中的长辈所起，一般是自己的老师给的。整体的书写要求用小楷，竖写，最后的落款为各派的纪年，如佛家的表文就写作天运某年某月某日弟子某再拜恭申。书写过程中不准使用标点。

　　表文写好后，还要装在函套（表封）里，函套上通常由有天地万岁牌和符咒组成，有些函套上也会运用太极和八卦符。函套的上部要写明神明的宫号名称，下书上表人的坛号或职衔。本文的阐述内容不包括函套在内。尺寸一般是 10cm（宽）×38cm（高），相对表文而言，表的封的尺寸变化亦很多，但主要集中在高度的变化上。现在所使用的表文一般是改革开放后斋公们按记忆书写的，有些是按 1949 年前所使用的存底抄来的。

　　表文的运用相当广泛，也是科仪文本中体量最大的一类文献。由于运用广泛，除圣号外书写文字也不统一，有时同一个村落中的同一表文也往往会有不同。平心而论，这类表文的运用者对表文的实质内容并不一定能准确把握。在民间仪式中，他的运用者只是把握了其道具的性质，而对他的内容并不一定能把握。就其表文的运用本质而言，表文的运用其实是对言灵的崇拜。而表文的写作格式则来源于旧时代官方文书。在仪式的过程中表文的运用既可以是相对独立的，也可以是附属的。这主要是由于其作为仪式道具的属性而决定的。

三　表文的文本与章法比对

笔者对表文的研究是以本人的收集整理为基础的，由于没有参考文献，因此，此次对阿吒力表文《观音表》和祥云汉族《观音表》比对研究其实只是个人田野经验的总结。一般来说，表文的组成大都可以分为"上表人""敬语""赞词""事由""圣号""祈愿""落款"几个部分。在抄写过程中各行的文字抬头因所在的部分不同而不同，格式的核心是要将圣号抬头要做到最高，而且要合乎"道远几时通达，路遥何日还乡"的字诀，即为核心的圣号要在"辶"旁的字行上。本文的主要目的是完成剑川阿吒力《观音表》与祥云汉族善坛《观音表》包括文字内容和格式比对，并试图探讨二者的书写规律。试述如下：

（一）比对表文的选定

选择和阿吒力表文比对的表文来自祥云祥城镇海坝村，海坝村旧时为云南县土主簿所属，位于城县为中心的城川坝边缘，最重要的水利资源周官所海边。该村中的张姓与自称张乐进求后裔的张姓土主簿、祥云大波那张氏均为同族。50年代认定族属时和张姓土主簿一样，被认定为汉族。该村的土（本）主是祥云县城东部飞凤山的土主"膺国文帝"，但村民更喜欢称其为"少保忠勇将军"。祥云一地也曾有梵文碑被发现，最著名的梵文石刻被称为地符石。《景泰云南图经志书》称"纹如古篆，行人谨避，莫敢践之"。这里选定的村落和剑川白族在历史背景上有一定的相似性，主要的目的是期望能在同一个文化背景之下进行考量。这一道观音表是笔者在田野过程中收集的，原文为90年代的手写复印本。而剑川阿吒力表文则是我的一位老师在剑川做田野时收集到的。

（二）两道《观音表》的内容和组成比较

观音表文字与格式比较表

善坛观音表	所属部分	第/行	字诀	所属部分	阿吒力观音表
圣帝门下奇缘玉仙忠明大善坛灵霄阁弟子诚惶诚恐顿首俯拜	上表人	1		上表人	释迦如来遗教弟子临坛奉行保奏法事臣（上表人）诚惶诚恐稽首顿首俯拜
上言伏以	赞词	2	道	敬语	上言臣闻
南海施惠普陀流恩	赞词	3	远	敬语	三业澄清焚心香而祝盛会
救苦救难广大灵感	赞词	4	几	事由	五体伏地点意烛以建法筵消灾集福庆诞延生
重恩后（厚）德	事由	5	时	事由	臣今冒罪奏为
难报难忘弟子今表为	事由	6	通	事由	云南省剑川县村区居住奉
大中华国云南省滇西祥云县地方寓村居住奉	事由	7	达	事由	佛修因叩
佛圣（并排佛字在右）修香会上表讽经礼忏叩	事由	8	路	事由	天忏罪集福延生迎祥保安信士
天悔（此处空行填写祈求内容）保安下民	祈愿	9	遥	祈愿	（此处空行，主要填写祈愿人的相关基本信息）
合会家人等即日上干	祈愿	0	何	祈愿	右暨合人等即日仰干
大造下情言念民等过积如山愆深似海今对	事由	11	日	事由	大造俯悉凡情具词伏为
圣前祈恩报本叩	祈愿	12	还	祈愿	（此处空行，填写所请内容）
天悔罪意因呈请	祈愿	3	乡	敬语	天泽介福方来令则臣领词虔切罔敢抑违诚惶诚恐稽首顿首
诸佛菩萨消灾赐福等因弟子领词虔切依	事由	14	道	敬语	谨具
教奉行以今虔诚拜礼诣真宝忏已在云终谨具表上	事由	15	远	敬语	表文
闻者右弟子昧罪志心百拜	敬语	16	几	敬语	百拜

续表

善坛观音表	所属部分	第/行	字诀	所属部分	阿吒力观音表
恭维	敬语	17	时	敬语	上表
南无救苦救难广大灵感观世音菩萨莲座下（恭望缺）	圣号	8	通	圣号	南无普陀山南海岸广大灵感观世音菩萨金莲座下恭望
恩光普垂	祈愿	9	达	祈愿	圣慈俯赐光降
照鉴伏愿	祈愿	20	路	敬语	右伏以
有灵有感开方便之法门	赞词	21	遥	赞词	圆髻顶上辉不夜之毫光
消灾消难赦除以往之愆	赞词	22	何	赞词	紫竹林中显无边之妙通南成真普陀献瑞
家门清吉人口平安	祈愿	23	日	赞词	慈悰时切於劫能俾夫颠蒙大千世界赞美能穷万象森罗充周靡极
佛光高照弟子干冒	敬语	24	还	敬语	但臣干冒
慈威下情不胜惶恐之至谨	敬语	25	乡	敬语	慈尊不任激切之至诚惶诚恐稽首顿首谨具表文上奏以
表上	敬语	26	道	敬语	闻
进以	敬语	27	远		（空一行）下缺
闻	敬语	28	几	敬语	
空一行		29	时	落款	（落款部分包括日期敬语和上表人）底本未录，应有
天运年月日弟子再拜恭申	落款	30	通		

（本表中的"臣"、"弟子"应右下角标排，为阅读方便不取此格式）

四　小结

（一）文字内容和格式——章法

从上表可知二者所求的内容虽然不一定相同，但都是属于"忏表"一类忏悔请愿的表文。在这两套表文的上表者一个是善坛的信士，而另一个则是阿吒力僧，写作的格式却基本一致，甚至连长度也都基本一致，所不同的是，作为修饰性的"赞词""敬语"使用上略有位置上的不同，而关键的圣号和表文的总体格式是一致的。虽然圣号中汉族的善坛称"南无救苦救难广大灵感观世音菩萨"，而白族的阿吒力称"南无普陀山南海岸广大灵感观世音菩萨",但这两个圣号的主语部分是相同的,即"广大灵感观世音菩萨"。

从表文各行所要求的字诀上来验证,从上表已不难看出,这是合乎表文写作的双黄道表文,前面的各行不同,但是上表人、敬语、赞词、事由、圣号这些元素的运用是相同的。特别是二表竟然圣号都处在第十八行,押在检验表文合格程度的"达"字上。

此外,二者的上表人一人称弟子,而阿吒力僧却称臣。在祥云地方,一般而言,自称"臣"的通常是取得了行业内许可并颁发了相当于《毕业证书》的"奏牒"(火居)道士才能称臣。不具备这种资格的一般信士可以称弟子。祥云观音阁的尼姑所用的表文则自称为"弟子",她们对此的解释是因他们是僧因此称"弟子"。这里的阿吒力自称是臣。且在写作时均使用敬语书体,即将臣字小两号居于正文偏右下。

这种汉族善坛检验表文行格的字诀同样适用于阿吒力的表文。以我朋友收集到的《药师表》《弥陀表》《弥勒表》《炽盛表》《地藏表》《延生表》《玉皇表》《释迦表》为例,他们的圣号的行格都能准确地押在有"辶"旁的字行上。

(二) 文学技法

从文学技法上来看,二者的相似度也相当接近的,这一点从赞词、敬语的运用上最能表现出来。在行文上略有差异。善坛的《观音表》在赞词上很用功夫,几乎是用最能表现文采的骈对的方式来表达,这样写作的效果会让表文变得庄重而富有文采。阿吒力的写作似乎更注重于对这种表文格式的模仿,而在赞词的运用上略显不足。当然作为表文核心内容的上表人、祈愿和圣号则是相当严格的。由于佛教仪式对后世的影响很大,在这里很难证明二者的渊源关系,但有一点是肯定的,那就是二者都源于同一个表式。

前辈学者赵文焕等人的调查引阿吒力的表文共有十余个篇目,但是就笔者所调查的祥云地方的表文篇目达 200 余种,其中最常用的有四十余种。唯是对阿吒力的表文及其运用尚未全面了解,不敢妄自结论。但阿吒力的表文十余种篇目似乎偏少一些。

总之,表文的书写是民间信仰对言灵力量崇拜的一种表现,也是在敬惜字纸的传统中国文化语境下的文化产品。如果我们把阿吒力的表文书写和章法基于一种量的总结前提下，把这些章法特质和对民间宗教文书书写的《三教中源》中关于表文的书写规定进行比对的话，阿吒力的表文也和民间善坛的表文在章法上是一致的，这是因为他们有共同的来源关系。

（杨建军，自由职业者，主要研究方向为祥云地方史）

图像与高僧研究

《张胜温画梵像卷》中收录的《理趣广经》系画像研究

[日] 川崎一洋

内容提要：《张胜温画梵像卷》中包含与《理趣广经》相关的两幅图像，其中"秘密五普贤"是《理趣广经》的五秘密曼荼罗，普贤即是主尊金刚萨埵的异名，其形象同于印度和西藏一般流传的金刚萨埵图像。五尊的排列基于印度的传统，其中慢金刚菩萨执持花鬘的情况与日本流传的五秘密曼荼罗有很大的区别，但与印度和西藏所传承的慢金刚菩萨的姿态一致。另外，金色的金刚萨埵和白色的四金刚菩萨是在其他地域未见的特色，五秘密曼荼罗下部可见直立着的金刚杵置于莲花座上的月轮之中、四大天王座在岩座之上，是作者张胜温的独创。"资益金刚藏"是三三昧耶曼荼罗图像，以三尊中的虚空藏作为主要着眼点来命名。虚空藏菩萨的姿态均不见印度和西藏，却见于智证大师圆珍请来日本的胎藏旧图样，说明《张胜温画梵像卷》参照了胎藏系的图像，但其眷属像应该是张胜温将自己的理解所呈现出来的图画。

关键词：梵像卷　理趣广经　五普贤　资益金刚藏

一　前言

《张胜温画梵像卷》是由张胜温画师于大理国盛德五年（1180）制作的佛教图像集，经过迂回曲折的流传，现藏于台北故宫博物院。其中含有变化观音、忿怒尊等众多珍贵的密教图像，是研究大理国流行的密教特色所不可或缺的资料。

笔者曾经指出《张胜温画梵像卷》中收录的以"金色六臂婆苏陀罗佛母"与"襄愚梨观音"命名的两幅尊像，明显是按照后期密教圣典《幻化网怛特罗》（Māyājāla-tantra）《三摩地品》所说的 Vasudhārā 和 Jāṅgulī 的记载而进行的极为忠实的描绘[①]。另外，在《幻化网怛特罗》的汉译本法贤译《瑜伽大教王经》（大正 No.890）中，将两尊的名号称为"持世菩萨"和"穰虞利菩萨"。由于《张胜温画梵像卷》的作者未见过《瑜伽大教王经》，推测他是参照了《幻化网怛特罗》的梵文原著或者是其他的译本。

本文将就《张胜温画梵像卷》中包含的与《理趣广经》相关的两幅图像，通过其汉译本和藏译本资料的不同特征进行比较研究，从而考察在云南流传的《理趣经》系的密教。

二 《理趣广经》及其曼荼罗

《理趣经》是不空译《般若理趣经》（大正 No.243）等经典的略本，《理趣广经》是在此基础上开展的包含了曼荼罗画法和修行仪轨的规范的密教经典，属日本真言密教的常用经典。在印度和西藏称为《吉祥最胜本初怛特罗》（Śrīparamādi-tantra），是一部具有代表性的瑜伽部密教圣典。此梵文原典尚未发现，现存有汉译本和藏译本。

藏文本分为《吉祥最胜本初大乘仪轨王》（东北 No.487，略称《般若分》）和《吉祥最胜本初真言仪轨品》（东北 No.488，略称《真言分》）前后两个部分，且译者不同。后半部的《吉祥最胜本初真言仪轨品》以《大乐金刚秘密仪轨》和《吉祥最胜本初仪轨》两部仪轨构成。

汉译本是宋代法贤翻译的《最上根本大乐金刚不空三昧大教王经》（大正 No.244），此中，直接将藏译本的《般若分》与《真言分》后半部的《吉祥最胜本初仪轨》连接起来，中间缺少了《大乐金刚秘密仪轨》的部分。

《理趣广经》中宣说了为数众多的曼荼罗。在略本的《理趣经》及其

[①] 川崎一洋：《大理国时代密教的八大明王信仰》，《密教图像》第 26 号。《云南密教之〈幻化网坦特罗〉》，《印度学佛教学研究》第 58 卷，第 1 号。

具有相同章节的《般若分》中，每章叙述了 15 种曼荼罗。构成《真言分》的《大乐金刚秘密仪轨》和《吉祥最胜本初仪轨》中叙述了金刚萨埵部、如来部、金刚部、宝部、莲花部五部曼荼罗，以及描绘一系列画面的摄部曼荼罗，然后又将 4 种外金刚部曼荼罗（世间的曼荼罗）重复说明。

并且在《吉祥最胜本初仪轨》中叙述了将五部曼荼罗以简略形式描绘的布绘（paṭa）曼荼罗，《张胜温画梵像卷》收录了其中的金刚萨埵部布绘曼荼罗（五秘密曼荼罗）和如来部布绘曼荼罗（三三昧耶曼荼罗）①。

《理趣广经》所说之曼荼罗

《吉祥最胜本初大乘仪轨王》	《吉祥最胜本初真言仪轨品》	
	《大乐金刚秘密仪轨》	《吉祥最胜本初真言仪轨品》
1. 金刚萨埵曼荼罗	1. 金刚萨埵曼荼罗	1. 金刚萨埵曼荼罗
2. 毘卢遮那曼荼罗	2. 如来曼荼罗	2. 如来曼荼罗
3. 降三世曼荼罗	3. 极喜金刚忿怒曼荼罗	3. 火焰金刚曼荼罗
4. 观自在曼荼罗	4. 世自在曼荼罗	4. 世自在曼荼罗
5. 虚空藏曼荼罗	5. 虚空藏曼荼罗	5. 虚空藏曼荼罗
6. 金刚拳曼荼罗	6. 摄部曼荼罗	6. 三兄弟曼荼罗
7. 文殊曼荼罗	7. 三兄弟曼荼罗	7. 四姊妹曼荼罗
8. 金刚轮曼荼罗	8. 四姊妹曼荼罗	8. 龙王曼荼罗
9. 虚空库曼荼罗	9. 阿修罗曼荼罗	9. 恶曼荼罗
10. 金刚夜叉曼荼罗	10. 龙王曼荼罗	10. 摄部曼荼罗
11. 说部曼荼罗	11. 金刚萨埵秘密曼荼罗	11. 金刚萨埵布绘曼荼罗
12. 大自在天曼荼罗		12. 三三昧耶曼荼罗
13. 八母女天曼荼罗		13. 火焰金刚布绘曼荼罗
14. 三兄弟曼荼罗		14. 世自在布绘曼荼罗
15. 四姊妹曼荼罗		15. 虚空藏布绘曼荼罗

---

① 有关《理趣广经》所说布绘曼荼罗及其仪轨，可参照川崎一洋《有关〈理趣广经〉所说布绘的仪轨》，《印度学佛教学研究》第 61 卷，第 2 号。

三　五秘密曼荼罗

金刚萨埵布绘曼荼罗以"五秘密曼荼罗"的名称为日本密教所知。在一团圆光中的莲台上，以金刚萨埵为中心及金刚欲、金刚触、金刚爱、金刚慢四眷属围绕的曼荼罗图像，表现了《理趣经》所说"烦恼即菩提"的观点。此五尊即被称为五秘密尊。①

不空所译《般若理趣经》的注释书《般若理趣释》（大正 No. 1003）提出，此曼荼罗出自于《理趣经》第17品，并对此图像进行了"今说修行曼荼罗像，同一莲华座，同一圆光，中央画金刚萨埵菩萨，右边画二种明妃各本形，左边亦画二种"（大正藏 Vol. 19，617a）的阐述。而且，同样是不空三藏翻译的《五秘密仪轨》（大正 No. 1125）中也进行了"则于身前想金刚萨埵智身如自身，观以四印围绕，同一月轮，同一莲华，各住本威仪，执持标记，各戴五佛宝冠"（大正藏 Vol. 20，536c）的说明。但是从上述记载来看，尚不能知晓每尊圣像的详细姿态。

图1　金刚萨埵布绘曼荼罗

---

① 关于五秘密曼荼罗和五秘密尊，可参考川崎一洋的《五秘密曼荼罗》，《智山学报》第60辑，以及《五秘密尊和五秘密曼荼罗》，《印度学佛教学研究》第59卷，第1号。

但是，在日本还有宗叡和圆仁等入唐僧请来的以《般若理趣释》为基础，网罗《理趣经》各章曼荼罗而描绘的《理趣经十八会曼荼罗》[①]，其中包含了五秘密曼荼罗的图像（左图）。

图2　五秘曼荼罗

此图像中，从左边开始，依次是以慢金刚菩萨→触金刚菩萨→金刚萨埵→欲金刚菩萨→爱金刚菩萨的顺序排列。主尊金刚萨埵右手置于胸前横握金刚杵，左手持金刚铃于腰间结金刚慢印。慢金刚菩萨于胸前合两手结拳印，触金刚菩萨与主尊相拥，欲金刚菩萨左手执箭，爱金刚菩萨以两手立持摩竭幢。

另一方面，在《理趣广经·真言分》的《吉祥最胜本初仪轨》中，对金刚萨埵布绘曼荼罗的画法进行了详细的细微说明。由于汉译本的错误较多，表现模糊，此处谨将藏译本和庆喜藏的《理趣广经广释》（东北No.2512）[②] 中整理的五尊姿态进行对照，如下文所示：

金刚萨埵……右手持金刚慢，左手持铃结金刚慢印。如月亮一样的

[①]　收录于《大正新修大藏经·图像部》第5卷。
[②]　有关《理趣广经广释》的五秘密曼荼罗的解说可见德格版藏经I，16a2 – 17a2。

白色。

欲金刚菩萨……持尖端附有独钴的箭。如莲花一样的白赤色（粉红色）。

触金刚菩萨……拥抱主尊。如波罗舍花一样的白色。

爱金刚菩萨……将摩竭幢立持。如优钵罗花一样的蓝色。

慢金刚菩萨……右手向主尊献上花鬘，左手持铃结金刚慢印。黄色。

若根据《理趣广经广释》的说明，此五尊由左开始依次是欲金刚菩萨→触金刚菩萨→金刚萨埵→爱金刚菩萨→慢金刚菩萨。

图3 京都醍醐寺所传白描图像

另外，京都醍醐寺所传白描图像（醍醐寺本图像）[1] 即是以此顺序来配置五尊的五秘密曼荼罗的异图（见图3）。其中，慢金刚菩萨右手持莲花，左手持铃[2]，而莲花和花鬘与庆喜藏所载慢金刚菩萨的图像一致。此

---

[1] 收录于《大正新修大藏经·图像部》第4卷。
[2] 异图中对金刚慢菩萨有"此尊二手可寻　左手佉吒迦　右手三翻　乃如旋舞之便作　掷花姿势"的注释。但这是金刚萨埵十七尊曼荼罗的金刚舞菩萨的尊容。"佉吒迦"（khaṭaka）是手掌张开的动作，"三翻"（tripatāka）是将拇指、中指、无名指竖立的印契。

异图虽不知是何人请来，却已能证明庆喜藏等所传的印度正统图像传入了日本。异图中还题有"金泥曼荼罗样　在东南隅"的文字。这里所说的"金泥曼荼罗"，即是《真实摄经》（《初会金刚顶经》）的释怛特罗，载于受《理趣广经》影响而成立的《金刚顶怛特罗》（东北No.480）中，即五部具会曼荼罗。五部具会曼荼罗是将金刚界系统的五部曼荼罗收集于同一个画面中呈现出来的大规模曼荼罗，此中将五秘密曼荼罗置于其东南角[①]。承传于金刚智三藏在长安荐福寺用金泥描绘的五部具会曼荼罗。

此外，京都醍醐寺和大阪金刚寺藏有镰仓时代以绢本所绘彩色五秘密曼荼罗的图像，虽然其诸尊的配列与异图一致，但将慢金刚菩萨是以两手结金刚慢印的姿态来呈现。再者，这些彩色的诸尊与藏译《理趣广经》及庆喜藏的注释所示五尊身色一致，颇有意思。

参考以上列举的资料，可对《张胜温画梵像卷》收录的五秘密曼荼罗图像（右图）进行研究。《张胜温画梵像卷》中，五秘密曼荼罗称为"秘密五普贤"，普贤即是主尊金刚萨埵的异名。

中央金刚萨埵呈金色，右手手掌置于胸前上翻，掌上置有直立的金刚杵。左手于腰间持金刚铃结金刚慢印，同于印度和西藏一般流传的金刚萨埵图像。

五尊的排列是基于印度的传统，由左开始依次是欲金刚菩萨→触金刚菩萨→金刚萨埵→爱金刚菩萨→慢金刚菩萨的顺序。

四金刚菩萨身色皆白，欲金刚菩萨两手持弓，触金刚菩萨与金刚萨埵相拥，爱金刚菩萨将摩竭幢立持，慢金刚菩萨左手自在触座、右手持花鬘。

此处慢金刚菩萨执持花鬘的情况与日本密教一直流传的《理趣经十八会曼荼罗》系统中的五秘密曼荼罗有很大的区别，但与印度和西藏所传承的慢金刚菩萨的姿态一致。另外，金色的金刚萨埵和白色的四金刚菩萨是在其他地域未见的特色。

另外，五秘密曼荼罗下部可见直立着的金刚杵置于莲花座上的月轮之中，另有四大天王座在岩座之上，这样的描绘应是作者张胜温在构图时的独创。

[①] 有关《金刚顶怛特罗》的五部具会曼荼罗，可参照乾仁志《〈金刚顶怛特罗〉所说的怛特罗（Ⅰ）》，《高野山大学论丛》第32号，以及川崎一洋《西藏传承〈金刚顶怛特罗〉所说曼荼罗图像》，《智山学报》第61辑。

四　三三昧耶曼荼罗

在《理趣广经·真言分》的《吉祥最胜本初仪轨》中，有所说五部布绘曼荼罗，其中如来部曼荼罗被称为三三昧耶曼荼罗。下文中将对汉译和藏译两个文本中的描述进行说明。

汉译：

> 若有行人依法造帧像。内画三宝。如菩萨相被金刚甲。执金刚器仗持众妙宝。以此画像即成最上曼拏罗。[1]

图4　庆喜藏《理趣广经广释》

---

[1] 法贤译《佛说最上根本大乐金刚不空三昧大教王经》卷6，《大正藏》第8卷，第817页上。

藏译：

取最胜菩萨的（姿态）于布上描画三宝。装备盔甲的最胜金刚，以甲胄等进行美丽的装饰。执持金刚武器的人和持有莲花、宝的人。如果将那个轮进行思维，（那就是）坚固的秘密曼荼罗。①

此中抽象的表现很多，理解起来也很难，如果参照庆喜藏的《理趣广经广释》，可知三三昧耶即象征佛、法、僧三宝，具体表现为①左手持弓、右手持箭的金刚萨埵（佛宝）；②持莲花的观音（法宝）；③持金刚宝的虚空藏（僧宝）。此三尊即相当于西藏语译中的"执持金刚武器的人和持有莲花、宝的人"。

在日本没有流传此曼荼罗的作例，而在西藏中部江孜的白居寺佛塔第三层中，有"三宝堂"之称的龛室，其中一个莲台上并排安放了此三尊的塑像（见图5）。中间金刚萨埵身白色，右手持金刚杵，左手持铃。金刚萨埵的左边位置是朱红色的观音，右手结与愿印，左手作执持的动作，但所持物已失，推测本来执持的应该是莲花。右边位置是绿色的虚空藏，两手将宝鬘高举于头上。虚空藏菩萨此处的姿态是表现传授灌顶的动作，可见《般若理趣经》第5章"熙怡微笑。以金刚宝鬘自系其首"（大正藏Vol. 8，785a）的记述。顺便一提，不空三藏在《般若理趣释》第14章中对三兄弟曼荼罗进行了解说，并有"此三天表佛法中三宝三身。佛宝者是金刚萨埵。法宝是者观自在菩萨。僧宝者是虚空藏菩萨。（大正藏Vol. 19，616b）"的论述。三兄弟即印度教的湿婆（Śiva）、毗湿奴（Viṣṇu）、梵天（Brahmā）三大神。

从《张胜温画梵像卷》收录的三三昧耶曼荼罗图像来看，张氏将此曼荼罗称为"资益金刚藏"，应是以三尊中的虚空藏作为主要着眼点来命名的。

中央金刚萨埵呈白色，右手持金刚杵，左手持铃。其左侧位置为浅红色的观音，右手持莲花，左手支撑着莲花的根部。右侧虚空藏身白色，置于胸前的左手持宝石，右手握剑。虚空藏菩萨此种姿态于印度和西藏均不

---

① 《吉祥最胜本初真言仪轨品》，德格版 Ta，234a。

见，却见于智证大师圆珍请来日本的胎藏旧图样①。《张胜温画梵像卷》应该是参照了胎藏系的图像。

图5 白居寺佛塔"三宝堂"龛室

另外，此图像将三尊置于须弥山山顶的一团圆光中，须弥山下部的左右两侧描绘了眷属的形象，分别是右手握剑、左手持宝珠、甲胄缠身的众武神像，和两手持莲花的众菩萨像。应该是张胜温将自己的理解所呈现出来的图画。

五　结语

以上就《张胜温画梵像卷》中基于《理趣广经》绘制的五秘密曼荼

---

① 在弘法大师空海请来的现图曼荼罗中，虚空藏菩萨右手握剑，左手执持放有宝珠的莲花。

罗（秘密五普贤）与三三昧耶曼荼罗（资益金刚藏）的两处图像所包含的内容进行研究。

五秘密曼荼罗如庆喜藏等所示，可见在印度和西藏普遍流传的五尊配置，而且，从慢金刚菩萨持花鬘等姿态来判断，此曼荼罗是直接继承了印度传来的画像传统。并且，此曼荼罗亦即入唐僧请来日本的《理趣经十八会曼荼罗》中五秘密曼荼罗的异图。据此可推测云南密教直接接受了从印度传来的信息。

相对而言，三三昧耶曼荼罗中金刚萨埵将金刚杵立持的姿态虽然是基于印度和西藏的形式，但是虚空藏菩萨没有印度和西藏普为流传的以宝鬘灌顶的姿态，其执持剑和宝珠的姿态却见于唐代的胎藏界曼荼罗。

基于以上事实，可重新提出一个观点，即大理国时代的云南密教同时具有唐代中原流行的密教以及印度密教的特征。

（作者：川崎一洋，高野山大学密教文化研究所研究员。

译者：宏涛，西安大兴善寺沙门）

『張勝温画梵像巻』に収載される『理趣広経』系の図像について

川﨑一洋

1. はじめに

『張勝温画梵像巻』は、張勝温という絵師によって、大理国の盛徳5年（1180）に制作されたとされる仏教図像集であり、紆余曲折を経て、現在は台湾の故宮博物院に所蔵されている。その中には、変化観音や忿怒尊など、数多くの密教図像が含まれており、大理国において行われていた密教の特色を窺うためにも、かけがえのない資料である。

筆者は以前、『張勝温画梵像巻』に収載される「金色六臂婆藕陁羅仏母」、「襄愚梨観音」という尊名記入のある2点の尊像が、後期密教の聖典『幻化網タントラ』（Māyājāla-tantra）の「三摩地品」に説かれるヴァスダーラー（Vasudhārāl）とジャーングリー（Jāṅgul）であることを明らかにし、それらの図像が、「三摩地品」の記述に極めて忠実に描かれていることを指摘した[1]。なお、『幻化網タントラ』の漢訳テキストである法賢訳『瑜伽大教王経』（大正 No. 890）では、2尊の尊名がそれぞれ「持世菩薩」、「穰虞利菩薩」となっており、『張勝温画梵像巻』の作者は、『瑜伽大教王経』ではなく、『幻化網タントラ』のサンスクリット原典あるいは他の翻訳を参照したことが予想される。

さて、本稿ではさらに、『張勝温画梵像巻』に含まれる『理趣広

---

[1] 川﨑一洋「大理国時代の密教における八大明王の信仰」『密教図像』第26号、同「雲南の密教と『幻化網タントラ』」『印度学仏教学研究』第58巻・第1号。

経』に関係する2点の図像を取り上げ、漢訳やチベット語訳の資料と比較しながらそれらの特徴を指摘し、雲南に伝わった『理趣経』系の密教について考察してみたい。

2.『理趣広経』とその曼荼羅

『理趣広経』は、日本の真言密教で常用経典とされる不空訳『般若理趣経』（大正 No. 243）などの略本の『理趣経』が、曼荼羅の画法や修法の儀軌を含む本格的な密教経典へと展開したテキストである。インドやチベットでは『吉祥最勝本初タントラ』（Śrīparamādi-tantra）と呼ばれ、代表的な瑜伽部密教の聖典の一つに位置付けられている。そのサンスクリット原典は未だ発見されていないが、チベット語訳と漢訳が伝存する。

チベット語訳のテキストは、前半の『吉祥最勝本初大乗儀軌王』（東北 No. 487, 略称「般若分」）と後半の『吉祥最勝本初真言儀軌品』（東北 No. 488, 略称「真言分」）の二つに分かれており、それぞれ翻訳者も異なる。また、後半の『吉祥最勝本初真言儀軌品』はさらに、「大楽金剛秘密儀軌」、「吉祥最勝本初儀軌」という二つの儀軌によって構成されている。

漢訳のテキストは、宋代に法賢によって翻訳された『最上根本大楽金剛不空三昧大教王経』（大正 No. 244）で、これは、チベット語訳の「般若分」に「真言分」の後半「吉祥最勝本初儀軌」をつなぎ合わせて一経典とした文献であり、「大楽金剛秘密儀軌」の部分を欠いている。

『理趣広経』には、数多くの曼荼羅が説かれている。略本の『理趣経』と同じ章立てを持つ「般若分」には、各章に基づく15種の曼荼羅が、「真言分」を構成する「大楽金剛秘密儀軌」と「吉祥最勝本初儀軌」には、金剛薩埵部、如来部、金剛部、宝部、蓮華部の五部の曼荼羅と、それらを一画面にまとめて描く摂部曼荼羅、そして4種の外金剛部の曼荼羅（世間の曼荼羅）が重複して説かれている。

さらに「吉祥最勝本初儀軌」には、五部の曼荼羅を省略して画布に描くパタ（paṭa；布絵）の曼荼羅が説かれているが、『張勝温画梵像巻』には、そのうち金剛薩埵部の布絵曼荼羅（五秘密曼荼羅）と、如来部の布絵曼荼羅（三三昧耶曼荼羅）が収載されている[①]。

『理趣広経』所説の曼荼羅

『吉祥最勝本初大乗儀軌王』	『吉祥最勝本初真言儀軌品』	
	「大楽金剛秘密儀軌」	「吉祥最勝本初儀軌」
1. 金剛薩埵曼荼羅	1. 金剛薩埵曼荼羅	1. 金剛薩埵曼荼羅
2. 毘盧遮那曼荼羅	2. 如来曼荼羅	2. 如来曼荼羅
3. 降三世曼荼羅	3. 極喜金剛忿怒曼荼羅	3. 火焔金剛曼荼羅
4. 観自在曼荼羅	4. 世自在曼荼羅	4. 世自在曼荼羅
5. 虚空蔵曼荼羅	5. 虚空蔵曼荼羅	5. 虚空蔵曼荼羅
6. 金剛拳曼荼羅	6. 摂部曼荼羅	6. 三兄弟曼荼羅
7. 文殊曼荼羅	7. 三兄弟曼荼羅	7. 四姉妹曼荼羅
8. 金剛輪曼荼羅	8. 四姉妹曼荼羅	8. 龍王曼荼羅
9. 虚空庫曼荼羅	9. 阿修羅曼荼羅	9. 悪曼荼羅
10. 金剛夜叉曼荼羅	10. 龍王曼荼羅	10. 摂部曼荼羅
11. 説部曼荼羅	11. 金剛薩埵秘密曼荼羅	11. 金剛薩埵布絵曼荼羅
12. 大自在天曼荼羅		12. 三三昧耶曼荼羅
13. 八母女天曼荼羅		13. 火焔金剛布絵曼荼羅
14. 三兄弟曼荼羅		14. 世自在布絵曼荼羅
15. 四姉妹曼荼羅		15. 虚空蔵布絵曼荼羅

3. 五秘密曼荼羅

金剛薩埵布絵曼荼羅は、日本密教においては、五秘密曼荼羅の名で知られている。一つの円光の中の一つの蓮台の上に、金剛薩埵を中心に、その妻妾である金剛欲・金剛触・金剛愛・金剛慢の四女菩薩を描く曼荼羅で、『理趣経』が説く「煩悩即菩提」を表現した図像であると考えられている。これら五尊は、五秘密尊と称される[②]。

『般若理趣経』に対する注釈書である不空訳『般若理趣釈』（大正

---

① 『理趣広経』に説かれる布絵曼荼羅とその儀礼については、川﨑一洋「『理趣広経』に説かれるパタの儀礼について」『印度学仏教学研究』第61巻・第2号を参照されたい。

② 五秘密曼荼羅と五秘密尊については、川﨑一洋「五秘密曼荼羅について」『智山学報』第60輯、同「五秘密尊と五秘密曼荼羅」『印度学仏教学研究』第59巻・第1号を参照されたい。

No. 1003）では、この曼荼羅が『理趣経』の第17章の曼荼羅として取り上げられており、その図像について「今説修行曼荼羅像。同一蓮華座。同一圓光。中央畫金剛薩埵菩薩。右邊畫二種明妃各本形。左邊亦畫二種。」（大正蔵 Vol. 19, 617a）と述べられている。また、同じく不空三蔵によって翻訳された『五秘密儀軌』（大正 No. 1125）においても「則於身前想金剛薩埵智身如自身。觀以四印圍遶。同一月輪同一蓮華。各住本威儀執持標記。各戴五佛寶冠。」（大正蔵 Vol. 20, 536c）と説明されている。しかし、これらの記述から、一々の尊格の詳細な姿を知ることはできない。

ただし、日本には、『般若理趣釈』に基づいて『理趣経』の各章の曼荼羅を巻子に網羅して描いた「理趣経十八会曼荼羅」[①] が、入唐僧の宗叡および円仁によって請来されており、その中に五秘密曼荼羅の作例が含まれている（写真1）。

この作例では、向かって左から、慢金剛菩薩→触金剛菩薩→金剛薩埵→欲金剛菩薩→愛金剛菩薩の順で五尊が配列され、主尊の金剛薩埵は右手で胸の前に金剛杵を横たえて握り、左手は腰のところで金剛慢印を結びながら、金剛鈴を持つ。慢金剛菩薩は拳印を結んだ両手を胸の前で合わせ、触金剛菩薩は主尊の胴体を抱擁し、欲金剛菩薩は左手に箭を執り、愛金剛菩薩は両手で摩竭幢を立てて持つ。

一方、『理趣広経』「真言分」の「吉祥最勝本初儀軌」には、金剛薩埵布絵曼荼羅（五秘密曼荼羅）の描き方が、細部に亙って詳しく説明されている。ただし、漢訳のテキストでは誤訳が多く、表現も曖昧である。そこで、チベット語訳のテキストと、アーナンダガルバの『理趣広経広釈』（東北 No. 2512）[②] を対照して五尊の姿をまとめると、以下のようになる。

金剛薩埵…右手に金剛慢を有し、左手は金剛慢印になして鈴を持つ。月のような白。

欲金剛菩薩…先端に独鈷の付いた箭を持つ。蓮華のような白赤（ピンク）。

[①] 『大正新脩大蔵経・図像部』第5巻に収載。
[②] 『理趣広経広釈』における五秘密曼荼羅の解説箇所は、デルゲ版 I, 16a2—17a2。

触金剛菩薩…主尊を抱擁する。パラーシャのような白。

愛金剛菩薩…摩竭幢を立てて持つ。ウトパラの花弁のような青。

慢金剛菩薩…右手で主尊に華鬘を捧げ、左手は金剛慢印になして鈴を持つ。黄。

『理趣広経広釈』の説明によれば、これら五尊は、向かって左から、欲金剛菩薩→触金剛菩薩→金剛薩埵→愛金剛菩薩→慢金剛菩薩の順序で配置される。

なお、京都の醍醐寺に伝えられる白描図像（醍醐寺本図像）[①]には、この順序で五尊を配置する五秘密曼荼羅の異図（写真2）が含まれている。また、慢金剛菩薩が右手に蓮華の花、左手に鈴を持っており[②]、蓮華の花を華鬘と考えれば、アーナンダガルバが説明する慢金剛菩薩の図像に一致する。この異図が、いかなる人物によって請来されたのかは不明であるが、アーナンダガルバなどが伝えるインドのオーソドックスな図像が、日本へも伝えられていたことがわかる。また、この異図には、「金泥曼荼羅様　在東南隅」の書き込みがある。ここにいう「金泥曼荼羅」とは、『真実摂経』（『初会金剛頂経』）の釈タントラであり、『理趣広経』の影響を受けて成立したちされる『金剛頂タントラ』（東北 No.480）に説かれる、五部具会曼荼羅を指す。五部具会曼荼羅は、金剛界系の五部の曼荼羅を一つの画面に集めて描く大規模な曼荼羅であるが、その東南の隅には、五秘密曼荼羅が配される[③]。金剛智三蔵は、長安の薦福寺において、金泥を用いてこの五部具会曼荼羅描をいたと伝承されている。

さらに、京都の醍醐寺と大阪の金剛寺に蔵される鎌倉時代に描かれた絹本着色の五秘密曼荼羅の作例では、配列は異図に一致するもの

[①] 『大正新脩大蔵経・図像部』第4巻に収載。

[②] 金剛慢菩薩について、異図には「此尊二手可尋　左手佉吒迦　右手三翻　乃如旋舞之便作　擲花姿勢」という注記がある。しかしこれは、金剛薩埵十七尊曼荼羅の金剛舞菩薩の尊容である。「佉吒迦（khaṭaka）」は掌を広げる仕草で、「三翻（tripatāka）は、頭指、中指、無名指の三指を立てる印契。

[③] 『金剛頂タントラ』の五部具会曼荼羅については、乾仁志「『金剛頂タントラ』所説のマンダラについて（Ⅰ）」『高野山大学論叢』第32号、川﨑一洋「チベットに伝承される『金剛頂タントラ』所説の曼荼羅の図像について」『智山学報』第61輯を参照されたい。

の、慢金剛菩薩は、両手に金剛慢印を結ぶ姿に表現されている。なお、これらの着色作例においては、五尊の身色が、チベット訳『理趣広経』やアーナンダガルバの注釈が示す五尊の身色に一致しており、興味深い。

　以上に挙げた資料を参考にしながら、『張勝温画梵像巻』に収載された五秘密曼荼羅の図像（写真3）を検討してみよう。『張勝温画梵像巻』では、五秘密曼荼羅に対して「秘密五普賢」の名称が与えられている。「普賢」は、主尊の金剛薩埵の異名である。

　中央の金剛薩埵は金色で、右の掌を胸の前に仰ぎ、その上に直立した金剛杵を載せる。左手は腰のところで金剛慢印を結びながら、金剛鈴を持つ。これは、インドやチベットで一般的な金剛薩埵の図像である。

　五尊の並びは、インドの伝統に基づいて、向かって左から欲金剛菩薩→触金剛菩薩→金剛薩埵→愛金剛菩薩→慢金剛菩薩の順となっている。

　四金剛菩薩は、いずれも身色は白で、欲金剛菩薩は両手で弓を持ち、触金剛菩薩は金剛薩埵の胴体を抱擁し、愛金剛菩薩は摩竭幢を立てて持ち、慢金剛菩薩は左手を座に着けてくつろぎ、右手で華鬘を持つ。日本の密教で流布している「理趣経十八会曼荼羅」系の五秘密曼荼羅と大きく異なるのは、慢金剛菩薩が華鬘を持つことであり、これは、むしろインドやチベットに伝承される慢金剛菩薩の姿に一致する。また、金剛薩埵を金色とし、四金剛菩薩を白色とするのは、他の地域には見られない特色である。

　なお、五秘密曼荼羅の下部には、蓮華座上の月輪中に直立する金剛杵と、岩座に坐す四天王の姿が描かれているが、これは作者である張勝温の独創による構図と考えられる。

　4. 三三昧耶曼荼羅

　『理趣広経』「真言分」の「吉祥最勝本初儀軌」に説かれる五部の布絵曼荼羅のうち、如来部の曼荼羅は、三三昧耶曼荼羅と呼ばれ、漢訳およびチベット訳のテキストでは、以下のようにその描き方が説明されている。

　漢訳：

「若有行人依法造?像。内畫三寶。如菩薩相被金剛甲。執金剛器仗持衆妙寶。以此畫像即成最上曼拏羅。」（大正蔵 Vol. 8, 817a）

チベット語訳:

「最勝なる菩薩の〔姿〕を取った三宝を布に描きなさい。甲冑を具えた最勝金剛を、甲冑などで美しく飾る。金剛の武器を持つ者と、蓮華、宝を執る者である。その輪を思惟するならば、〔それは〕堅固な秘密曼荼羅である。」（デルゲ版 Ta, 234a）

抽象的な表現が多く、理解が難しいので、アーナンダガルバの『理趣広経広釈』を参照すれば、三三昧耶とは、仏宝・法宝・僧宝の三宝を象徴し、具体的には、①左手に弓、右手に箭を持つ金剛薩埵（仏宝）、②蓮華を持つ観音（法宝）、③金剛宝を持つ虚空蔵（僧宝）であるとされる。チベット語訳にある、「金剛の武器を持つ者と、蓮華、宝を執る者」がそれら三尊に相当する。

日本に、この曼荼羅の作例は遺されていないが、中央チベット・ギャンツェにあるペンコルチューデ仏塔の第三層の「三宝堂」と呼ばれる龕室には、一つの蓮台の上に並ぶ三尊の塑像が安置されている（写真4）。なお、この三尊像では、中央の金剛薩埵は白色で、右手に金剛杵、左手に金剛鈴を持つ。また、金剛薩埵の左に位置する観音は朱色で、右手を与願印にし、左手は何かを持つ仕草をするが、持物が失われている。本来は、蓮華を持っていたものと推測される。右に位置する虚空蔵は緑色で、両手で宝鬘を頭上に掲げている。これは、灌頂を授ける仕草を表現したもので、『般若理趣経』の第5章には、虚空蔵菩薩の姿について「熙怡微笑。以金剛寶鬘自繋其首。」（大正蔵 Vol. 8, 785a）と述べられている。

ちなみに、余談ではあるが、不空三蔵の『般若理趣釈』は、第14章の三兄弟の曼荼羅を説明する箇所で、三兄弟をヒンドゥー教の三大神であるシヴァ（Śiva）、ヴィシュヌ（Viṣṇu）、ブラフマー（Brahmā）であるとし、「此三天表佛法中三寶三身。佛寶者是金剛薩埵。法寶是者觀自在菩薩。僧寶者是虚空藏菩薩。」（大正蔵 Vol. 19, 616b）と述べている。

ここで、『張勝温画梵像巻』に収載された三三昧耶曼荼羅の図像（写真5）を見てみよう。『張勝温画梵像巻』においてこの曼荼羅は、

「資益金剛蔵」と呼ばれている。三尊のうちの虚空蔵に主眼を置いた呼称であろうか。

　中央の金剛薩埵は白色で、右手に金剛杵、左手に金剛鈴を持つ。その左側に位置する観音は薄紅色で、右手に蓮華を持ち、左手でその蓮華の茎の根元を支えている。右側の虚空蔵は白色で、胸の前に置いた左手で宝石を持ち、右手には剣を握る。このような虚空蔵菩薩の姿は、インドやチベットには見られず、智証大師・円珍が日本に請来した胎蔵旧図様に現れる。① 『張勝温画梵像巻』では、胎蔵系の図像が参照されたのであろうか。

　なお、この図像では、三尊が須弥山の頂上の一つの円光の中に描かれており、須弥山の下部の左右には、右手に剣、左手に宝珠を持つ甲冑を纏った武神形の尊格と、両手で蓮華を持つ菩薩形の尊格がそれぞれ眷属を伴って描かれている。これらは、張勝温の独自の解釈であると思われる。

5. まとめ

　以上、『張勝温画梵像巻』には、『理趣広経』に基づく五秘密曼荼羅（秘密五普賢）と三三昧耶曼荼羅（資益金剛蔵）の、2点の図像が含まれていることを指摘した。

　なお、五秘密曼荼羅では、アーナンダガルバなどが示す、インドやチベットにおいて一般的な五尊の配置が見られ、また、慢金剛菩薩が華鬘を持つなど、インド以来の図像の伝統が継承されていることが判明した。これは、入唐僧によって日本にもたらされた「理趣経十八会曼荼羅」に含まれる五秘密曼荼羅とは、異なった構図である。よって、雲南の密教が、インドからの情報を、直接に受容していたことが予想される。

　対して、三三昧耶曼荼羅では、金剛薩埵の姿が金剛杵を立てて持つインドやチベットの形式に基づくものの、虚空蔵菩薩の姿が、インドやチベットで一般的な宝鬘によって灌頂する尊容ではなく、唐代の胎蔵曼荼羅に見られる、剣と宝珠を持つ尊容に描かれていた。

---

①　弘法大師・空海が請来した現図曼荼羅では、虚空蔵菩薩は右手に剣を握り、左手には宝珠を載せた蓮華を持つ。

これらの事実から、大理国時代の雲南の密教が、唐代に中原で流行した密教と、インドの密教の折衷的性格を有していたことを、改めて指摘することができるであろう。

　　　　　　（川﨑一洋，高野山大学密教文化研究所研究員）

阿嵯耶观音图像研究

——以《南诏图传》为中心

龚吉雯

内容提要：阿嵯耶观音是南诏大理国较有代表性的观音形象，也是南诏大理国观音信仰的具体体现。通过目前存世的阿嵯耶观音图像研究，本文认为阿嵯耶观音形象属于佛教密宗造像体系的一部分，阿嵯耶观音像是根据南诏的审美习惯进行改良后的密宗造像，其造像特征的形成较为多源。

关键词：阿嵯耶观音　《南诏图传》　《张胜温梵画卷》

阿嵯耶观音是云南大理地区具有独特形象的观音，辨识度高，被誉为"云南福星"①，现存南诏国的绘画长卷《南诏图传》②图画卷中首现阿嵯耶观音形象，文字卷中凸显了阿嵯耶观音护国的特性。大理国比较重要的美术遗存《张胜温梵画卷》③观音单元中第86开、第89开、第99开重复

---

① "云南福星"这一称呼最早出现在1944年海伦·查平博士（Dr Helen B. Chapin）发表在《哈佛亚洲研究季刊》上的论文《云南的观音像》中。经林超民翻译后，1988年该论文作为美国学者查尔斯·巴克斯《南诏国与唐代的西南边疆》一书的附录部分，出现在国内学者面前。自此后，众多研究阿嵯耶观音的学者基本沿袭了阿嵯耶观音是"云南福星"的说法。

② 《南诏图传》或称《南诏中兴国史图》《南诏中兴二年画卷》《南诏图卷》《南诏史画卷》《中兴图传》《南诏国观音应化图》。根据文字卷记载认为，画卷完成时间为公元899年，比《张胜温梵画卷》早281年。现存世之《南诏图传》为公元12—13世纪的摹本，收藏于日本京都有邻馆。

③ 此绘画长卷全称为《宋时大理国描工张胜温画梵像》，亦称为《张胜温画卷》，绘于公元1180年，现收藏于台北故宫博物院。

出现阿嵯耶观音，第99开榜题甚至将阿嵯耶观音定义为"真身观世音菩萨"，显见阿嵯耶观音造像和信仰时间延续绵长，其重要性也显见一斑。

对阿嵯耶观音的关注首先来自国外学者，国内学者紧随其后。鉴于阿嵯耶观音形象的独特性，对其来源考证成为学者研究的重点。中外学者所持观点主要有四：一则来自东南亚诸地[①]，此观点多为国外学者认同，部分国内学者加以拓展；二则来自吐蕃[②]，多数国内学者认同此观点；三则来自汉地影响[③]，台湾学者多认同此说；还有一说，认为阿嵯耶观音源自印度，通过身毒道进入云南后实现了本土化转变[④]。本文以阿嵯耶观音造像为中心，以《南诏图传》为主要讨论空间，围绕着阿嵯耶观音的图像特征和造像变化，试图对阿嵯耶观音造像过程作一定的讨论，期待各位方家批评指导。

一　造型诞生

《南诏图传》比较完整地展现了阿嵯耶观音造型的创造、调整、完善过程，在一定程度上体现出对阿嵯耶观音像材质的主观选择，这种对造像从产生到成熟过程的全程表达在单幅绘画作品中较为少见。

《南诏图传》中，"观音七化"之"第六化"是阿嵯耶观音图像的首次呈现。

文字卷记载第六化如下：

> 圣僧行化至忙道大首领李忙灵之界焉。其时人机暗昧，未识圣人。虽有宿缘，未可教化。遂即腾空乘云，化为阿嵯耶像。忙灵惊骇，打更鼓之处，化一老人云："乃吾解熔铸，作此圣容，所见之形，毫厘不异"。忙灵云："欲铸此像，恐铜更未足"。老人云："但随铜更所在，不限多少"。忙灵等惊喜从之，铸作圣像，及集村人更鼓，置于山上焉。

[①]　此观点为海伦·查平、约翰·盖伊、侯冲、傅云仙等学者所持。
[②]　此观点为王海涛、王明达、杜鲜等学者所持。
[③]　此观点为李霖灿、李玉珉、张锡禄等学者所持。
[④]　此观点为徐嘉瑞等老一辈学者所持。

阿嵯耶观音造型诞生于第六化中。第六化画面中出现了三尊大小不同、环境有较大差异的阿嵯耶观音，并第一次同时呈现阿嵯耶观音正面和侧面造像。

图1 第七化中的阿嵯耶观音

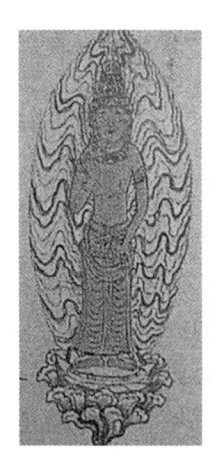

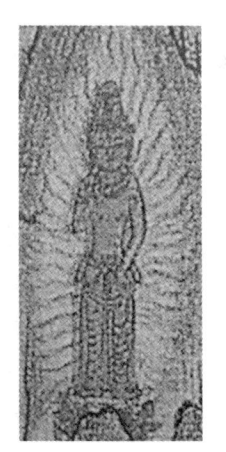

图2 从左至右为第六化中依次出现的三尊阿嵯耶观音造像，第一尊为梵僧显化阿嵯耶观音，第二尊为老人铸圣像，第三尊为阿嵯耶置于山上

集中出现在《南诏图传》后半段的阿嵯耶观音共有四次出场，不同于梵僧在通卷中较为统一的形象，阿嵯耶观音显现出前后不一致的风格。从生涩到成熟，阿嵯耶观音在短暂的出场时间里经历了诞生到完善，甚至是完美的过程，"第七化"中的阿嵯耶观音身形高大，腰肢柔软，体态丰满优美。

如果把第六化中出现的第一尊阿嵯耶观音作为一尊标型器，从造型的源头来看，并没有太大问题，这尊阿嵯耶观音表现出一种较早期造像特征。初步树立了阿嵯耶观音基本特征——高发髻、裸上身、璎珞、臂钏、"U"纹裙，但是形象呆板、生硬、单薄，头部与身体比例不协调，具有明显的拼凑组合痕迹。

第一尊阿嵯耶观音的显化出现，是对阿嵯耶观音身份认同的先声，使阿嵯耶观音与梵僧取得了一致性，这尊观音同时定义了阿嵯耶观音的形象特征倾向基调。从此尊开始，阿嵯耶观音造像逐渐从南诏国早期佛教造像敦厚圆浑的造型特色过渡到纤细苗条修长的体态特征。五头身[1]的比例使阿嵯耶观音略为笨重，作为重点刻画的观音头部也显示出生拙僵硬的味道，如果认为其是一尊成熟的造像，显然并不成立。创作者显然并不满意这尊造像的比例，在紧随其后描绘的两尊造像中对造型进行调整，"老人铸圣像时"阿嵯耶观音身形明显拉长，变为纤细修长的体型，身体比例调整为六个头长，整体收细，显得身体比例更加协调，配合身形的纤细，发髻也做了相应调整，高度相应增加。创作者对此形象依然不满意，在第三尊观音像中还不断地调整造型，立于山间的阿嵯耶观音身体比例介乎于前后两者之间，背光有了明显变化，从舟形波浪纹调整为舟形放射线纹。

第一尊阿嵯耶虽造型生硬，但是面部却刻画细腻，发髻精美，肩部浑圆丰润，与单薄平板、近乎平面化的裙裾形成巨大反差。头、颈、肩三部分关系紧张，头部几乎端放于胸腔中，与同处一个画面梵僧相比，显得笨拙、不自然。对比画面上下部分的梵僧和阿嵯耶观音，梵僧的描绘形态自然，线条组织有序、流畅有法度。阿嵯耶观音则拼凑痕迹明显，包括阿嵯耶观音背后的舟形背光处理，刻画线条犹豫不决、拖泥带水，仅仅为实现

---

[1] 古希腊雕刻家波留克列特斯在《法则》一书中提出最美的人体比例是1∶7；中国传统绘画在长期的绘画实践中，将人体最佳的比例结构总结为"立七坐五盘三半"要诀，形成人物画的基本准则。两种说法均指人在站立的时候以头部长度作为单位，包括头部在内，身体等于七个头的长度。所谓的五头身、六头身的身体比例，属于人物画较早期、未成熟时期的身体比例。

舟形造型而存在，虽然固定了舟形的外形造型特征，却忽略了形象内波浪线条的表现力。

立于山间的阿嵯耶观音背光外形继续保持了舟形的样式，线条修改为放射状白光，可见对内在纹样和线条的不确定性，所以，观音第七化中坚定地舍弃这种犹豫的、不肯定的舟形背光，改为头顶上方的祥云宝顶图案。但是祥云宝顶的样式并没有被广泛采用，阿嵯耶观音最后形成的固定形象还是回到结合了舟形背光的造型。舟形背光成为阿嵯耶观音的标准之一，剑川石钟山石窟沙登箐区中的阿嵯耶观音背光是一个较宽大的舟形，舟形内部装饰较简单，从沙登箐阿嵯耶观音开始，阿嵯耶观音的舟形背光才成为阿嵯耶观音的固定配饰。

到了大理国时期，舟形背光的运用才算完全成熟起来，整体变得流畅，宝相花、忍冬纹、联珠纹在内饰上运用自如、相互辉映，实现了背光与观音之间的造型语言上的对比与统一。而原来在《南诏图传》中早期使用的波浪状的背光内饰，转而移置到外形为桃状的背光中，形成剑川石钟山石窟石钟寺区中的坐姿阿嵯耶观音的特征。桃形背光也成为《张胜温梵画卷》中第89开建国观世音的背光样式。

图3　剑川石钟山石窟石钟寺区坐姿阿嵯耶观音

图4　云南省博物馆收藏的金质银背光阿嵯耶观音

从《南诏图传》画面呈现出基本相同的赋色判断,四尊阿嵯耶观音均为金铜铸像,画面中把原本为铸像的形象转化为用绘画线条表现。换言之,四尊阿嵯耶观音形象应是对金铜铸像的写生。

造型上的变化产生出自于造型中对形的不断调整,但是其中包含的一些基本形象构成元素没有改变,阿嵯耶观音的基本特征——高发髻、裸上身、华丽的三角状璎珞和"U"形裙。在基本元素不变的基础上出现的形上的调整,表面上看属于造型艺术的诉求,更深层的原因是文化的诉求,是追求符合自我审美的一次次的修正调整,也是一种本土化的合理诉求。

二 造型的继承与断裂

阿嵯耶观音高发髻,髻中居一坐佛,右手施无畏印,左手施与愿印,上身赤裸,腰间系璎珞腰带,下系"U"纹裙。作为一尊南诏大理国成熟的佛教神祇,此尊观音令人困惑之处在于南诏国与大理国对其刻画的严重偏差性。尤其是把《南诏图传》和《张胜温梵画卷》联系起来后,产生的跳跃性和断裂感更加强烈。

《张胜温梵画卷》对《南诏图传》的致敬和继承痕迹较为明确,通卷皆存。"巍山授记"是南诏国建国的关键点,《南诏图传》以"巍山授记"作为描绘的重点,梵僧显化阿嵯耶观音是标志性的图像,这一图像以不同的方式在《张胜温梵画卷》中反复出现、一再强调。第58开"梵僧观世音"、第86开"建国观世音菩萨"、第99开"真身观世音菩萨"反复显现了《南诏图传》的关键内容。更为有意思的是,当把三开放置在一起,三开分别呈现了"浔弥脚、梦讳施食,地面横放着铜鼓""梵僧巍山显化阿嵯耶观音、旁边有文武二士和巍山耕种""铸造阿嵯耶观音"的场景。换言之,《张胜温梵画卷》把《南诏图传》以更简洁直接的方式表现在各开中。通过对比相应各开榜题,阿嵯耶观音的身份认证更为明白——阿嵯耶观音与建立国家相关联,是梵僧观音显化的真身像。"建国圣源阿嵯耶观音"的名号,源自南诏王室对阿嵯耶观音的敬仰推崇性质的封号,由南诏昭德帝(丰祐)提出,武宣帝(世隆)铸像广为传播。

《张胜温梵画卷》中再次强调了称号和形象。这一称号直至明代依然存在①，可见南诏大理国时期形成和发展的阿嵯耶观音信仰普及面广，一直对白族地区的佛教信仰产生深远的影响。

图 5 《张胜温梵画卷》第 86 开　　**图 6** 《张胜温梵画卷》第 89 开

长卷绘制有一定的规律，通常以时间先后为序，《南诏图传》描绘的阿嵯耶观音基本按照文字卷中呈现的时间顺序排列，符合造型的基本规律——即从生硬的造型塑造逐渐调整成为成熟形象的观音造像，过程较为明晰。《张胜温梵画卷》的阿嵯耶观音从第 86 开"建国观世音菩萨"梵僧观音头顶显化作为观音系列的开篇，过渡到第 89 开的半跏趺阿嵯耶观音的塑造，也是比较合理的安排。随着长卷的不断展开，在经过九尊精心刻画的观音后，突兀地出现了一尊姿态僵硬、脸庞方圆的"真身观世音菩萨"——第 99 开——也即阿嵯耶观音。无论从出场的顺序来看，还是从绘画表现力上都显得过于生硬和勉强。

---

① 1953 年在剑川县甸南丁卯村出土的明代"卫国圣母与梵僧观音"，题记中对梵僧观音的定义为——"南无建国梵僧观世音菩萨"，又一次使梵僧观音与阿嵯耶观音在文字和形象上取得一致（这组石雕为苏永安捐造）。

图 7 《张胜温梵画卷》第 99 开 "真身观世音菩萨"

从造型姿态的僵硬程度分析,"真身观世音菩萨"与《南诏图传》中的观音"第六化"之第一尊的阿嵯耶观音属于同一类作品,都是自写生得来,严格遵循实物——金铜铸像的造型,以至于没有顾及绘画性线条的生动性、流畅性,这种处理方式反而更加凸显出"真身观世音菩萨"的特殊性,与此相同的还有第 100 开、第 101 开观音,均造型呆板、形象所占空间局促,面部特征相似,与该尊观音所处开数的背景、陪侍人物的描绘造成极大反差,即使将此几尊观音放置在通卷中,依然有很强的疏离感,极不协调。究其原因,首先应当排除创作者的艺术水平不高的因素,因为《张胜温梵画卷》通卷艺术水平极高,包括对二十几尊观音的塑造,反映出创作者极高的艺术水准。对阿嵯耶观音这种近乎写生的塑造方式和强烈的断裂感,极有可能是张胜温意图在画卷中表达对《南诏图传》有关观音建国神迹的宣扬和承续。这种生硬和断裂感反而更加强化了《张胜温梵画卷》阿嵯耶观音形象对《南诏图传》观音第六化的继承。

三 造像手法与工艺

南诏大理国出土的阿嵯耶观音铸像形体并不高大,通高往往在46—50

厘米之间，表面有鎏金装饰工艺。经学者研究，阿嵯耶观音的铸造应当是失蜡法铸造而成，制作工艺广泛采取了多项技术手段综合运用——铸造、刻划、鎏金、髹漆等。① 也有极少木质阿嵯耶观音存在，出土文物中仅见一尊。

图 8　崇圣寺塔藏佛龛阿嵯耶观音　　图 9　崇圣寺塔藏木雕阿嵯耶观音，此观音身后写有"易长真身"

小型佛教铸像是南诏大理国较为常见的佛教神祇塑型方式。《南诏图传》中观音"第六化"不仅说明了梵僧观音与阿嵯耶观音之间存在的关系，同时也点明早期的阿嵯耶观音是一尊便于携带的小型铸像。根据方国瑜《云南史料丛刊》中所记载得知，被盗流失海外的阿嵯耶观音像系盗贼从塔上生生扯下也是小型铸像，便于供奉于塔上。笔者在田野调查时也发现，除了供奉于寺庙或本主庙的观音较为巨大外，多数的观音造像依然保持着较小的造型，尤其是曾经供奉在白族家坛中的观音造像，全部为小型造像，主要为在家供奉便利。

部分金铜材质阿嵯耶观音后腰间铸有槽，主要用于藏经。有的阿嵯耶

---

① 李晓岑：《南诏大理国科学技术史》，科学出版社 2010 年版，第 100 页。

观音身后不仅有槽,还铸造有铭文①,铭文提供了丰富的信息。结合各处存在和出土的阿嵯耶观音和铭文中可以得知:

图 10 左为加利福尼亚圣地亚哥"精艺"博物馆收藏的大理国阿嵯耶观音,中为大理州博物馆在洱源县征集到的大理国阿嵯耶观音,右为中图的阿嵯耶观音身后的铭文

南诏大理国的阿嵯耶观音信仰群体较多元,皇室与民间均信仰阿嵯耶观音。皇室信仰阿嵯耶观音的目的,自南诏国开始就没有什么大的变化,相信阿嵯耶观音的护佑可以达到"兵强国盛,辟土开疆",通过虔诚供奉阿嵯耶观音,更可以"王业克昌,万姓无妖扎之灾,五谷有丰盈之瑞"。民间信仰主要反映在文献中,据文献记载,巍山城东约3华里的东山支脉的山麓上,修建有嵯耶庙,供奉隆舜,并二妃和两位太子,修建的目的是让"三十六部各建庙貌肖像,以崇祀,步祷明虔,用酬大德,庙曰嵯耶,

---

① 如海伦博士在《云南的观音像》中讨论的阿嵯耶观音,铭文内容:"皇帝骠信段正兴资为太子段易长,段易长兴等造记,愿禄等筹沙今喻保庆千春秋嗣,天地标帜,相承万世。"还有大理州博物馆中收藏的一尊阿嵯耶观音身后也有铭文,铭文内容:"施主佛弟子比丘籽智首造"。

谥曰武宣,盖中心诚服而不能忘也"。① 供奉的虽是隆舜,庙名却为嵯耶,阿嵯耶观音的巨大影响可见一斑。

四 造像探源

阿嵯耶观音的名号在佛经经籍中未见记载,阿嵯耶来自梵语 Ācāryā 的音译,由于音译所对应汉字不同而有不同的译法。《新纂云南通志》之《阿吒力教之始》认为 Ācāryā "自来用字不定",故 Ācāryā 有多重译法,也可以翻译为:"阿阇梨""阿吒力""阿叱力""阿嵯耶"等。Ācāryā 意译为"规范师""正行",是一种佛教称谓,是对教授弟子、正弟子之言行、规范其行为的导师的称呼。最初来源于印度婆罗门教授《吠陀经》时弟子对师父的尊称,也是唐代密宗中对密宗高僧的称谓,佛教密教中对精通密法的人的称谓也是"阿阇梨",而对精通教义的人则尊称为"论师"。这是他人对阿阇梨的尊称,即他称;"阿阇梨"对自我的认知,《瑜伽大教王经》中所定义的"阿阇梨",也就是"阿吒力"的自我角色定位:

尊重律仪大智慧　忍辱淳直无懈怠
善解密句及相应　粉坛仪式法则等
能了真实十种义　施诸众生常无畏
恒乐大乘秘密法　悉能了知诸外教
持戒修行具律仪　通达甚深大乘法
能摄秘密真实义　若能具足前仪法
是故名为阿阇梨。②

"阿阇梨"等同"阿吒力",也等同于"阿嵯耶",此段佛经把阿吒力的地位提到很高的位置,在大理现存的密宗僧人碑文中,广泛存在着"阿阇梨、阿吒力"等自称和尊称。《新纂云南通志》卷130载《阿叱力之行教》:

---

① 张锦蕴:《嵯耶庙记》,薛琳编纂《巍宝山志》,云南人民出版社1989年版,第201页。
② (宋)法贤译《佛说瑜伽大教王经》卷1,《大正藏》第18卷,第560页上。

今可考大理、宾川、邓川、鹤庆之明代墓碑至夥，称阿吒力僧者，即有家室之佛弟子，至今亦有所谓俺阇梨者，为人祈禳，自称曰如来弟子，此自古以来之遗风。

南诏大理又存在一个独特的阶层——师僧。方国瑜考证说："所谓师僧，即佛教徒之阿阇黎，读儒书，称为儒释或释儒。"①
也是阿吒力，《新纂云南通志》卷130又说：

　　唐、宋间，传至云南之佛法，当不止一宗派，而以阿吒力教为盛。阿吒力者，瑜伽秘密宗也。蒙、段时期，此宗最盛，元、明亦流行，至清而衰，今尚有行其术者。

　　南诏大理国时，阿吒力相当兴盛。阿嵯耶观音也可称为"阿吒力观音"，按照对"阿嵯耶"一词的意义进行理解，是观音作为规范师、导师的含义。观音具有大慈大悲、拯救众生的特性，《大日经疏》中说到观音的慈悲："慈如广植嘉苗，悲如芸除草秽"。但并未有相关文献证明观音同时兼具导师的角色。阿嵯耶观音事实意义上属于一个创造性的关联词汇。"阿嵯耶"和"观音"的结合意义在于：观音是一位普度济世、大慈大悲的导师，兼具两种功能和角色。"巍山授记显化"，明显属于一种引导性的导师行为，巍山的引导行为初始由梵僧牵头，为阿嵯耶观音出现的合理性存在定下基调，确定了阿嵯耶观音的源头和功能性，也就是确定了阿嵯耶观音来源于梵僧观音。阿嵯耶观音本身的功能性显得较为单一，主要为护国佑民的作用，而通常观音所具备的大慈大悲的济世性特性则相对较为弱化。

　　阿嵯耶观音的来源在文献性与图像性兼备的《南诏图传》中似乎是一种比较明确的交代。《南诏图传》在文字卷中开首即明确带出了阿嵯耶观音源头的证据，《南诏图传·文字卷》云："大封民国圣教兴行，其来有上，或从胡梵而至，或于蕃汉而来。"作为一幅来自南诏国末期的绘画

---

① （明）倪辂辑《南诏野史会证》，（清）王崧校理，（清）胡蔚增订，木芹会证，云南人民出版社1990年版，第261页。

兼有文献性质的作品，也是一幅应当对阿嵯耶观音来源有准确定位、定义的作品，其实并未能给出一个关于阿嵯耶观音来源的确定答案，却给出了更多的可能性和不确定性，胡、梵、蕃、汉等地均有可能。也即是说，在南诏末期，对阿嵯耶观音的源头性分析，甚至当时的创作者也并不明晰，给出的答案含混模糊，从另一个角度来看，说明阿嵯耶观音的形象是多种文化元素综合的一种可能。所以，试图分析证明阿嵯耶观音的造像具有一种较为单一的源头是一件比较困难的事情，作为宗教造像，阿嵯耶观音经历了创造、发展和成熟等过程，最后形成固定样式。一种造像样式的完成和成熟，同时也意味着一种宗教信仰的形成和稳定。

梵僧授记显化展现出来的最后图像是阿嵯耶观音，阿嵯耶观音是梵僧显化的真身，如果厘清了梵僧来自何地就等于厘清阿嵯耶观音的出处。梵僧原本为救世"自西天来"，也即是说阿嵯耶观音来自异域。对梵僧的分析表明，图像呈现的信息与文字表现的内容具有强大的分裂性。如果阿嵯耶观音来自西方，南诏之西地邻骠国、吐蕃，远接大婆罗门国、大食、大秦等国家，其中关系较为密切的是骠国，《蛮书校注》卷十载："骠国在蛮永昌城南七十五日程，阁罗凤所通也。"① 骠国在南诏建国之前与河赕就有频繁的贸易往来，骠国举国信仰佛教，与波斯和婆罗门相邻。据《旧唐书》卷一百九十七《骠国传》《新唐书》卷二百二十二下《骠国传》推测，骠国信奉的是南传上座部佛教，国王居所门前有白象，民众有相争者或灾难之事，均来白象前焚香思过，民如此，君亦如此。男女七岁落发，"止寺舍，依桑门"，如若二十岁不能领悟佛理，则还俗为居人。② 公元7世纪时，骠国与北印度交往甚密，到了公元8世纪时，佛教密宗也影响到室利察呾罗艺术。从目前的考古发掘中发现，骠国在公元8世纪时已经有当地风格的观音造像。骠国室利察呾罗艺术中的观音形象与印度东北部后笈多—帕拉风格极为相似，在体态上选取了"S"形，与印度佛教造像的身姿一致，其来源性非常明显。即使是跏趺姿态的观音像，也是采取了印度佛教喜爱的大王游戏座和大王随意座③，与南诏国阿嵯耶观音的身姿绝然不同。可以说，阿嵯耶观音和骠国观音在某些细节上有一定的相似

---

① （唐）樊绰撰《蛮书》，向达校注本，中华书局1962年版，第233页。
② 同上书，第235页。
③ 傅云仙：《阿嵯耶观音》，云南美术出版社2006年版，第114页。

性，在整体风格取向上，阿嵯耶观音的造型与骠国观音造型之间，并无直接的证据表明两者有直接必然的关联性。

骠国在南诏大理时期基本属于南诏的附属小国地位，对南诏主动示好是骠国的常态，南诏以强者的身份对待骠国，曾在太和六年（832）掠夺骠国三千余人发配至拓东。文化的发展史上从来不乏军事上的强者被弱者的文化同化的案例，但从文化融入、借鉴、学习等方面来说，有南诏大理国模仿骠国的佛教艺术的说法，尤其是从现在发掘出来的两国观音造像的造型来看，学习借鉴骠国造像的概率较低。

骠国自身的地理位置决定了骠国的通道性质，"东陆真腊，西接东天竺，西南堕和罗，南属海，北南诏"。[①] 骠国与南诏国一样，都是处于南方丝绸之路上的重镇。对于汉地来说，南诏国是一个具有战略性的地域，是一个面对东南亚开放的前沿位置，同样，南诏国在骠国等东南亚国家的眼中也是一个联通汉地的具有积极意义的国家，对于同一通道上的国家来说，从东南亚及印度来的观音造像和密宗的传布就变成一种极大的可能性，骠国也极有可能通过自己地理位置产生的通道功能对阿嵯耶观音的造型形成产生过一定的作用。

再来看与南诏国时敌时友的吐蕃，吐蕃也是一个以观音信仰为主的国家，佛教的传播在吐蕃历经坎坷波折，经历了前弘期和后弘期，中间还有一段佛教文化的断层，吐蕃信仰的密宗观音造像有自己一套严格的仪轨。目前能看到的吐蕃观音造像显示出的特征，与南诏大理国的阿嵯耶观音造像之间并无特别相似之处，造像仪轨方面说明吐蕃观音与阿嵯耶观音之间并不像有的学者推测的有强烈的渊源，两者间反而很难找到相似性。单从造像特征来说，阿嵯耶观音来自吐蕃之说有待商榷。

阿嵯耶观音呈现出来的图像并不能完全对应于与南诏相邻中南半岛的佛教造像，但不能不说在某些形体特征上有一定的相似性。作为佛教源头的印度佛教造像，也不能提供解读阿嵯耶观音之所以为阿嵯耶观音的直接证据，只能说有部分造型元素有一定的相同性。

针对这样的现象，可能从新加坡学者古正美的观点中寻找到一点端

---

① （唐）樊绰撰《蛮书》，向达校注本，中华书局1962年版，第235页。

倪，说明其存在的合理性。古正美在她的著作《从天王传统到佛王传统——中国中世纪佛教治国意识形态研究》一书中认为：阿嵯耶观音和整个东南亚的观音均来自一个母本，即是来自南海和南印度的不空羂索观音。① 东南亚广泛使用不空羂索观音造像属于佛王治国体系的现象，南诏国的阿嵯耶观音也属于不空羂索观音的一种变体。佛教经典中记录的不空羂索观音的形象多为多面多臂的样式，比如《不空羂索神变真言经》中所载：

> 三面六臂，正中大面慈悲熙怡如大梵天面。眉间一眼，首戴天冠，有化阿弥陀佛。左面怒目可畏，眉间一眼，鬓髪耸竖，首戴月冠，冠有化佛。右面嚬眉努目，狗牙上出极大可畏。眉间一眼，鬓髪耸竖，首戴月冠，冠有化佛。一手持羂索，一手执莲花，一手持三叉戟，一手持钺斧，一手施无畏，一手把如意宝杖。②

南诏国的阿嵯耶观音在造型中并没有采取佛经所载的多首多臂样式，所以不能直接从佛王系统的不空羂索观音来套用阿嵯耶观音的样式。如果说阿嵯耶观音就是不空羂索的一种变相，则完全忽略了阿嵯耶观音本身的独特性。佛王传统中"王即是佛，佛即是王"的特点在阿嵯耶观音信仰中并不明显。阿嵯耶观音来自梵僧，梵僧从西域来的明晰渊源从来没有被打乱过，也从来没有被替换过，所以，直接认为南诏国的阿嵯耶观音就是佛王系统的一种表现并不理想，不过古正美的观点中有一点笔者认同的："不能因为阿嵯耶观音像类似东南亚造像就认为阿嵯耶观音传自东南亚，或是印度支那"。海伦·查平和约翰·盖伊的观点有待商榷，阿嵯耶观音的造像源头也并不能说"必是传自东南亚，受东南亚此类观音信仰及造像的影响。"③ 换一种说法可能具有更强的合理性——因为密宗在东南亚的全面传布流行，使南诏

---

① 古正美：《从天王传统到佛王传统——中国中世纪佛教治国意识形态研究》，商周出版社2003年版。

② （唐）菩提流志译《不空羂索神变真言经》卷22，《大正藏》第20卷第3415页上。

③ 古正美：《从天王传统到佛王传统——中国中世纪佛教治国意识形态研究》，商周出版社2003年版，第435页。

国在阿嵯耶观音造型上更为靠近东南亚的观音体系,所以,阿嵯耶观音造像带有东南亚观音造型的一些基本元素。从整体呈现的图像来看,尤其反映在《南诏图传》中,阿嵯耶观音本身就是一部造型的变化史,这种造型变化带有明显的融合痕迹和本土化倾向。

阿嵯耶观音的形象是在南诏国内部调整完善而成,《南诏图传》观音"第六化"的形象和《张胜温梵画卷》第99开的"真身观世音菩萨"为阿嵯耶观音形象的早期雏形;在这两者基础上有确定的本土化倾向的,则是以三塔出土文物中的两尊真身阿嵯耶观音为本土化的转折,一尊为木质阿嵯耶观音像,另一尊为漆龛金质阿嵯耶观音像,此两尊阿嵯耶观音还带有早期阿嵯耶观音特有的拙硬风格;成熟时期的阿嵯耶观音像以云南省博物馆收藏的金质银背光的阿嵯耶观音像为精品力作。

图11 阿嵯耶观音造像的早期、成熟期、高峰期

从造型手法和艺术表现力来看，处于《南诏图传》结尾部分的观音第七化的阿嵯耶观音和《张胜温梵画卷》的第 89 开的半跏趺阿嵯耶观音，依然是最富有表现力和最成熟的阿嵯耶观音造像之一，其表现力和成熟性并不亚于目前收藏于云南省博物馆的金质银背光阿嵯耶观音造像的艺术水准。到了元代还有一些零星的阿嵯耶观音造像出现，但是造像水准已经远远低于大理国时期的水平。

结　语

以往的研究总是把南诏大理国作为以汉地为中心的一种附属进行研究，其实抛开以汉地为文化中心的思路，可以将南诏国作为东南亚发展中一个重要的组成部分，将南诏大理国作为一个对周边文化有影响的政权，很可能对南诏大理国的研究更为深入。

南诏国对待汉地文化的态度基本处于学习，并能为自己所用的务实行为。阿嵯耶观音的造型与汉地观音造型有明显不同，但把阿嵯耶的造型放在整个东南亚的观音造型体系中，却不显其突兀。

南诏大理国的阿嵯耶观音有自己的造像特点，而这种特点是除了汉地之外的东南亚地区的观音像基本具备的特征，比如说高髻、赤裸上身、以直立的姿势为主要形态。正如古正美把南诏国归入东南亚的佛王体系一般，南诏大理国呈现的阿嵯耶观音的风格跟东南亚有着很大的相似性，但是也不能说完全没有汉地的影响。如上文所述，第一尊出现的阿嵯耶观音拼凑痕迹如此明显，面部的刻画更多地显示了来自汉地的表现手段，而手执阿嵯耶观音像进行加工的老者，其衣着面貌更多地接近汉地人物的造型，而不是吐蕃、梵地等异域，或多或少地旁证了阿嵯耶观音与汉地佛教有一定的关系。这种关系显得若即若离，隐隐约约，甚至并不明晰，阿嵯耶观音的特征更明显地向东南亚佛教造像靠近，在体型的选择上更为明显。与藏密的系统有接近之处，并无特别相似的地方，基本可以排除藏地的影响。

阿嵯耶观音造像应属于佛教密宗造像体系的一个部分，这个部分缘起印度，在整个东南亚和吐蕃均有发展，东南亚的各个国家根据自己的审美偏好对密宗观音的形象有所改进，这就造成了东南亚各国观音在造像上有不同偏差，而基本特征相似的特点。阿嵯耶观音正是根据南诏国的审美习惯进行改良后的密宗造像，在阿嵯耶观音身上能看到几种不同文化的交织融合。

（龚吉雯，云南昭通学院美术学院副教授，云南大学人文学院中国少数民族艺术博士研究生）

印密僧阿嵯耶在南诏国传播并形成佛教白族密宗的历程探究

廖德广

内容提要：印度密教在南诏国扎根经历了深长、复杂的过程。印度梵僧进入南诏后，迅速与政治接合排斥巫道，沟通儒教，传播密教，密教成为南方主流宗教。在信仰层面，以信仰阿嵯耶观音为中心，密教信仰深入社会生活方方面面，融洽汉地文化和地方文化，形成了具有民族特色的密宗信仰。

关键词：密宗　南诏　阿嵯耶

从历史文献等审视，大理州等地区，印度佛教的传入，大概自阿育王时代，随古"蜀身毒道"初通时就开始了。但由于后来印度国内局势，以及大理等地区的地方宗教政治势力等原因，一直没有形成气候。到"南诏"国时期继续传入，时已演变为"佛教印度密宗"，虽历经坎坷，但终于成功地本土化为"佛教白族密宗"。

一　南诏国从巫教到奉道与倡佛

西南地区，原有巫教；民俗信鬼、怕鬼。人们普遍认为：天地间万物皆有精气的聚变，"精气为物，游魂为变，是故知神鬼之情状。"[1] 郑玄注："精气谓之神，游魂谓之鬼。"[2] 包括人自身在内。东汉建武年间，张

---

[1] 南怀瑾、徐芹庭译注《白话易经·系辞上》，岳麓书社1988年版，第358页。
[2] 郑玄注，见《古汉语大词典》。

陵首创五斗米道,初学者称"鬼卒",能为道徒或病人举行请祷仪式的称"鬼吏";于是深受道教影响。

众所周知,大唐以道立国,道为国教,特奉老子李耳为祖。"南诏"国第三世王蒙盛逻皮于"开元二年(714)……立土主庙"。① 即今巍山县巍宝山原"巡山殿",祀开国君王蒙细奴逻及白族夫人"三公主"。一举二得,一是蒙氏祖庙,二是地方民众守护神"土主"之庙。近年重建,复称"土祖庙",祀蒙氏十王三帝,即"南诏"国十三主。而巍宝山,是全国著名的四大道教名山之一。迄今,山上仍然都是道教建筑群;流传的仍然是"老子点化细奴逻"。

《南诏野史》还记载:"开元十四年(726)立庙,祀晋右将军王羲之为圣人。"② 众所周知,东晋右军将军、书法家王羲之,也是道教神祇之一。这是"南诏"国"尊唐正朔"态度的一个特殊举措,是"南诏"国"尊唐正朔"政治态度的必然。也是一举二得:尊道态度,崇文效用。

第六世王蒙异牟寻"归唐",在与剑南西川节度使韦皋巡官崔佐时,"谨诣点苍山",举行盟誓时,"北上请天地水三官、五岳四渎及管川谷诸神灵,同请降临,永为证据"。③ 该记载证明,当时是以道教仪轨举行的,还有地方巫教的痕迹。当时奉道,是"尊唐",和心仪向化的应有表现。

由历史事实加以审视,"南诏"国是一个真诚"奉唐正朔",一心拟受"册汉帝而继好"的边藩属国,即使在"永隆元年(680)西洱河诸蛮皆降于吐蕃"④ 的情况下,"南诏"国仍"独奉唐正朔"。"南诏"这一优良的政治特质,在中国历代中央王朝周边的属国及方国中,不说独一无二,也是极为少见的,一直影响到宋代"大理"国,元朝"段总管",乃至当下。

可是,由于唐朝的"奸佞乱常",拟灭"诸爨""南诏"等而置为正式郡县,以"妄邀边功"。由边官张虔陀等于天宝十载(751)寻衅发动"天宝战争",不论"南诏"国一而再,再而三地申诉、退让,杨国忠及其同伙都"务求进官荣"而"弗听","仍前差将军王天运,帅领骁雄,

---

① 木芹:《南诏野史汇证》,云南人民出版社1990年版,第49页。
② 同上。
③ (唐)樊绰:《蛮书·云南诏蒙异牟寻与中国誓文》,巴蜀书社1998年版,第52页。
④ (宋)司马光:《资治通鉴》卷202,岳麓书社2009年版,第656页。

自点苍山西,欲腹背交袭"(《南诏德化碑》),以致"南诏"国在"不得已"的情况下"无奈叛唐归吐蕃"。但内心不叛,所以于大历元年(766)公开立《南诏德化碑》于国门之外,在唐朝、吐蕃、诸爨当事人还在的情况下,就明白写着:"取乱攻昧,定京邑以息民;兼弱侮亡,册汉帝而继好"的悃诚立场和政治交代。

完成"归唐"大业的第六世王蒙异牟寻之后,一因失去"吐蕃"国43年的控制、操纵和威胁,二是与大唐恢复了"继好"关系,一时没有了"内忧外患"。而继位者,大则30岁,小则十几岁,或弱,或年幼,似不知所措,找不到奋斗目标,成为茫然之主。于是,唐朝"奸佞"小瞧他们而再次"乱常",不仅应蒙异牟寻"请复号南诏"的"南诏"爵号之封趋于不正常,到第十世王蒙丰祐即位,虽仅17岁,但"慕中国",有意加强、改善与大唐的关系,却也不仅不授他"南诏"爵号,就连历来的"云南王"也不授,竟改为"滇王"。一腔热血,竟兜顶一盆冰水。人是感情的动物,于是,蒙丰祐"废道教"而倡佛教。到第十一世蒙世隆,唐朝"奸佞"们继续左右局势,竟"以世隆之名犯太宗、元宗庙讳,唐不册封。隆益致怨望,至是自称皇帝;遣兵取乌蛮、僰、爨之地,置东川郡"。①

"南诏"不论"废道教",还是"自称皇帝",以及"遣兵"而拟求"册汉帝而继好",反应虽然"过激",但其实不是真反叛,只是想以此引发唐朝关注,改变态度,仍然恢复正常关系,受"册汉帝而继好"而已。可惜,大唐朝廷一直为"奸佞"把持,至终没有改变。于是,"南诏"国不得已分道扬镳,走上了大倡佛教的道路。

二 佛教印度密宗的早期传播与渗透

圆鼎《滇释记》记载:

> 圣僧李成眉贤者……游化至大理,大弘祖道,时南诏昭成王(蒙丰祐,824—859年在位)礼为师,乃建崇圣寺。赞陀崛哆尊者,又云室利达多,西域人也。自摩伽陀国来,又号摩伽陀。游化诸国,

---

① (清)胡蔚编订《增订南诏野史》,巴蜀书社1998年版,第26页。

至鹤庆，乃结庵峰顶……尔时，尊者为蒙氏所重，亦与成眉李贤者友善。时王丰佑……得一铜佛像……世传乃尊者所遗也。又于腾越州住锡宝峰山、长洞山二处，阐瑜伽法，传啊吒力教。①

李元阳《云南通志》记载：

赞陀崛哆，神僧。蒙氏保和十六年（837），自西域摩伽国来，为蒙氏崇信。于鹤庆峰顶结茅入定，慧通而神。至天启二年（841），僧悯郡地大半为湖，即下山以锡杖穿象岷山……泄之，湖水遂消。②

《南诏图传》，就是针对从奉道到倡佛的这一历史变故，有意将"老子点化细奴逻"（巍山迄今仍然这样流传）改变为"梵僧授记细奴逻"的产物。《南诏图传·画卷》中有如下的题记：

兽赕穷石村中邑主加明王乐等三十人偷食梵僧白犬。

其王乐等三十人伤害梵僧，初解支体，以此为三段，后烧火中，骨盛竹筒，抛于水里。此是澜沧江也。梵僧破筒而出，王乐等遂即追之，不及。

梵僧所留靴，变为石，今现在穷石村中。

王乐部等莫能进，始乃归心，稽颡伏罪。

于打更鼓化现一老人，称云："解铸圣像"。

从上面所辑题记不难看出，梵僧来传播"印度佛教密宗"，有一个艰难的过程，而且有人可能曾付出了生命的代价。但由于一批接一批的努力，最后战胜了当地的宗教、政治势力，象征宗教、政治权力的铜鼓被"解铸圣像"，就是象征。

从巍山县垅屿图山出土佛像，以及有关文献记载等看，梵僧早就到苍洱地区传播印度佛教密宗则是事实。《南诏图传·文字传》关于梵僧在奇

---

① 释圆鼎：《滇释记》，《云南丛书·子部》之二十九，云南图书馆藏板，甲寅年刊。
② （明）李元阳：《云南通志》，《大理丛书·方志篇》卷7，云南民族出版社2007年版，第521页。

王细奴逻家乞食,梵僧授记等多为附会性虚构,但对早有梵僧传播"莲花部尊阿嵯耶观音"的记载,有时间,有人物,应属信史:

保和二年(825),有西域和尚菩立陀诃来至我京都云:"吾西域莲花部尊阿嵯耶观音从蕃国(吐蕃)中行化至汝大封(封音白)民国(指南诏国),如今何在?"①

统而观之,在"南诏"国初期就已有"佛教印度密宗"梵僧(阿嵯耶)来传播,应不止一人,但因当时与大唐的关系好,因尊唐而尊道,即使在民间也不易渗透。

三 重修崇圣寺是佛教白族密宗由民间走上政坛的标志

《南诏野史》记载:唐宪宗"元和十五年(820)重修崇圣寺……敬宗乙巳宝历元年(825),重修大理崇圣寺成。"此年份记载不误,工期为六年,即劝利晟大丰元年至丰祐保和二年(820—825)。

"建造三塔"的工期也确实如《南诏野史》所谓"凡八年",即蒙丰祐"保和十年"(833),至天启元年,即公元840年,史料中"天启九年"等说误。

从《南诏野史》"重修大理崇圣寺",以及"塔顶旧有铁柱款识云:'贞观六年(632)尉迟敬德监造'"而赐进士知荆州府前翰林庶吉士郡人李元阳于明朝嘉靖三十二年(1553)十一月甲子撰文并书的《重修崇圣寺碑记》也记载:"大理郡城之北有崇圣寺,旧号千厦,创自唐贞观间"(《大理丛书·金石篇》)等记载看,原已有寺、有塔,且历189年,确实"盖寺之建久矣"。当时的工程,确实应该是"重修大理崇圣寺"并"建立三塔"。当然,原寺不一定称名崇圣寺,原塔也不一定是三塔,体量及占地等也当远没有"南诏"国所"重修"那么宏大。

那么,原寺由谁建造?这是回避不了,也不应回避的问题。众所周

---

① 《南诏图传》(文字卷),大理白族自治州彝学学会藏版,转引自侯冲《白族心史——白古通记研究》,云南民族出版社2002年版,第204页。

知，洱海东、西两岸，原为"洱河蛮"（有的史籍称"河蛮"）居地。胡蔚《增订南诏野史》有如下记载：

> 戊寅二十六年，逻阁破吐蕃及弥蛮，入朝，元宗（唐玄宗）礼之，加封为特进、云南王、越国公、开府仪同三司，赐名归义，并锦袍金钿带七事。王归国，以兵逐洱河蛮。筑太和城，又筑大釐（音喜，不能简为"厘"）城，守之，尽有云南之地。①

这就是说，"南诏"军政势力是"戊寅二十六年"（738），第四世王蒙皮逻阁"破吐蕃及弥蛮，入朝"唐玄宗，得封"云南王"爵号及其他荣誉职务，并享"七事"的地方首领最高礼遇，受到支持，"归国，以兵逐洱河蛮，筑太和城，又筑大釐（音喜）城"，才入主洱海之滨的。而苍山之西、洱海北部，却早于唐高宗"咸亨元年（670）四月，吐蕃陷龟兹拨换城，废安西四镇"后，便挥师东进四川，南下苍洱。于是，苍洱地区，即为吐蕃势力所渗透，乃至掌控。"破吐蕃及弥蛮"，是蒙皮逻阁"入朝"大唐的见面礼，也是唐朝加封他为"云南王"，认可蒙氏属国地位的根由。

"吐蕃"，众所周知。那么，与"吐蕃"和"洱河蛮"并提的"弥蛮"指何？窃以为，指至今在洱源县的中学和社会上依然开凤羽镇人"你们凤羽国"及"你们凤羽国人"的玩笑；而近10年来，洱源县统战部退休的凤羽镇人杨汝雄，果然陆续发现和收藏了一批史料的"凤宇"国。

在一份"凤宇国史料"中，唐玄宗就称其为"佛国"，② 而《新唐书·南蛮下》中有"佛蛮"和"周"的国名。再者，《册府元龟》中，则有"元和七年（812）正月癸酉，帝御麟德殿，对南诏、渤海（显然不是东北地区的渤海）、牂牁等使，赐宴有差"的记载。③

"凤宇"国，又称"榆洲"国、"勃海"国、"大周"国、"佛"国、

---

① 胡蔚编订《增订南诏野史》，巴蜀书社1998年版，第12页。
② 详见《凤宇国史料选辑与注释》第一、二集，《白族学研究》第一、二辑，2010年、2012年编印，内部资料，第11页。
③ 《册府元龟》，《大理丛书·史籍篇》卷8，云南民族出版社2012年版，第417页。

"白"国。按现有史料，"凤宇"国虽早，但第一世皇帝高逢仙于唐高祖武德七年（624）登基。

历史上，今大理市和宾川县是属于汉叶榆县，即"故滇池叶榆之国"。当时，汉叶榆县县治，"故滇池叶榆之国"国都，就在今洱源县凤羽镇。①"榆洲"国名，当与古叶榆国、叶榆县历史有关。窃以为，"重修大理崇圣寺"前的原寺，应是"凤宇国"及其属民"洱河蛮"所建。

正因为"重修崇圣寺"是"南诏"国政治、宗教上的一件大事，所以，既有拥护者，也有反对者。文献记载的故事，可见一斑："王嵯巅问李贤者曰：寺完，中尊佛何佛？中尊是我"。②李贤者（李成眉）的这个回答，不合中国政治传统是肯定的，是否不合佛教教规则不知道。不是说洛阳大佛就是按武则天塑的？所以，"中尊是我"，是否真实，无以考证，也没有必要去考证。显而易见的是：王嵯巅"潛于王（时为蒙丰祐，已于824年即位）曰：'贤者狂妄，罪当远流。'主允之。流贤者于南甸州烟瘴之地，毙与空崖之中。"应该是事实。因"欲加之罪，何患无词？"那是军政权臣、地方宗教人士不甘外来佛教僧侣得势，找机会予以打击的行为。这说明，"重修崇圣寺"，虽标志着佛教印度密宗（7世纪后密教盛行），在大理地区经营近百多年后，终因大唐和"南诏"国之间的关系又发生了变化而时来运转，于是被大多百姓认可，王室信任，可以参与，乃至能左右重大国是的决定性胜利，是佛教"白族密宗"由民间开拓，走上左右政坛的标志。但原有的本土宗教和强势的军政势力，始终排斥与打压印度密宗僧人活动的斗争及优势，还远没有结束。《白古通纪浅述》的如下记载就很能说明问题："南诏"国第十世王蒙丰祐

  唐穆宗长庆四年甲辰（824）四月初二即位，改元保和，以赵文奇为国老；迎西方摩伽陀国僧赞陀崛多为国师。赞陀崛多为瑜珈教主，其师利达多先入僰国（指南诏国），主不识其智，恒慢，易之。至是闻国师路经吐蕃（国）将至，令利达多负鼓随众而行。行至蒲陀腔（今洱源县下山口八里箐），崛多见其（师）利达多，遂下车，其师止之曰："吾道不行，世莫我知，切勿泄言。"二人正相问安，

---

① 参见拙文《古叶榆县县治在凤羽试论》，《大理日报》2003年7月2日。
② 《大理丛书·史籍篇》卷2，云南民族出版社2012年版，第72页。

溪声如雷,达多以一符掷水上,响遂止,即今石牛卧处之下,水静无声者,此也。利达多,自此相别,路指喇嘛(指吐蕃国)而去,其教传于喇嘛,尤异。赞陀崛多还至㮷国,主悦之,以为国师。凡诸祈祷、镇禳,皆有神功。主爱之,以妹越英妻之。①

李成眉被害,利达多之"智"不被认识,故另请了利达多的弟子西方摩伽陀国(古印度十六国之一)瑜伽教主赞陀崛多为国师。

佛教,是释迦牟尼在公元前6世纪至5世纪创立于天竺国(古印度)。释迦牟尼和真传弟子所宣扬的佛教,称为"根本佛教"。任何事物都会演变。释迦牟尼圆寂一百年后,佛教分裂为上座部、大众部两大派,称"根本二部"。此后的一百多年间,又先后分裂为十八部或二十部,称"枝末部派"。公历纪元前后,逐渐形成了中观派和瑜伽派,以《大般若经》《维摩经》《大般涅槃经》《妙法莲花经》《华严经》《无量寿经》等阐述大乘思想和实践的经籍进行修持和传教,是为"大乘"佛教,并将早期流传的佛教贬称为"小乘"。"小乘"的主要经典有《阿含经》等。"小乘"佛教也曾在我国流行过,在隋唐逐渐衰落。现在主要流行于斯里兰卡、泰国、缅甸、老挝、柬埔寨等国,称为南传佛教。

7世纪后,印度佛教密教盛行。不论"小乘""大乘",还是"密教",都传播于亚洲许多国家和地区,现已扩展到了欧美等国。

瑜伽,应指"中观瑜伽行派"在中国流行的佛教印度密教,主要就是"中观瑜伽行派",由大乘的"中观"和"瑜伽"两派融合而成。中观派认为,在最高真理(真谛)"空"之外,还应承认相对真理(俗谛)。瑜伽因强调瑜伽修行方法而得名,提出了"三界唯心""万法唯识"的观点,认为世界上的一切现象都由"识"转变显现,并对认识的职能和作用提出了相分、见分、自证分、证自证分,四个层次。

密教、显教,相对而言,是佛教的两大派别。密教宣称,显教是释迦牟尼对凡夫俗子说的法,而密教是释迦牟尼对亲近弟子说的秘密真言,故又称"真言乘""金刚乘"。密教的重要经典为《大日经》和《金刚顶经》。

---

① (元)赵顺:《白古通纪浅述》,《大理丛书·史籍篇》卷2,云南民族出版社2012年版,第70页。

佛教显、密两教在传播中都形成了宗支，就全世界而言，密教形成了印密、藏密（俗称喇嘛教）、汉密、日密、白密等宗支。密宗认为，世界万物，佛和众生都是由地、水、火、风、空、识"六大"所造。前"五大"为"色法"，属于"胎藏界"；"识"为"心法"，属于"金刚界"。色心不二，金胎为一。二者摄宇宙万物，而都又生与众生心中。佛和众生的根性是相同的，如果众生手结契印，口诵真言，心观佛尊，就能使三业清净，即身成佛。不过，仪轨复杂，对设坛、供养、诵咒、灌顶等都有严格规定，必须由阿嵯耶（有译为阿阇梨等，导师的意思）秘密进行与传授，故不易传播。

而显教，在中国主要有天台（华法）宗、三论宗、律（南山）宗、法相（慈恩、唯识）宗、华严（贤首）宗、净土（莲）宗、禅宗等。"禅"，意为"静虑"，认为静坐思维，以期大彻大悟。相传，梁武帝时，菩提达摩东来，住少林寺，为中国禅宗始祖，将"心法"传给慧可，又下传僧灿、道信，至五祖弘忍，下分北宗神秀，南宗慧能。神秀一派主张渐修，"佛尘看净"，有个修炼过程。慧能认为可顿悟而立地成佛，被尊为六祖，其言论被弟子编为《六祖坛经》，是后世禅宗的主要经典。故"禅宗"又称"佛心宗"，自称"传佛心印"。禅宗"是完全中国化的佛教宗派"，中国寺院，"十之八九是禅宗"。

四　家知户到皆以敬佛为首务是佛教白族密宗的普及举措

"南诏"国第十一世主蒙世隆时，由于唐朝的奸佞乱常，继续小看"南诏"国，并"以世隆之名犯太宗、元宗秒讳，唐不册封。"于是蒙世隆"益致愿望"，一是"自称皇帝"，开"南诏"国称帝的先河，是为"景庄皇帝"；二是为引起唐朝注意，并改变态度而实现双方"继好"，采取了"一寇播州，两陷安南，四伐西川"的过激之举。但二十多年下来，并没有达到"册汉帝而继好"的目的。于是

写《金刚经》，设观音道场。观音化梵僧来供应，主曰："吾欲再征伐，如何？"僧曰："土广民众，恐难控制。"乃止。主以四方八表夷民征服，皆感佛维持，建大寺八百，谓之蓝若；小寺三千谓之伽

蓝,遍于云南境中,家知户到,皆以敬佛为首务。主为边患二十余年,中国为虚耗。①

蒙世隆在以"遣兵"而企求"继好"无望的情况下,才不得已继续在"废道教"而倡佛教的道路上前进,于是"建大寺八百,谓之兰若;小寺三千谓之伽蓝。遍于云南境中,家知户到,皆以敬佛为首务。"这显然是"佛教白族密宗"的国家行为的普及推广举措,是"佛"为国教的奠基阶段。

五 铸阿嵯耶观音是佛教白族密宗成熟的表现

"崇圣寺",崇什么圣?在佛教的神祇中,称圣者不止一位。比如,大家较熟的就有"西方三圣"。而佛教印度密宗所奉的神祇也不止一位,有毗卢遮那佛、观音、文殊、普贤。那么,崇圣寺究竟主崇何圣?这不只是后世的问题,"南诏"国在"重修崇圣寺"的"寺成"时,负责建寺的王嵯巅,就曾向负责塑佛的李成眉严肃发问:"中尊佛何佛?"

关于毗卢遮那佛,即是社会上较为熟知的大日如来佛,是释迦牟尼"显法"所成的法身佛;还有释迦牟尼"证得绝对真理而获佛果"的报身佛:卢舍那佛;以及释迦牟尼"原本"的生身:应身佛。有些大雄宝殿塑的是"三身佛",则中为法身佛毗卢遮那,左为报身佛卢舍那,右为应身佛释迦牟尼。

所谓"崇圣寺",名义上崇奉的是"观世音菩萨"。佛教宣扬的"观音",具备"六根圆通"的法力;有不用耳听,可用眼观声音的不易修得的"耳根法"。《观世音经》称:众生若有苦恼,只要一心祷念"观世音菩萨"称名,"观世音菩萨"便"由我不自观音,以观观者,令彼十方苦恼众生,观其音声,即得解脱。"② 但是,实际上崇奉的还是佛。《白古通纪浅述》给后世留下了如下的珍贵记载:

---

① (元)赵顺:《白古通纪浅述》,《大理丛书·史籍篇》卷2,云南民族出版社2012年版,第82页。

② (唐)般剌蜜帝译《大佛顶如来密因修证了义诸菩萨万行首楞严经》卷6,《大正藏》第19卷,第129页上。

主（南诏国第十二世主，武宣皇帝蒙隆舜）为世子时，好田猎，至巍山，遇一老人告曰："世子能造观音像否？如造，声名所及，无不臣服。"曰："能之"。"若造，须如来之像方可。"乃以兼金铸阿嵯耶观音。至是，远见巍山巅有白气，使李紫奴往，挖得铜钟一，重三百两阿嵯耶观音一位。自号摩诃罗嵯耶。辛亥年（嵯耶三年，891），以黄金八百两铸文殊、普贤二像，敬于崇圣寺。①

该段文字，读来难免令人生疑。其实需要细品，里面有着重要的历史信息："阿嵯耶观音"是"如来之像"，也就是释迦牟尼的法身佛—毗卢遮那佛，又称大日如来佛。

那以"兼金铸阿嵯耶观音"，以及第十二世主，武宣（有些文献记为宣武，误）皇帝蒙隆舜"自号摩诃罗嵯耶"，这不论在"南诏"国历史上，还是佛教"白族密宗"历史上，都是一个划时代的事件：

（1）标志着由于印度"阿嵯耶"（源于印度语及梵文，还译为阿吒力、阿左梨、阿阇梨等，佛教印度密宗上师）们长期不懈的努力，终于完成了佛教印度密宗在"南诏"国的地方化演变，佛教"白族密宗"，进入了成熟期。阿嵯耶观音（实即毗卢遮那佛、大日如来佛），成为佛教"白族密宗"最为尊崇的圣主，世称"圣观音"。现如今，在洱海"风情岛"上立了一尊汉白玉阿嵯耶观音，被称"云南福星"。就因当时"阿嵯耶"梵僧宣教"观音"的活动，以至于当地百姓把自称"阿嵯耶"的僧人称为"梵僧观世音"。

（2）"南诏"国第十二世主蒙隆舜，由于在印度佛教密宗地方化中起了决定性的作用，成为"摩诃罗嵯土轮王"，②集政、教职权于一身，从《云南佛教史》的论述可知：是为佛教"白族密宗"的第四祖。③《大理国张胜温梵像画》中就绘有"摩诃罗嵯"与云南禅宗四祖"法光和尚"交流的情景。这幅梵像画形象生动地表明，蒙隆舜虽为佛教"白族密宗"首领，但并不排斥其他宗派，和谐相处，彼此交流学习，而且还是主动学

---

① （元）赵顺：《白古通纪浅述》，《大理丛书·史籍篇》卷2，云南民族出版社2012年版，第83页。

② 《南诏图传》题榜："摩诃罗嵯土轮王擔界谦贱四方请为一家骠信蒙隆昊"。

③ 王海涛：《云南佛教史》，云南美术出版社2001年版，第125页。

始祖，是那位来"南诏"国民间首传佛教密宗而历尽艰辛的，《南诏图传》予以较详记载的"梵僧"，也就是经《白国因由》神话而称的"观音大士"，又简称"观音"。《南诏图传》对"梵僧"如何以智、以奇，逐步战胜地方政治、宗教势力，有形象而简明的表述。二祖，是"南诏"国第五世王蒙阁逻凤的弟弟阁皮和尚，这意味着佛教"白族密宗"已经破土萌生，并向王廷渗透。三祖，是赞陀崛多，第十世王蒙丰祐在"重修崇圣寺"中负责塑佛的李贤者，被国内反对势力代表王嵯颠谮而被谋害后的关键时期，"以赵文奇为国老，迎西方摩伽陀国僧赞陀崛多为国师"，克服了以佛教"白族密宗"问题表现出来的政治危机，稳定了局势。

（3）将"兼金铸阿嵯耶观音"和"黄金八百两铸文殊、普贤二像，敬于崇圣寺"表明，尽管体量不大，没有专殿，但已可在崇圣寺举行佛教"白族密宗"法事。

六 铸钟建后殿铸丈六观音是佛教白族密宗完善的大作

《白古通纪浅述》记载：

> 舜化贞光化元年（误，应为舜化贞中兴二年，唐绍宗光化元年）戊午，命董善明铸崇圣寺钟，并后殿，观音高一丈六尺。[①]

《南诏野史》记载：

> 光化庚申三年，铸崇圣寺丈六观音，清平官郑买嗣和十六国（古印度封国）铜所铸，蜀人李嘉亭成像。一说唐天宝间，崇圣寺有僧募造丈六观音像。未就，夜忽雨，旦视之，铜也，即取以铸像。像

---

① （元）赵顺：《白古通纪浅述》，《大理丛书·史籍篇》卷2，云南民族出版社2012年版，第83页。

成，白光弥复反三日夜，至今人称雨铜观音。①

《滇云历年传》记载：

> 光化三年，郑买嗣铸丈六观音于崇圣寺。②

对三则记载统而辨析，有关史实应为：

（1）"南诏"国第十三世主蒙舜化贞"光化元年戊午（898），命董善明铸崇圣寺钟"，是佛教"白族密宗"的重要法器。

（2）郑买嗣对"后殿"的建设及铸"丈六观音"负总责，因当时"身为国老，权归买嗣"。

（3）铸佛教"白族密宗"道场主尊"丈六观音"像的技师是"蜀人李嘉亭"。

（4）佛教"白族密宗"道场主尊"丈六观音"像，于光化三年（900）铸成。

所谓"丈六观音"铸于"天宝"年间，显然是错误或附会；而所谓"雨铜"，则应该是出于增强佛教"白族密宗"神圣性的有意迷人、唬人的假象与宣传。

蒙舜化贞为什么要在已有的"大雄宝殿"之后再建"后殿"？并铸一丈六尺高大的"观音"？

显而易见的是，"南诏"国第十二世主蒙隆舜时三百两"兼金铸阿嵯耶观音"，再"以黄金八百两铸文殊、普贤二像，敬于崇圣寺"，或许只是旁供；即使有专殿，体量也不大，因"阿嵯耶观音"及文殊、普贤像的体量不大。不论原来是旁供，还是专供，都不能满足作为国教的佛教"白族密宗"各种法事的需要。因此，在原来大殿的后面建一"后殿"，是要有一个专门供奉佛教"白族密宗"神祇阿嵯耶观音主尊，并做法事的大道场。故而，"后殿"是"阿嵯耶观音殿"主尊"丈六观音"，是"阿嵯耶观音"，其实供奉的是释迦牟尼的"法身佛"毗卢遮那佛，又称

---

① （清）胡蔚编订《增订南诏野史》，巴蜀书社1998年版，第29页。
② （清）倪蜕撰《滇云历年传》卷4，《大理丛书·史籍篇》卷5，云南民族出版社2012年版，第270页。

大日如来佛。

　　这"阿嵯耶观音殿"的建成，一丈六尺高大的"阿嵯耶观音"的铸成，不仅位居中轴，体量不说与前面的"大雄宝殿"等量齐观，要小也可能小不了多少。而一丈六尺高大的"阿嵯耶观音像"，体量则可能比前殿的佛还高大。于是，举办佛教"白族密宗"的各种法事活动就有了独自的大殿堂、大佛像，就更为神圣、更加方便。这应该是佛教"白族密宗"臻于完善的大作。

　　蒙隆舜，虽修密教，且是佛教"白族密宗"第四祖，但也问道显教。除《大理国张胜温梵像画》中绘有"摩诃罗嵯"与云南禅宗四祖"法光和尚"交流的画像外；祥云县水目山是云南第一禅宗丛林，水目寺建于第八世王蒙劝龙晟龙兴四年（813），① 比"重修崇圣寺成"早12年。《水目寺诸祖缘起碑记》就说："六诏诸王，咸来问道。"② 意思是："南诏"国后六位国王，都去水目寺向禅教宗师问过治国理政的道行。

　　到大理国时期，佛教"白族密宗"进一步繁盛，以至"国中上至诏王，下至庶民，以佛为国教，以僧为国师。幼婴周岁，必入寺摩顶为戒，曰：'佛子'国多高僧。正月为斋月，王与民共素食，二月初二始开荤。"③ 由于"除三十七部，臣民皆信佛，户户供养观音"，④ 不仅有"八大伽蓝"，而且"诸邑甸皆建小寺"。因此，成长起大批僧人，"僧分三类：一为有法法师……皆得国师之位。此等国师可随军出征，决策战事；也可设坛讲经……二等为大比丘，能精通佛经、法事，多为一般寺庙住持……三等为沙弥，在寺庙，多做杂役……"这都属"国僧"。此外，"增子孙和尚，可自建庵堂，修行了愿；可与子女共居休所……可与比丘僧尼共参佛事，为四等僧人……另有五等僧众，为居士林。"⑤ 这"子孙和尚"，也许就是后世遗存至今的"阿吒力"，他们可有妻室，日常生活与民众无异，在"自建庵堂"，或由他们管理的邑甸"小寺"，为民众的

---

① 有论著认为是"大理"国龙兴四年，误，详见拙著《祥云古代史探究》，云南人民出版社2014年版，第187页。
② （明）杨士宗：《水目山诸祖缘起碑记》，《大理丛书·金石篇》卷2，2010年版，第1053页。
③ （明）李浩：《大理古佚书钞·三迤随笔·段氏考制》，2002年版，第151页。
④ （明）李浩：《大理古佚书钞·三迤随笔·大理国崇佛》，2002年版，第125页。
⑤ （明）李浩：《大理古佚书钞·三迤随笔·段氏考制》，2002年版，第151页。

有关需求服务。

关于"国师",《大理古佚书钞·三迤随笔·段氏考制》有如下记载:

> 国师分三等:大国师居无为寺,专为帝室讲经说法;国王及诸大臣出家,为其授戒、发牒。该寺又为文武百官演武、习武、考试地。文官,考诸官子弟经文、治国诸政事、作文;面背诵经文;武者,演武,与寺中高僧比试,强者按等次授官,分往诸军衡其艺而用。盖段氏诸军将非世袭,任何军将老则出家者为尊,国若有事听用于军中。归家者,不为君臣所重。二等国师主崇圣寺,崇圣寺有十二僧官。国师通天文、地理,能判国之祸福;精诸密术,为国内爽托以下诸官子弟所学。子弟七岁入学诸经,听僧官讲课。课程初学识字,后诵经文、梵文。三年学成者,可列名于簿;五至十年学成者,而为学子,与中原秀才相等;学而不成器者,出家、归家任之。三等国师主罗荃寺,精诸密法,国之阿阇梨,司诸法事;民有事可调解,国有事可听遣。

> 段氏以佛立国,佛教为国之本,国制为法,若非佛子,不得作官。故大理国时,上至国君、宰相、军将,下至庶民,皆通佛礼。而三十七部酋所属诸民,皆服调不服管,各司其教,多奉巫邪。故此,大理国学官多为僧官。历代中原江南落第秀才,常慕大理之重僧释,有文才者而为国中器重而出家叶榆诸寺,后升大住持者,为大理国所重用,数十人记事于簿。[1]

而由大理国第六世:

> 昭明皇帝段素英立位,段氏开科取士;大兴儒学,以重金聘蜀地名儒。入滇课学于大理、鄯阐二地。至此,学风渐兴。大理国诸望族世家子,有五十余人能文能诗,文精者,多奖以文房诸物。[2]

由此记载可知,所谓"儒释"或"释儒"的称呼,当始于出现有深

---

[1] (明)李浩:《大理古佚书钞·三迤随笔·段氏考制》,2002年版,第151页。
[2] (明)李浩:《大理古佚书钞·三迤随笔·段素英兴儒》,2002年版,95页。

厚儒学基础，又入佛懂佛的阶层出现以后。

由于佛教"白族密宗"其举国为之，社会化程度高，故"慈悲为怀""普度众生"的效果好，是"大乘"思想，"入世"导俗的较佳实践形态，被中原各地及周边兄弟之国及属国誉为"妙香佛国"。

佛教"白族密宗"，由于其民间化、社会化，在后来的发展中，因地而异，还尊奉了许多特有的神祇，比如：道教之神天、地、水三官，以及城隍等；佛教之神大黑天神、北方多闻天王、八大明王等；还有一些白族"本主"之神也纳入其中。

在此需要指出的是，后世的《白国因由》一书，则以"观音大士""观音遂化为一梵僧"等言说，其实都不过是宣教"观世音"的大德梵僧而已。竟演绎出"观音展衣得国""观音授记细奴逻"等十几则故事，将蒙氏得国、治国、护国的功劳，全附会为"观音"之爱、"观音"之为。这就夸大事实，不符历史，有点欺世盗名。

迄今，在白族地区仍然存在的"莲池会"（崇信佛教，念佛经的老年妇女组织）等佛教群团中，都愿意相信只要常念"南无阿弥陀佛"及"观世音菩萨"，自己和家人就会受到庇护，且在生命终结时为"西方三圣"接引，前往西方极乐世界。但都已只知"观音""阿吒力"，而不知"阿嵯耶观音"。

藏密，僧人称喇嘛，被称"喇嘛教"；"白密"法师称"阿嵯耶"，佛教"白族密宗"主尊是"阿嵯耶观音"。所以在言说中，在论著里，尊重历史，涉及为佛教"白族密宗"形成而布道的印度僧人，仍应规范地称为"阿嵯耶"，而佛教"白族密宗"则正名"阿嵯耶教"。

至于现在仍然在民间存在的"阿吒力"，他们是在后来的发展中，因可以"自建庵堂"，或在由他们管理的邑甸"小寺"，为民众提供及时方便的各种佛事服务的"五等僧众"，古名"子孙和尚"。窃以为，与佛教"白族密宗"形成时期的"阿嵯耶""阿嵯耶教"有着本质的区别。

七　寰中无匹的佛教白族密宗大刹崇圣寺及三塔

"寰中无匹"，讲的本只是三塔，由一大二小的三塔组成，寺塔的如此布局，可能仅此一例，独一无，而且都"高入云表"，尤其是中塔，虽在苍山之麓，洱海之滨，但不论你在什么方位观看，皆"巨丽与山埒"

而"寰中无匹"。这不仅古评如此,就是现在的游客,对这人工建筑与自然地理环境的协调统一,匠心独具,妙手天成,也都感叹:"寰中无匹"。所以,建于唐代的崇圣寺三塔,是大理白族自治州最重要的标志性古建筑,是国家级文物保护单位。

其实,佛教白族密宗大刹崇圣寺,也"寰中无匹",除地理环境也"巨丽与山埒"外,还在于:

(1)崇圣寺,崇的是佛教"白族密宗"主尊,"如来之像"的"阿嵯耶观音",即释迦牟尼的法身佛——毗卢遮那佛,又称大日如来佛;是大日如来的道场。由"南诏"国开创,从"南诏"国后期,直到元朝段总管的"叔季之国"和"梁段二国"的段氏之国,都是蒙、郑、赵、杨、段、高的六姓的国教寺院。历史人文如此丰厚的寺院,"寰中无匹"。

(2)崇圣寺三塔"为我国现存最早的密教塔",而"塔内发现五种珍宝、五种香料、五种药材、五种谷物(现藏云南省考古研究所),这些物品为金刚界曼荼罗坛(密宗坛场)所必须!"其中的大塔,也称中塔,为十六级方形密檐式空心砖塔形制,名为"法界灵通明真乘塔"。俗称千寻塔,"千寻"是对"高入云表"的感慨。

中国的塔建筑,源于印度佛教。印度佛塔,则也许源于更古的鯿文化、男根象征的"林加"崇拜。

佛塔,我国古籍译为"窣堵坡""塔婆""浮屠",意为"积累"。佛塔由塔座(象征地)、塔身、塔刹(多为圆形,象征天)三部分组成。是佛教追求神秘的封闭性与极端的开放性;有限的个人与无限的天地,以及其间生演不息的万物融为一体,以及万劫不灭空灵浩淼思想的重要建筑体现。从坚实大地上那稳重塔基,逐渐向上到玲珑精巧的塔刹,而消融于浩渺的天穹,既壮美而又颇具象征意义,令人无不仰止、冥思,乃至熟虑。塔刹上的莲花、覆钵、华盖、露盘、火焰、花瓶等装饰,也无不宣示佛法的崇高与神圣。塔座有四方形、六边形、八角形等。塔身形制更多,重要的有密檐式、金钟式、金刚宝座式、覆钵式、多边式、过街式、亭阁式等。

佛塔大多为7—13的奇数级,蕴含七重天、九重天、十三重天等佛教思想。塔层多少,为奇为偶,与造塔的目的及奉行的阴阳学说理念有关。

崇圣寺三塔为偶数塔,中国现存古塔2000多座,塔级多为奇数。大理州现存的四十多座中,偶数塔就有十四座,崇圣寺三塔是典型代表。大塔，十六级，有门，空心式；两座小塔，为十级，无门，封闭式。这与白族传统的"母性崇拜"，追求"好事成双""儿女双至""福寿双全"等地方民族文化"崇偶""尊母"特点，非常契合。如此漂亮、布局与内涵的"三塔"，"寰中无匹"。

其基座上"永镇山川"四个大字，并非"南诏"建塔时即有，是明朝黔国公沐英的孙子沐世阶所书，所以不是建塔的本意。

（3）崇圣寺及三塔，皆气度非凡，他们的历史地位、文物价值都高，故而旅游魅力大。跨入千年"佛都"大门，仰止擎天三塔，信步辉煌寺院，"南诏"国佛教"白族密宗"寺宇的大气；纵目苍山洱海，"百二山河"的壮观，游客几乎无不感慨而赞叹：果然是王者气度的王畿之境！国教寺院！不禁生发心灵的震撼。纵目世界，哪个地方的美丽山川与丰厚人文，竟有如此的统一？

结　论

综上所论，佛教"白族密宗"——"阿嵯耶教"形成的历程及大体情况，大略是：

（1）佛教"白族密宗"的形成，是梵僧"阿嵯耶"（源于印度语及梵文，还译为阿左梨、阿阇梨、阿吒力等，佛教印度密宗上师）努力的结果。从汉地传来，或从藏地传来的说法，都不准确，是梵僧传播。《南诏图传》反映了梵僧"阿嵯耶"来"南诏"国民间传播佛教印度密宗，曾长期受到地方政治、宗教势力的排斥与打击，历尽艰辛。由于不断有梵僧来布教，凭智慧和毅力终于立住脚跟，是为佛教"白族密宗"形成的民间开拓奠基时期。

（2）"南诏"国第五世王蒙阁逻凤（748—778年在位）的弟弟"阁皮和尚"被尊为二祖，这表明梵僧"阿嵯耶"们不仅吸引了大批佛教"白族密宗"信徒，并已经有一些学有成就的高僧，且有王室成员。"阁皮和尚"，一再用从梵僧学到的知识与技能参与国事，都显异建功，不无通过他谋取王室信任，拟跻身政坛以发挥作用的努力。这都表明佛教"白族密宗"——"阿嵯耶教"已经在"南诏"国扎根。但其影响，仍然局限于民间。

（3）唐"元和十五年（820，'南诏'国第九世王蒙劝利晟）又改元大丰，重修崇圣寺"，到唐"敬宗乙巳宝历元年（825，'南诏'国第十世王蒙丰祐保和二年），重修大理崇圣寺成。"是佛教"白族密宗"——"阿嵯耶教"，已由民间开拓，走上依傍王室，可左右国事的划时代标志。有寺必有塔，这是规制，蒙丰祐"保和十年"（833），至天启元年（840），又"建立三塔"，工期"凡八年"，是佛教"白族密宗"——"阿嵯耶教"由民间走上"南诏"国政坛的重大事件。

（4）"南诏"国第十一世主蒙世隆时，在以"遣兵"而求"继好"无望的情况下，才不得已继续在"废道教"而倡佛教的道路上前进，"建大寺八百，谓之蓝若；小寺三千谓之伽蓝，遍于云南境中，家知户到，皆以敬佛为首务。"是"佛教白族密宗"的国家行为的普及推广举措，是"佛"为国教的重要基础。

（5）第十二世主武宣（有的史籍为"宣武"，误）皇帝蒙隆舜于公元889年改元"嵯耶"，自号"摩诃罗嵯土轮王"，将"兼金铸阿嵯耶观音"，及"以黄金八百两铸文殊、普贤二像，敬于崇圣寺"表明：佛教"白族密宗"——"阿嵯耶教"已有了自己的主祀之佛，即"如来之像"的"阿嵯耶观音"；也就是释迦牟尼的"法身佛"——毗卢遮那佛（大日如来佛）。而蒙隆舜成为佛教"白族密宗"的第四祖，是集政治、宗教首领于一身的"摩诃罗嵯土轮王"，这是佛教"白族密宗"——"阿嵯耶教"，已本土化，并臻于成熟的表现。

（6）"南诏"国第十三世主蒙舜化贞，于"光化元年戊午（898），命董善明铸崇圣寺钟"，作为重器，并在大雄宝殿后建专门的"阿嵯耶观音殿"；又于光化三年铸成一丈六尺高大的"阿嵯耶观音"，而且还有意营造为上天灵异的"雨铜观音"，从而有了佛教"白族密宗"——"阿嵯耶教"独立殿堂，主尊"阿嵯耶观音"（释迦牟尼"法身佛"——毗卢遮那佛，又称大日如来佛）的专属道场，是佛教"白族密宗"趋于完善的举措。

（7）到"大理"国时期，出现了一批又一批以儒学为根基的佛教"白族密宗"上师——世称"释儒"（及儒释），加之"佛为国教""僧为国师"，且"幼婴周岁，必入寺摩顶为戒，曰：'佛子'。国多高僧"（《大理古佚书钞·淮城夜话》）。"除三十七部，臣民皆信佛，户户供养观音"，不仅有"八大伽蓝"，而且"诸邑甸皆建小寺，烧香拜佛"，是为佛教"白族密宗"——"阿嵯耶教"进一步兴盛发展的阶段，"大理"国二十二帝，竟十帝"禅让为僧"的制度，有效避免了皇权交接中明争暗斗的残忍与血腥，被中原各地及周边兄弟之国及属国誉为"妙香佛国"。

（8）从"僧分三类：一为有法法师……皆得国师之位。此等国师可随军出征，决策战事；也可设坛讲经……二等为大比丘，能精通佛经、法事，多为一般寺庙住持……三等为沙弥，在寺庙，多做杂役"审视，从明朝起，已无"国"，也就无所谓一等"有法法师"之"国师"；现在，崇圣寺等原"佛教白族密宗"寺院，即使有相当于当时二等"大比丘"者，也称法师，但所习、所奉、所讲，也许并非"佛教白族密宗"；相同，三等沙弥也非"佛教白族密宗"信徒。

（9）至于迄于当下仍然称谓的"阿吒力"，本不能与前述的三类僧相等，更不能与"南诏"国时期的"阿嵯耶"，"大理"国时期的"释儒"（及儒释）相混。后世及当下仍称的"阿吒力"，应为大理国时期"五等僧众"中前三类僧基础上所"增"两等的"子孙和尚，可自建庵堂，修行了愿；可与子女共居休所……可与比丘僧尼共参佛事，为四等僧人"的社会遗存，属民间信仰、民俗活动的在民间的"佛事"主持者。现在的"阿吒力"及他们仍能开展的活动，是"佛教白族密宗"仍然幸存于民间的民俗形式。

（10）佛教"白族密宗"，在南诏国、大理国时期，除三十七部外，在国内举世为之，社会化程度高，故成为"普度众生"效果好，是佛教"大乘"思想，"入世"导俗实践的较佳形态，可谓"世间佛教"，或"普世佛教""佛教是教学、是教育"而发挥了应有作用的一个值得探究的辉煌形态。

显然，佛教"白族密宗"——"阿嵯耶教"及其社会遗存"阿吒力"民俗活动，是白族文化百花园中，也是中国和世界佛教园地中一株绚丽的奇葩。其形成过程、历史作用、现实意义、未来影响，都值得予以广泛而深入的探讨。

（廖德广，中共大理州委宣传部原副部长）

碑铭与历史研究

白族佛教密宗碑刻文化研究[1]

黄正良

内容提要：白族佛教密宗是形成于洱海地区，颇具白族文化色彩的密宗新教派阿吒力教。南诏大理国时期，阿吒力教盛极一时。元明两代，阿吒力教仍然对白族民间文化产生重要影响。该教至今已有一千多年的历史，对古代云南的政治、经济、文化等方面产生了巨大影响。本文以白族佛教密宗碑刻为切入点，从历代密僧、白族民家大姓、密教发展历程等方面探析了碑刻与白族佛教密宗之关系，在此基础上指出收集、整理和研究白族佛教密宗碑刻的价值和意义。

关键词：白族　佛教密宗碑刻　阿吒力

南诏时期佛教密宗传入云南，与当地土教从斗争到适应，形成了新的密宗教派——白族佛教密宗阿吒力教。该教至今已有一千多年的历史，对古代云南的政治、经济、文化等方面产生了巨大影响。白族佛教密宗作为一个独特的密宗教派，很早就引起国内外学者的关注。唐代以来，汉族文献中就多次提及阿阇梨（阿吒力）教，如郭松年《大理行记》、李京《云南志略》和景泰《云南图经志书》等文献对阿吒力教派就有描述。但从严格意义上讲，白族佛教密宗阿吒力教的研究应始于20世纪30年代，兴盛于80年代以后。就目前研究看，学者们主要以古文献、石窟、佛塔、经幢、碑刻、绘画等遗存为资料，利用史学、考古学、哲学、文学、宗教学等方法开展研究，取得了大量的研究成果（论著、论文）。就研究成果

---

[1] 国家社科基金项目"云南佛教碑文整理研究"（14BZJ018）阶段研究成果。"云南宗教治理与民族团结进步智库"阶段性研究成果。

看，不少论著和论文都或多或少涉及一些密宗碑刻，但以白族佛教密宗碑刻为中心，进行系统研究的成果还未见。我们知道，白族佛教碑刻较多，历史悠久，文化内涵丰富，对其进行文化解读，不仅可以深化白族佛教密宗的研究，而且可为白族历史、文学、艺术、民俗等研究提供新资料，补正史资料之不足。

一 白族佛教密宗碑刻概览

白族佛教密宗碑刻历史悠久，数量众多，种类多样，文化内涵丰富，是研究云南宗教、历史、文化不可多得的材料。现将文献所载部分碑刻列表如下（不完全统计）。

文献所载白族佛教密宗碑刻（部分）

碑名	时间	藏存地	参考文献
张傍龙造像记	唐代	大理	《大理丛书·金石篇》第一卷
建极年号铜钟款识	唐代	大理	《大理丛书·金石篇》第一卷
大理国释氏戒净建绘高兴兰若篆烛碑并序	宋代	大理	《大理丛书·金石篇》第一卷
米达拉摩崖造像题记	宋代	昆明	《大理丛书·金石篇》第一卷
药师祥妇人观音造像题记	宋代	大理	《大理丛书·金石篇》第一卷
大理国佛弟子议事布燮袁豆光佛顶尊圣宝幢记	宋代	昆明	《新纂云南通志》卷五
大理国彦贲赵兴明为亡母造墓幢	宋代	大理	《大理丛书·金石篇》第一卷
释戒超墓碑	宋代	大理	《大理五华楼新出元碑选录并考释》
杨俊升碑	宋代	大理	《大理五华楼新出元碑选录并考释》
圆悟残碑	宋代	大理	《大理五华楼新出元碑选录并考释》
兴宝寺德化铭并序	宋代	楚雄	《大理丛书·金石篇》第一卷
嵇肃灵峰明帝记	元代	楚雄	《楚雄历代碑刻》
故大理路杨氏躬节仁义道济大师墓碑铭并序	元代	大理	《大理五华楼新出元碑选录并考释》
陈氏墓碑铭并序	元代	大理	《大理五华楼新出元碑选录并考释》
张长老墓碑	元代	大理	《大理五华楼新出元碑选录并考释》
李升墓幢梵汉文刻石并序	元代	昆明	《大理丛书·金石篇》第一卷
光明寺住持瑞岩长老智照灵塔铭并序	元代	大理	《大理五华楼新出元碑选录并考释》
妙辩大师释智明墓铭并序	元代	楚雄	《楚雄历代碑刻》

续表

碑名	时间	藏存地	参考文献
追为亡人大师李珠庆神道	元代	大理	《大理古碑存文录》
故神功梵德大阿左梨释道宗墓碑	元代	大理	《大理历代名碑》
释道兴墓碑	元代	大理	《大理五华楼新出元碑选录并考释》
故智周术妙圆鉴大师墓铭	元代	大理	《大理丛书·金石篇》卷一
段氏长老墓碑铭并序	元代	大理	《大理五华楼新出元碑选录并考释》
佛顶尊胜陀罗尼神咒梵汉文碑	元代	大理	《大理丛书·金石篇》第四卷
故大阿左梨赵道宗墓碑	元代	大理	《大理古碑存文录》
大崇圣寺碑铭并序	元代	大理	《大理古碑存文录》
至正七年残碑	元代	大理	《大理丛书·金石篇》第一卷
故正直恭谦和尚墓碑铭并序	元代	大理	《大理古碑存文录》
故智周术妙园鉴大师墓铭	元代	大理	《大理丛书·金石篇》第一卷
追为亡人杨昭宗神道	元代	大理	《大理古碑存文录》
妙湛寺碑	元代	昆明	李春龙审定《新纂云南通志》卷五
释道兴碑	元代	大理	《大理五华楼新出元碑选录并考释》
元故先生杨俊墓志铭	明代	大理	《大理古碑存文录》
故大密李公墓志铭	明代	大理	《大理丛书·金石篇》第一卷
居士杨公墓志	明代	大理	《大理古碑存文录》
故阿吒力僧李久成墓志并铭	明代	大理	《大理历代名碑》
五密僧杨祯碑志	明代	大理	《大理丛书·金石篇》第二卷
明赐国师董贤圣旨碑	明代	大理	《大理历代名碑》
故居士杨公墓志	明代	大理	《大理古碑存文录》
董氏本音图略序	明代	大理	《大理古碑存文录》
杨善士墓志铭	明代	大理	《大理古碑存文录》
道明显密大师故考妣赵公王氏陈氏墓碑名	明代	大理	《大理古碑存文录》
石碑宅祖庙记	明代	大理	《大理古碑存文录》
大慈寺《佚名碑》	明代	大理	2015年8月修大慈寺观音殿发现
重修大慈寺记	明代	大理	《大理古碑存文录》
建峰亭记碑	明代	大理	《大理丛书·金石篇》
赵州南山大法藏寺碑	明代	大理	《大理古碑存文录》
李庆墓志	明代	大理	《大理古碑存文录》
处士赵公同妻杜氏墓志铭	明代	大理	《大理古碑存文录》

续表

碑名	时间	藏存地	参考文献
太源郡卜筮王公墓志	明代	大理	《大理历代名碑》
彦昌赵公墓碑铭	明代	大理	《大理历代名碑》
大理弘圭赵公墓志铭	明代	大理	《大理历代名碑》
故颍川郡处士陈公墓志碑铭并序	明代	大理	《大理历代名碑》
杜善人同配赵氏墓志铭	明代	大理	《大理古碑存文录》
董处士同妻寿藏铭	明代	大理	《大理古碑存文录》
故宝瓶长老墓志铭	明代	大理	《大理丛书·金石篇》
故阿吒力僧李久成墓志并铭	明代	大理	《大理丛书·金石篇》第一卷
故善士杨公同妻赵氏墓志铭	明代	大理	《大理古碑存文录》
故处士段公墓志铭	明代	大理	《大理历代名碑》
故老人段公墓志铭	明代	大理	《大理古碑存文录》
处士赵公寿藏同妻杜氏墓志铭	明代	大理	《大理古碑存文录》
故考大阿拶哩段公墓志铭	明代	大理	《白族社会历史调查》（四）
故大橡李公同室李氏墓志铭	明代	大理	《大理古碑存文录》
崇圣寺重器可宝者记	明代	大理	《大理丛书·金石篇》第二卷
法藏寺铭	明代	大理	马存兆编《大理凤仪古碑文集》

从以上列表可以看出：（1）白族佛教密宗碑刻历史悠久，其历史可追溯至唐南诏时期。（2）分布广，主要分布于云南昆明、大理、楚雄、保山等地，其中大理白族地区居多。（3）数量多，其中以元代、明代较多，而墓志铭较为丰富。（4）类型多样，从形制和内容看，大体可分为寺碑、墓志、幢记、圣旨碑、神道碑、题刻等。其类型如下：

（1）寺碑。佛教密宗传入白族地区之后，密宗的僧侣们在王室上层和名家大姓的支持下兴起了一股修建寺院的热潮，出现了一大批具有白族特色的密宗寺院，寺院碑记也就相继产生。如《兴宝寺德化铭并序》《嵇肃灵峰明帝记》《重修大慈寺记》《大崇圣寺碑铭并序》《崇圣寺重器可宝者记》《法藏寺铭》等。

（2）墓志。在白族历代墓志中，特别是阿阇梨（阿吒力）僧侣墓志、民家大姓墓志中常常承载着先人和墓主人的佛事活动。由于密教传入大理后，对地域政治、经济、文化等产生较大影响。特别在统治阶层和白族民家大姓中涌现了不少德高望重的阿吒力僧，他们不仅是密宗的吸纳者，更是密宗的倡导者。他们的活动事迹在各类墓志中多有记载。如《释戒超墓碑》《杨俊升碑》《故大理路杨氏躬节仁义道济大师墓碑铭并序》《陈氏墓碑铭并序》《张长老墓碑》《李升墓幢梵汉文刻石并序》《妙辩大师释智明墓铭并序》《追为亡人大师李珠庆神道》《故神功梵德大阿左梨释道宗墓碑》《释道兴墓碑》《故智周术妙圆鉴大师墓铭》《段氏长老墓碑铭并序》《故大阿左梨赵道宗墓碑》《故正直恭谦和尚墓碑铭并叙》《追为亡人杨昭宗神道》《元故先生杨俊墓志铭》《故大密李公墓志铭》《居士杨公墓志》《五密僧杨祯碑志》《故居士杨公墓志》《杨善士墓志铭》《道明显密大师故考妣赵公王氏陈氏墓碑名》《李庆墓志》《大理弘圭赵公墓志铭》等。

（3）幢记。石幢也是记载逝者事迹的重要载体之一。如昆明地藏寺《大理国佛弟子议事布燮袁豆光佛顶尊圣宝幢记》和《大理国彦贲赵兴明为亡母造墓幢》等。

（4）圣旨碑。在历代帝王执政期间，常常给地方护国佑民的一些宗教活动场所或人敕封圣旨，一方面以此稳定民心，加强中央集权统治；另一方面有效保护和推动宗教活动的发展。如《大崇圣寺圣旨碑》《明赐国师董贤圣旨碑》等。

（5）题记。宋代《张傍龙造像记》《建极年号铜钟款识》《米达拉摩崖造像题记》《药师祥妇人观音造像题记》等。

二 碑文所载历代白族密教僧侣

佛教是靠僧侣来传其教的。佛教密宗在云南传播一千多年里，之所以形成一种独具地方民族特色的，影响巨大的"白族佛教密宗"，是靠密僧阿吒力们来发扬光大的。关于阿吒力事迹，正史资料非常稀缺，而历代白族佛教密宗碑刻却为我们提供了不少资料信息。下面仅就笔者所掌握密宗碑刻作一概略介绍。

（一）碑载南诏时期密僧

杨法律：明正统三年（1438）杨森撰《故宝瓶长老墓志铭》载："宝瓶讳德，字守仁，姓杨氏，世居喜睑，稽郡志，唐贞观时，观音自西域建此土国,号大理。化人为善,拨授杨法律等七人为吒力灌顶僧。开元初,杨法律运妙术取佛舍利置于斑山塔,即其始祖也。传至大容、仲容、小容俱精秘术。当蒙氏孝桓王迁都喜睑,尊大容为灌顶师,赐金襕法衣,迨至生能达赞陀崛多源流四业之阃奥,为世所重。"①碑文所载观音开化大理建国,是后人编造的南诏开国神话,但所载阿吒力密僧杨法律、赞陀崛多、杨大容、杨仲容、杨小容等是事实。因斑山就是大理感通寺,从碑文所载"杨法律运妙术取佛舍利置于斑山塔"可知南诏时期感通寺也是密宗道场。作为南诏国七师的杨法律还擅长医术,为医官。明成化十七年(1481)《医师杨奴碑》载:"其始祖杨法律为国师,杨正保为医官。"其医术也是祖传的。关于杨法律的碑文记载还有成化二十年(1484)《五密坛主杨硅碑》,成化二十一年(1485)《杨宗碑》,成化二十三年(1488)《大密法师杨保碑》等都有不同程度记载。

尹嵯酋:2015年7月新发现公元1406年尹惟贤撰喜洲大慈寺《佚名碑》载:"蒙代都边事,森森柏树苍。梵宫徒古态,景圣至今良。营料十平宰,修工起八方。盛赞国师尹,建主孝恒王。"查万历《云南通志》和《大理府志》,知"国师尹",就是尹嵯酋,浪穹剧头人。异牟寻时,以功行著闻。国中久旱,祷雨辄应。封护国和尚。南诏与吐番战,嵯酋建坛于峨良峰顶,持咒,吐蕃见天兵云屯,遂奔北。南诏大捷,其却吐蕃而归唐者,嵯酋力也。土人至今祀之。可见尹嵯酋为南诏异牟寻时大阿阇梨。

陈善铎:据大理五华楼新出土元代《陈氏墓碑铭并序》载:陈善铎为(陈)高祖武皇帝陈霸先之裔,"□梁武帝时,平侯景之乱,割据金□……□陈后主,国并于隋,子孙分散,有陈仲弓者,为太丘长,其后陈钦官于上觉,子康为江陵……师即康之第四子也。其孙陈善铎当蒙国孝桓王之朝德宗也。"②可知陈善铎为南诏孝桓王时的高僧大德,号园护和尚,寿终时葬于南诏国都大理,而且他的子孙都世袭阿吒力。

杨都师:元代《故智周术妙园鉴大师墓铭》载:"由外祖董智之男慧忠无嗣,求师继之,因绍其业,改姓董氏,慧忠妻讳普贤贵,乃昔都师和

---

① 张树芳、赵润琴等主编《大理丛书·金石篇》卷1,云南民族出版社2010年版,第328—330页。

② 方龄贵、王云选录《大理五华楼新出元碑选录并考释》,云南大学出版社2000年版,第16—19页。

尚远裔，正通之女也。"① 从碑文得知杨文殊胜的养母是杨都师和尚的后裔。证明杨都师确有其人，是有妻室儿女的阿吒力，其家住东洱河地区。他家与董细师家有姻亲关系。杨都师又称都师和尚，生卒年月不详。据《云南通志》记载，推其是罗荃寺早期的住持。据考罗荃寺及罗荃塔最早建于南诏时期，杨都师为南诏时阿吒力僧人无疑。②

段道超：明正统三年（1438）《故老人段公墓志铭》载："唐贞观时，观音大士自西域来建大理，以金仙氏之□，化人为善，摩顶蒙氏，以主斯土，摄受段陁（道）超等七人为阿吒力灌顶僧，御灾捍患，陁（道）超即公始祖也。"明景泰二年（1451）大理鹤拓密僧洪仁撰《故考大阿拶哩段公墓志铭》载："夫西竺有姓名曰阿拶哩，是毗卢遮那族，姓婆罗门，从梵天□中而生，教习秘密大道。唐贞观已丑年（629），观音大士自天竺来，率领段道超、杨法律等二十五姓之僧伦，开化此方，流传密印，译咒翻经，上以阴翊王度，下以福佑人民。迨至南诏蒙氏奇王之朝，大兴密教，封赠法号，开建五密坛场，为之师。王重法，以公主之女甥口之，承续助道，和光同境，受灌顶之师也。奥若段氏大和尚者，乃道超之宗裔也。一传至段和尚羌时……"③ 从这段碑文中，我们看到邓川段氏一族，从其远祖段道超开始，便"皆修秘密法门，代不乏人"，成为相沿7个多世纪的阿吒力世家。其中提到"受业于喜洲杨姓大法师"，则说明阿吒力除了在家道业父子相承之外，还有外出学习秘法，学成后回到家中继承祖业，行阿吒力秘法的情况。

李畔富：元代《故正直恭谦和尚墓碑铭并序》载"南诏归义王皮罗阁之嫡男蒙阁皮，厌俗而剃。于时，公卿子弟、泊士民之俊秀，从之游者以千数。咸曰：王子仁人也。同日□□五百余人，举国追慕不已。诏曰：乾竺婆罗门僧，求佛而在家者也。遂命以世禄，尚以贵属，号师僧，上首李畔富和尚。戒行拔萃，为世宗匠；神功道尊，播在人□。"碑文传递的信息丰富，其一，正直恭谦和尚其世家皆为大阿吒力僧，自南诏始，佛教备受推崇，举国信佛，同时，大阿吒力僧也参与国家管理，奉为国师，地

---

① 张树芳、赵润琴等主编《大理丛书·金石篇》卷1，云南民族出版社2010年版，第197—199页。
② 张锡禄：《大理白族佛教密宗》，云南民族出版社1999年版，第224页。
③ 云南省编辑组：《白族社会历史调查》四，云南人民出版社1988年版，第187页。

位极高。其二，反映出两个现象，即皇家成员出家为僧，碑文中的阁皮，就是皇室成员，到大理国时，更是先后有9位帝王出家成为一代高僧。此外，阿吒力僧的家传现象突出，尤其是名家大姓中更为普遍，这些白族世家，儒释兼修，重视家教之风较为典型。其三，历代大阿吒力僧都是"释儒"。① 李畔富的子孙后代元明以来都有阿吒力僧，如《故大椽李公同室李氏墓志铭》记载了李畔富后裔阿吒力僧的情况。

董细师：元代《故智周术妙园鉴大师墓铭》载："大师讳文殊胜，本姓杨氏。""祖母蒙时河东细师之嫡派，董智慧之女，讳庆，渠父祥益，职阿左梨。"② 从此段碑文我们得知智周术妙园鉴大师文殊胜原姓杨，因其祖母姓董，是东洱河蛮董细师之嫡派，董智慧之女，其舅父董慧忠无嗣，文殊胜大师就作了他的继子，继承了董氏的宗教职业，改姓董。从而证实了董细师的存在，并了解其后裔在大理国末期及元代仍在世袭阿吒力之业。

（二）大理国时期密僧

皇族密僧：大理国时期，以第一代国王段思平为首，他十分好佛。胡蔚本《南诏野史》载："帝好佛，岁岁建寺，铸佛万尊。"据此书所载大理国立国316年，传二十二主，竟有九主避位为僧。据张锡禄著《大理白族佛教密宗》研究，所有皇僧都是密宗僧侣。③

董氏密僧：据《董氏本音图略叙》碑，董氏世袭阿吒力之职，在大理国时期有13人为阿吒力僧，即董迦罗尤、董眉聚、董普明、董明祥、董祥义、董祥福、董义明、董明达、董达义、董连福、董明寿、董森、董有福等。

杨俊升：大理五华楼出土的大理国《杨俊升碑》载："衡签君国辣议大夫杨俊升谥曰释龟儒镜圆悟国师释照明。"同时出土的《大理国故高姬墓铭》，其碑额为"谏议大夫敕紫大师杨俊升撰"。前者是杨俊升死后的谥号，后者为生前的官衔和释职，从两者看来杨俊升官职为谏议大夫，是

---

① 大理市文化论丛编辑委员会编《大理古碑存文录》，云南民族出版社1996年版，第41—42页。

② 张树芳、赵润琴等主编《大理丛书·金石篇》卷1，云南民族出版社2010年版，第197—199页。

③ 张锡禄：《大理白族佛教密宗》，云南民族出版社1999年版，第237页。

儒士，是大阿吒力。①

圆慧：姓杨，大理国建德皇帝段正兴尊为师。元碑《敞大理□□氏躬节仁道济大师墓铭并叙》载："公姓杨，讳公，曾祖大师，讳圆慧，建德皇帝尊为师。"这圆慧大师就是大阿吒力。

赵寿：赵姓是密教传家。明正统十四年（1449）《处士赵公寿藏同妻杜氏墓志铭》载："赵氏其先出自九隆族，世居大理弘圭之史城。昔蒙诏主宰斯土，以赵岁为辅弼，任演习之爵，即始祖也。簪缨继世，密教传家，莫胜屡纪。"《元故副相墓铭》载："祖曰寿，遵廉耻忠诚之道。故理天开间，事国公高泰公视之如腹心，未尝离诸左右。宠锡梵相妙音大士一躯，及宝物鞍马，旌其成效。天辅二年，丙戌之夏，国公遘疾，秘遗寿召国弟世隆于剑川，乃逊位而嘱寿焉。由是国甚重之，加殊勋，不胜备数。"可见赵寿是国王信任的密僧。②

袁豆光：昆明地藏寺《佛顶尊胜宝幢》的建造者，其称为"大理国佛弟子议事布燮"。佛弟子，说明他是在家的居士。议事布燮是大理国的官名，是专管宗教的僧官。

段进全：《大理国佛弟子议事布燮袁豆光佛顶尊圣宝幢记》载："皇都佛顶寺都知天下四部众洞明儒释慈济大师段进全述。"佛顶寺原在今大理太和城遗址佛顶峰台坡地桃花山上，寺已不存。其寺在大理国时期较为著名。今存纽约大都博物馆大理国《维摩诘经》有"佛顶寺主僧尹运富监造"的字样。③ 段进全在佛顶寺是慈济大师，是大阿吒力。④

杨才照：《大理国上国公高瑜城光再建弄栋华府阳派郡兴宝寺德化铭并序》载："皇都崇圣寺粉团侍郎赏米黄绣手披释儒才照僧录阇梨样才照奉命撰"僧录阇梨，说明他是在大理国的皇都崇圣寺里受过职衔的密教僧人。从所写碑文还可知他精通儒学，可见杨才照是大理国时期有名的"释儒"。

碑载大理国时期的阿吒力僧还有很多，如《忠节克明果行义帝墓志并序》所载的高生福；《故溪氏谥日襄行宜德履戒大师墓志并叙》所载的

---

① 张锡禄：《大理白族佛教密宗》，云南民族出版社1999年版，第242页。
② 同上书，第243页。
③ 李霖灿：《南诏大理国新资料的综合研究》，中央研究院民族学研究所1967年版。
④ 张锡禄：《大理白族佛教密宗》，云南民族出版社1999年版，第245页。

溪智；元代《追为亡人大师李珠庆神道》所载的李白金斓（李胜）等都是阿吒力，由于篇幅之故，在此不一一列举。

大理国时期密僧有以下特点：一是出现了一批皇族密僧，有效推动了密教在大理的传播；二是白族民家大姓是密宗在大理传播的核心力量；三是大理国时期的密僧兼修佛教和儒教，多为有名的"释儒"。

（三）碑载元代密僧

元宪宗三年（1253），忽必烈攻下大理，宣告大理国的灭亡。云南作为元朝中央政府直接管辖下的一个行省，正式纳入中央统一管辖。元代，以段氏总管为代表的白族名家大姓在南诏大理国时期形成的佛教密宗信仰，得到元王朝的支持，密教在大理得到继续传承和发展。有关元代和元代以前的白族佛教密宗信息在碑刻中记载不少，涉及阿吒力密僧也较多。碑刻所载元代有关阿吒力密僧如下：

舍利畏：泰定二年《大崇圣寺碑铭并序》载："挫舍利畏三十万啸集之师于滇海之上，破释多罗十万余寇抄之众于洱海之滨。"舍利畏即舍利威。畏与威同音，因其造反，故记威为畏，贬义也。胡蔚本《南诏野史·段实传》录元史之文作"妖僧舍利畏"，知其为僧也。所谓妖者，咒其造反，又表明他是会作咒术的阿吒力僧。[1]

董量：《董氏本音图略叙》载："天定三年癸丑岁（1254），量于无为寺静定，法号智行。元世祖筏渡金主江，自北进兵，至漏邑，四周昏暗，寸步难行。暗中忽现一老人曰：前乃佛国，王若止杀封刀，自然得进。老人即量也。世祖钦拜，封为国师。"碑中所载"量"指的就是董量，董量是凤仪北汤天董迦罗的22世孙，被元世祖封为国师，可见董量是元代阿吒力。

其他碑刻，如《故大理路杨氏躬节仁义道济大师墓碑铭并叙》载"杨氏道济大师"，《故大师白氏墓碑铭并序》载"白长善"，大理路儒学训导王子廉撰并书丹《段氏长老墓碑铭并序》载"段长"，正统十四年（1449）《处士赵公寿藏同妻杜氏墓志铭》载"大阿左梨赵成"，《陈氏墓碑铭并序》载"陈明政"，《人匠提举杜昌海墓志铭》载"阿左黎张禾"，《张长老墓碑》载"张明"，《故正直恭谦和尚墓碑铭并叙》载"李僧拨、

---

[1] 张锡禄：《大理白族佛教密宗》，云南民族出版社1999年版，第259页。

李连、李宝",《故大理路差库大使董瑜城福墓志铭》载"董氏戒悟大师",《故神功梵德大阿左梨释道宗墓碑》载"玄通秘法大阿左梨赵泰、德行高洁传印大阿左梨赵隆、神功梵德大阿左梨赵道宗、大阿左梨赵明、泰宽直善大阿左梨赵祥",《追为亡人大师李珠庆神道》所载"僧智宝李胜宗、大师李宗升、依仁游艺济众大师李升正、玄机拔萃明德大师李正珠、教主大师李珠",元代李敬仁撰《追为亡人杨昭宗神道》所载"杨明",《光明寺住持瑞岩长老智照灵塔铭并序》载,"瑞岩长老智照",景泰三年（1452）大理风仪满江《杨公讳保墓志》载"杨恭、杨成",永乐十八年（1420）喜洲《大阿拶哩杨嵩墓志铭》载"大阿拶哩释智照圣、元寺观音坛主段氏",大理五华楼出土《释道兴墓碑》载"大阿左梨释道兴（周恭连）",永乐十八年（1420）《故居士杨公墓志铭》载"僧官大阿左梨杨日",明正统三年（1438）《故宝瓶长老墓志铭》载"妙国五密僧师杨俊"等,这些碑刻对研究元代密教历史和阿吒力事迹都是难得的参考资料。

（四）碑载明代密僧

明初,对原南诏大理国及元代的佛教密宗采取镇压的态度。他们下令把原来历史上遗留下来的各种民族地方文献无论"在官之典籍,在野之简编,全付之一烬",包括在寺院大量的密宗经卷也遭大劫,大部分被毁。大阿阇梨（阿吒力）被押解南京,从此阿阇梨这个前朝的词汇在明代的文献里不见了,代之的是阿左梨、阿吒力一类的新名词了。但随着明王朝地方民族政策的推进,发现已有四五百年历史的大理白族佛教密宗的信仰是不能用武力摧毁的,重新考量并承认阿吒力教为活法的土教,于是在政府机构中成立了阿吒力僧纲司,专门管理密宗阿吒力教的事务。由此白族佛教密宗又得以继续发展。明代汉地移民大量迁入云南,汉地佛教的禅宗、净土宗、临济宗等也随之进一步传入大理。很多密僧也修显教,显密双修的倾向增强。明末,因密宗阿吒力们世俗化太重,已为持有显宗才是正统佛教观念的明政府官员所反对,大理白族地区的密宗日益衰微。

由于大理白族密教在明代得到政府认可,受众面广,产生了大量释儒阿吒力,于是在不少墓志记载了大量阿吒力的活动信息。如《元故先生杨俊墓志铭》,洪武二十二年（1389）《元遗老李兴墓志》,永乐十八年

(1420)《居士杨公墓志》，明永乐十八年（1420）喜洲《大阿拶哩杨嵩墓志铭》，凤仪北汤天《法藏寺南山大法藏寺碑》，宣德元年（1426）《故居士张公墓志铭》，明景泰四年（1453）《故善士杨宗墓志》，天顺三年（1459）《栖云庵碑记铭》，天顺四年（1460）李文海撰《故阿吒力僧李久成字永终墓志并铭》，等等。

综上，以上碑刻有如下特点：一是墓志涉及密僧阿吒力较多；二是元代和明代碑刻涉及不少南诏和大理国时期帝王和名家大姓密僧；三是碑刻所载阿吒力多为墓志主人和撰碑者；四是元明时期密教碑刻遗存较为丰富，且碑刻所载内容不仅涉及明清史事，而且还涉及大量南诏大理国史事。

三 碑文所载白族民家大姓与大理密教发展之关系

白族名家大姓是密宗在云南传播和发展的核心力量，正史记载较少，而碑刻中记载较多。下面以张氏、段氏、高氏、杨氏、赵氏、李氏、董氏、尹氏等名家大姓为例作一介绍。

张氏：元代杨泰撰《张长老墓碑》载："长老姓张，讳明，释号道真，乃蒙国舅张乐进宁（求）之□，（上缺）兴，兴德，德□，□温，温成，成俸，俸英，英生明，明生势，势生护。"说明张明长老是南诏国国舅张乐进求之裔，子孙相继，有较长的父子联名的谱系。"尚胜大理人（下缺）"，"皇庆元年春，中奉大夫肃政访使张子元临按大理，（下缺）云南王因命祈晴祷雨，莫不立应，累锡赏赉"。"命□充云南碑□长老，复蒙云省扎樟谕提调碑殿，仍（下缺）生之嗣，明、连、襫也。明乃今之长老，洞晓释儒。"从碑文可知张明长老的祖辈也是大阿吒力。明宣德九年《张宗墓志铭》载："张宗氏，世居弘圭乡下阳溪之善士。""祖考张庆习释氏之书，以长老称之，名誉益彰。""今宗享年六十有余，精通佛门之教，性禀□□，九遇岁旱，请祷祈求，无不应感。"这位长老张宗也是位能呼风唤雨的阿吒力，他九次遇到大旱之年，请祷祈求，都得应感。值得注意的是张宗的祖父张庆号长老习释氏之书，张宗得父母教训精通佛门之教，他的三个儿子都承袭密教。为什么他们能几代人相传为密教之师呢？这跟他们政治地位、家庭影响有关。明景泰八年《故善人张公墓志铭》载:"修理圆通庵宇,敬佛供僧,常修水陆诸斋,课诵释典"。他的妻子高氏,"凡有佛刹神祠,朔望上下弦目,焚香祝祷"。从碑文可看出,张福在经济上是个富户,宗教上是能教民梵文的师主波,家庭罩有虔诚的佛教徒,是有敬佛习释的家庭。因而他们的经济、政治地位在很长的时间里都得到承袭,而宗教地位也能得到承袭,家风也相应成俗,这样就培养出一代又一代释儒。

段氏:段氏为白族大姓之一。段氏祖先在南诏国任了5代清平官,大理国时期任了22代国王,元代当了12代大理总管。唐南诏以来,段氏为佛教密宗落籍云南立下了巨大功绩。这些事迹在历代密教碑文中多有记载。如大理国经幢《大理国佛弟子议事布燮袁豆光佛顶尊圣宝幢记》载:"皇都大佛顶寺都知天下四部众洞明儒释兹济大师段进全述",从碑文记载可知作者为段氏族人段进全。因经幢为密教艺术作品,段进全应为密教高僧阿吒力。元代王子廉撰《段氏长老墓碑铭并序》载:"长老姓段,讳长,蒙时慈爽官员义之后也。义生君,敕号经白撰官,写万德寺钟记。君生保,保生世,世生忠,其宗族世世获爵,为图耳目,作慈爽之事。慈爽者,蒙时礼部之司也。凡有爵秩班列,位次进退,百官效褅蒸尝天当神地祇,宗(中缺)所职也,其为官则百度维贤。至中福则亦袭其祖业,能美其教化,厚人伦。"① "福生成,今之长老则成之子也。"② 可见此段长老是南诏国礼部官员慈爽段义之八世孙。碑又载:"时大理总管段忠顺见其忠信,善行精专,荐其材于□□□院,号为大师,亦以其主功□□事则神人□风行化合,无所不宜矣。至云南诸路参知政事段中奉见是世□遍□□□□□□□其德于位下,敕受法旨,为大理等处长老。成法门之领袖。"③ 该碑文说明大理第五代总管段忠顺见其善行精专,授予大师的称号,已祈祷神人之事,很灵验,后来又被段中奉敕受法旨,成为大理等地的长老、法门领袖和大阿吒力。明代段氏为阿吒力者不少。明正统三年(1438)《故老人段公墓志铭》载:"公讳恭,字思敬,姓段氏,世居邓川洱源之市坪。按郡志,庸贞观时,观爵大士西域来建大理,以金仙氏之□

---

① 方龄贵、王云选录《大理五华楼新出元碑选录并考释》,云南大学出版社2000年版,第25页。

② 同上。

③ 同上,第26页。

化人为善，摩顶蒙氏，以主斯土，摄受段道超等七人为阿吒力灌顶僧，祈祷雨旸，御灾捍患，陁超即公始祖也。谱牒逸坠，不可祥记。曾大父讳益能，袭祖术，通显密；至段恭崇修五福寺，创家庙。"可见明代邓川段氏也是阿吒力世家。明景泰二年（1451）《故考大阿拶哩段公墓志铭》载："夫西竺有姓名曰阿拶哩，是毗卢遮那族，姓婆罗门，从梵天□中而生，教习秘密大道。唐贞观己丑年，观音大士自干竺来，率领段道超、杨法律等二十五姓之僧伦，开化此方，流传密印，译咒翻经，上以阴翊王度，下以福佑人民。迨至南诏蒙氏奇王之朝大兴密教，封赠法号，开建五密坛场，为君之师。王重法以公主之女甥□之，承续助道，和光同境，受灌顶之师也。粤若段氏大和尚，乃道超之宗裔也。一传至段和尚羌时，有五德，为观音坛之教主。羌生政、政生善，世居大理邓川之上邑，皆修密法门，世不乏人。善生忠，字玄悟，戒行精严，道德高隆，本州岛郡守段知州请为守护僧首，命写唐梵之经咒，号曰：才德教诲五密阇梨。忠生祥，即公之考也。生二男：长曰成，次曰生，即公也。自幼聪敏，受业于喜洲杨姓大法师兴学经，广览密术。"[1] "阿拶哩"就是阿吒力。从该碑文可知，大理邓川白族大阿拶哩段氏从唐代南诏段道超起，一直到明景泰三年，六百余年，段氏世代修秘密法。关于与阿吒力有关的段氏碑刻还有很多，限于篇幅，暂不赘述。

高氏：高氏为白族大姓之一，据《鹤庆高氏家谱》所载，已有文字记载的家史达60世，可上溯1500百多年。高氏在大理国时期世为大理国相。高氏世重佛教，现存大理国时期的佛教文物大都与高氏有关。如大理崇圣寺及三塔、祥云水目寺及水目寺塔、楚雄兴宝寺、宾川鸡足山、大理挖色高兴寺，藏于美国纽约大都会博物馆中的大理国写经《维摩诘经》等。[2] 相关碑刻如楚雄大理国侯弘撰《护法明公德运碑赞摩崖》；大理国时期杨才照撰《兴宝寺德化铭并序》；翰林学士苏达撰《净妙澄碑》；元代僧用源撰《重修杨派兴宝寺续置常住记》等碑刻都涉及高氏家族与白族密教发展之关系。

杨氏：杨姓是白族中最大的一个姓，其人数几乎占白族人口的三分之一。杨姓作为白族大姓，从南诏起至近代都与白族佛教密宗发展有密切关

---

[1] 云南省编集组：《白族社会历史调查》四，云南人民出版社1988年版，第187页。
[2] 张锡禄：《大理白族佛教密宗》，云南民族出版社1999年版，第94页。

系，相关碑刻资料也较多。如释号躬节仁义道济大师，其曾祖、祖、从祖、父都在大理国任阿吒力大师，他本人也是阿吒力。元代《故大理路杨氏躬节仁义道济大师墓碑铭并序》载："每习威仪，勤道业，讽释典，念真，孜孜不息，淳□人也。天定癸丑，皇帝亲征南方，十二月□十三日，兵至大理。是时，理之王公士民逃亡四散，而公有顺命安□□志，十五日，独自一身，最先投拜"。① 因道济大师在元世祖忽必烈征大理时深明大义，最先投拜，确保了他的政治地位和宗教文化领袖的地位。据元碑所载，元代杨姓几代人中都有习密教者。如《追为亡人杨昭宗神道》载："彦诚，号复斋。世谱：高祖曰琮，乃大理巨族。琮生福，福生庆，庆生三子，长曰坚为□，（上缺）婆塞戒法，三曰生，生生明，为人性善，日课观音万声……"② 不仅大理等地有杨姓为阿吒力者，昆明亦有，如昆明官渡区元元统二年（1334）《妙湛寺碑》署功德主阿佐梨杨庆，碑文则称"轨范僧杨庆"。据宾川县莤村《故智周术妙圆鉴大师墓铭》载："渠父祥益，职阿左梨，母赵氏，讳约师桂。师于延祐乙卯年生。"可见圆鉴大师父辈也是僧官。明代，大理地区杨姓阿吒力人才辈出：明正统三年（1438）《故宝瓶长老墓志铭》载："宝瓶讳德，字守仁，姓杨氏世居喜睑，稽郡志，庸贞观时，观音自两域建此土国，号大理。摄授杨法律等七人为吒力灌顶僧。开元初，法律运妙，用取佛舍利，置于班山塔，即其始祖也。传至大容、仲容、小容俱精秘术。当蒙氏孝桓王迁都喜睑，尊大容为灌顶师，赐金斓法衣，迨至生，能达赞陀崛多源流四业之阃奥，为世所重……妣妙圆，五密僧师杨俊之女。生三子：山、节、德，德即宝瓶也。生于洪武三十二年己卯十有六日丑时。天资颖悟，从守一斋，涉猎□□，抉金丹之旨。又游董上师之门，究竟禅定，得其要领，号曰宝瓶。才通显密阴阳地理蕴，艺兼绘塑雕铸图像之妙，非一才一艺之可比也。宣得辛亥夏初，蒙选阿吒力。"③ 据此碑我们得知，杨德是世袭阿吒力，其祖杨法律、杨大容在南诏时为灌顶国师；至明代杨德时学了显密二宗。关于明代杨氏阿吒力的碑刻还有《居士杨公墓志》《故善士杨公同妻赵氏墓志铭》

---

① 方龄贵、王云选录《大理五华楼新出元碑选录并考释》，云南大学出版社2000年版，第59页。
② 大理市文化丛书编委会编：《大理古碑存文录》，云南民族出版社1996年版，第60页。
③ 张树芳、赵润琴等主编《大理丛书·金石篇》卷1，云南民族出版社2010年版，第328—330页。

《居士杨公墓志》等，不一一详述。

赵氏：赵氏为白族名家大姓之一。南诏大理国以来，阿吒力僧代有人出，如南诏时期赵波罗，大理国时期赵寿，元代的赵实、赵成、赵迦罗等，明代赵护、赵寿、赵坚等。据元碑《故神功梵德大阿佐梨释道宗墓碑》载："至元（下缺）上命都元帅也先公宣治三教，选泰为大理僧官，四众悦服……玄通秘法大阿佐梨。嫂大阿佐梨赵明之女易，曰隆、曰寿。……厥考隆，号智生，天资悫谨，道行严明，精通瑜伽，缁俗怀信，□不道非法之言，足不履非善之地，肃肃翼翼如也，云南释教都总统补德行高洁传印大阿左梨。……公讳宗，号道宗，以大德己亥生，自家塾就外傅，勤道好学，聪明敏毅，深通瑜伽，而观念专精，意气闲暇，而周急善友。尝曰：报四恩，资三有，可不务乎！其与人行已类此，名实显然，启宣政分院，擢补神功梵德大阿佐梨，聿修世业，罔有攸怠。"① 可见赵道宗之祖赵泰为元初大理僧官，其父赵隆是大阿左梨，赵道宗深通瑜伽，也是大阿佐梨。可见南诏以来赵氏也是密宗世家。关于赵氏阿吒力的碑刻记载还有《彦昌赵公墓碑铭》《大理弘圭赵公墓志铭》《道明显密大师故考妣赵公王氏陈氏墓碑名》等，不再详述。

李氏：李氏也是白族大姓之一，历大理国、元明清至今，李氏仍是洱海地区白族大姓之一，人才辈出。在南诏国李姓有大军将、清平官、慈爽等高级文武官员19名。② 密宗传人大理后，李氏出了不少大阿吒力。如南诏大理国时期的无言和尚、李畔富等；元代的李珠庆，明代的李久成、李懋等。关于李氏阿吒力的事迹碑刻记载不少。如据《追为亡人大师李珠庆神道》碑载："鼻祖讳胜，宗说兼备，才德光时，理朝赐号李白金裀，胜生法名智宝，寂于崇圣寺之上方。宗生升，研精绘事，兀马八合师请画中道大师。升生正，号依仁游艺济众大师，正生珠，洞明释儒之奥旨。日渴善务，手画华严等经论师札付，赐号玄机拔萃明德大师。皇庆壬子，师年四十有五，厌离世谛，投崇长构别堂于感通山，而崇奉经像，附以僧房，为栖隐之所。"③ 可见大理国以来，李氏世代都从事密教活动。

---

① 方龄贵、王云选录《大理五华楼新出元碑选录并考释》，云南大学出版社2000年版，第52—53页。
② 张锡禄：《大理白族佛教密宗》，云南民族出版社1999年版，第99页。
③ 方龄贵、王云选录《大理五华楼新出元碑选录并考释》，云南大学出版社2000年版，第56页。

明代，记载李氏大阿吒力释儒阶层的碑刻不少，如成化七年（1471）《故大密李公墓铭》载："成，即公也，精通显密，贯彻阴阳，行四业法……"此喜洲李氏为富有之家，亦祖传习密法，从南诏起至当时已历六七百年了。其他碑刻如《李升墓幢梵汉文刻石并序》《李庆墓志》等，不再一一列举。

董氏：董姓为白族大姓之一，南诏时有清平官董成、大军将董迦逻、国师董迦罗（尤）、鬼主董扑。密宗传入大理后，董氏成为阿吒力世家。董氏与密教的相关事宜碑文记载较多。如《董氏本音图略序》载："至明洪武十五年壬戌岁，大明天兵入南，率土尽臣服矣。复出祖贤，颇有神异，乃精秘密宗旨，神通与始祖无异。""比至八月，于奉天殿左车墀大宴，赐以圣旨，钦颁大藏尊经，随护藏龙即今□京母娘，传内官天诚，奉旨铸印，开设衙门，令子董荣世袭大理阿吒力都纲司职，董茂世袭赵州法官。""由明迄今，神人虽不复作，而科甲廪贡亦不乏人。况我朝定鼎，声教迄于遐陬，妖魔孽怪，久已信服驱除，可知神人不必相继而起。从始及考，年历九百有余，代经四十余世。其间支分派别，事远人繁，所出不一，其人所封不一，其地难以备考，但略序之，以志不忘云。钦颁都纲司都纲。"① 以上碑文记载了明政府承认阿吒力教为土教，在政府机构中成立了阿吒力僧纲司。也记载了董氏后人作为大理密宗高僧被大明皇帝诏请去做大法事，这是大理密宗史上的荣耀。《明赐国师董贤圣旨碑》载："皇帝诏曰：董伽罗氏，出自海东。天降一卵，入于草中。仙鸾覆育，神异奇丰。历朝护国、累代神通。有德有行，克始克终。延及国师，不亚其宗。三次赴诏，有劳有功。军免军差，民免民役。尔子尔孙，永体朕意。右赐国师董贤遵旨。"② 明代统治者对佛教基本上是持保护和扶持的态度。但明初，朱元璋对大理佛教密宗是持镇压态度的，且对白族族地区历史上遗留下来的各种文献无论"在官之典籍，在野之简编，全付之一烬"。由于大理白族佛教密宗的信仰已有四五百年的历史，用武力摧毁反而不利于白族地区的安定团结和发展，于是又将阿吒力教奉为土教，在政府机构中成立了阿吒力僧纲司，专门管理密宗阿吒力教的事务。碑文表明大明皇帝

---

① 大理市文化论丛编辑委员会编《大理古碑存文录》，云南民族出版社1996年版，第171—174页。

② 段金禄、张锡禄：《大理历代名碑》，云南民族出版社2000年版，第94页。

对以董贤为首的董氏阿吒力僧世家的嘉奖和保护。董氏其祖自董迦罗尤起，历朝护国、累代神通，到明代国师董贤，继承密教，三次应诏赴京，为国禳灾祈福，功劳显著，于是得到皇帝下旨保护阿吒力教，董氏子孙世代免军差、免民役。董氏与密教发展相关碑刻不少，如《董处士同妻寿藏铭》《董处士同妻寿藏铭》等。

四　从碑文看密教在云南的传播及发展

（一）南诏时期

关于阿吒力教传入云南的渠道，目前学者中有着两种说法：一说是由印度阿萨姆通过上缅甸，再由上缅甸进入；另说是西藏地区直接传入[1]。大部分学者倾向于第一种说法。据邓川《故考大阿捴哩段公墓志铭》载："唐贞观己丑年（629）观音自乾竺来，率领段道超、杨法律等五十姓之僧伦，开化此方，流传密印，译咒翻经……适致南诏奇王之朝，大兴密教。"墓志中提到的杨法律，据《大密法师杨公墓志铭》碑录记述，是印度人，并为阿阇梨教的始祖。与此同时，《大阿捴哩段公墓志》及《古滇说》中还提到，从印度去大理的密教僧人有杨珠觉、珠觉（与前者不是同一人）及菩提巴波等。嗣后，南诏的密教得到了重要的发展。公元840年中印度（另说西域人）阿阇梨赞陀崛多自印度摩揭陀至南诏鹤庆元化寺，又腾越州住峰山、长洞山二处，传阿阇梨教。赞陀崛多受到南诏王细奴逻的崇敬，南诏王还把自己的妹妹越莫嫁给他。赞陀崛多在大理创建五密道场，弘传瑜伽。他的弟子张子辰、罗逻倚等也由西印度到达南诏，相继传播密教。此外还有梵僧李成眉和他的弟子禅和子于9世纪间由中印度至大理一带游化。密教在云南一带大量流行，当在盛罗皮时代。盛罗皮在唐朝的支持下统一六诏，并将首府从魏山迁到大理太和，为密教在大理广泛流行提供了条件。盛罗皮之后，密教已取得王室贵族的信奉，及至王室成员也有出家为僧者。据元代《故正直温良恭谦和尚墓碑铭》载："南诏归义王皮罗阁之嫡男蒙阁皮，厌俗而剃，于时公卿子弟，洎士民之俊秀，从游者以千数，咸曰：王子仁人也，不可失也，同日□□五百余人，举国

---

[1] 吕建福：《中国密教史》，中国社会科学出版社1995年版，第20页。

追慕不已。"① 从碑文可知蒙阁皮崇信密教，影响较大，崇信者众。据明《杨嵩碑》载，在异牟寻时，有杨宗受封"宣峰统领诸僧"之号。据《故宝瓶长老墓志铭》，杨法律之后大容、仲容、小容俱精妙术，大容被异牟寻尊为灌顶国师，赐金澜法衣。按《杨嵩碑》，杨嵩在寻阁劝时，就大慈寺结坛修秘密教。南诏后期，密教更加兴盛。其时弘密最有名的是中印人赞陀崛多。明《滇志》载赞陀崛多曾在鹤庆府治东峰顶上结茅修法。后世又有题名赞陀崛多译的密典写本，可能赞陀崛多当时还有译经之事。② 从碑文记载看，南诏密教主要通过滇缅路由印度僧人不断传入云南，再由当地名家大姓弘扬光大，形成密教世家。

（二）大理国时期

继南诏以后，阿吒力教在大理地区继续发展。10 世纪初，南诏政权被郑买嗣篡夺，建大长和国。郑买嗣为其屠绝南诏王室忏悔，据说铸佛万尊，广兴奉祀。不久，其政权先后由大天兴、大义宁国辗转更替。后晋天福二年（937）段思平取代大义宁王，建立段氏大理政权。大理国继承南诏以来的传统，仍然奉行密教。关于大理国时期密教发展情况，在《董氏本音图略序》《杨俊升碑》《兴宝寺德化铭并序》《褒州阳派县嵇肃灵峰明帝记》等碑文中记载较多。

（三）元代段氏总管时期

公元 1253 年大理国被元军消灭，支持段氏政权抵抗元军的密教势力随之受到削弱。但因有深厚的信众基础和文化传统，密教并没有就此消沉下去，历代传密的大姓仍然活跃，一般的密教信仰仍在流行。关于元代白族密教发展情况，在《故神功梵德大阿左梨赵道宗墓碑》《处士赵公寿藏同妻杜氏墓志铭》《张长老墓碑》《妙湛寺碑》《普坪村赵氏墓幢》《太华山李升生墓幢》《尊胜宝塔记》《清净寺明护墓幢》《文殊奴墓幢》《大崇圣寺碑铭并序》《董氏本音图略叙》《故大师白氏墓碑铭并序》《段氏长老墓碑铭并序》《张长老墓碑》《陈氏墓碑铭并序》《故神功梵德大阿左梨释道宗墓碑》《追为亡人大师李珠庆神道》可见一斑。

---

① 吕建福：《中国密教史》，中国社会科学出版社 1995 年版，第 427 页。
② 同上书，第 428 页。

（四）明代

明初，因密教组织力量抵抗过明军而受到限制，但后来明政府根据地方实际，放宽政策重用密僧，设阿吒力僧纲司管理，密教得以继续恢复发展。关于元代白族密教的发展，在《故宝瓶长老墓志铭》《大阿拶哩杨嵩墓志铭》《故大密李公墓铭》《元故先生杨俊墓志铭》《元遗老李兴墓志》《大阿拶哩杨嵩墓志铭》《栖云庵碑记铭》《法藏寺南山大法藏寺碑》《故阿吒力僧李久成字永终墓志并铭》等碑刻中记载较多，值得深入研究。

（五）清代

至清代康熙年间平息吴三桂之后，清廷以为"阿吒力非释非道，其术足以动众，其法足以惑人，以固盛世之乱民，王法所必禁者也"[1]。即撤销阿吒力僧纲司，代由僧正司和道纪司分别管理，自此云南密教逐渐衰微。[2]

五 白族佛教密宗碑刻研究价值

白族佛教密宗碑刻历史悠久，数量众多，是研究云南宗教、政治、民族、历史和文化不可多得的宝贵资料。其价值主要有以下几个方面：

（1）可以补正史资料之不足。白族佛教密宗碑文中记载了大量正史资料中没有的史实。如密僧阿吒力的简历和事迹；密教寺院的发展史；白族民家大姓与密教在云南的传播和发展关系；南诏大理国统治阶层与密教发展关系；密教对云南社会发展之关系等大量信息，在寺碑、墓志、幢记、圣旨碑、神道碑、题刻等文献中都可以获得。而这些信息，有的在正史资料中无法获得，只能通过碑刻资料提取。

（2）有利于碑刻文化遗产保护和开发利用。白族佛教密宗碑刻较多，形制多样，内容丰富，分布较广。有些碑刻得以妥善保护，而不少碑刻还散存田野，风吹雨淋，保护不容乐观。如果能对其进行全面系统的调查、收集、整理，弄清其分布、类型、数量、特点、并进行分类整理，不仅有

---

[1] 刘景毛、文明元、王珏等：《新纂云南通志·佛教》，云南人民出版社2007年版。
[2] 李家瑞：《南诏以来云南的天竺僧人》，《学术研究》1962年第1期。

利于碑刻保护，而且有利于碑刻文化开发利用。

（3）有利于拓展中国佛教研究的新领域。白族佛教密宗碑刻不仅有汉文佛教碑刻，而且也有白文、梵文碑刻。白文、梵文密教碑刻为云南所独有，通过研究可以拓展中国佛教研究的新领域。

（黄正良，大理大学图书馆南诏大理文献研究室教授）

《明故处士李公墓志铭》与密宗阿吒力教考释

田怀清

内容提要：《明故处士李公墓志铭》碑阳面额上所刻金刚界五佛种子曼荼罗，碑阴额上刻胎藏界四佛四菩萨梵文种子字及佛像尊胜大佛母，反映了大理阿吒力教直到明代依然信奉"金胎两界"密法。碑阴碑身缩刻《尊胜真言启请》文，是中原敦煌传入大理地区的密教佛经的真实写照。大理明代的阿吒力教与宋、元时期阿吒力教有明显的承袭关系。

关键词：《李公墓志铭》 阿吒力教 梵文种子字 《尊胜真言启请》

《明故处士李公墓志铭》碑，原存大理海东镇名庄，今存大理市博物馆。该碑是研究明代白族佛顶尊胜陀罗尼信仰的重要资料，它涉及敦煌、中原、西藏佛教密宗在大理地区的传播和影响。该碑虽然曾在《大理古碑存文录》《大理丛书·金石篇》做过报道，但均未报道碑刻的全部内容。《大理古碑存文录》一书只报道了碑阳碑身的文字内容，而忽略了碑阴的文字内容。《大理丛书·金石篇》只收录了碑阴的文字内容，忽略了碑阳的内容。还有一个不足之处是，二书都未报道碑额上的内容[1]。为了更好地开展对《明故处士李公墓志铭》碑的研究，有必要重新对该碑作一次完整的报道。

---

[1] 大理市文化丛书编辑委员会编《大理古碑存文录》，云南民族出版社1996年版；杨世钰、赵寅松主编《大理丛书·金石篇》，云南民族出版社2010年版。

一 碑文

《明故处士李公墓志铭》碑，大理石质。碑的阳面及阴面均有文字，先介绍碑的阳面。额半圆形，高50厘米，宽90厘米，厚13厘米，碑额正中方框内书"考李公妣杨氏之墓"。额上有5月轮，每一月轮中有一梵文种子字，即密教五方佛种子字。碑身高111厘米，宽63厘米，厚14厘米。文20行，满行34字。直行，楷书。现录文如下：

明故处士李公墓志铭
前乡贡进士将仕佐郎贵州思州府儒学教授苍山陈时雨撰文
赐进士出身中顺大夫贵州布政司黎平府知府郡人杜享篆额
大理府国通海福城东习官张善真书丹

处士讳嵩，字维岳，海东陇西郡巨族也。前朝蒙、段二氏割据大理之时，张、杨、李、赵为四大著姓，自后迁徙不常。元时有讳曰势者，处士之父也，曰药师公者，处士祖也。处士辛未相，自早岁倜傥不羁，精内典秘教，为时所重。孝弟之行著于宗族乡党之间。娶杨氏讳观音修，受姆教婉娩。从归处士之家，内助有方，上事舅姑以孝，下待妯娌以恩，女流羡之。生子三：长曰李中，次曰李敖，三曰李智，俱恂恂谨厚。岁时伏腊祀祖，丰俭适宜，棠棣雍时，睦辈罕及。处士生女二人：曰女香，嫁杨春；女满，嫁赵钏。李中生子曰倪、曰镛、曰昭；李敖生子曰浩、曰哲、曰贤；李智生子曰百岁、曰智仁。处士距所生之岁，享年七十三岁，妻八十四岁，卒于正寝。附卧龙山先茔之次，南西阳为兆。呜呼！处士足矣哉！诸百家满前，诸孙绕膝，人人向善，修德足以□祖宗之遗□。螽斯秩秩，麟趾振振，良有以也。今家子李中等，念考妣墓石年文□□行久而湮灭，特征□文表彰之。□曰：职忝教风化，正欲教人□与孝也，□□之行，故按其行状而系之以铭曰：贤哉处士，禀性和纯。生于陇郡，享寿七旬。克配杨氏，女德持循。曰福曰寿，乃子乃孙。勒铭先垅，千古长存。

大明弘治十三年六月十二日，孝男李中、李敖、李智等立石。孙李倪、李镛、李昭、李浩、李哲、李贤、李百岁、李智仁，玄孙李贵、李彭、李良、李顺、李赐、李禾、永林、昭来、庆春保、李源、贵成，石匠。

碑阴额正中雕四臂尊胜大佛母，佛母顶上有肉髻，前双手合十于胸，后双手合十于顶，结尊胜印，结跏趺坐于莲花座上。像的周围刻 8 月轮，每一月轮中刻一梵文，有的学者研究认为是四佛四菩萨梵文种子字。碑身上段为汉文，首行横刻"佛顶尊胜陀罗尼神咒"，下刻汉文。直行楷书，文 8 行，行 7 字。汉文为：

> 稽首千叶莲花藏，金刚座上尊胜王。
> 为灭七返傍生难，灌顶总持妙章句。
> 八十万亿如来传，愿舒金手摩我顶。
> 流通变化济含灵，故我一心常赞诵。

碑身下段为梵文，横书 13 行，13 行以下梵文已剥蚀。

二 考释

大理海东名庄白族大姓《明故处士李公墓志铭》碑阳额刻五梵文种子字。种子是梵文 Bīja 的音译，其义：（一）如同谷类等之由其种子所生，色法（物质）与心法（精神）等一切现象亦有其产生之因种，称为种子。种子之说，原为一种譬喻，最早见于《杂阿含经》。《成唯识论》卷二谓：种子为"本识（阿赖耶识）中亲生自果功能差别"。[①] 种子所生的果，为蕴、处、界等一切现象。《成唯识论》卷二谓：诸种子有刹那灭、果俱有、恒随转、性决定、待众缘、引自果六义。（二）密教中，表示佛、菩萨等诸尊佛所说真言之梵字，乃真言行者修字轮观时所观照者。又作种字、种子字。所以称种子者，乃因其具有"自一字可生多字，多字复可赅摄于一字"之意。故知"种子"一词，含有引生、摄持之义。一般而言，种子具有三义，即：（1）了因义，譬如由烟而识火之体性；经由观种子之字门，即可了知佛智。（2）生因义，譬如由谷类等之种子可生出根茎花果等；由种子可生三昧耶形。（3）本有义，意谓字门即诸

---

① （唐）玄奘译《成唯识论》卷 2，《大正藏》卷 31，第 8 页上。

法之根源，具足本来之性德，而可作为轨范者。以具足上述三义，故密教诸尊多以之为表徵。诸尊之种子，较常见者，多采取真言之第一字，如胎藏界大日如来之种子字。亦有采用真言之终字为种子字，如金刚界大日如来等诸尊。除一尊各别之种子外，另有共通于此类诸尊之种子，称为通种子，例如金刚界五部，各以其主尊（大日、阿閦、宝生、弥陀、不空成就）之种子为其各部之通种子。此外，书写种子之曼荼罗，种为种子曼荼罗；以种子观行，则称种子观①。白化文先生在《种字——佛教的一种简称和代号系统》一文中说："佛教（特别是瑜珈行派和法相宗）认为，植物种子能产生果实，便用来作比喻，喻指一切物质与精神现象也有其因果性'种子'，它具有本源性质。密宗更把'种子'和梵文字母联系起来，把一种种子用一两个字母表示，称为'种子字'，简称'种字'。……密宗把佛教的诸尊神佛配上种字……密宗的修持，强谓口诵'陀罗尼'（音译，意译为'真言'，即咒语），立外方内圆的'曼荼罗'（音译，意译为'坛城'），以供养诸神佛。一般在寺院中常见到曼荼罗多为壁画或画幅……有时，因为画面太小难以画像，或因施主钱少布施不起画像钱，或因为安置之处犯不上花细工画像，就在应画神佛之处写上种字代替。此种字只写种字而不画像，特称'种子曼荼罗'。"②

我国著名佛学研究专家吕建福先生通过对大理、洱源、剑川、云龙等地的火葬墓《杨俊升碑》《赵生忠墓志碑》《赵通生碑》《李成碑》《张罗俸酉碑》《高波罗碑》《李应碑》《陈寿藏碑》《董文殊胜碑》《陈奴碑》《董定夫妇碑》《杨祯碑》《释道宗碑》等一大批宋、元、明时期的碑额上刻的五方佛种子字作了系统的研究。他在文章中说道："所谓种子字，就是密教中用来观想的陀罗尼字，也就是能代表诸尊真言的梵字。真言分为根本真言（大心真言）、心真言（小心真言）、随心真言（心中心真言）以及种子真言，其中种子真言以一字为真言。种子，梵文 bija，此有能生、引生、摄持、含摄之义。如同植物的种子，只要具备土壤、水分、阳光等条件就能生芽、根、茎、叶乃至结果，或者说种子中已含摄后来能够发芽、生长、成熟的功能，种子字亦有此诸功能，由一字能生多字，一

---

① 台湾佛光大辞典编修委员会编《佛光大辞典》，佛光出版社1995年版；陈兵编《新编佛教辞典》，中国世界语出版社1994年版。

② 白化文：《种字——佛教的一种简称和代号系统》，《中国文物报》1991年第11期。

字义引生多字义，一字中亦摄持多种功德。一行《大日经疏》解释说：
'种子字，从一字能生多故，名种子也。'……曼荼罗分为四大种：一、
大曼荼罗，二、三昧耶曼荼罗，三、法曼荼罗，四、羯磨曼荼罗。其中法
曼荼罗即指种子曼荼罗，由代表诸尊的一组种子字构成。……阿吒力教墓
碑额头上刻的也是一组种子字，构成种子曼荼罗。碑额梵字共五个种子，
其字体属于城体梵文（nāgarī），城体是介于悉昙体（siddhaṃ）与兰扎体
（raṅ~jana）、天城体（devanāgarī）之间的一种类型，由悉昙体脱胎而
来，趋向兰扎体以及天城体方向发展。城体流行于7—11世纪，在中国则
出现于宋代，流行于宋元明时期。"① 陕西师范大学的吕建福教授对云南
火葬墓碑碑额上的五个梵文种子字，经研究认为是城体梵文，解决了学术
界多年来在研究梵文碑上未能解决的一个重大问题，是对梵文碑研究上的
一大突破。吕建福教授认为城体梵文在中国则出现于宋代，流行于宋元明
时期的结论是非常正确的。从考古发现的碑刻资料来看，四川西昌、云南
的火葬墓碑碑额上的五梵文种子字，少数属于（宋）大理国时期的，多
数属于元明时期的②，这也得到了充分的证明。

　　林光明先生在《城体梵字入门》一书中也说，云南火葬墓碑幢上的
梵字以及昆明地藏寺经幢和张胜温《梵像卷》等文献中的梵字属于城体，
并自成"云南书风"，与《金藏》《碛砂藏》梵字的"中土书风"比较接
近，而与宣化辽墓和《高丽藏》梵字的"华北书风"，并为城体三大书写
风格。③

　　宋元明时期火葬墓碑碑额上的五个梵字是五佛种子字，即五方佛种子
字。但是真言密教大悲胎藏曼荼罗中的五方佛种子字，还是瑜伽密教的金
刚界曼荼罗中的五佛种子字？这就值得研究了。吕建福教授在《云南阿
吒力墓碑五佛种子释读》一文中研究认为，云南阿吒力墓碑额头上的五
佛种子字与金刚界的五佛种子字完全一致，说明是金刚界五佛种子字。碑
额五佛种子字的曼荼罗尊位，按半圆形拱顶的形制特点，顶端为中方毗卢
遮那佛种子字 āḥ，左次下方为南方宝生佛种子字 traḥ，再次下为东方阿閦

---

　　① 吕建福：《云南阿吒力墓碑五佛种子字释读》，载王颂主编《佛教与亚洲人民的共同命
运——2014崇圣（国际）论坛论文集》，宗教文化出版社2015年版。
　　② 杨世钰、赵寅松主编《大理丛书·金石篇》，云南民族出版社2010年版。
　　③ 林光明：《城体梵字入门》，嘉丰出版社2006年版。

佛种子字 hūṃ；右次下为西方无量寿佛种子字 hrīḥ，再次下为北方不空成就佛种子字 aḥ。按顺序从左至右为东、南、中、西、北，形成拱形曼荼罗。碑额五佛种子字曼荼罗的布局如下：

毗卢遮那佛
āḥ

宝生佛　　无量寿佛
traḥ　　　hrīḥ
阿閦佛　　不空成就佛
hūṃ　　　aḥ

……五佛种子字的意义，金刚界曼荼罗观法中五佛为五部主尊，其尊像及其种子总表五智。[①] 大理海东名庄《明故处士李公墓志铭》碑也不例外，碑额上的五梵文也应为金刚界曼荼罗五佛种子字。碑额顶端月轮中的梵文种子字为毗卢遮那佛，意译光明遍照、照一切处。据《一切经音义》卷二十一载：

> 毗卢遮那，案梵本毗字，（中略）此云云种种也。毗卢遮那，云光明遍照也；言佛于身智，以种种光明，照众生也。或曰毗，遍也，卢遮那，光照也；谓佛以身智无碍光明，遍照理事无碍法界也。

原为太阳之意，象征佛智之广大无边。在密教金刚界曼荼罗五智如来中，毗卢遮那表第九识所具法界体性智。左次下方月轮中的梵文种子字为南方宝生佛，主五智中之平等性智。再次下方月轮中的梵文种子字为东方阿閦佛，象征大圆镜智。右次下方月轮中的梵文种子字为西方无量寿佛，象征妙观察智。再次下方月轮中的梵文种子字为北方不空成就佛，表五智中成所作智[②]。

以上是对《明故处士李公墓志铭》碑碑阳额上梵文种子字的考释，

[①] 吕建福：《云南阿吒力墓碑五佛种子字释读》，载王颂主编《佛教与亚洲人民的共同命运——2014崇圣（国际）论坛论文集》，宗教文化出版社2015年版。

[②] 弘学编著《佛教图像说》，巴蜀书社出版社1999年版。

下面接着谈谈碑阳面碑身文字记载李氏家族的迁徙问题。《明故处士李公墓志铭》碑云："处士讳嵩，字维岳，海东陇西郡巨族也。"这里所说的李嵩系"海东陇西郡巨族"，当指祖籍是陇郡人。陇西郡战国秦昭襄王二十七年（前280）置，因在陇山之西得名。治所在狄道（今甘肃临洮南）。西汉时辖境相当今甘肃东乡以东的洮河中游、武山以西的渭河上游、礼县以北的西汉水上游及天水市东部地区。东汉以后屡有增、缩。三国魏移治襄武（今甘肃陇西南）。北魏时辖境相当陇西县附近地。隋开皇被废，大业及唐天宝、至德时又曾改渭州为陇西郡[①]。大理地区古代白族墓碑中提到祖籍是陇西郡的不只是明弘治十三年（1500）《明故处士李公墓志铭》碑。据史书记载和调查资料来看，说到祖籍是陇西郡的还有立于明永乐十四年（1416）的宾川李氏墓碑，碑名书"太史公陇西郡李家墓志"。立于明正统二年（1437）的大理挖色《李益墓志铭》载："公讳益，字伯谦，姓李氏，世居大理海东孟州之高兴。……陇西之郡出显姓，克铎而降族逾盛。"立于明景泰三年（1452）的大理喜洲弘圭山《故大橡李公同室李氏墓志铭》云："公讳惠，字思聪，姓李氏，世处苍洱之喜脸，密祖李畔富之裔。……陇西宗支，世为医师。"立于明正统十二年（1447）的大理《处士陇西郡李氏讳土公禾墓志铭》载："处士姓李名土公禾者，世居大理保和英叶之望。……陇西令姓，世居点苍。"立于明天顺四年（1460）的剑川县弥沙西山《故阿吒力僧李久成墓志并铭》记载："姓李，讳久成，字永终，世为弥沙井之巨族。……李氏之先，陇西派分。子孙蕃衍，散抵南云。"[②] 1942—1943年，石钟健先生曾在大理、邓川等地调查明代白族火葬墓碑，整理编辑了《喜洲访碑记》和《邓川访碑记》二书，他对这些墓主人祖籍出自陇西等地作了研究，认为这些墓主人的祖先不晚于唐代，因动乱、饥馑等原因，流入云南[③]。云南省博物馆黄德荣先生撰写的《通海大理国火葬墓纪年碑研究》一文根据《华阳国志》《晋书》等史书记载认为，早在魏晋时期，来自天水、陇西等郡的大量流民曾经流入云南。另外，又据《资治通鉴》《通典》记载，唐天宝

---

① 《辞海》（缩印本），第428页；《中国古今地名大辞典》，商务印书馆香港分馆1982年版。
② 杨世钰、赵寅松主编《大理丛书·金石篇》，云南民族出版社2010年版。
③ 石钟健：《大理明代墓碑的历史价值——〈大理访碑录〉代序》，《中南民族学院学报》1993年第2期。

年间，唐朝与南诏发生战争，唐朝两次从陕西、河南、河北等地强征近20万大军，于公元751年、754年两次进攻南诏均以失败而告终，"凡举二十万众，弃之死地"，这些人中有相当多的士兵并未战死，而是留在当地，世世代代繁衍生息①。笔者完全赞同黄德荣先生的看法，唐朝征讨南诏的二十万大军不可能全部死亡，有一部分士兵可能已融合在白族之中，故大理元明时期的墓碑上说自己的祖籍是陇西郡、华阴人（大理五华楼遗址出土元代《杨孝先墓志铭》）、弘农氏（大理海东元至正二十二年，1362，《弘农氏故千户护碑》）等。

大理海东名庄《明故处士李公墓志铭》碑载："处士讳嵩，字维岳……元时有讳曰势者，处士之父也，曰药师公者，处士祖也。……（李嵩）娶杨氏讳观音修。""药师""观音"均为佛号。这种在姓名中夹一佛号的习俗，是宋、元、明时期白族取名的一种普遍习俗。宋代范成大《桂海虞衡志·志蛮》记载："乾道癸巳（1173），忽有大理人李观音得、董六斤黑、张般若师等，率以三字为名，凡二十三人，至横议市马。"②《道光志钞·土司志》说白人"俗尚佛教，人多冠以佛号"。③《明故处士李公墓志铭》说李嵩"精内典秘教"，说明李嵩一家是信仰佛教的，故在姓名中夹佛号"药师""观音"。④

《明故处士李公墓志铭》的碑阴额正中雕四臂尊胜佛母像，该像虽没有铭文题记，但造像与1959年大理喜洲弘圭山发现的大理国元亨十一年（1195）赵兴明之母墓幢上的四臂佛母像相同，像的左上方题榜一行，文曰："追为殒逝慈妣女娘冢石"；像的右上方题榜一行，文曰："南无尊胜大佛母"⑤。据此将《明故处士李公墓志铭》碑阴额正中雕像定为尊胜大佛母像。尊胜佛母，亦称"顶髻尊胜佛母""佛顶尊胜佛母"。密教佛母之一，藏密所传为端严天女形，身面白色，三面，面有三目，八臂，持

---

① 黄德荣、吴华、王建昌：《通海大理国火葬墓纪年碑研究》，《大理民族文化研究论丛》第五辑，云南民族出版社2012年版。
② （宋）范成大：《桂海虞衡志》，转引自大理白族自治州王陵调查课题组编《古籍中的大理》，云南民族出版社2003年版，第125页。
③ （清）王崧：《道光志钞》，转引自云南省编辑组编《云南地方志佛教资料琐编》，云南民族出版社1986年版，第24页。
④ 关于古代白族三字名的问题，笔者曾撰写《宋、元、明时期的白族人名与佛教》，发表在《云南民族学院学报》2002年第1期，这里不再一一考释。
⑤ 汪宁生：《云南考古》，云南人民出版社出版1980年版。

杵、索、弓、箭、瓶花、佛像。以佛顶尊胜神咒为其真言，有度亡生天等功德。① 墓碑上的尊胜佛母像的名称与藏传佛教密宗尊胜佛母像的名称相同，而且有度亡生天的功德。元代白族《赵生忠墓碑》就记载说："刻尊胜佛母像，以祈超生。"② 大理佛教密宗阿吒力信奉的尊胜佛母像的名称与西藏佛教密宗信奉的尊胜佛母像的名称完全相同，但造型差别较大，西藏佛教密宗信奉的尊胜佛母像有八臂，且持有金刚羯磨杵、箭、羂索、弓、甘露宝瓶等法器，而大理密宗阿吒力信奉的尊胜佛母像只有四臂，未置法器，前双手合十于胸前，后双手合十于额前，结尊胜手印，即胎藏佛顶之印。

尊胜佛母，又称为佛顶尊胜佛母，亦名除障佛顶，是佛教密宗胎藏界曼荼罗释迦院五佛顶之一，尊胜陀罗尼之本尊，即释迦如来由佛顶现出之轮王形，为佛顶尊中之最尊，故名尊胜佛顶。能除一切惑业，故名除障佛顶。《尊胜佛顶修瑜伽法仪轨》曰："一切佛顶中，尊胜佛顶能除一切烦恼业障故，号为尊胜佛顶心，亦名除障佛顶。"同书下亦云："释迦牟尼如来，结跏趺坐，作说法相。……尔时世尊慈悲愍念，便入除障三摩地，从如来顶上发生惹耶三摩地，状若轮王之白色，首戴五佛宝冠，手执金刚鉤，项背圆光，通身如车轮状，晖曜赫奕，现此三摩地时，十方世界六种震动，十方世界一切地狱六趣众生应坠恶道者，皆悉灭除，一切恶业不复受，若便生天及十方清净国土。为此善住天子七返恶道之身一时消灭，是故号为除障佛顶轮王，即是五佛顶轮王之一数，并通三佛顶、八佛顶轮王也。"③ 也就是说，五佛顶出自胎藏界曼荼罗释迦院，是释迦如来五智的妙德，具足轮王般的大势力，示现转轮圣王形，顶上有肉髻，髻上覆有发髻，其余相貌如菩萨。《大藏经万佛图鉴》一书有尊胜佛顶的图像，该像着菩萨装，双手结定印于腹前，手心上托金刚钩，结跏趺坐于莲花座上。④ 密教除障佛顶的形象还有"身呈黄色，现菩萨形，左手持莲华，华上有独股钩；右掌侧竖，屈无名指，趺坐于赤莲华上"⑤。从上述所介绍的资料不难看出，中原密教胎藏界曼荼罗中的尊胜佛顶、除障佛顶均持有

---

① 陈兵：《新编佛教辞典》，中国世界语出版社1994年版。
② 杨世钰、赵寅松主编《大理丛书·金石篇》，云南民族出版社2010年版。
③ 丁福保：《佛学大辞典》，文物出版社出版1984年版。
④ 李淼、刘群主编《大藏经万佛图鉴》，山西古籍出版社1995年版。
⑤ 弘学：《佛教图像说》，巴蜀书社出版1999年版。

金刚钩、独股钩，而大理密教阿吒力信奉的尊胜大佛母手中无持物，四手均结尊胜印，两者区别较大，说明大理密教阿吒力信奉的尊胜大佛母的形象是既吸收了藏传佛教密宗尊胜佛母的形象，多手多臂，又吸收了中原密教胎藏界佛顶尊胜像、除障佛顶像的特点（身着菩萨装等），创作了具有地方特点的尊胜大佛母像。尊胜大佛母像的四周有八梵文种子字，经初步研究认为是四佛四菩萨梵文种子字[①]。属密教胎藏界曼荼罗中的无量寿佛、宝幢佛、开敷华王佛、天鼓雷音佛及文殊、普贤、观音、弥勒等四菩萨，此结论是否正确，还有待于懂梵文的专家作进一步鉴定和确认。

《明故处士李公墓志铭》碑阴面碑身刻汉文与梵文，其汉文为：

佛顶尊胜陀罗尼神咒
稽首千叶莲花藏，金刚座上尊胜王。
为灭七返傍生难，灌顶总持妙章句。
八十万亿如来传，愿舒金手摩我顶。
流通变化济含灵，故我一心常赞诵。

近读李小荣先生著《敦煌密教文献论稿》一书得知，大理海东名庄白族大姓《明故处士李公墓志铭》阴面碑身上面这段文字，主要是根据《佛顶尊胜陀罗尼经》创作的《尊胜真言启请》文。鉴于大理地区宋、元、明时期的经幢、墓碑上均有类似的《尊胜真言启请》文的缩写摘引，为了进一步对大理密宗阿吒力教佛顶尊胜陀罗尼信仰的研究，有必要与敦煌《尊胜真言启请》文上的内容作一些比较研究。现将敦煌遗书中见到的S.2567、S.4378之《尊胜启请》文和上博48.6之《尊胜真言启请》文一并录出，让更多研究大理佛教密宗佛顶尊胜陀罗尼信仰的学者了解敦煌《尊胜启请》文的内容，便于作比较研究，以及《尊胜启请》文在大理地区传播和影响等诸多问题作深入的探讨。

1. S.2567、S.4378之《尊胜启请》文如下：

稽首千叶莲华座，摩尼殿上尊胜五。

[①] 吕建福：《云南阿吒力墓碑五佛种子字释读》，载王颂主编《佛教与亚洲人民的共同命运——2014崇圣（国际）论坛论文集》，宗教文化出版社2015年版。

广长舌相遍三千，恒沙功德皆圆满。
灌顶闻持妙章句，九十九亿世尊宣。
憍尸迦为善住天，能灭七返傍生路。
希有总持秘法藏，能发圆明广大心。
我今具足是凡夫，赞叹总持萨婆若。
愿我心眼常开悟，所有功德施群生。
什方刹土请如来，他方此界诸菩萨。
八部龙天诸眷属，散脂大将药叉王。
冥司地主阎摩罗，善恶簿官二童子。
已上贤圣诸众等，愿开启请悉降临。
拥护佛法使长存，各各勤行世尊教。
所有听徒来至此，或居地上或居空。
一闻佛顶尊胜言，蠢动含灵皆作佛。

2. 上博48.6之《尊胜真言启请》文则为敦煌尊胜启请文的又一系统，文为：

稽首归命十方佛，真如藏海甘露门。
三贤十圣应真僧，愿赐威神加验力。
希有总持秘蜜（密）教，能发圆明广大心。
我今随分略称扬，回施法界诸含识。
顶礼千叶莲花殿，金刚座上尊胜王。
为灭七返傍生路，愿垂金手摩我顶。
灌顶能除妙章句，九十九亿如来传。
流通变化济含灵，普印发心登彼岸。
此是佛顶之经，恒沙诸佛蜜（密）法。
如来灭度之时，封闭安居宝塔。
诸众共同佛会，赞叹如来胜业。
大迦叶刺血亲抄，书在贝多之叶。
不可思议秘蜜（密），能消众生恶业。
有人历耳暂闻，便得罪除千劫。
经云善住感空声，七日命终生善道。

于母胎中无两目，七返畜生食秽污。
如来广为说真言，令得天人免斯苦。
行人遇影得生天，枯骨蒙尘生净土。
清信长者受佛言，赞叹如来说宿缘。
阿难林中见枯骨，遂取香花而结坛。
不忍见众生受此苦，遂乃禅中入空观。
观见鼋龟及水录，后见饿鬼道中安。
又见六类诸禽兽，常在三途地狱间。
咒土散沾亡骨上，随其等类得生天。
尊胜此咒不思议，堪为众生洗尘垢。
若人持者离嚣尘，清信仍须断葱韮。
咒云不许行耶道，莫学遇悉（愚蠢）饮疾酒。
善住持者免论（轮）回，蚁子之身不重受。
何（河）边赞叹：鱼鳖上得生天。
林中赞叹：鸟兽并皆获利益。
《佛顶尊胜陀罗尼》为四众人说：一为薄福众生说，二为矩（短）命不能长，三为破斋及破戒，四为五逆向耶娘。
今日得闻尊胜咒，千劫重罪自消亡。
流通变化济含灵，是故我今常赞念①。

据李小荣先生考证，S2567、S4378之《尊胜启请》文是由惠鉴从江陵府（今湖北江陵县）抄写后带入敦煌的，说是最早流行于南方。上博48.6之《尊胜真言启请》文的抄件时间最迟为太平兴国五年（980），即宋代早期。大理海东名庄《明故处士李公墓志铭》碑立于明弘治十三年（1500），晚于敦煌所藏《尊胜启请》文和《尊胜真言启请》文，大理地区白族墓碑所刻缩写摘引的《尊胜真言启请》文，无疑是由敦煌或中原传入的。

大理海东名庄《明故处士李公墓志铭》碑阴面缩写的《尊胜真言启请》文与敦煌S.2567、S.4378之《尊胜启请》文，上博48.6之《尊胜

---

① 李小荣：《敦煌密教文献论稿》，人民文学出版社2003年版；上海古籍出版社、上海博物馆编《上海博物馆藏敦煌吐鲁番文献》，上海古籍出版社1993年版。

真言启请》文的比较研究。大理海东名庄《明故处士李公墓志铭》碑阴面缩写摘引的《尊胜真言启请》文时代虽然晚于敦煌，但保留了宋代以来的大部分主要的内容。如敦煌所藏《尊胜启请》文的开头说："稽首千叶莲花座，摩尼殿上尊胜王。"上博存敦煌《尊胜真言启请》文开头说："稽首归命十方佛……顶礼千叶莲花殿，金刚座上尊胜王。"大理海东名庄《明故处士李公墓志铭》碑阴面缩写的《尊胜真言启请》文的开头说："稽首千叶莲花藏，金刚座上尊胜王"。三者开头都有"稽首"二字。"稽首"是古时一种跪拜礼，叩头到地，是九拜中最恭敬者。《周礼春官大祝》"辨九拜：一曰稽首，二曰顿首，三曰空首，四曰振动，五曰吉拜，六曰凶拜，七曰奇拜，八曰褒拜，九曰肃拜。"贾公彦疏："一曰稽首，其稽，稽留之字，头至地多时，则为稽首也。此三者（指稽首、顿首、空首），正拜也。稽首，拜之最重，臣拜君之拜。"[①]《明故处士李公墓志铭》碑阴面上缩写的《尊胜真言启请》文字，与上博48.6之《尊胜真言启请》敦煌的《尊胜启请》文内容是一致的，只是个别文字互有不同，都是依据《佛顶尊胜陀罗尼经》创作的。从"稽首归命十方佛"到"普印发心登彼岸"共十六句，以善住天子的口吻对世尊如来进行赞叹，性质属于总叙或总起。其中"为灭七返傍生路（《李公墓志铭》为'难'字）"说的是尊胜神咒可解除善住天子七受畜生之身的厄运，"愿垂（《李公墓志铭》为'舒'）字金手摩我顶"说的是《佛顶尊胜陀罗尼经》中"尔时世尊舒金色臂，摩善住天子顶，而为说授菩提记"之事。[②]

大理海东名庄《明故处士李公墓志铭》碑阴面缩写的《尊胜真言启请》文从何处传入的探讨，上面提及的敦煌所藏《尊胜启请》文及《尊胜真言启请》文的抄件是从江陵府（今湖北江陵县）带入敦煌的。大理地区流传的《尊胜真言启请》文，从中原传入、敦煌传入都有可能。先说从中原传入的问题，佛顶信仰兴起于初唐的两京和川北一带，盛唐及其之后仍然流行。在佛顶信仰中最为流行的是尊胜佛顶经咒的信仰。尊胜陀罗尼流传全国，是唐朝用行政手段推行的结果。唐大历十一年（776）初，代宗曾敕命不空俗弟子功德使李元琮，令天下僧尼限一月之内诵佛顶

---

① 《周礼·春官·大祝》，转引自辞海编辑委员会编《辞海》（1979年缩印本），上海辞书出版社1980年版，第1755页。

② （唐）佛陀波利译《佛顶尊胜陀罗尼经》，《大正藏》卷19，第352页上。

尊胜陀罗尼精熟。每日诵满三十遍，每年正月一日遣贺使具进所诵遍数。像这样皇帝下令举国讽诵陀罗尼的事情，在历史上还是少见的，这也集中反映了当时密教信仰的深厚程度。[①] 南诏、大理国时期，中原的佛顶信仰已逐步在大理地区传播。大理崇圣寺千寻塔已出唐、宋时的陀罗尼经咒封泥。大佛顶心咒梵汉文塔砖，《金刚般若波罗蜜经》等密教文物。[②] 元代李京《云南志略》记载："开元二年，遣其相张建成入朝。玄宗厚礼之，赐浮屠像，云南始有佛书。"[③] 据史家考证，中原佛经至高宗、武后时已传入南诏。胡蔚本《南诏野史》云："智廉，南宋庚申庆元六年即位。明年，改元凤历。又改元元寿。使人入宋求《大藏经》，一千四百六十五部，置五华楼。"古代《大藏红》，又叫"一切经"。中原大量佛经传入大理地区，故元代郭松年在《大理行记》中说"所诵经律一如中国"。大理海东名庄《明故处士李公墓志铭》上的《尊胜真言启请》文也是仿照中原，只作节录。如同李小荣先生在《敦煌密教文献论稿》中说到的："因为 S.5560 这一系统的启请文较长，故后世刻幢引用时多摘引之。如天祐十二年（919）唐东岳尊胜经幢中之佛顶尊胜陀罗尼真言引用了前八句。宋开宝四年（971）《宋宏正大师遗界记石幢》中的《佛顶真言启请》也只引用了前八句。"[④] 大理海东《明故处士李公墓志铭》碑也是只引用《佛顶真言启请》文中的八句，这不可能是偶然的巧合，这正好说明大理流传的《佛顶真言启请》文与中原同属一个系统，同时也说明是受中原文化影响的结果。

我们说大理地区墓碑上流传的《尊胜启请》文或《佛顶真言启请》文主要来源于中原，但也不排除来自敦煌。据李霖灿先生在《南诏大理国新资料的综合研究》一书中指出，大理国《张胜温画卷》中的"（114）图的诃黎帝母众和（106）图的地藏菩萨像等最足以显示出这位大师用笔的真实功力。看全卷唐风浓郁，说他远绍吴道子、武宗元之遗绪，一点也不过分，这是唐五代北宋人的高标正宗，却为边疆这位大师承袭无遗，杂之于敦煌图卷而不易分……西南的艺术——或者是西南民族的

[①] 吕建福：《中国密教史》，中国社会科学出版社1995年版。
[②] 姜怀英、邱宣充：《大理崇圣寺三塔》，文物出版社1998年版。
[③] （元）李京：《云南志略》，王叔武辑校本，云南民族出版社1986年版，第73页。
[④] 李小荣：《敦煌密教文献论稿》，人民文学出版社2003年版。

艺术，将可与中原或西北并肩比美"。① 李霖灿先生从绘画艺术的角度，认为大理国《张胜温画卷》中的第 114 幅图上的诃黎帝母众和第 106 幅图上的地藏菩萨像，如果杂之于敦煌图卷而不易分，说明大理国《张胜温画卷》的佛教绘画艺术深受中原和敦煌的影响。又罗庸在《张胜温梵画瞥论》中说："《张胜温画卷》卷尾六开，为利贞皇帝骠信画。利贞元年，当宋孝宗乾道八年。上距敦煌后期写经，殆一百八十年。而卷中标签愿词，犹作写经体。其'南無'作'南无'，佛作'仏'，菩萨作'羋'，国作'囻'，宝作'珽'，册作'冊'，亦属唐人别体。"② 以此推之，则画中布局设色，与敦煌壁画纯属同一系统，殆无疑也。凡图作囻，见《敦煌掇琐》一六、三〇八六，足证唐代写经流入南诏者必多。③ 据此我们认为大理地区流传的缩写的《尊胜真言启请》文可能直接来自敦煌，其传播《尊胜真言启请》文的人，可能是敦煌云游天下的僧人。传播的时间是宋代，而不是明代。大理海东名庄《明故处士李公墓志铭》碑阴面上的缩写的《尊胜真言启请》文是宋、元经幢、碑刻上的《尊胜真言启请》文的延续，同属于尊胜信仰的内容。如昆明地藏寺经幢的《造幢记》题头是："大理囻佛弟子议事布燮袁豆光敬造仏顶尊胜宝幢记皇都大仏顶寺都知天下四部众洞明儒释慈济大师段讲全述"。大理国袁豆光为高明生立的石刻经幢上记载："善住受七返轮回，如来说一部胜教。曰如来智吊，号尊胜宝幢。托其填际而建之，铁围即成极乐；临其寒林而起矣，地岳变为莲花。即到于菩提道场，速会于常寂光土。……建梵幢而圆功，勒斯铭而标记。"④ 文中所说的"善住受七返轮回，如来说一部胜教。""善住"，指善住天子，佛教传说他原是初利天诸天子中的一人。据说他在劫后第七天命终，然后将七次转生到阎浮提作为畜生，以后又将入地狱。善住非常惊恐，便去至祇园精舍求救于忉利天万能之帝释。帝释求法于佛，佛便说了《佛顶尊胜陀罗尼经》，这部经就是指"胜教"。据经中记载，佛曾告帝释天言："天帝，有陀罗尼为如来佛顶尊胜，能净一切恶

---

① 李霖灿：《南诏大理国新资料的综合研究》，台湾故宫博物院 1982 年版。
② 罗庸：《张胜温梵画瞥论》，转引自徐嘉瑞《大理古代文化史稿》，中华书局 1978 年版，第 140 页。
③ 徐嘉瑞：《大理古代文化史稿》，中华书局 1978 年版；赵红：《敦煌写本汉字论考》，上海古籍出版社 2012 年版。
④ 汪宁生：《云南考古》，云南人民出版社 1980 年版。

道，能净除一切生死苦恼，又能净除诸地狱、阎罗王界、畜生之苦，又破一切地狱，回向善道。天帝，此佛顶尊胜陀罗尼，若有人闻，一经于耳，先世所造一切地狱恶业，皆悉消灭，当得清净身，随所生处，忆持不忘。"[1] 撰幢记者段进全自称"皇都大佛顶寺都知天下四部众洞明儒释、兹济大师"，亦是大理国都城的阿吒力僧人，而大佛顶寺则建造在大理苍山佛顶峰，说明南诏、大理国时期，密教曲籍《佛顶尊胜陀罗尼经》已在大理地区得到广泛传播。大理五华楼遗址出土元代《段氏长老墓碑铭并序》碑阴面同样有缩写的《尊胜真言启请》文。该碑碑阴上截为梵文，刻梵文18行，下截为汉字，8行，铭文如下：

当颂（愿）：
佛救万劫之罪薮，
顶脱千生之盖缠。
尊胜灭七返之身，
神咒超清凉之岸。[2]

从上述介绍的资料来看，不难看出，大理密宗阿吒力教的尊胜信仰，从宋代至明代，从未间断。也就是说，明代阿吒力教的尊胜信仰是承袭了大理国、元代的尊胜信仰。大理地区的尊胜信仰的特点，不是用汉字完整的将《佛顶尊胜陀罗尼经》刻在火葬墓的经幢上、墓碑上，而是用梵文刻写《尊胜陀罗尼经》，或者刻梵文《佛顶尊胜陀罗尼神咒》和缩写的《尊胜真言启请》文。大理地区的阿吒力僧人，可能保存有从中原或敦煌传入的完整的《尊胜真言启请》文的内容，但由于火葬墓碑，或经幢上的空间有限，无法全部刻入，故选择摘引了《尊胜真言启请》文的部分内容。文字虽然不多，但对研究宋、元、明时期的阿吒力教尊胜信仰情况及中原、敦煌佛教文化在大理地区的传播和影响有着重要的价值。大理地区乃至整个云南，宋大理国至明代的白族火葬墓经幢上、墓碑上，为何普遍刻有梵文佛顶尊胜陀罗尼神咒，或缩写的

---

[1] （唐）佛陀波利译《佛顶尊胜陀罗尼经》，《大正藏》第19卷，第350页中。
[2] 方龄贵、王云：《大理五华楼新出元碑选录并考释》，云南大学出版社2000年版；杨世钰、赵寅松主编《大理丛书·金石篇》，云南民族出版社2010年版。

《尊胜真言启请》文？据国内外的专家学者研究认为，《佛顶尊胜陀罗尼》以有破地狱的功能，可以免除死者在地狱遭受的苦难，故密教信奉者普遍接受。[①] 大理地区的密宗阿吒力教信奉者也不例外，相信《佛顶尊胜陀罗尼经》有破地狱的功能，所以在火葬墓墓碑上刻书《佛顶尊胜陀罗尼神咒》。

总的来说，大理海东名庄白族大姓《李公墓志铭》碑对研究大理佛教密宗阿吒力教有着重要的价值。正如陕西师范大学吕建福教授所说："云南火葬墓碑以及墓幢额头上刻造五佛种子曼荼罗，是阿吒力密教特有的一种形式，为其他地区石刻造像中少见。……从造像内容及其性质来看，阿吒力墓碑种子曼荼罗具有密教'专业'特点，或者说专业化程度较高，非一般密教信仰形式。再次，从使用梵字的形体及其运用来看，墓碑种子曼荼罗等应属大理时期传入的密教，具有瑜伽以及大瑜伽密教的特点。"[②] 碑阳面额上刻的是金刚界五佛种子曼荼罗，而碑阴额上刻的是胎藏界四佛四菩萨梵文种子字及佛像尊胜大佛母，这种现象反映了大理阿吒力教直到明代依然是信奉"金胎两界"密法。按照密宗经典的教义，宇宙的一切均为法主大日如来的表现，金刚界表现其智慧，胎藏界表现其理性。前者智慧如金刚，可以摧破一切烦恼，具有智、果、始觉、自证等义。后者理性如胎儿之在母体，莲花种子之在花中，可以由大悲培育所有内在的悟觉，具有理、因、本觉、化他等义。碑阴额上的尊胜佛母与藏传佛教的尊胜佛母名称相同，都有度亡生天的功德，大理地区信奉的尊胜大佛母像可能宋代从西藏传入。碑阴碑身刻着的缩写摘引的《佛顶真言启请》文，是中原、敦煌传入大理地区的密教佛经的真实写照。从上述碑刻上介绍的资料得到证明，大理密宗阿吒力教的形成是与中原、敦煌、西藏等地佛教密宗的传入是分不开的。大理明代的阿吒力教与宋、元时期的阿吒力教有明显的承袭关系，在众多的碑刻资料和造像上是一脉相承。

这里再顺便提一下，《明故处士李公墓志铭》上记载的"大理府国通海福城东习密张善真书丹"。这位通海的张善真也是一个信奉阿吒力

[①] 李小荣：《敦煌密教文献论稿》，人民文学出版社2003年版。
[②] 吕建福：《云南阿吒力墓碑五佛种子字释读》，载王颂主编《佛教与亚洲人民的共同命运——2014崇圣（国际）论坛论文集》，宗教文化出版社2015年版。

僧人，与大理地区的密宗阿吒力教僧人相同。如弥渡县铁柱邑西面大坟山发现的明代天顺五年（1461）的《故安人车氏墓铭》为苍山习密阿拶梨僧首李懋书丹。又如1956年大理凤仪北汤天法藏寺内发现明代传抄的《受金刚大灌顶道场五坛仪注次第》一册，册首经名下书"大明建文三年辛巳岁（1401）三月，大理赵州五峰寺僧比后释妙真为法界有情造。习密阿左梨□□□"。明代碑刻上出现的通海福城东习密张善真，这也不是偶然的现象，是通海大理国时期密宗阿吒力教的延续。通海是大理国段思平的发祥地，南诏时，他曾任通海节度使，并借助滇东三十七部的力量，灭大义宁国杨干贞，于公元938年，建立大理国，在通海先设置秀山郡，后改为通海郡、通海都督府，主要居民是阿僰部蛮（即白族先民）。最近几年通海县文物部门先后在通海白塔心、通海大新村等处火葬墓地发现大理国火葬墓碑43通，其中佛教密宗色彩较浓的有《大理国通海郡芳讳彦贲何观音保墓碑》《大理国通海郡彦贲苏意海塔志》《秀山郡故弘农氏谥曰释通允和尚碑……故杨踰城杏杨妙明生碑》（即《秀山郡释通允和尚合葬墓碑》，这座大理国时期的合葬火葬墓，与康熙《大理府志》卷十《职官志》记载的"阿吒力，其业头陀而有家室"相吻合）。通海白塔心火葬墓遗址出土的元代至治二年（1322）《杜踰城海碑》、泰定三年（1326）《故娌……碑》、元至正十二年（1352）《故张踰城善碑》、元大德十一年（1307）《故母李朴则碑》等碑顶部均刻一梵文种子字。①

2016年3月27日，笔者在通海县文物管理所所长李波先生的陪同下，参观了通海县白塔心火葬墓遗址出土的宋、元、明时期的碑刻及墓内出土的葬具火葬罐，火葬罐上的佛教色彩非常深厚，有的火葬罐上从盖上、罐身、罐底所有部位均刻有梵文陀罗尼神咒；有的罐身除刻有梵文外，还有金刚杵、汉字"药师通神识"等字。碑文上、火葬罐上刻有"何观音保""赵踰城太""赵踰城通""杜踰城海""张踰城善""药师通"等，这与大理地区宋、元、明时期白族的姓名相同，说明通海一带的白族也是信奉密宗阿吒力教。取名时往往要带上"观音""踰城""药

---

① 黄德荣、吴华、王建昌：《通海大理国火葬墓记年碑研究》，载《大理民族文化研究论丛》第五辑，云南民族出版社2012年版；通海县人民政府编《通海历代碑刻集》，云南出版集团、云南美术出版社2014年版。

师"等佛名，即姓在前，中间夹佛名，后面是专名。这种在姓名中夹一佛号的习俗，就是王崧在《道光志钞·土司志》中说的白人"其时俗尚佛教，人名多冠以佛号"。通海、大理等地宋、元、明时期主要信奉密宗阿吒力教，两地之间当有密切往来，故通海福城东习密张善真为《明故处士李公墓志铭》书丹。

（田怀清，大理州博物馆原副馆长、研究员）

云南大姚白塔及出土文物简述

杨伟林

内容提要：云南大姚白塔形如磬锤，造型独特，是典型的古印度佛塔样式，也是云南早期舍利塔的实物例证。白塔也是典型的藏经塔，出土的塔砖上都有梵文经咒，经咒内容丰富，蕴藏着十分深厚的文化内涵，具有较高的学术和研究价值。

关键词：大姚白塔　梵文经咒塔砖　出土文物　藏经塔

概　述

大姚白塔位于楚雄州大姚县西城门外宝筏山顶，东经100°51′，北纬25°23′。塔身敷粉，在蓝天白云下，晶莹如雪，因而又叫白塔。又因其形如寺庙中和尚念经时用的磬锤，又名"磬锤塔"。全塔高15.45米，塔顶高7.84米，砖砌而成。白塔由须弥座塔基、八角形塔柱和纺锤体塔身三部分组成。露出地面基座是八角形的须弥座，高2.5米，青砖所砌，下部叠涩内收7层青砖至束腰，上部叠涩外出三台，又内收三台形成须弥座。中部为八角形塔柱，每边长1.5米，高3.28米。塔柱上端向上收分至檐口，用14级青砖叠涩出檐座，高0.71米。塔柱原留有一门，现封闭。上部为圆锥形塔身，上大下小，形如磬锤，高7.84米，最大直径6.26米。其上有小佛龛，佛龛高1.75米、宽0.96米、深0.44米，原置佛像现已不存。塔顶原有铜塔刹，不知何时失落。全塔基座宽阔沉稳，收腰秀丽明净，顶部雄浑重拙，整体气势宏伟，实属罕见。1961年，大姚白塔被云

---

① ［基金项目］国家社科基金项目："南诏大理国塔藏文物研究"（15BZJ045）。

南省人民政府列为第一批省级重点文物保护单位；2006年5月25日，被国务院批准列入第六批全国重点文物保护单位名单。

图1 大姚白塔

一 出土文物

1975年修葺白塔时，发现塔顶有一方洞，边长40厘米。这可能是原来安置塔刹的柱洞。原八角柱正四方辟有镂空的佛龛各一个，内供佛像，后因加固塔身而填塞。1982年白塔文物部门重修；2011年又对白塔进行修缮，几次修塔取出塔砖和出土文物具体情况如下：

1. 梵文砖（编号No. 47）

砖呈方形，灰陶，质地坚硬。正面留有方形框，框内横书5行梵文，文字迹清晰。砖长40厘米，宽20厘米，厚6厘米，重8000克。

图2 梵文砖（No. 47）

2. 梵文砖（编号 No. 48）

砖呈方形，灰陶，边残，质地坚硬。正面留有方形框，框内横书 5 行梵文，文字迹清晰。砖长 30 厘米，宽 20 厘米，厚 6 厘米，重 6000 克。

图 3　梵文砖（No. 48）

3. "无垢净光咒" 梵文砖（编号 No. 49）

砖呈方形，灰陶，质地坚硬。书有 13 行，文字迹清晰。首行题有 "无垢陈光咒" 汉子五字和梵文经咒名，经咒文 12 行。砖长 32 厘米，宽 20 厘米，厚 6 厘米，重 6000 克。

图 4　梵文砖（No. 49）

4. 梵文砖（编号 No. 50）

砖呈方形，灰陶，边残，质地坚硬。正面留有方形框，框内横书 5 行梵文，文字迹清晰。砖长 40 厘米，宽 20 厘米，厚 6 厘米，重 7500 克。

图 5　梵文砖（No. 50）

5. 梵文砖（编号 No. 51）

砖呈方形，灰陶，质地坚硬。正面留有方形框，框内横书 6 行梵文，文字迹清晰。砖长 40 厘米，宽 21 厘米，厚 5.5 厘米，重 8000 克。

图 6　梵文砖（No. 51）

6. "佛置塔咒"梵文砖（编号 No. 52）

砖呈方形，灰陶，边残，质地坚硬。书有 12 行，文字迹清晰。首行梵文种子字，第二行题有"佛置塔咒"汉字七五个，经咒文 10 行。砖长 32 厘米，宽 20 厘米，厚 6 厘米，重 6000 克。

云南大姚白塔及出土文物简述　　247

图 7　梵文砖（No. 52）

7. 梵文砖（编号 No. 53）

砖呈方形，灰陶，边残，质地坚硬。书有 13 行，文字迹清晰。砖长 40 厘米，宽 20 厘米，厚 6 厘米，重 8000 克。

图 8　梵文砖（No. 53）

8. 梵文砖（编号 No. 54）

砖呈梯形，灰陶，质地坚硬。书有 12 行，文字迹清晰。首行为梵文名，第二行书有"□佛□咒"四字，第九行梵文中间书有"八大灵塔咒"五字，十一行和十二行只留几字梵文。砖长 41 厘米，宽 19.5 厘米，厚 6 厘米，重 7500 克。

图 9　梵文砖（No. 54）

9. "无垢净光咒"梵文砖（编号 No. 55）

砖呈方形，灰陶，质地坚硬，砖面涂有朱红色漆。书有 13 行，文字迹清晰。首行题有"无垢陈光咒"汉字五字和梵文经咒名，经咒文 12 行。砖长 33 厘米，宽 21 厘米，厚 5.5 厘米，重 6500 克。

图 10　梵文砖（No. 55）

10. "卍"字梵文砖（编号 No. 56）

砖呈方形，灰陶，质地坚硬，已断成两块。砖下部书有 4 行梵文，上部书有圆形三圈梵文，内书有"卍"字，文字迹清晰。砖长40.5厘米，宽19.5厘米，厚5.5厘米，重9000克。

图 11 梵文砖（No. 56）

11. "卍"字梵文砖（编号 No. 57）

砖呈五边形，顶部为尖庄，灰陶，质地坚硬。砖下部书有4行梵文，上部书有圆形三圈梵文，内书有"卍"字，文字迹清晰。砖长30厘米，宽20厘米，厚6厘米，重6500克。

图 12 梵文砖（No. 57）

12. "八大灵塔咒"梵文砖（编号 No. 58）

砖呈方形，下角残缺，灰陶，质地坚硬。书有 11 行梵文和汉字，1 至 7 行为梵文，第八行中间行书"八大灵塔咒"五字，第 10 行首行书"资益谷塔咒"五字，文字迹清晰。砖长 31 厘米，宽 18 厘米，厚 6 厘米，重 4000 克。

图 13　梵文砖（No. 58）

13. "阿闷佛诫正报咒"梵文砖（编号 No59）

砖呈方形，灰陶，质地坚硬。正面留有方形框，框内书有汉字和梵文，首行书有行书"阿闷佛灭正报咒"七字，下书 8 行梵文，文字迹清晰。砖长 33 厘米，宽 19 厘米，厚 6 厘米，重 6500 克。

图 14　梵文砖（No. 59）

14. "□□光咒"梵文砖（编号 No. 61）

砖呈方形，灰陶，边残。质地坚硬。书有 13 行，文字迹清晰。首行因粘有陶块遮住前面几字，留有"光咒"二字和梵文经咒名，经咒文 12 行。经对比与前面的 No. 49 和 No. 55 相同，可能是"无垢净光咒梵文砖"。砖长 33 厘米，宽 20 厘米，厚 6 厘米，重 8000 克。

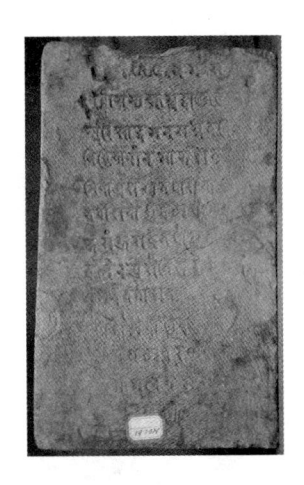

图 15 梵文砖（No. 61）

15. 黑陶罐

黑陶，质地坚硬，口沿残缺。口径 12.1 厘米，高 19 厘米，底径 10 厘米，重 1000 克。敞口，圆唇，高颈，溜肩，鼓腹，平底，壁稍厚。耳从罐沿上启收至肩部，素面，器身外壁留有多道轮制弦纹痕迹。

16. 黑陶盘

黑陶，质地坚硬，有裂痕。口径 19 厘米，底径 11 厘米，高 5 厘米，重 400 克。浅腹，弧壁，往下渐收至底，浅圈足。器身外壁留有多道轮制弦纹痕迹。

图 16　黑陶罐

图 17　黑陶盘

二　出土文物的初步研究

（一）白塔是一座宝贵的藏经塔

工作人员在维修塔的过程中，取出的每一块塔砖都有模印的经咒梵汉文。出土的 14 块梵文砖中就有"阿闷佛灭正报咒""八大灵塔咒""资益谷塔咒""无垢净光咒""佛置塔咒"等多种经咒。由此得知，大姚白塔是一座由数以万计的塔砖组成的藏经塔，每一块塔砖上可能书有梵文或汉文经咒，其藏有的经砖数量巨大，藏经的内容非常丰富，内涵十分深厚，因而，大姚白塔具有较高的史料价值和研究价值。

（二）白塔是各种文化交流融合的实物例证

请相关的梵文专家对出土梵文塔砖进行对比研究，认为梵文具有尼泊尔风格，特征较为明显，因此，当时梵文经咒的书写者必然吸收了尼泊尔和西藏佛教艺术诸多内容。据（清）道光《大姚县志》说："白塔砖有字曰唐尉迟敬德造，与昆明东、西寺塔砖字相同。"文物部门考证，白塔建于公元746年，为唐代建筑，距今已1200多年，相传唐天宝年间为吐蕃所建。道光《云南通志》则云"建于唐时，西域番僧所造，尉迟即梵僧名"。由此推之，白塔大约是南诏与吐蕃关系较好的中唐时所造。出土梵文砖的梵文也反映出具有尼泊尔艺术风格，由此得知记载具有一定的真实性。白塔由吐蕃或尼泊尔僧人所建，他们带来了吐蕃和尼泊尔佛塔风格，营造出独具魅力的佛塔艺术特征。由此得知，初唐，南诏、吐蕃和尼泊尔等诸国之间进行着广泛的佛教艺术交流与合作，对南诏佛教发展有着极大的促进作用。

三 大姚白塔科学的造形和结构

白塔形制和结构特殊，下为八角形须弥座塔基，塔基直接落在黄色沙岩层上，牢固结实。基座上的八角形柱渐上渐收，上小下大，受力均匀，结构合理，腰部以砖叠涩成檐座，14层青砖叠涩出檐，层层受力，将高大的圆锥形塔的受力点均匀分散在厚实的塔柱上。同时，塔砖形制有方形、楔形等多种，烧制火候较高，质地坚硬。不同形制塔砖根据塔的结构和形状要求，方形和楔形砖交替砌成，结构更加紧密，形成非常牢固的塔体。

白塔历史上曾经历过数次地震，仍安然屹立不倒就得益于白塔的科学结构和独特造型。明弘治十七年（1504）和崇祯九年（1636），大姚境内发生了两次大地震，使塔顶略受影响，虽被震裂开3尺有余，仍矗立在山顶上。地震后，历代乡贤和一些官员，对白塔均有修缮之功，清同治十一年（1872），大姚县知县曾对白塔进行了较大的修葺，在基部加砌了外表新砖，每一块砖上留下了"同治壬申年大姚县康重新修"的字样。1982年白塔经文物部门重修，恢复了原来的风貌。2004年大姚大地震，白塔完整无损。2011年4月至8月，由于年代久远，局部结构需要修缮，省、州、县文博部门对白塔进行了科学保护性修缮，把塔基进行了结构加固，对塔身及塔刹进行了全面维修，保证了白塔的完整性和牢固性，确保了大姚白塔这道独特美丽的人文景观将持续大放异彩。

结语：大姚白塔为我国稀有的唐代砖石建筑之一，造型是典型的古印度佛塔样式，在云南仅此一座，是云南早期舍利塔的实物例证。白塔是一座完整的藏经塔，蕴藏着非常丰富佛教经咒的宝藏，对研究云南佛教文化具有重要的价值。白塔出土的梵文经咒反映出具有尼泊尔风格的信息，见证了唐代云南佛教与印度、尼泊尔、西藏的交流与合作，对研究云南佛教历史发展具有一定重要意义。同时，也对云南佛教密宗的历史发展和文化内容具有一定的研究价值。大姚白塔科学的造型和构造，虽经受了多次强烈地震仍然矗立在宝筏山顶，对其进行构造研究，将会更加有效促进古代建筑的科学保护和合理利用。

（杨伟林，大理博物馆研究员）

从南诏大理国碑铭看蒙段王室对佛教的护持

张锡禄

内容提要：唐宋时期的大理地区，从南诏、长和、天兴、义宁至大理国，前后有5个王朝存在516年，几与唐、五代十国及宋王朝相始终。其中，前后的南诏国和大理国立国时间较长，影响较大。佛教在大理地区的传播和发展，与这些朝代王室的护持有直接关系，南诏时期得到王族蒙氏的支持，大理国时期得到皇族段氏和国相高氏的支持。他们信仰佛教密宗，为密宗的盛行创造了有利条件。

关键词：佛教密宗　王室　护法　碑铭

唐宋时期，在我国西南地区，以今云南大理洱海地区为中心，先后诞生过两个较大的由当地民族首领建立的政权，一个是以乌蛮和白蛮为主体民族建立的南诏（738—902），另一个是由白族为主体民族建立的大理国（938—1254）；在南诏和大理国之间，又先后出现了长和、天兴、义宁三个小的短暂的由白族为主体民族建立的政权。从南诏、长和、天兴、义宁至大理国，5个王朝前后共存在了516年，几与唐、五代十国及宋王朝相始终。其中，前后的南诏国和大理国立国时间较长，影响较大，而中间三个较短，史料极少，影响不大，所以，对这段历史时期，一般习惯简称为南诏大理国。而本成果涵盖上述5个王朝。

南诏大理国在政治上都曾先后分别臣属于唐宋王朝，但又是相对独立自主并有自己的一套较完整的政治制度。

其经济上也经历了奴隶制、封建制，并在农副业、手工业、商业与城镇等方面有相当的发展，在文化艺术、生活习俗及宗教等领域，亦都具有明显的民族和地方的特点，而所有这些又都不同程度地受到内地汉族和周边民族的影响，显现出地方民族文化与外来文化在交流交融中成长的轨迹。

南诏和大理国在我国历史上占有一定的地位，尤其在西南民族史和地方史地位更为重要，它使云南等地完成了统一，政治、经济与文化达到一个新的高度，为后来的元王朝建立云南行省奠定了基础。[1]

碑铭是历史文化研究的重要资料，南诏大理国遗留至今的碑铭是研究这一时期的重要资料，不可不重视之。[2]

现已知这一时期的佛教碑铭有很多，通观这些碑铭，可见南诏蒙氏政权和大理国段氏高氏政权对佛教的护持。

南诏国时期的有《建极年号铜钟款识》（见图1）等。

图1　建极年号铜钟款识

---

[1] 邵献书：《南诏和大理国》，吉林教育出版社1990年版。

[2] 本文所引碑文均摘自下列几种书刊：1. 石钟：《大理喜洲访碑记》，云南省立龙渊中学中国边疆问题研究会，1944年油印本。2. 王云、方龄贵：《大理五华楼新出元碑选录并注释》，1986年油印本。3. 田怀清、张锡禄选辑整理：《大理白族古代碑刻和墓志选辑》，载《白族社会历史调查（四）》，云南人民出版社1991年版。4. 杨世钰主编《大理丛书·金石篇》，中国社会科学出版社1994年版。5. 大理市文化丛书编写委员会编《大理市古碑存文录》，云南民族出版社1996年版。下面引证繁多，不一一注明，特此说明。

建极是南诏第八代王蒙世隆年号,公元859年至877年在位,他崇信佛法,广修寺院。建极十二年,为唐咸通十二年,公元871年。此是南诏时期有确切年号的佛教密宗文物,它从时间上为我们定位,最迟在公元871年,南诏国上层已崇奉佛教密宗。在空间上定位,大理崇圣寺是佛教密宗的道场。崇圣寺是南诏、大理国王族的皇家寺院,从这铜钟上下两层的六波罗蜜和六天王构成了一个显密兼修曼荼罗,铜钟是原崇圣寺的重器之一,有"钟震佛都"之誉,其钟上刻的图案表示其声闻教化的寓意。

"建极"在南诏史、宗教史上有重要意义,除铜钟铭刻之外,在今弥渡县有铜柱之铭文。从远古祖宗的木祖崇拜到建极时期的铜柱崇拜,其宗教演进的痕迹十分明显。大理洱海区域西北部剑川石窟阿央白的女性生殖器造像到东南部弥渡男根铁柱,一阴一阳,一女一男,胎藏界和金刚界,互相呼应、相斥相吸,与南诏中兴二年图传上的洱海雌雄二蛇相交图,鱼螺图可对比研究。[1]

由此可见,白族先民——东西洱河蛮的原始信仰——洱河河神的雌雄二蛇、鱼、螺到佛教密宗的胎藏、金刚两界的信仰在南诏王蒙世隆的建极年代,以逐步地域——洱海区域化;民族——洱河蛮(白族先民化)。但是只有大寺院——皇家崇圣寺,大绘画——国史画卷中出现。主要崇奉者为王室——国王家族。

谈到大理国的碑铭,首先提到的是《段政兴铸铜观音像铭文》(见图2)。[2]

段政兴铸铜观音像　　**段政兴铸铜观音像铭文**

图2

---

[1] 李霖灿:《南诏大理国新资料的综合研究》,中国台湾"国立"故宫博物院1982年版。
[2] 同上。

白族段氏建立了大理国,作为王族的段氏是否信仰佛教?如信奉,又是信奉哪一宗?哪一派?此铭文为我们作了解答。

铭文开宗明义说,"皇帝骠信段政兴,资为太子段易长生、段易长兴等造记愿箄尘沙为喻保庆千春孙嗣天地标机相承万世"。

铭文开宗明义是大理国皇帝段政兴为子孙后嗣祈福而敬造的阿嵯耶观音像,这造像题记透露了以下信息:

在大理国以段氏为首的皇室敬奉佛教。那他们敬奉的是哪一宗?我们知道,阿嵯耶观音,又称真身观音,是佛教密宗的神祇,皇帝段政兴把自己和儿子的名讳刻在其上,说明他信仰佛教密宗,段政兴的长子名易长生、易长兴,《大理国梵像卷》中有易长观音,可见易长是真身观音的一种名号,段氏信仰的本尊之一是易长观音。[①]

在大理国众多姓氏中名列第二位的是高氏,高氏世为大理国国相,有关碑铭很多。有《兴宝寺德化铭并序》碑,此碑由一位密宗僧人释儒阇梨杨才照撰写的,其文采灿然,有《南诏德化碑》之风。这里把儒释哲学奥义融会贯通,阐述佛教义理于碑铭之中,可以深入研究,这也是阿吒力僧杨才照的心灵之写照,为研究大理国释儒提供了宝贵的资料。

此碑述姚安阳派村兴宝寺,初建于南诏建极年间,这为今天楚雄一代佛寺建筑年代提供了较确切的依据。建造者为大蒙(南诏)知军事布燮杨祯,布燮为南诏高级将领,分管军事,即被国王蒙世隆"委佐兵机,抗蜀衡蕃"。参与进攻成都和平衡吐蕃军事力量的战斗。

因"岁月已淹,痛哉圮毁",由国相高踰城光重建。此碑记录了高踰城光家族的一些资料,从其他高姓的资料,我们可以看出:在大理国,高氏起到护法的作用。这个时期重要的寺院,如大理崇圣寺,昆明地藏寺、华亭寺、剑川石钟寺石窟等,或维修或兴建,都得到高氏支持。

什么叫护法?保护、维持正法的意思,有佛界的善神,也有人世间的善人。有的帝王将相或诸檀越,保护佛法、维持正法也被称为护法公。《高兴兰若碑》中有"公高妙音施长育子田禾地一分……"另《渊公塔碑》是高相国家子孙渊公出家为僧的行实。

据祥云水目山《渊公碑》载:

[①] 李霖灿:《南诏大理国新资料的综合研究》,中国台湾"国立"故宫博物院1982年版。

号智元，字皎渊，诞生于高氏之族。故相国高太明之曾孙，政国公明量之孙，护法公量成之子也。母则王女，讳成忠。

高太明是大理国的国相，其子高明量为政国公，孙高量成为护法明公；皎渊是其曾孙。皎渊的母亲是大理国王段政兴之女，皎渊是显贵公子（高量成之妻为大理国段氏之女，他们互有婚姻关系）。

皎渊英姿卓茂，气韵清远，昂昂若云鹤之处鸡群也。自有不羁之态。视荣贵如幻炎，执身心我人为甚倒。慨然有出世之心，不肯为凡夫，不得而已，壮而许之。公侯将相，朝士大夫及舆台皂奴等皆曰：今失命世之才，莫不衔恨者。

按，他生于大理国大宝元年，即公元1149年。20岁出家是公元1168年，以正年青之时出的家。

兹寻经论以言之，将入道门，欲得其正。如人造像，先办真金。象我之后，体无增减。用真心修无上菩提，如将金为器，器器皆金；用妄心修无上菩提，如将瓦为器，器器皆瓦。故若于因地，以生灭心为本修。因欲求佛乘不生不灭，无有是处。此诸圣之要言，修行者之正因。今公之发菩提心也，可谓得其正也。如不以喜怒哀乐发其菩提心，富贵荣利发菩提心，即当以离前尘。分别性发菩提心，称法界性发菩提心。如此则文殊师利菩萨，不动智佛主伴明矣。如清凉谓启明东庙，智满不异于初心；寄位南求，因圆不逾于毛孔。则龙女善财，岂迂滞哉。是以须发自兹而落，俗裳自兹而变。戒品冰洁，威仪调顺。

他的菩提心论很值得研究。皎渊他自己落发为僧之后，

衣钵之林，分寸无余。犹虚室颖颖，妙用难穷。因自念创学之流，未谙教迹。执权为实，迷不进修。不以圣教为绳墨，明师作指南。菩提涅槃尚在遥远。岂能会诸地于先心，短长劫于一

念。遂师于玄凝尊者，所以崇德广业，虚心外身。拂傲慢于贵法，除人我于进修，摄漏尘之妄，识瓶里之雀。密遮检放逸之幻身，井中之蛇深怕。缘缘自净，物物无心。谦尊而光，卑而不可逾。增上慢者见之而暴慢革，无明固者遇之而智慧生。为法修忍，三忍之行圆。为法除蔽，六蔽之元净。振古佛之宗风，彝祖师之公案。本分作家，手段量度。锻佛钳锤，毁骂露珠电掣，赞善水月空花。故当进齐乎佛果，行弥于法界。虽能而能，不能于能者也。凝师于是曰：真个光昭先觉，可谓不忝后昆。自非得恁口人，安能有如是法。乃机缘俱全，遂悟旨于言下。即以证人法界，智如来果德。理体妙慧，为修行之正因。如王宝印，一时普印无前后成文也。故乃得生空之挽持，除阐提之不信。臻妙有之不极，起万行以无疲，利贞皇叔。①

大理国时期的阿吒力僧大多数是白族名家大姓，而且是已掌握国家重要权力机构的名家大姓，如段氏、高氏、杨氏。到明代，阿吒力已十分普及，到乡下的地主阶级一层。

于（渊）公之世，则渭阳之规，□达磨西来之□，祖祖相传，灯灯起焰，自汉暨于南国，代不失人。至于王弟，甚见公之于法也。机深于教门，□进求以为逆旅。未曾得于身，以心为缘相。岂可滞□心，含如瘴海而不入，嗔比诛戮而常离。于是相与为□，知识无三二其心，以无作根本，智□□为利之因，修法空之妙慧。行□利以无穷，出声闻之清水。擢凡夫之淤泥，如彼莲花。斗顿馨香，无物以喻也。又与戒遵②长老求法界之游，为斫漫之友。以无言之深言，诠言绝之深理。以无为之妙行，应无作之妙心。融真俗以无迹，熔静乱而不偏，坏其可坏，远离诸离。志悲拂迹，而双入行愿。忘照以竟兴，五蕴付于云梦，三界寄于电泡。张四心之仁，罗诸类以无遗；展四摄之义，导生品以咸归。大哉！生死无以牵其虑，涅槃无以住其

---

① 利贞皇叔，为段智兴，南宋乾道八年（1172），段正兴子段智兴嗣立，次年改元利贞。为何称为皇叔，待考。

② 戒遵，前引《高兴碑》有戒净、戒悟、戒超，不知是否与戒遵有关。

心。悲智交罗，自在运用。真大丈夫之学佛者也。乃寻经论以符契心，无证微言以俯同元旨。良以因深果奥，行广位高。当处发挥无非佛，佛事贵与泰山之高，利与苍溟之深，而无以为心。

此"□达磨西来之□。祖祖相传，灯灯起焰"之句的达磨，不是指禅宗初祖菩提达磨，而应是《宋高僧传·善无畏传》中的"有达磨掬多者，常定门之秘钥，佩如来之密印……畏投身接足，奉为本师……后乃授畏总持瑜伽三密教"的达磨掬多。密宗有法嗣和血嗣两种，即出家僧和在家僧，皎渊属法嗣的出家僧一类。他是显密双修的。

观其临时三昧，触事解脱者，如或有悻公之调深行远，规矩难摹，故致娆之不置。公嗒焉似丧其偶，而不知其所谓也。公之友谓于公曰：此不尊其尊，无礼甚矣。□当叱之。公曰：何其然也？彼其之子，焉能使子不类哉！吾之所学者佛也；所贵者法也。可以小不忍而乱法界大谟乎？子不闻乎？菩萨□□，如饮鸩酒。子当怒以怨乎？公之友曰：吾侪门阘茸，未能至此也。然吾不忍见公之修忍也，以钵锡云游乎？

又有眸娄之役。公之弟公子□败绩，而为人所擒，拘之久矣。而守者依公之友奏于公曰："当解以送之，谓予不信，有如皦日！"公曰：无之，文王拘于羑？里而天命有归。天其有命矣。信则信矣，以吾弟之贤而汝曹送之，则其事必矣。然非吾佛法中事。菩萨见诈，如畏豺狼，吾可以行诈乎！其万行芬披，蒂穷荫，多类于此，可同日而语哉！抑乃唯心回转而善成，同时具足而相应，尽如来之境界，同异之性亦灭。……尽法界云一真如际，发妙用而鉴穷沙界荫慈云而复涅槃。海非历劫之功济离念之蕴修，岂能以定慧照用，身心如此之圆通也。

公以病，故辞凝尊者，凤历之元，庚申之冬，栖托于兹山焉，顺行而至已矣。

其家谱宗系者，自以观音传于施氏，施氏传于道悟国师，道悟传于玄凝，玄凝传于公。公之族子有慧辩，追踪景行，唯嗅蘑蔔？而尝醍醐者，公器之，因传焉。

皎渊系佛家的宗嗣，传承为：观音—施氏—道悟国师—玄凝—皎渊—慧辩，这是极为重要的古代大理佛教史料。

我们知道，在后梁龙德三年即公元923年，大长和国僧人智照撰《封民三宝记》，但此书无存，又宋雍熙三年即公元986年大理国王段素英曾述。

《传灯录》，此书亦无存，所以有一鳞半爪的记载也弥足珍贵。

观音指谁？大概不是指观音菩萨。我们知道大理白族古代有夹佛号名的习俗。这观音大概指一位名号为观音的高僧大德，抑或指观音所化的梵僧，即来大理传佛教密宗者。

施氏，据李元阳万历《云南通志》卷13载："施头陀因禅得悟，不废礼诵，宗家每以得观音圆通心印，施传道悟，再传玄凝。"①

道悟国师，事迹不详。查有关大理佛教的文献典籍中多见"国师""大师"之类的称号，其系佛教密宗信奉者中的重要人物的尊称。《传灯录》说："唐肃宗重高僧慧忠之道行，待以师礼，故称为国师。"佛经《瑜伽师地论》说："能化导无量众生，令其离苦寂灭，故名大师。"② 与其他地方不一样的是在白族的一些阿吒力世家中有的称号是世袭的，令人注意。

玄凝，事不详。

皎渊于大理国天开十年即公元1214年10月24日坐化。修行位中46年，享年66岁。其法弟子起塔于水目山，如法已，大理国王命礼塔号曰"实际"，谥曰"顿觉禅师"。

立于祥云县水目山的《渊公塔碑》是高相国家子孙高皎渊出家为僧的行实，而元代《溪氏墓志铭》载，大理国时，大阿吒力溪智以"德年俱迈，业行双勋，利贞皇（　）补和尚以赐紫泥之书，大功（高）护赏白衣，以□备彩之黼"。黼，古代礼服上绣的半黑半白的花纹。此句说，大理国公高护曾赏给溪智白色的僧衣，上面绣有半黑半白的花纹。"利贞皇补和尚以赐紫泥之书"，古人以泥封书信，泥上盖印。皇帝诏书则用紫泥，后即以指诏书。

说利贞皇帝段智兴认为溪智道德高尚，年事已高，在事业和修行上都

---

① （明）李元阳撰《万历云南通志》卷13，中国文联出版社2013年版。
② （唐）玄奘译《瑜伽师地论》卷82，《大正藏》卷30，第759页中。

有功勋，说明大理白族佛教密宗的兴起是得到国王段氏、国相高氏的支持的。

《溪氏碑》说，今皇上（大理国利贞皇帝段智兴）设创千座□圣之恭，建可就而构兹栋宇。查千座是密宗修持法之一，有修持心密千座之法，修持心密——咒六印。

建可就而构兹栋宇，建造了牢固的房屋。因上面的皇恩的同意，庶民也支持，今天，佛之圣像得到安置，百姓有了福气，是溪智出了大力啊。

碑又说，由是道隆皇帝（段祥兴）降恩，赏以黄绣手披之级。让公隆（高隆）流惠备□□同源之资□佛事之典，说明大阿吒力溪智再次得到国王段氏及权臣高氏的赏赐。段、高代表大理国国家层面对白密高僧的赏识。

昆明地藏寺经幢《造幢记》提到建造者袁豆光是因求人而得人，在高氏支持下才造了佛顶尊胜宝幢。换句话说，是高氏在政治上、思想上，特别是经济上作了有力的支持。《幢记》赞扬说，"至善于高明生，则大将军高观音明之中子也。其高明生者，文列武列，万圀□实而宣威，神气神风，千将若摧而留世"。

从上述铭文我们可知：高观音明有大将军之职，是集国相和将军两职于一身者。他的中子为高明生也在大理文列武列，文武兼备。有威望又有神气，是建造地藏寺经幢的大护法。此幢上造300尊神像，统观幢上众神，除地藏外，尽属密教金刚曼荼罗神系。

建幢的目的和意义：超度亡魂，适彼乐土。

此幢和云南大理白族地区的众多经幢一样，刻有佛顶尊胜大佛母（白语称朵维媸）的像，此是经幢上300尊神中的地位最高的神，这是白密的特点。

大理国时期造佛顶尊胜陀罗尼经幢之风也在民间大行其道。《赵兴明为亡母造墓幢》就是一个明证，这是1959年在大理喜洲镇弘圭山出土。此幢所刻佛像是昆明地藏寺经幢的若干百分一，但它在较小的体积中透露出了如下信息：

石幢顶部作莲花珠形，环刻梵文咒二周，座刻莲花瓣，幢身刻梵文或汉文，上部浮雕四臂大佛母一躯。

幢身正面刻汉文或白文墓主事迹。此幢从内容看，是为了追荐亡灵的，是楪榆郡官员彦贲赵兴明为他死去的母亲敬造的佛顶尊胜石幢（见图3）。

图 3 赵兴明为亡母造墓幢

可见大理国时，不仅国公高氏、权贵袁氏可以建造大型石幢，一般的郡县里的长官也大兴建幢之风。赵母享年51岁，说她三月六日去世，四月十日设"五七"斋追荐法事，镇幢功毕。说明了佛顶尊胜陀尼经幢造好后，要有个"五七"35天镇幢仪轨，后才能安立，书写此幢是请了位"□梵咒师金襴僧杨长生书"。咒师是白族佛教密宗阿吒力僧的一种称谓。即结印契诵真言而行加持祈祷之法师，又称法咒师、咒禁师，一般多指持咒行法的密教修行者。咒，指陀罗尼；禁，指未受密教之灌顶者，即禁止修法。《金光明最胜王经》卷7载："咒师教其发弘誓愿，永断众恶，常修诸善。于诸有情与大悲心。"[①] 唐代曾设立咒禁师，称为咒禁博士，乃教授咒禁，祛除疫疠者。故咒师又为辅助医疗之官职。于日本，文武天皇（697—700），亦设立咒禁师。又于供养会时，司掌诵读咒愿文者，称为咒愿师。在大理白密中，咒禁师为亡人设五七斋事、书写碑文及梵文佛顶尊胜陀罗尼经咒。

我亲眼见到过的在大理白族地区的各类经幢至少几百通，它们反映了从大理国时期到明代中晚期盛行于白族之中的"佛顶尊胜"信仰。其核心的佛教汉、梵两种经咒广被镌刻于各地的墓碑上。

---

① （唐）义净译《金光明最胜王经》卷7，《大正藏》卷16，第435页中。

在大理古城五华楼遗址发现的《衡鉴君国谏议大夫杨俊昇谥曰释龟儒镜圆国师释照明碑》，此碑极有意思，衡鉴，原意是衡器和镜子，比喻准绳、楷模。君国，谓居君位而御其国，指杨俊昇为"君国"的楷模；谏议大夫，大理国官名，掌谏议得失；侍从国相，专掌讽喻规谏，谏，指古代对君主、尊长的言行提出批评或劝告、规谏、进谏。谥，皇帝对死者的称赞之词；释龟，指阿吒力僧侣中年纪最长者，其寿似龟者。

此碑揭示，大理国的谏议大夫是从释儒中精通佛教经典的、又是儒家经典学习的楷模人士，且年老者中产生的，这是密僧杨家任过较高僧官的历史记录。

通过以上南诏大理国的部分碑铭，可以知道，佛教在这一时期的兴起是得到国家最上一层人物的支持的。南诏是得到王族蒙氏的支持，大理国是得到皇族段氏，国相高氏的支持。他们信仰的是佛教密宗，为密宗的盛行创造了有利条件。

（张锡禄，大理大学民族文化研究院研究员）

白密创制若干特征新探

张 笑

内容提要：现存云南《南诏图传》《张胜温画卷》以及剑川石钟山石窟等文献、文物是白传密教自成体系的实物证据，其中有关白密教义、教派法脉传承、仪轨经典源流等文化，与印密、汉密、藏密存在明显区别和差异。只有坚持历史唯物主义的世界观和方法论，尊重历史，尊重一个民族独有的文化传承形态，尊重白族群体共同认知的社会信仰理念，才可以将白密文化研究深透。

关键词：南诏 大理国 白密 创制

本文探析的"白密"创制，指的是大理国阿吒力僧团按照当时本民族文化之需对进入所在区域的外来密教文化进行改造加工，最后创制出自己民族的与其他密教（印密、汉密、藏密）文化之间有着明显差异的密教流派——"白密"的若干特征问题。

作为白族社会共同信仰的白密，其文化内容相当广泛，包括白密形成的历史沿革、教派、教义及遵奉的法会、法事类别及其经典源流、教派自创神祇、教派艺术成就、教派组织形式、法饰、法器、法坛仪轨、经典仪文及其传承等等。有关上述内容因已分别在笔者所参与撰写的《现存白传密教文化调查》专文中陈述，此处不再涉及。本文所探析的仅针对白密文化中若干新发现问题，对这些新发现的探析，为笔者近十余年所研究的一些看法，将其分述于后的目的，旨在进一步就教于热心白密研究的

---

① 本文为国家社科基金项目"白族佛教密宗阿吒力文化现状调查与基于GIS的数字化保护研究"（15BZJ048）阶段性成果。

同人。

文化人类学家罗康隆指出："任何一种宗教的形成，必然植根于一种民族文化之中。""任何一个民族接受任何宗教，都会按本民族文化之需，对该宗教的信仰进行改造加工，最后完全与自己的文化合拍而融为一体。"[①]

白密的形成，经历了较长的历史阶段。如同印密（包括其他域外密教）传入中原后，经过与汉文化的长期融合而形成汉密一样，自南诏起到大理国中后期，进入云南的印密、汉密以及显教文化与云南白族文化经过了漫长的融合期后，最终才形成独树一帜的密教。这一教派的形成完全是根据当时大理国"尊儒崇佛"的社会要求和民族文化之需而产生的。

笔者提出的问题是：对白密的研究者是以什么方式，是站在何种角度来看待白密。如果单纯地站在汉密文化的角度，不加区别地来看待白密，其结果必然会将白密当成汉密，甚至将白密与汉密之间的差异当成舛误。同样，如单纯地用藏密文化的观点来研究白密，其结果依然会将白藏之间存在的差异看作不伦不类。尤其那些对现存的白密科仪行持中许多只有白密师僧经数十年口传心授才掌握的经诵腔口穿插、密咒字母唱颂与经文的衔接、瑜伽焰口手印的变换，科仪行持全程中经典仪文与白族师僧的行持手法、手段，白语释经腔韵及释经模式等并不研究和了解，仅凭明代以后白密经文与汉密经文相一致，便对白密的存在妄下结论，则更会将白密文化的研究引向歧途。笔者认为，只有客观地站在白族文化的立场上，尤其要了解白族群体有自己共同认知的社会信仰理念，并根据这一认识理念去认识和研究白密，才有可能将白密文化的特点、特质看深看透，也才能将白密文化的真正内涵研究清楚。

一 《张胜温画卷》的白密信仰文化特征

南诏初期，印度密教传入云南，随后汉密亦进入云南境内。此后的数百年间，印密、汉密与白族文化之间便一直处于碰撞、交融的发展状态。至大理国时期，白族地区的密教信仰，已面临着机制创新的一大机遇。当时，大理国提倡"尊儒崇佛"，本地白族文化中许多与外来密教文化相适

[①] 罗康隆：《文化人类学论纲·信仰与宗教》，云南大学出版社2005年版。

应的文化元素亟待得到皇权的认可，面对当时的社会背景和白族文化特异性的客观需求，住持于大理国皇室的阿吒力僧团面临着必须担负起在大理地区的密教领域创制出一种既不同于印密、汉密、也不同于藏密的，需要自成一体的宗教流派风格的重任。经过长时期的研究、实践，至大理国段智兴（1180）前后，皇室僧团终于在外来密教文化的基础上，逐步创制出了大理的白密教派。

鉴于明洪武十五年（1382），明军对白密经藏实施过严厉的焚销，[①]造成了我们对白密创制成果研究中许多经藏源流难以寻找齐全的困难，也造成了我们在研究中只能依靠《南诏图传》《宋时大理国描工张胜温梵像》（以下简称《张胜温画卷》）以及剑川石钟山石窟造像等文献文物进行分析、研究，但又无法与《大理国写经》的原始经文创制理念进行比照的极大困难。

研究白密，首先应考虑白密的曾经创制这一主题，理由是：如果没有大理皇室的创制，就不可能形成白密的体系。但我们也应当认识到，白密的创制是对大理宗教信仰文化进行改造加工的一个极为严肃的问题。创制，首先它必须对原有外来的印密、汉密文化进行审慎的疏理，对其中不可改变的宗教教义必须严格地保护与承袭。从密教经典及《张胜温画卷》、剑川石钟山石窟造像、大理国写经残卷等文献文物中可以看出，白密的教义源于胎藏界，其教义所依据的即《大日经》《金刚顶经》所诠释的"以菩提心为因，大悲为根本，方便为究竟"。教义中的"因"为本体论，"根"为实践论，"究竟"为方法论。我们今天看到的白密《画卷》和文物中一直严格遵循并一直到今天的白传密教核心文化依然保留着这一教义的元素。笔者认为，当时白密需要解决的，即既要保留胎藏的经藏教义，又要创制出与外来胎藏不同的持修原理这样一个大问题。遵循这一创制原则，经过僧团加工改造，大理国皇室中终于最终形成了被白密阿吒力师僧一直称之为"胎藏坐坛，金刚行法"，"莲金圆融，理智合一"的持修制度和行持方式。

为了揭示出白密创制的以胎藏教义为本，以金刚行法模式为根的白密信仰文化特征。本文特别借助《南诏图传》《张胜温画卷》、剑川石钟山石窟造像作为实例，然后以白族宗教信仰文化的传统理解方式，与汉密、

---

① 董贤：《南山大法藏寺碑》，明永乐十九年（1421）。

藏密文化进行相互比照的方法,对白密自成体系的观点进行阐述。

成画于南诏中兴二年(889)的《南诏图传》,给我们传达的不仅局限于印度密教的传入,而且也传达了密教与土著文化的矛盾及融合,南诏王室崇奉密教的姿态及创制"圣教"的梦想这几方面的信息。

图 1　南诏王室奉礼图

成画于大理国盛德五年(1180)的《张胜温画卷》所传达的,则是"白传密教"已经自成体系这一重要信息。《画卷》整体布局的理念告诉我们,《张胜温画卷》绝不是个人的作品。整卷《画卷》所体现的文化思想说明:经过200多年的实践、积累、整合之后,大理国皇室僧团经过加工改造的,外来密教文化与白族文化相融互济的白密文化已经成熟、成形。具体表现为:

《画卷》依照胎藏教义,遵循"莲金圆融、理智合一"所创制的白密神祇塑造、法会、法事经典依据、法坛设置理念、科仪行持方式、法脉传承源流等等,与汉地胎藏、藏地金刚(印度金刚)的法理法式之间的差异是明显的。

《画卷》信息表露:《张胜温画卷》是经过大理国皇帝钦点,向社会公开发布的一卷白密信仰画卷。其第一部分榜题"利贞皇帝骠信画",表示的就是《画卷》已经大理国皇帝首肯。

《画卷》依白密从右至左,逆时针方向的排列习惯,以金刚杵、金刚铃图案作天头铺设,以莲花、卷云作地脚铺设的含意,明确了"莲金圆融"的白密教派理念。

《画卷》还采取以金刚杵、金刚铃组合的方式,以两种样式的金刚杵组合,以单一样式的金刚杵组合等形式,将全卷严格地分列为内容不同的三大板块(本文所叙述的《张胜温画卷》三大板块,依照画卷天头地脚铺设划分,序号按李霖灿排序,板块中个别排序错位,本文暂不涉及)。

《画卷》第一板块以"利贞皇帝骠信画"为榜题,分述出大理国皇室礼佛姿态,"胎藏坐坛、金刚行法"义理及行持制式,白密经藏源流,大理国自行确立的,与白密信仰传习相关的16罗汉、阿閦如来、白密师祖群体等。

图 2　大理国皇室礼佛场面

图 3　白密法坛主尊金刚及护法

图 4　白密初始传人迦叶　白密金刚部主阿閦佛
十六罗汉之迦诺迦跋釐阇尊者

图 5　道信大师　僧灿大师　慧可大师　达摩大师
阿难尊者（无法巾）迦叶尊者

图 6　维摩大士"带发修行"模式　　　图 7　文殊菩萨

说明：

1. 画卷1—6（图2）再现了大理国皇室礼佛的场面。

2. 画卷7—8、11—12（图3），以"水""火"特征标示出"莲华部金刚""密迹金刚"同为白密护法。

3. 《画卷》9（图4）所画"大日遍照"（与剑川石钟寺"大日遍照"造型一致）之造型、着饰、手印与印密、汉密、藏密不同。一般情况下，外来胎藏界手印为"法界定印"，金刚界手印为"智拳印"，而白密创制的主尊大日如来手印，左手施"定印"，右手施"触地印"，明显表示出白密与外来胎金两密之间的差异，尤其其结跏趺坐于莲台上，显示出"胎藏坐坛"的地位，座左（《画卷》10）三头八臂金刚，手持各式法器，表示出"金刚行法"之位份。

4. 《画卷》12—22阐释了白密的义理以胎藏为源并以此为基础创制密教新派别。

5. 《画卷》23—38（图5），体现出南诏至大理时期进入云南的显密师僧对云南佛教传播的影响，并与后来大理白密的成形之间所存在的因果关系。

6. 《画卷》39—62，其中39—41，阿閦如来以金刚部部主之身跌坐于莲花环内，环下莲花叶上的迦叶手捧法巾（此法巾白语称"拘白"[jiu bāip]，为白密传法、护法、敬圣、跪拜三宝所用法器，至今剑川阿吒力师僧行法时仍用此巾）。这一法巾在42—62各页的师祖像中均以不同形式有体现，表明了白密师祖群体以迦叶为初始传人，达摩为白密初祖，直至57"沙门□□"的师传脉源关系。

7. 《画卷》58—62（图6），表示白密师僧持修义理奉行的是"修心不修身"原则："带发修行"理念源于"梵僧观世音""维摩大士"所提倡的密法。并表明白密师祖群均"为法界有情等"。其含意表明，大理国皇室僧团创制的白密师祖群已为"法界"认可。画卷58—62画像内涵体现出，白密"带发修行"以及"修心不修身"的理念和行持方式，源于建国梵僧、维摩大士。

《画卷》第二板块以"奉为皇帝骠信画"为榜题，标示出经皇帝首肯的白密主要法会、法事行持要义。其中63—67为《南无释迦牟尼佛会》（图8），68—72为《药师琉璃光佛会》（图9），73—76为经白密修制的十二大愿诉求（图10），77—78为《南无三会弥勒尊佛会》（图 11），这些佛会为白密崇奉的重大法会。其中，以 78 榜题"奉为法界有情等"开始至 86（图 12）为白密常用法事，从图像中看出，白密舍利宝塔的制式与汉密、藏密制式完全不同，其余"大日遍照""南无郎婆灵佛""南无瑜城世尊佛""建国观世音菩萨"为白密创制神祇，故标示"奉为法界有情人"以示法界的认可。87—103 为白密"观音表"法事，104—115 为白密祈、荐、瘟、火等仪轨的经藏要义和行持主尊圣号悬挂依据。

图 8　白密重大法会南无释迦牟尼佛会

图 9　白密重大法会——药师琉璃光佛会

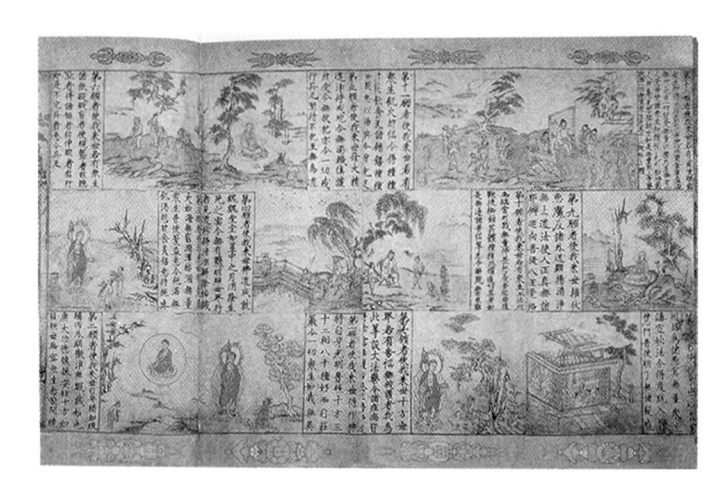

图 10　白密法事中的十二大愿

图 11　白密重大法会——南无三会弥勒尊佛会

图 12　白密各类常用法事科仪主尊及坛法

说明：

1. 第二板块是白密法会、法事行持的主要义理，这些义理中许多观点和理念与汉密、印密、藏密文化之间存着明显差异，由于第二板块中的排序错位较多，给研究者带来很多困难。加上大理国写经的严重毁失，有关白密法会与印密、汉密、藏密文化之间的差异原理难以解释。现存白密仪轨中，许多自创神祇诰命，圣号悬挂，符咒辞章，口传经诵等很有助于对宋代白密画像的理解。值得注意的是，现有明代以后规定通用的剑川密教抄写经文中汉密成分较多，若以此来诠释《画卷》内容，则许多白密理念必然被认为是错误的。对这些疑问，只能逐步靠新的资料补充解决。

2. 第二板块中的常用行持主尊名号，主尊画像的许多文化特征与汉密、印密、藏密文化理念迥然不同，这是白密创制中的重要特征。同样因为大理国写经的严重毁失，无法与画像作出对应诠释，如以汉密、印密、藏密图像学的观点来看待白密图像，必然会认为白密图像大有"不伦不类"之嫌。恰恰相反，这些所谓"不伦不类"的文化现象，正是白密自身文化的特异性及其自成体系的文化符号。对此问题，研究中需注意。

《画卷》第三板块（116—136），开头无榜题，其中121榜题"金钵迦罗神"、122榜题"大安药叉神"、123榜题"大圣福德龙女"、124榜题"大圣大黑天神"、127榜题"伏烦恼苦鲁迦金刚"、128榜题"守护摩醯首罗众"（图13）。此板块神祇明显以水（胎藏），火（金刚）为背景，表达了白密崇奉的护法、诸天、龙女、源出胎、金两界，但其在白密菩萨、金刚义理方面已与外来的胎，金两界有别。129、130分别榜题"多心宝幢""护国宝幢"（图12）体现的是白密推行的白族社会信仰中（主要为火葬）已实施梵文经咒宝幢制。131—134榜题"十六大国王众"（图15）。体现出当时追随大理国崇奉白密的"十六国"各自的崇佛姿态。

图 13　梵文多心经幢与护国宝幢　　图 14　榜题伏烦恼苦鲁迦金刚摩醯首罗天

图 15　十六大国王众

图 16　白密法事中仍使用的法巾及法坛

三　石钟山石窟造像中的白密文化特征

剑川石钟山石窟造像群上起南诏天启十一年（850），下至大理国盛德四年（1179），其建造时间与《张胜温画卷》基本处在同一时期。因此石窟中的大理国时期石窟造像与《画卷》画像的经藏义理应当源于同一时期的《大理国写经》。尤其大理国中后期石钟寺作为大理国皇室阿吒力僧团的外道场，[1] 曾经以石钟寺石窟的造像作为白密道场法坛而实践了许多白密法会仪轨的行持。

石钟山石窟由沙登箐、狮子关、石钟寺三个石窟片区组成，整座石窟大体分南诏、大理国两个时期。以此为限，又以沙登箐 12 号、14 号窟为南诏时期印密进入云南初期的密教造像。沙登箐 15 号、16 号、17 号，狮子关 9 号、11 号，石钟寺 1 号、2 号石窟为南诏中后期造像。

石钟寺 3 号至 8 号窟，狮子关 10 号窟，沙登箐 13 号窟为大理国时期造像。石钟寺石窟造像除"明王堂"以外，其余造像艺术风格与《张胜温画卷》的画像艺术理念完全一致。

---

[1]　参见张锡录《大理佛教密宗·白密的寺院与家坛》，云南民族出版社 1999 年版。

图 17 卢舍那佛　　　　图 18 阿閦佛

图 19 石钟寺 7 号窟俗称 "甘露观音"

图20　白传密教明王堂及正中主尊大日如来造像

图21　地藏王菩萨　图22　释迦牟尼佛会　图23　维摩大士与榆城世尊佛

图24　莲华部部主阿弥陀佛　图25　佛部部主大日如来（俗称阿央白）　图26　金刚部部主阿閦佛

说明：

1. 石钟山初期造像中（图 17），印密文化痕迹明显，无中原密教文化痕迹。

2. 石钟山南诏中后期造像中，大圣大黑天王，大圣毗沙门天王造型与汉密、藏密特征不同。大圣圣独罗，南诏王造像等不仅体现出独特的地域民族特点，更主要的是表达了南诏王室"仁王护国"思想的浓厚，崇佛、礼佛的理念执着，尤其榜题"大圣"一词，揭示出南诏中后期，王室阿吒力僧团已萌发出创建"圣教"的愿望（从中看出，这一时期的王者像纯属密教神祇，与后来白族"本主"神祇的创制之间有严格的区别）。

3. 石钟山大理国时期的造像透视出云南白传密教文化的成熟。其中石钟寺 3 号窟"南无二道化身地藏王菩萨"（图 21），4 号窟"南无释迦牟尼佛会"[（图 22），俗称"华严三圣"]，反映出白密法会创制理念与汉密、藏密的文化差异。5 号窟正中"文殊请问、维摩诘经变"，左后"南无瑜城世尊佛"，右后（此佛尊号待考）（图 23）的设坛法式中，已明显反映出"白密"创制法事的独特文化痕迹。将"南无瑜城世尊佛"判定为"大势至"菩萨，是典型的汉密判定方式，与《张胜温画卷》《大理国写经》残卷的白密文化理念是完全不一致的。

石钟寺 6 号窟"明王堂"（图 20），其法坛设置神祇塑造的依据为大理国写经《通用启请仪轨》中《海会八明王四种化现歌赞》，其明王（白密没有明妃）造像的榜题、造型、持物、尊名排序与印密、汉密、藏密文化完全不同。[①] 其文化内涵充分表达出了白密创制的"以胎藏教义为本，以金刚持修义理为根"的瑜伽行持法式，以及明王堂正中的白密主尊"大日遍照"（此期尚未出现"五如来"）与汉密、印密、藏密文化之间的明显区别。

石钟寺 7 号窟俗称"甘露观音"（图 19）。此窟正中的观音已经塑造完成，左右石壁劈凿平整，显然是要雕刻完整的白密"观音院"，很有可能因社会的变故而半途终止雕刻工程，为此笔者认为石钟寺 5 号窟"维摩诘经变"右后的佛龛不可能再单独雕列观音造像。

---

① 参见阮丽《剑川石钟山石窟第六窟八大明王源流考》，2013 年崇圣（国际）论坛论文，凤凰网华人佛教，2013 年 11 月 5 日。

石钟寺 8 号窟俗称"阿盎白"（图 24）。石龛正中的"阿盎白"为白密佛部部主（大日如来自性身，观音受用身，"阿盎白"变化身），石龛右壁线刻阿閦如来为白密金刚部部主，左壁线刻阿弥陀如来为白密莲华部部主。石龛正中主尊顶部方形碑"天王骠信"字意标示出此窟是经过大理国皇帝段智兴首肯而创制的白密曼荼罗。① 石龛中其他菩萨，天王、协侍、供养人应当是分别依据《大理国写经》之莲华、金刚佛典要义作为根据雕刻的。

4. 沙登箐 13 号、狮子关 10 号窟为大理国时期刻意后续补入南诏石刻群的造像，13 号窟雕的是"阿嵯耶观音"，10 号窟雕的是"建国梵僧观音"，造像经典源自《南诏图传》《张胜温画卷》，所雕造像为南诏、大理国白族社会信仰群体共同崇奉的白密神祇，这两窟石雕的补刻，从白密信仰的角度，填补了石钟山石窟原有造像中白密自创观音神祇的遗漏失缺。

总之，从《张胜温画卷》和剑川石窟造像的文化现象中可以看到，《画卷》和石窟造像文化的意图是明显的，其目的就是想要达到让社会承认"白密"创制的合法性。并期望白密自创的神祇、师传、法会、法事、仪轨等已成形的白族宗教信仰文化受到法界的承认和保护。

从中还看出，白密在教义，僧团组织，仪轨行持诸方面已自成体系，完全形成了一个以追求现世利益及逃避地狱惩罚为主要目标，以功德思想与以他力拯救为基础的信仰性佛教流派。

诚如方广锠先生所指出："宋代，中国佛教的法事忏仪已经非常的成熟了，其重要代表之一，就是我们现在看到的形成于宋代的那些阿吒力经典（还当包含画卷与石窟——笔者注）。法事忏仪的出现，是信仰性佛教发展的重要阶段。而大规模法事忏仪的形式，是我国信仰性佛教由配角走上前台的重要标志。"② 方广锠先生对白密阿吒力经典的评判，使我们对大理国时期所成形、成熟的白密文化内涵有了更深的了解和认识。

元代开始，大理国皇室僧团彻底解体，但走向民间的白密阿吒力师僧仍然坚持白密的持修道路，并把白密文化传向白族聚居的城镇乡村。明、

---

① 参见杨延福《剑川石宝山考释·石钟寺第八号考释》，云南民族出版社 1993 年版；另参见田青《"阿盎白"与佛教密宗的女性观》，《中国文化》1993 年第 8 期。

② 引自方广锠为侯冲《云南阿吒力教经典研究》之序言，中国书籍出版社 2008 年版。

清、民国至今，白密教派一直坚持以《大日经》《金刚顶经》等为持修原理，以菩提心为因，以大悲为根本，以方便为究竟，坚持将平常心修至清净无染，以"理智合一""莲金圆融"的瑜伽密法作为修成正果的基础条件，以身口意表现手法完成明显心性，直心入道、获得成就，取得正果，到达彼岸，共修成佛目的的修行方式一直得到承传和使用。[①] 白密教派将"奉献、祥和"为宗旨的文化思想传播到民间，为社会的安定和谐，为社会的平安发展做出了贡献。

（张笑，《剑川县志》主编）

---

① 参看张熹、张旭东、张笑撰《现存白传密教文化调查》。

从鸡足山看云南佛教密宗的衰弱

李学龙

内容提要：元代统一云南，开始了云南本土文化的转型。其中以明清尤为突出。佛教密宗亦由明初承认其合法性，设"僧纲司"，到中后期的压制，清初以"非佛非道"而视之；同时，以重新构建鸡足山为手段，限制密宗，确立鸡足山禅宗圣地的地位，使云南佛教密宗走向衰弱。

关键词：鸡足山　密宗　衰弱

1253年大理国的灭亡，不但结束了云南500多年的分离局面，将云南置于中央王朝的统治之下，也开始了云南本土文化转型的进程。只是由于元朝的短暂，未能看到云南地方文化明显的变化。到了明清时期，随着中央集权统治在云南的加强和稳固，新的文化整合在云南全面展开。对云南有长期重要影响的佛教密宗，也在经历着一场深刻的变革。这一变革是以"抑密扬禅"的行为来进行，其中明代是一个非常重要的阶段，以鸡足山的再构建为重要标志，中央王朝持续不断的打压，让云南的佛教密宗逐渐走向民间化和边缘化。

一　从"僧纲司"到"非佛非道"

明军进入云南，虽然受到了一些抵抗，但迅速平息，在主要地区没有造成持续性的影响。对于长期形成且在地方有重要影响的佛教密宗阿吒力教派，开始采取利用的政策，密宗一度呈现平稳的局面。明洪武间，在大理、鹤庆二府设僧纲司，负责管理佛教相关事务。凤仪北荡天董氏董贤为大理佛教密宗之先师，被明成祖封为"伏魔卫正神通五密大我国师"，主持大理密宗阿吒力僧纲司都纲。同时任命的，还有朵兮薄道纪司。

永乐十三年（1415），鹤庆知府发动剑川十家土司建兴教寺，作为地方上著名的密宗寺院，当时建成大雄宝殿及天王殿，并未完工。寺院的发起者高兴，为大理国权臣高氏之后，但为何仅建成二殿后没有了下文，后来也没过度强调密宗之说，个中原因不得而知。

到明代中期，云南本土阿吒力仍与政府保持合作关系，为政府所用。明《英宗实录》卷九十四载："正统七年（1442）七月丁丑……命云南大理府阿吒力僧纲司土僧何清等为本司都纲等官。初靖远伯王骥奏征麓川时，何清等在彼结坛行法，将思任发及刀招汉父子缚藁为人，背书名字，枷镣刀箭，欲射躯鬼，在坛昼夜咒魇，果有青蛇花雀入坛，黄昏神号鬼哭，后随大军过江杀贼，持幡行法，直至贼门，呼风唤雨，佑助火功，有验，宜录其功。……至是都纲董荣等仍奏保何清，及请增设僧纲等司八处，兵部及礼部再言之，上不允其再增设僧纲司，但令授何清等僧官，仍还本寺终其本教。"① 从史料来看，当时起码密宗阿吒力教派在明王朝看来，虽无大兴趣，但并不是负面的。

明代中后期，明王朝对云南的佛教政策发生变化，开始对佛教密宗采取打压措施，并从葬俗的角度对其文化进行革除。始有正德二年（1507），巡按云南御使陈天祥的建议："云南有阿吒力、朵兮薄二教，其徒数百人，不祝发，不绝荤酒，类僧道而非僧道，有妻妾，生子女，假托事佛祈禳，招集良家女妇，宣淫坏俗。……乞敕所司削其官，追其印，摘发改管官处，承当军民差役，庶淫丑之俗可以少革。"② 继而有林俊的灭佛事件。弘治元年（1488），林俊升任云南按察副使。史载"鹤庆县元化寺称有活佛，每年集士女万人争以金涂其面。"③ 林俊下令焚毁"活佛"，将所得黄金以偿还民众的欠赋。又毁淫祠三百六十区，以其材修建学宫。林俊由此又被人称为"林灭佛"。大理、鹤庆是佛教密宗阿吒力教派势力比较强、民众影响深的地区，选择在这样一个区域对其进行打压，其目的性不言而喻。佛教密宗阿吒力教派及其寺庙开始成为"邪""淫"的身份

---

① （明）《英宗正统实录》卷九十四，"正统七年七月丁丑条"。
② （明）《武宗正德实录》卷23，"正德二年二月条"。
③ （清）倪蜕辑李埏点校：《滇云历年传》，云南大学出版社1992年版。

和教派。到了明末，这种印象进一步加深。崇祯十二年（1639），徐霞客游保山卧佛寺、腾冲宝峰寺等，遇到阿吒力教做法事，将之作为"宣淫坏俗"之事予以责骂。对于南诏大理国以来盛行的火葬习俗，采取一些措施予以禁止，嘉靖以后，中心地区火葬习俗基本转变为土葬。

到清初，从康熙始，政府不再能容忍阿吒力的传播，正式宣布其为非法。康熙《云南通志·凡例》写道："阿吒力等教非释非道，其术足以动众，其说足以惑人，此固盛世之乱民，王法所必禁者也。"[①] 在清王朝的严厉措施下，阿吒力的名号基本不见于碑刻、官书中，火葬习俗被彻底革除，活动被禁止。作为宗教，阿吒力教到了清代中期慢慢退出了寺院，流落僻壤。在民间，阿吒力也被圣谕堂、洞经会、莲池会等所谓正统的组织替代，成为旁门左道。

从元代以后佛教密宗阿吒力教派的境遇来看，它从南诏大理国时期的国教，逐渐沦为元明时期的地方教派，并因与当时主流教派的差异而不断受到排斥、打压，以致禁止并被完全边缘化。从明王朝角度，完成了对地区旧传统的破坏。

二 从水目山到鸡足山

伴随着明清王朝对云南佛教密宗阿吒力教派的排斥和打压，我们看到在王权的提倡下，在南诏大理国时期一直存在但不占主流的教派的兴起，这就是禅宗。

云南及大理地区受交通、地理的影响，是文化多元地区，佛教也是如此。《南诏中兴画卷·文字卷》说道，大封民国圣教兴行，其来有上。云南佛教的来源时说，其来有上，或从胡梵而至，或从汉蕃而来。在南诏大理国时期，其境内的佛教，有大乘佛教、小乘佛教，大乘中既有禅宗，也有密宗。而以什么教派作为指导思想治理国家，要看统治者的需要，同时要视当时的时代背景。在唐代，随"开元三大士"的到来，密宗信仰在中原一度兴盛。远在西南的南诏国，出现了"梵僧"（观音）点化细奴罗的传说，以"圣观音"为建国精神的观音信仰，持续了很长的时间。大理国时期，段氏统治者仍以密教治国，在境内广修梵刹，上至王公贵族，

---

① （清）范承勋、王继文修《康熙云南通志》，凤凰出版社2009年版。

下至平民百姓，均以事佛为本。在密风笼罩下，我们也看到了禅意的萌发，禅宗在大理国时期也逐渐走上前台，其代表是今祥云水目山。

史载，水目寺始建于南诏，南诏龙兴四年（813），为诸大臣所请，南诏王劝龙晟下旨普济庆光禅师到水目山开山建寺，禅师用禅杖凿地，"而有清泉涌出，因名水目"。① 至大理国，高氏作为住持持掌水目山，其中的"水目二祖"净妙澄禅师，高氏，为大理国段世公仁懿太后之父，天子之外祖。"水目三祖"渊蛟智玄禅师，出身显赫，其母为大理国王段智兴之女。水目山虽师承崇圣寺，但却以禅宗为主，采用显密双修的修习方式。由于大理国密宗为本的性质及段氏、高氏在大理国政权中主从及依存的关系，禅密之间并不存在对抗的基础和相互替代的可能性，因此，水目山禅宗的出现，只是修习方式的不同，南诏大理国以来一脉相承的宗教体系仍在持续，没有出现根本性的改变。

到了明代中期以后，随着中央集权政治统治的加强，儒家思想深入云南地区，抑密扬禅的风潮出现。在密宗阿吒力教派退出地方寺院的同时，一场新的造神运动悄然兴起，鸡足山成为这个造神运动的中心。从明永乐年间重修古福缘寺（接待寺前身）开始，众僧云集，纷纷在鸡足山建寺。迄嘉靖、万历年间，僧俗在鸡足山建寺修寺达到高潮。至清初，全山共有"大寺八，小寺三十有四，庵院六十有五，静室一百七十余所"②。除寺院外，还建有轩、亭、角堂、坊、塔、殿等二十余座，桥梁十八座。终成佛教名山，名扬海内外。

鸡足山的建寺活动始终得到王朝的支持。嘉靖三十七年（1558）重建的"寂光寺碑"记述道："寂光寺在鸡足山，禅师本帖之所建也。正殿重檐钜丽为胜。右禅堂，柱石甚壮，左方丈以楼，欲去湿也，门为小阁，可以望远。左右各为屋二楹，殿中安西方三圣之像，奉万岁牌于像前。"鸡足山至今保存的"《鱼篮观音像》碑"，碑右上部有楷书题铭：赞曰：

惟我圣母，慈仁格天；感斯嘉垂，阙产瑞莲。
加大士像，勒石流传；延国福民，霄壤同坚。

---

① 邱宣充主编：《水目山志》，云南科技出版社2003年版。
② 宾川县志编委会：《鸡足山志》，云南人民出版社2012年版。

左侧楷书题记云："大明万历丁亥年造／隆武丁亥年二月初八日／鸡足山传衣寺流传侍奉。"史载，明万历十五年（1587），神宗皇帝朱翊钧为祝贺生母慈圣皇太后四十二岁寿辰，特制鱼篮观音图，并亲自撰写赞文，颁发谕旨，流传天下，今国内众多寺庙里都有此碑留存。该碑虽刻于南明时期，却从侧面反映出朱氏王朝对佛教的推崇。在《悉檀寺开山本无大师实行记》中，亦记有光宗（万历）皇帝特允颁赐青锡杖紫衣等事，使悉檀寺成为了当时的鸡足山八大寺之一。

不仅如此，鸡足山在重新构建中，也得到了八方地方精英的鼎力支持，对鸡足山的振兴起了十分重要的作用。单是明代，就有内地寓滇的状元杨慎、著名理学家、姚安知府李挚，大旅行家徐霞客；地方名流如李元阳、杨黼、杨士云。特别是作为地方势力代表的木氏土司、高氏土司，对鸡足山的构建起了重要作用。尤其是李元阳，参与建寺颇多，《鸡足山志》云："山中寺院，凡倾颓者，无不修葺，并为撰文。鸡山之盛，公为首功矣。"① 这样的评价也是恰如其分的。

木氏土司对鹤庆文庙、西邑舍茶寺、丽江寺、青玄寺、妙明居、龙华寺进行修建的同时，对鸡足山更是崇敬有加。木氏在修建鸡足山寺庙中，捐钱捐土，贡献颇多。万历四十四年（1616），木增出资修建鸡足山华严寺藏经阁；万历四十五年（1617），木增为母亲求寿，向朝廷奏准在鸡足山建寺。用黄金万两建悉檀寺，延请高僧释禅住持创修，并在寺的大门内建万寿殿，表示祝国诚心。天启二年（1622），木增请求明熹宗赐佛经678函，熹宗准奏，木增运经藏到鸡足山。天启四年（1624），命僧人入京求藏，天启皇帝御赐藏经，题寺名为"祝国悉檀寺"。木增从丽江把工艺精美的铜铸八卦大香炉和重两千余斤的铜钟运到悉檀寺作为镇寺宝器。崇祯二年（1629），又于悉檀寺三门内建圣旨坊，在大殿右侧建法云阁，贮藏经书，给寺院买田三百亩，并为悉檀寺订立寺规，悉檀寺成为山中丛林的楷模。崇祯四年（1631），木增在九重崖建一衲轩。崇祯十一年（1638），在文笔山建尊胜塔院（今佛塔寺）。崇祯十二年（1639），请在悉檀寺住下的徐霞客，修《鸡足山志》。《新纂云南通志·宗教考》云：鸡足山修建"功德以木增为最"（卷六，十三册），② 实不为过。

---

① 宾川县志编委会：《鸡足山志》，云南人民出版社2012年版。
② 李春龙、牛鸿斌点校：《新纂云南通志》卷6，云南人民出版社2007年版。

另外一些土司，对鸡足山的贡献也颇多。如僧明正募洱海（今洱源）杨土官建白石庵；正德间，僧圆成同北胜州土官高世懋建铸铜瓦殿（即传灯寺，原名迦叶寺）；嘉靖四年（1525），僧昌玉同阿国祯重建铜瓦殿；嘉靖壬子（1552），僧圆庆募邓川土官阿子贤建迦叶殿；万历间，黔国公建兰陀寺，延法师真澄居之，等等。

通过长时间、大规模的兴建，鸡足山成为云南乃至东南亚地区规模最大的一座佛教名山，这一规模是之前云南境内任何一座佛教名山都不可比拟的。特别在密宗退出寺院的情况下，禅宗在寺院中已占据了绝对的地位。

三　从青巅山到朝圣中心

经过几百年的兴建，建立起禅宗在云南的优势地位。当然，我们认为这主要是物质上的优势。如何在精神上建立起禅宗的正统性和优势地位，真正成为佛教名山，仍需要文化上的"加冕"。迦叶道场在鸡足山的确立，正是这一加冕的过程。

在明代早期的史志中，鸡足山名为青巅山，又名发曲山、九重岩。从此记载来看，当时还未有鸡足山之名，而且在明代以前的其他史书中，或无记载，或以青巅名之，或以九重崖称之。而鸡足山是印度著名的佛教圣地，《佛光大辞典》云："鸡足山，又作鸡脚山、尊足山、狼足山、狼迹山。位于中印度摩揭陀国，乃摩诃迦叶入寂之地。"[①] 根据早期的经典记载，包括 Sarvāstavadian Vinaya（《一切有部毗奈耶》）和 Divyâvadāna 等都说，大迦叶尊者入定于现今印度的鸡足山（Kukuṭapādagiri）内，他要护持佛陀的衣钵，等待弥勒菩萨诞生于婆娑世界，才将衣钵传承给他。

青巅山、九重岩与鸡足山之间，本并无交集。在明代之前，鸡足山指的是印度之鸡足山。大理北汤天发现的《护国司南抄》等大理写经中曾有"鸡足山"之名，指的是印度的鸡足山。对于现在之鸡足山，史志也有不少记载。如元《混一方舆胜览·大理路·景致》称："九曲山，峰峦

---

① 《佛光大辞典》，国家图书馆出版社2011年版。

攒簇，状如莲花，盘曲九折，在洱河东北。"① 明初依元代资料编成的《寰宇通志》也说："九曲山，在西洱河东北百余里，盘折九曲而上，顶有石门，高不可入。"② 甚至依据明初资料成书的《大明一统志》和景泰《云南图经》也不称之为鸡足山。《明一统志》卷八十六云："九曲山，在洱河东百余里，峰岳攒簇，状若莲花，九盘而上，又名九重岩。上有石洞，人莫能通。"③ 景泰《云南图经》卷五云："九曲山，在洱海东北一百里，山多岩石，路盘九曲。上有石门，人不敢至。一名九重岩山。则虽山川灵秀，尚无佛法足书。"④ 明正德《云南志》卷三与前述有相同记载外，有"相传此山乃迦叶授金兰入定之所"之述，始有迦叶传说出现，但未有鸡足山之说。

最早称大理"鸡足山"之名，是明初的《白古通记》。该书载："苍、洱之间，妙香城也""释迦佛在西洱证如来位""（点苍山），释迦说《法华经》处""鸡足山，上古之世原名青巅山，洞名华阴洞。……迦毗罗国净梵大王因其山形象鸡足，遂更名曰鸡足山，名其洞曰迦叶洞""迦叶尊者由大理点苍山入鸡足""阿难亲刻尊者香像于华首门""三皇之后，西天摩揭陀国阿育王第八子蒙苴颂居大理为王。三塔见存。"等多处。⑤

摩诃迦叶又名"大迦叶"，又作迦叶波、迦摄波，意为饮光。佛陀十大弟子之一，有"头陀第一""上行第一"等称号。公认为禅宗第一代祖师。明代中期以后，青巅山变身为鸡足山，并作为迦叶道场之说，逐渐成为主流，并根据山形演绎出因"前伸三峰，后拖一岭，形象鸡足"而被称名为鸡足山，并为僧俗所接受。山顶有绝壁，有似石门的自然奇观，也被演绎为华首门，为迦叶守衣入定之所。将原来之青巅山改为鸡足山，并以迦叶道场作佛教圣地，这是在重塑鸡足山的过程中，一个重要的标志性的事件，鸡足山完成了由一般神山向佛教神山圣地的转身，具有了禅宗的正统性。

---

① （元）刘应李原编、詹有谅改编《混一方舆胜览》，郭声波整理，四川大学出版社2003年版。

② （明）陈循、彭时：《寰宇通志》，书目文献出版社2014年版。

③ （明）李贤、彭时：《明一统志》卷86。

④ （明）陈文修、李春龙：《景泰云南图经治书校注》卷5，刘景毛校注，云南民族出版社2002年版。

⑤ 王叔武辑《云南古佚书钞》，云南人民出版社1996年版。

明清时期，鸡足山成为了广大信众的朝圣中心，影响很大。在周边的很多地方，均建有"小鸡足"，方便那些不能长途跋涉亲自到鸡足山朝圣的信众们有一个就近的朝拜场所。如云龙宝丰、巍山五印、大理湾桥、祥云禾甸等地，均有"小鸡足"，据说，到小鸡足朝三次，就等同于亲自到鸡足山朝圣一次。甚至藏区、东南亚等不同教派的信众也不远千里来鸡足山朝圣，使鸡足山成为汉传、藏传、南传佛教的共同朝圣中心。在滇西以旧州为中心的段氏土司辖地，其本主神也冠之以"三崇鸡足建国皇帝"名号，传说这名号的取得，是去鸡足山求赐或托梦的结果，这也是鸡足山兴起后对边远地主影响的一个反映。

结　语

云南佛教密宗阿吒力教派，一度是云南佛教信仰的主流，影响到人们社会生活的各个方面，并流下了众多的历史遗存，如火葬习俗、石窟寺、石刻等，至今在一些地方的民间仍有影响。云南进入统一的封建中央王朝统治后，这一教派难与封建中央集权体系的政治、文化生态相调适，逐渐成为王权体制排斥、打击的对象。在数百年间，对其不断打压，不但使其传承体系受到了严重破坏，其文化表现如仪式、丧葬习俗被强制革除，逐渐失去了信仰的社会基础。同时，通过对鸡足山的重新建构，建立起以禅宗为主的新的信仰中心和迦叶道场的神圣地位，迫使佛教密宗阿吒力教派逐渐走向衰弱，在主流信仰中被禅宗所代替，成为元明以来云南文化转型的一个最重要的标志。

（李学龙，大理大学副研究馆员）

试析南诏大理国密宗"阿吒力"及其在当代白族社会的遗存

杨政业

南诏大理国的密教,指所奉行显宗和密宗。而由密宗发展传承下来的"阿吒力",有称为"滇密"或"白密"的,指的就是白族承袭的"阿吒力"。"阿吒力"一词,历史上称"阿阇黎""阿左黎"等二十多种称谓。[①] 它是梵文"Ācārya"的音译,原意是导师、上师的意思。"阿吒力"一词的称谓至今在白族地区仍然流行。

佛自西方来。古代印度的各类佛教门派传入中国,当有不同的部派和不同线路。佛教由古印度传入西藏而形成了藏密,传入云南而成了滇密,传入韩国、日本的一支又叫"东密"。密教在西藏产生,在公元5世纪左右,而云南大理的密教产生时间约在8世纪初。这可以从《南诏中兴二年画卷》和近年龙于图山南诏早期石刻佛像为证。密教显宗和密宗在南诏时期的兴起和发展乃至后来的嬗变,是两种古代文化碰撞和交融的结果,也是佛教传播过程中"适者生存"的一条定律。大理白族的"阿吒力",受印度婆罗门教和印度教至深,从一千多年前的南诏国算起,历经不同的社会、经济、文化背景,它有过鼎盛时期,后来又走向了衰落。但它在苍洱间作为一个民族文化符号,迄今还遗存在白族社会生活中。从学术研究的角度去观察分析,对于研究白族的民族史、宗教史、文化发展等,确是不应忽视的话题。

---

① 张锡禄:《元代大理段氏总管史》,云南民族出版社2006年版。

一　溯源妙香佛国的宗教

　　大理誉称佛国。佛教延续到明清之际，佛国大理仍然"无山不寺，无寺不僧"。曾有诗曰："叶榆三百六十寺，寺寺夜半皆钟鸣"。溯大理的佛教史，尤其是密教"阿吒力"，始于唐代，几乎与中原同步传承和发展。窃以为白族的"阿吒力"，大抵可以分为三个发展变化的时期，前期为南诏大理国（约与唐宋始终），历515年的岁月，人道是当时的"国教"。只因南诏大理国奉行政教合一、退位禅让的制度，境内"阿吒力"信众尤为鼎盛，文中将作评述。元朝时期，白族地区基本承袭前期的佛教信仰，元世祖崇佛并尊八思巴为"国师"，喇嘛教在元朝流行，由于元朝对佛教信仰宽容，"阿吒力"仍然在"大理路军民总管府"的辖内流行。[①] 明清时期，佛教禅宗在大理广为传扬，密宗"阿吒力"大多退出禅林走向民间，这是"阿吒力"开始走向衰微的时期。因此，近100年来，"阿吒力"已彻底退出名山大寺，遗存到白族的民间宗教和民风民俗中去了，如今本主活动、丧葬礼仪、音乐舞蹈以及白族妇女"莲池会"的活动中仍然看到它的余蔓。

　　由于白族"阿吒力"在当代社会宗教信仰中，与崇圣寺、感通寺等佛教界的主流信仰渐行渐远，错使学术界弥漫着一种观念，一谈大理的佛教史，动辄就是禅宗，动辄就是名山大寺。而历史上最能代表"阿吒力"的阁皮和尚、董迦逻龙、董贤等"阿吒力"大师们常常被人遗忘，地方佛教史总是"榜上无名"，时下大理的僧俗两界对大理佛教史有时也是各择其要，中外学界时有各执一词，是未深究"阿吒力"发展、嬗变、遗存之因也。

（一）唐宋时期的"阿吒力"

　　公元738年南诏立国，逐渐统一云南全境和周边一些地区，除了大背景方面得到唐王朝的支持，洱海区域及远近"诸蛮"需要合力执政等因素外，还因为佛教文化在中国南北朝以后是代表当时先进文化的，而古代国家的形成，需要一种先进文化来维系社会各阶层的精神纽带，南诏大理

---

① 张锡禄：《元代大理段氏总管史》，云南民族出版社2006年版。

国也别无选择地仿效唐王朝一样将佛教奉为国教。如凿于南诏时期的剑川石钟山石窟，有"阁逻凤出行图"。经考证，窟中王者右侧坐的侍臣像，经考证便是阁逻凤之弟阁皮和尚，是为政教合一之证。又石宝山石钟寺区第六窟雕有"八大明王"，乃密教造像无疑，于现存全国石窟中罕见。① 又据《南诏野史》载，第一次"天宝战争"时，阁逻凤遣弟阁皮和尚及子锋传、"酋望赵佺邓，杨传磨伴等并子弟六十人，献凯吐蕃"，即联络吐蕃攻唐军，并赞扬阁皮和尚"陂有神术，人马往来吐蕃不过朝夕"②。这里的"神术"，便是指"阿吒力"的法术，白族的"阿吒力"师自古是以善做法术而闻名的。

南诏晚期，世袭的政治权力受到挑战。郑回之裔孙郑买嗣篡位，"杀南诏八百口"，为了遮人耳目和赎罪，借用密教"超度"安抚亡灵，铸佛像一万多尊③，用以巩固郑氏"大长和国"的统治，嗣后相继更替的赵善政"大天兴国"、杨干贞"大义宁国"，皆莫如是奉密教为治国工具。

大理国时期对佛教密宗的传承，可以说出大理国时的文化形态与南诏的一致性。从《宋大理国描工张胜温画卷》可以看出，此画卷在剑川石窟的基础上，更加丰富了大理国密教的内容。其画造像密禅兼顾、僧俗（王室）一体，有如藏密之造像风格，连乾隆皇帝御览后题跋称奇："大理国画，世不经见，历代画谱亦罕有称者"④。同时，乾隆还下令丁观鹏摹，成为后来清宫钦定的《法界源流图》。

南诏至大理国时期，奉佛教的密宗、禅宗、显宗，从那时起，"阿吒力"师是有家室，可以生儿育女的。⑤ 甚至，很多过往的退位，大多以"禅位为僧"，避免了流血政变，这与密教"阿吒力"仅重法术和实用性有直接关系的。

（二）元朝时期的"阿吒力"

公元 1253 年，发生了"元跨革囊"的事件，元世祖忽必烈率兵灭大理国，公元 1271 年建立元王朝。公元 1273 年建立了云南行省。

---

① 陈兆复：《剑川石窟》，云南人民出版社 1980 年版。
② 张锡禄：《元代大理段氏总管史》，云南民族出版社 2006 年版。
③ （明）杨慎撰《南诏野史》。
④ 《宋·大理国描工张胜温梵像》，大理锦联文化传播公司内部 2013 年影印本。
⑤ 张锡禄：《元代大理段氏总管史》，云南民族出版社 2006 年版。

元世祖在对云南特别是对大理国原政治核心区（洱海区域）的统治，采取了"怀柔"的政策，一是允许原有宗教"阿吒力"的存续，也许元朝已看到白族信奉的佛教虽然有异于大元的主流，但"其来非一日也。彼其沈毅悍势之性，一旦归于清净慈俭之宗，此益威武不能屈，教化之所未易"。① 认为"阿吒力"在白族地区的深远根基，对其"沈毅悍势之性"不作矫枉过正，反而支持建立很多大黑天神——密宗大护法的庙宇，元朝是用密教稳定安抚滇云民心。第二方面就是让段氏子孙继续统治"大理路军民总管"，即今滇西一带。让段氏子孙承袭往日荣耀，用现在的话说，就是享受"高度的自治权"。元世祖对大理国灭亡后的宗教与政治形制持开明处置，其用意是深远的。

元代大理的佛教状况，可以说还是十分兴盛的。郭松年为元人，到大理亲见的景象是：

> 此邦之人，西去天竺为近，其俗多尚浮屠法，家无贫富皆有佛堂，人不以老壮，手不释佛珠，一岁之间，斋戒几半，绝不茹荤、饮酒，至斋毕乃已。沿山寺宇极多，不可殚纪……师僧有妻室，但往往读儒书……至其处者，使人名利之心俱尽。②

元代的"阿吒力"法师，仍有较大的社会号召力和宗教影响力，如舍利畏释多罗、开国元勋顺应国师董景、躬节仁义道涤大师杨公、明道蕴由理大师白长善、段氏长老段长、大阿左梨赵成、阿左梨张乐、大阿左梨李宝等，③ 在元碑、典籍、家谱中多有记述，被尊重，皆为有佛密道行者。

但是，元代的"阿吒力"虽社会地位较高，但因大理国的灭亡，已失去了政教合一的至尊。只在元朝宽宏的政治体制格局下，承袭着宗教上层的荣耀，这是大理密宗发展史上的一个转折过渡期。

（三）明清时期的"阿吒力"

从明代到清代（1368—1910），计542年时间，是云南及大理社会发

---

① 张锡禄：《元代大理段氏总管史》，云南民族出版社2006年版。
② （元）郭松年撰《大理行记》，王叔武校注，云南民族出版社1986年版，第22—23页。
③ 张锡禄：《元代大理段氏总管史》，云南民族出版社2006年版。

展的一个重要阶段。此时汉文化再次涌入,大理本土文化与中原文化再一次交融,由于封建社会汉文化的"独尊儒学",本土民族文化受到挤压,不得登儒家的"大雅之堂"。虽然明清也曾在大理地区设"阿吒力僧纲司""朵习薄(巫教)司"等予以行政管辖,似"以法治乱"之意,但由于明代初年明兵进入大理后焚书毁籍之恶举,加上大量"屯军""屯田"的汉民族文化强大的影响力,白族的"阿吒力"大多退出"正统"的佛家寺院,不得已走向民间化和民俗化。所以明清两朝是今天研究"阿吒力"流传和嬗变的重要时期。

国家和政权的兴亡,往往关系到民族文化的兴亡。明王朝建立后,"洪武十五年,征南将军颍川侯傅有德,西平侯沐英等平云南,逐克大理,擒段氏,世二子仁、义至京,赐名归仁、归义。仁授武昌卫镇抚、以雁门卫镇抚"。[①] 这里可以看出,明王朝入滇定大理后,用"调虎离山计"遣送了段氏末代大理总管段世的两个儿子,远远调离异地任职,割断段氏对大理的影响力。可以看出,比之元朝,明太祖的政治手腕更加强悍,对白族地区使用秦朝"书同文,车同轨"的统治更加严格。所以,从明代开始,一直到清代,白族文化——也包括"阿吒力"文化,一天比一天走向了衰落。

但是在一些边远地方,明代"阿吒力"还有一定的影响力,像大理市凤仪镇的北汤天董成"大阿吒力"竟然奉召到京作法。董成是南诏"国师(阿吒力师)"董迦逻龙的裔孙,还受封于明王朝,建了"国师府"的"金銮宝殿"。在明代古墓葬的墓碑上,也有一些"阿吒力师"的中文、梵文墓铭。这个时期,明王朝对白族的强制同化,白族本土文化也对外来文化抗拒、接受乃至融合,是一个漫长的阵痛,此处不作详述。

明代大理"阿吒力"开始走向衰落的另一个例证,就是白族火葬习俗改棺葬的重大变化。以前,火葬习俗是与"阿吒力"文化紧紧相扣的,火葬罐上有密咒,圹内石板上常铭:"地水风火,常乐我净",墓碑墓幢上铭有梵文"佛顶尊胜陀罗尼咒"、刻"尊胜佛母像"等,火葬改棺葬后,白族的葬俗大多改循汉制,"阿吒力"师的职业用途因之渐废。渐渐地,明中期以后,白族墓葬文化中的"阿吒力"文化几近无存。到了明中后期,清代的古墓,引入了华表、石旗幡、石对联等,大多走向汉文化

---

① (明)李元阳纂《嘉靖大理府志》,大理州文化局1982年内部印刷,第5页。

孝道厚葬的风格了。

所以，白族"阿吒力"从"国教"走向世俗化，从"释儒"走向民间，是有一个历史过程。明代中期走向衰落，明中期以后除少数地方有残存（如剑川一带），"阿吒力"衰退是符合史籍记载和考古实证的。

二　阿吒力的遗存

白族"阿吒力"的存在，既是过去的历史，也是真实的状况。国内外的学术界从20世纪80年代开始关注此事，大理较早有研究的是张旭先生、张锡禄先生等。而方国瑜、黄心川等学术名望早在之前亦有论述。对白族历史上曾有的"阿吒力"的论题，似乎早有定论。问题是随着研究的不断加入，有的文章不怎么认为现存"阿吒力"余脉"不灌顶"便不是"教派"，[①] 甚至算不上佛教密宗衍生出的分支。因此，在今后对白族佛教史的研究中，有必要进行再梳理，即弄懂历史上的"阿吒力"是怎么一回事？现当代的又是怎么状况？方能科学地看待白族人民的这一份文化遗产。

（一）从文物典籍看"阿吒力"的当代遗存
1. 鹤庆菩提寺

菩提寺是为印度僧人赞陀崛多建的。根据赞陀崛多来大理"传瑜伽"的传说和记载，他应该是密教胎藏部的瑜伽派传播者，至今受白族密教尊崇。

此寺位于金墩乡迎邑村，始建于唐代。《菩提寺碑记》载：

> 蒙化建南诏国时，赞陀崛多尊者自天竺来此，村人建弥勒殿居之。

又有记载：

> 神僧赞陀崛多以蒙化保和十六年，自西域摩伽国来，结茅螺峰

---

① 参见段鹏、李艳编《阿吒力教派口传经选》，剑川县旅游局2013年内部出版，第1页。

下，阐瑜伽教，演秘密法，祈祷必应……众感其德，在迎邑村建寺塑像以奉之，有尊者以菩提寺穿井种树之说。故寺名菩提寺。①

这是大理古代的印度僧人来传播密教的遗址。对赞陀崛多地方典籍和传说较多。在大理白族地区的密教"阿吒力"史上，他是一位非常重要的僧侣，一是确认他来自印度，二是他在大理传播密教（婆罗门教瑜伽派）。今菩提寺、菩提树、菩提井仍为当地村民护持。此外，"保和"是南诏王劝丰祐的年号，这个年号引起我们的注意，赞陀屈多是保和年间到了鹤庆，大理苍山莲花峰也有"保和寺"的遗址及其他佛寺遗址群，说明南诏"保和"时期对佛教的推崇。同时也可证当时印度的瑜伽已与本土的巫教相揉，所形成的"阿吒力"在当时已是十分兴盛的。

2. 故宝瓶长老墓志铭

此铭虽为明代（1438）撰，但述及白族杨氏从南诏以来任"阿吒力灌顶师"的家世，其文载：

> 宝瓶讳德，字守仁，姓杨氏，世居史俭，稽郡志。唐贞观时，观音自西域建此土国，号大理，化人为善，摄揽杨法律等七人为阿吒力灌顶师。开元初，杨法律运妙用术取舍利置于班山（今感通寺一带）塔，即其始祖也……迨至生能达赞陀崛多源流四业之阃奥，为世所重……又遇释迦牟尼腾空而来，默咒降于家堂，如斯显应代不乏人。②

据古碑研究，可得知杨氏"阿吒力"家传较久远，大抵可列出粗略的杨家"阿吒力"世系，杨法律灌顶师（国师）→杨正保（医官）→杨奴→杨嵩（大阿捘哩）→杨德（明代宝瓶长老），这里提供一个新资料，笔者家乡北甸村有一块明代景泰六年的杨嵩墓铭，上有杨奴、杨嵩父子之名，则北甸村杨氏族裔或为杨奴、杨嵩后裔一枝也？可留待考证。本文主要想说的是，大理白族杨氏，也与董氏一样，一个以杨法律为代表，一个以董迦逻为代表，他们的家世，从南诏至明早期，是以家传"阿吒力师"

---

① 参见《大理州文物保护单位大全》，云南民族出版社2006年版，第201页。
② 参见《大理历史名碑》，云南民族出版社2000年版，第186—187页。

为职业的。自南诏大理国到元明时，白族大姓的"阿吒力"大多以父传子、子传孙的血脉亲授，且有妻室儿女，代代袭授相传，异于其他佛教门派的。

3. 大理国手写佛经

20世纪60年代初，费孝通先生等在凤仪北汤天法藏寺发现几大厨手写佛经，共计3000多件，其中多为宋代大理国时的，现已录入《大理丛书·大藏经篇》，其中有许多是"汉字记白音"，其中自然不乏密教显宗和密宗"阿吒力"的内容，极为珍贵也。

4. 石窟及古建筑等方面

据李冀诚、丁明夷著《佛教密宗百问》——剑川石窟现存16窟，而16窟中竟有"十三窟雕刻以密宗题材为主的造像"。比如所奉主尊毗卢佛（大日如来），即是密宗所奉主尊，反映南诏大理国时期密教流行。

此外，现存的剑川沙溪兴教寺，剑川景风公园中的转经阁，大理庆洞的观音阁，凤仪的北汤天国师府等，从建筑、壁画、塑像、称谓等文化信息中，不乏透出"阿吒力"的影响和遗存。

（二）从现存的妇女民间组织"妈妈会""莲池会"看"阿吒力"的遗存

现在有"阿吒力"传承的，只有剑川县海云居、宝相寺门下的人，其他白族聚居地区已经失传或消失了。大量的是存续于女性民间宗教组织中。密教的显宗遗存痕迹不重，这是因为密教的显宗主张宣道弘法、修身近佛，要悟道，尊循经、律、戒、论，传承需要有较高的文化修养。而密教的密宗及其"阿吒力"重视承传、真言、密咒，讲究个人的修持成佛。密宗及其"阿吒力"不重经律戒论，而重颂、赞、法、咒、仪轨、瑜伽、契印等，是重实用性也，民间传承不必有较高文化。所以，很适宜在农村文盲、半文盲的民众中口传相授。所以，大理的密教显宗在元以后就逐渐消失。

白族妇女的民间组织"莲池会"产生于什么时候？目前有各种说法，但笔者认为"妈妈会""莲池会"应出现于"阿吒力"走向衰落，以男性主宰的神坛走向女性的平民化的时候，以女性为主的"莲池会"才有了生存和发展的空间，所以"莲池会"一类的妇女斋会团体应出现于明代中晚期。而城乡的白族男性多成了"弹经会"（即洞经会）的信众。我认为，明代中晚期是"阿吒力"走向衰落的分野，原来比较"纯正"的"阿吒力"体系，由女性的"莲池会"，男性的"洞泾会"所分割承袭。直到20世纪50年代，还有一些"朵习薄""火居道"的导师等也承袭了一部分密教功能。现在白族乡村的"莲池会"情况正是这样，在大理市的一些乡村，大村子莲池会成员有的达数百人。小的村落几十人，且大多为女性，占村落总人口的10%—25%。据2008年的一个调查，鹤庆县境内有莲池会144个，会员达万余人。①

去白族乡村听老年妇女们"念经"是一件费劲的事。他们有时念白语，有时念汉语，有时念变音变调的梵语。诸如有"观音经""药师经""文昌经""财神经"之类外，还有"白鹅经""五谷经""豆腐经""寿酒经""造船经""童子经"等实用性的经文。②诸多的莲池会"经文"，多是表达女性的特征。"阿吒力"的色彩在大理市一带已弱化，比剑川的民间"阿吒力"色彩要淡化得多。但在喜洲、凤仪等地"阿吒力"的一些仪轨、法术，仍在极少人群中传承，如"跳神""看香火"的一些人，还是有意无意承袭了一些与"阿吒力"教有关的遗子。

（三）从本主庙的祀神看阿吒力的遗存

笔者研究白族本主文化30多年，且自幼受本主文化的熏陶，了解本主信仰的全貌，可参见拙作《白族本主文化》一书，③本文不作详述。

仅从本主庙的祀神来看，普遍以某某本主神为大殿的主尊神，左右才祀观音、大黑天。如下关的"龙尾山泉利济将军李宓本主"，大殿祀李宓本主及大黑天神等，左边祀观音殿，右边祀财神殿。而白族人称的"珈蓝"，即大黑天神，在乡间的本主庙是很常见的。

不谙白族本主文化渊源的，好像白族人对佛教大不敬，"怎么把本主神塑在正中，而把观音、大黑天神放在次要的位置呢？"这恰恰击中了白族佛教史的流变和本主文化发展的关键。

众所周知，白族的先民，从秦汉以来就与汉文化不断交融。古今中外，"民族"是一个历史的范畴，白族的先民和今天的白族，是一个形成

---

① 张云霞：《白族莲池会探析》，云南民族出版社2013年版，第2—4页。
② 张明曾、段甲成：《白族民间祭祀经文钞》，云南民族出版社2004年版。
③ 杨政业：《白族本主文化》，云南民族出版社1994年版。

和发展的过程。在白族这一民族共同体形成和发展的过程中，白族不断地汲取了汉文化、佛道儒文化以及其他兄弟民族的文化，所以才形成了今天白族海纳百川的多元文化。曾经有人反对我提的白族具有多元文化的特性，可是不承认白族文化的多元性，如何解释本主庙中本主、佛道儒、戏剧音乐、建筑绘画等融为一体的文化形态呢？

从以上的叙述可知，南诏大理国时期的"阿吒力"从"国教"衰退到平民化的本主崇拜当中，这是由于从唐宋至元明，白族人即信本主，也信儒释道，同时也信巫教（朵习薄）。随着古代地方王国的消亡，政教合一的"阿吒力"也从殿堂退居山野江湖，"阿吒力"只在本主信仰中找到一席存身之地。穷其原因，与白族历史长期吸纳儒释道等多元文化关系极大。

庞大的白族本主文化体系中，佛教"阿吒力"的祀神在本主庙中安居下来，除了"阿嵯耶"观音（还有各式各样的观音，如观音老爹、观音老母）、大黑天神（伽蓝）外，也还有阿利帝母，毗沙门天王（北方天王），甚至印度教的"罗刹"等，都可以在白族民间信仰——本主崇拜中找到。

所以说，以前白族"阿吒力"本是"国教"地位，现今已成为历史，而"阿吒力"的文化遗存却一直延续到今天。仅仅从本主庙祀神这一侧面，就可以看到"阿吒力"虽已濒亡，但不是灭亡，它的余脉，还遗存在当代白族社会。但需要说明的是，今天我们研究"阿吒力"，不是鼓动密教的复兴，而是以保护利用文化遗产的态度观察其发展变化的过程。历史上它是"国教"也好，今天它已融入平民化的信仰中也好，这是历史的选择，而不是凭人的主观臆断来左右的。

三 研究阿吒力，科学认知白族文化史

往事越千载。白族密宗"阿吒力"的"昨世"是"国教"，"今生"是密教文化的遗存，也可以说它是一份认知白族历史文化的精神财富。从文化学的角度来说，不是唯心主义体系或是唯物主义的问题，而是在于认识它对白族文化史发展变化影响的问题。

将历史上的"阿吒力"与遗存的田野调查资料相结合，可以看到"阿吒力"发展变化的内在规律，对于我们研究白族民族发展史、宗教

史、文化史等，其益莫不大乎。

通过上述的简析，笔者有以下粗浅的认知：

（一）白族密宗"阿吒力"在历史上是存在的，唐宋时期，它是南诏大理国王室在境内大力推崇的"国教"，王室的"阿吒力师"多为"灌顶国师"，享有政教合一的至尊。僧侣阶层（即众多阿吒力师）是当时社会上层人士，拥有较高的社会、宗教地位。明中期以后，"阿吒力"逐步走向民间，融入平民信仰的范畴。而在当代，"阿吒力"在白族的宗教生活中仍然遗存。

（二）白族密宗"阿吒力"是中国佛教史的组成部分。宗教作为一种文化现象，它也是因时因地发展变化的，世界上没有一成不变的事物。中国的佛教各宗也是，"阿吒力"亦是。如果用一把尺子、一个标准做一件衣服，只能适合几个人，也不能适合大众。文化学与宗教学的体系构建和归纳，亦不便用陈旧的模式和所谓"正统"的观念来套用，否则，失之毫厘，谬之千里，理论和实际相脱节，不免走入误区也。所以，写好中国和云南的佛教史，应当容纳白族"阿吒力"的"昨世"与"今生"。

（三）白族密宗"阿吒力"是研究白族民族共同体发展、变迁的文化标识。迄至今日，云南的史学界、民族学界、宗教学界仍然面临许多重大问题没有释怀。说到白族，一般只认为只是苍山洱海间的一百多万人（现全国统计的约两百万人）。而对于元明清时期白族在云南的流变，很少有人关注。没有从民族学的角度来观察"阿吒力"，因为此种文化现象过去在云南全境影响很大。否则，通海的大理国火葬墓梵文是什么一回事？昆明地藏寺的大理国经幢从何而来？其他地区例证也还多，不一一列举。这都是与白族"阿吒力"文化鼎盛、衰落有关的，其中当然包含了白族的族群盛衰。明代以后，随着"阿吒力"走向没落，因此许多地方的白族群体"白变汉""汉变白"，这种现象，民族学研究还是空缺了一个环节的。当然，对"阿吒力"的研究，并不是为了"民族识别"。因为民族政策的研究与民族学的研究总体上是两个学科的范畴。

结束语

对白族密宗"阿吒力"的调查研究是个老课题，也是新课题，所涉多个学科，本文仅以现有资料和思考做出初步分析。但以管窥之见，对

"阿吒力"的研究重点，一是研讨它的历史，二是调查研究它的现状，在民族政策和宗教政策的实践中，不能将历史与现实混淆。

综上所述，白族密宗"阿吒力"是南诏大理国时期流行的主要宗教，明清后逐步走向衰落，在现代白族民间仍有遗存。从文化学的角度看，"阿吒力"是白族民族共同体的文化标识之一。从宗教学的角度看，"阿吒力"是从政教合一走向民间民俗化的"人间佛教"的例证。讨论研究白族密宗"阿吒力"，对于推动科学的白族学构建，学界还需付出更多的努力。

（杨政业，大理文化局原局长，大理大学兼职教授，大理白族学会副会长）

社会与文化研究

阿吒力教与白族地方社会

段 鹏

内容提要：阿吒力教的研究是云南宗教研究的一个热点。随着研究的不断深入，阿吒力教的研究已经扩展为国际性，不断地引起人们的关注。查诸文献，纵观阿吒力教的研究一直围绕着"密教"与"非密教"之间讨论。通过近年来的田野调查，阿吒力教在白族地方社会中发挥着非常重要的作用，对于维系地方社会和传承民族文化有着重要作用，是白族文化的重要组成部分。阿吒力教通过主持白族民间社会中的祭祀活动和依靠阿吒力组织"妈妈会"维系着地方社会。在主持白族本主会，以及一些日常法会的仪式过程中穿插使用白语经，进一步整合了白族地方社会对阿吒力教的信仰。

关键词：阿吒力 白族 地方社会

纵观学界对阿吒力教的研究一直围绕"密教"与"非密教"之间讨论。本文试图通过近年来的田野调查，进一步阐释阿吒力教与周边社会的关系。通过调查我们发现，阿吒力教通过主持白族民间社会中的祭祀活动和依靠阿吒力教组织"妈妈会"维系着地方社会。通过主持白族本主会和在进行仪式过程中穿插有白语经，进一步地强化了与白族地方社会的关系。

将阿吒力教的研究与周边的白族地方社会的研究相结合，可以为我们展示一个整体的宗教社会的情况，这也是把阿吒力教放入更大的空间进行讨论的基础。阿吒力教在进行仪式过程中使用的白语经和仪式音乐、舞蹈，是白族文化的重要组成部分，是珍贵的文化遗产，亟待抢救与保护。2005年，白族"阿吒力"科仪音乐被大理州人民政府公布为代表性传承项目，2007年，杨云轩、张宗义两位阿吒力被命名为云南省首批非物质文化遗产代表性传承人，一定程度上为阿吒力教的传承奠定了基础。

一 阿吒力教学术研究回顾

（一）密教说

方国瑜先生《云南佛教之阿吒力派二三事》一文，是研究阿吒力教的开山之作，他首次对云南地方志中的汉语音译词进行了考释研究，将此派称为"云南阿吒力派"，"阿吒力教之传，始于赞陀崛多。所谓阿吒力者，当即梵语 ācārya 之译音，而自来用无定字……《续一切经音义》卷四曰：'阿阇梨，梵语也。或曰阿遮梨，或曰阿左黎，此云轨范师，谓以规则仪范，依法教授弟子'"[1]。石钟健先生在对大理地区的墓葬石刻与文献的收集、整理和研究的基础上，认为大理的阿吒力属于密教[2]。徐嘉瑞先生在《南诏后期之宗教》中也认为："大理佛教以密教之记载最多，历史最长，势力最大。"[3] 张旭先生在《佛教密宗在大理白族地区的兴起和衰落》[4]《大理白族的阿吒力教》[5]中指出："白族地区的佛教，主要属于大乘佛教的密宗，白语叫阿吒力教。"王海涛先生著的《云南佛教史》认为，"阿吒力，天竺瑜珈密法，梵语 ācārya 之译音。阿吒力教是天竺佛教特别是印度教传入云南后，吸收本地区巫教形成的地方佛教，或者说是佛教的云南地方形式，本质上是佛教，但它带有鲜明的密部色彩，所以我们又称它为'滇密'。滇密即阿吒力教，阿吒力教即滇密，一而二，二而一"[6]。杜继文先生在其主编的《佛教史》中称"密教传进云南比唐代内地还早。据传，840年来自摩揭陀的赞陀崛多，受到南诏王的崇敬。在鹤庆、越州等地传播阿阇梨教，创建三密道场，弘扬瑜伽"[7]。杨学政先生

---

[1] 方国瑜：《云南佛教之阿吒力派二三事》，《方国瑜文辑》第二辑，云南教育出版社2001年版。
[2] 杨锐明：《石钟健大理访碑集》，香港天马图书有限公司2004年版。
[3] 徐嘉瑞：《大理古代文化史》，云南人民出版社2005年版，第264页。
[4] 张旭：《佛教密宗在大理白族地区的兴起和衰落》，载《南诏史论丛》，云南省大理白族自治州南诏史研究学会编印，1986年。
[5] 张旭：《大理白族的阿吒力教》，《云南大理佛教论文集》，佛光出版社1991年版。
[6] 王海涛：《云南佛教史》，云南美术出版社2001年版，第113页。
[7] 杜继文主编《佛教史》，江苏人民出版社2007年版，第299页。

主编的《云南宗教史》中记载"印度密教阿吒力于公元 7 世纪末 8 世纪初传入云南大理地区,传入云南最早的佛教是南诏时期的印度密教阿吒力"①。张锡禄在其著作《大理白族佛教密宗》中指出:"佛教密宗传入大理地区,经历 1000 多年历史,与当地白族固有的宗教文化相斗争又融合,后来形成独具一格的白族阿吒力教,简称'白密'。"② 黄心川在《中国密教史·序》中指出:"把七世纪初由印度传入缅甸并进而传入云南大理一代的密教称为滇密。"③ 同时,黄心川还将密教在中国的传播及其派别中将云南大理地区的密教与汉地密教、藏地密教并列。吕建福先生在其著作《中国密教史》中指出"大理时期(938—1254)内地的密教信仰不断传入,科仪斋忏类非常兴盛,尤其流行密教斋忏,密宗教法也融入科忏"④。李东红在其著作《白族佛教密宗阿吒力教派研究》中给阿吒力教作了一个定义:"笔者认为所谓阿吒力教,就是印度密宗传入南诏以后,与土著居民(白族为主)的原始宗教(巫师)相适应,不断地吸收中原汉地佛教显、密诸宗,儒家学说,道教思想和神祇而形成的一个密宗新宗派。"⑤

(二) 非密教说

侯冲先生根据对阿吒力教经典的研究认为:"阿吒力教就是明初传入云南的'(瑜伽)教'、云南阿吒力僧就是宋代以来汉地风行的应赴僧。"⑥ "阿吒力教指的是明初传入云南后在大理、昆明等地流传的佛教中的'应赴僧'或'应佛僧',也即明洪武十五年将佛教三分为禅、讲、教时的'教'。"⑦

---

① 杨学政主编:《云南宗教史》,云南人民出版社 1999 年版,第 5 页。
② 张锡禄:《大理白族佛教密宗》,云南民族出版社 1999 年版,第 47 页。
③ 黄心川:《中国密教史·序》(修订版),中国社会科学出版社 1995 年版,第 9 页。
④ 吕建福:《中国密教史》(修订版),中国社会科学出版社 1912 年版,第 631 页。
⑤ 李东红:《白族佛教密宗阿吒力教派研究·自序》,云南民族出版社 2000 年版,第 11 页。
⑥ 侯冲:《云南阿吒力教经典研究》,中国书籍出版社 2008 年版,第 354 页。
⑦ 侯冲:《云南阿吒力教综论》,载《云南与巴蜀佛教研究论稿》,宗教文化出版社 2006 年版,第 243 页。

二　阿吒力教的历史沿革

"阿吒力"是一个音译词，是梵文"ācārya"的音译，意为：轨范师、导师、正行者。在历史文献中曾经出现二十多种不同的写法，如阿阇黎、阿叱力、阿左黎等①。学术界一般通用"阿吒力"三字，白族语称阿吒力为Svlzixbol②（师资波③），也就是"老师"的意思。秉教臣、密门臣、缁流、主醮法师则是阿吒力们在日常行持法事的过程中的自称，秉教臣、密门臣、缁流、金刚上师等这些称谓散见于一些清代文献中，在田野调查中时常会遇到。南诏大理国时期阿吒力教曾一度是占统治地位的宗教。南诏劝丰祐时期（824—840）阿吒力教开始盛行，南诏王劝丰祐还将其妹越英公主嫁给赞陀崛多，赞陀崛多被尊为阿吒力教派的祖师，在民间有很广泛的影响力，《康熙剑川州志》载："赞陀崛多尊者（唐蒙氏时，自西域摩伽国来，经剑川，遗教民间，悟禅定妙教，曾结庵养道于蒙统东山）"。大理国灭亡以后的蒙元时期，大理地区处于大理路段氏总管统治下，景定元年（1260）大理总管段实携阿吒力僧人一同到北京朝拜元帝，在朝拜元朝皇帝这样大型的政治活动中还带着阿吒力僧人一同前往，可见阿吒力教在大理段氏总管统治时期依然有着很高的政治地位。明洪武十四年（1381）大将沐英、傅友德、蓝玉受朱元璋之命率兵30万征云南，明洪武十五年（1382），明朝大军进逼大理，大理路总管段明与明军在龙尾关抗衡，阿吒力僧田庵和尚等协作大理路总管与明军抗衡。在大理城破后，阿吒力教因协助大理路总管抵御明军受到了牵连，田庵和尚等数百名阿吒力被明军押送至南京，大多数阿吒力遭到了处决。阿吒力僧人与段氏总管联合抵抗明军，使明朝廷认识到了阿吒力教存在可能会对自己的统治造成影响，于是明太祖下令严禁阿吒力教传播。鉴于阿吒力教在民间"土俗奉之"的影响，明洪武二十九年（1396）明朝廷又颁布诏令，承认并允

---

①　方国瑜：《云南佛教之阿吒力教二三事》，参见《方国瑜文集》第2辑，云南教育出版社2001年版。

②　本文中所使用的白文均以1993年6月云南白族语言科学讨论会通过的《白族语言文字方案（草案）》中的拼音白文标注。

③　这里采用的是汉字记白文音。在拼音白文方案未实施以前，汉字记音是通过书面形式保存记录白语的有效手段。

许信奉阿吒力教,同时在云南布政使司的各级地方府衙中设立阿吒力僧纲司,以加强对阿吒力教的管理。[1] 康熙三十年(1691),吴三桂之乱被平息之后,清政府开始禁止阿吒力教传播,原来在各级府衙中设置的阿吒力僧纲司被强制撤销。当时社会对阿吒力教的评价"非释非道,其术足以惑人",因此政府对应的政策就是"此固盛世之乱民,王法所必尽者也,删之何疑"。[2] 在这种思想的主导下,阿吒力僧纲司被撤销,阿吒力僧纲司的撤销使阿吒力教失去了政治上的依托,同时也无法再得到朝廷的庇佑,从南诏大理国以来一直有着特殊统治地位的阿吒力教真正意义的由官方转入到了民间。根据张旭、杨适夫、张宽寿、李东红诸位先生于20世纪80—90年代对剑川、洱源、大理等地区的调查研究发现,阿吒力教并没有在民间完全消失,[3] 阿吒力教在民间仍有遗存。剑川民族宗教事物局曾专门制定"剑川县阿吒力教派上下师承关系调查表",对现存阿吒力进行调查统计,据不完全统计剑川县现有32位阿吒力以及将近1.4万阿吒力教信众。[4] 阿吒力教依然在民间有广泛的影响,阿吒力教派自身独特的文化性引起了学术界的关注。在20世纪90年代由赵朴初先生任顾问、田青主编、中国音像大百科编辑委员会编,上海音像公司1993年出版的三盘《云南佛乐》中,有近两盘的内容收录了剑川老一辈阿吒力展演的阿吒力科仪音乐《佛门庆诞开坛法事》《散花》《大圆镜智》《皈命礼》《四面推开又到中》《日吉时良》等曲目。由于现存阿吒力文化的独特价值,特别是在行持仪式过程中保存的音乐、舞蹈、古白文,2005年9月白族阿吒力佛教科仪音乐、舞蹈被列入州级非物质文化遗产保护名录,还命名了省、州、县,三级传承人。2013年云南省民族事务委员会将"剑川白族阿吒力文化数字化展示及应用示范项目"列为少数民族精品工程。

---

[1] 李东红:《白族佛教密宗阿吒力教派研究》,云南民族出版社1999年版,第29—30页。
[2] 范承勋:《云南通志·凡例》。
[3] 张旭:《大理白族阿吒力教》;杨适夫:《阿吒力教在剑川白族地区的历史和现状》,《白族学研究》(二);张宽寿:《白族阿吒力现状调查》,《白族学研究》(三);李东红:《阿吒力教的文化特征》,《思想战线》1996年第3期。
[4] 数据由剑川县民族宗教事务局宗教股股长王仕贤先生和"剑川白族阿吒力文化数字化展示及应用示范项目"负责人张笑先生提供。

图1 阿吒力使用的手印绘本

三 阿吒力教与白族地方社会[①]

(一)"阿吒力"身份的获得

在阿吒力教的传承体系中,通过阿吒力教"［Zomiāinl（Zozilxil）］'奏免（走资席）'"（汉语意译就是"经过授权获得法师资格、开启修习之门"的意思）仪式,才能成为真正的阿吒力。

白族阿吒力教"［Zomiāinl（Zozilxil）］'奏免（走资席）'",大体是要经历:第一,要投师学习阿吒力科仪的演释穿插、文仪的书写、音乐的唱诵等,并且要得到上师及信众的认可。第二,妈妈会出面延请阿吒力为准备传度的人授戒(阿吒力教传度仪式,要在三天以上的大法会上才能进行)。第三,恭请"传戒师、保举师、引进师"三师,阿吒力教有"无师不传,无师不度"之说,要经过三师才能得度。第四,要经过白语称之为"［Zomiāinl（Zozilxil）］'奏免（走资席）'",这一仪式,在这一过程中上师要为新受戒者念诵《佛门传度法事》,而且要恭对天地、恭对神明、恭对信众,在念诵《佛门传度法事》时,上师为传度者洒净、荡涤身心垢秽,受戒人要观想身心清净,然后逐一由阿吒力师传与三宝印信、金刚铃、金刚杵、七星剑、袈裟、解秽旗等。经过这一过程才能成为一名

[①] 该部分参见段鹏、李艳、赵炜《田野视域下的阿吒力文化——以剑川县白族地区调查为例》,2011年大理州博物馆立项课题《阿吒力文化综述》课题成果,《大理文博》2011年第2期副刊。

真正的阿吒力。剑川地区阿吒力教有自己遵循的字派谱系："心、源、广、续、本、觉、昌、隆、能、仁、圣、果、湛、寂、普、通"十六字。在马登地区流传的字派为"轩、辕、广、续、真、如、幸、海"。在马登流传的《佛门奏法名科仪》（又名《释门释迦奏名法事》）科仪文本中记载有"奏名曰'轩、辕、广、续、真、如、幸、海'"；奏名偈"轩根仙底佛增辉，辕通法门功德大。广开法门宏誓愿，续前续后跟佛门。真心诚意变佛子，如一始终跟佛母。幸福一身劳心力，海水波浪作根基"。奏名偈句是一首藏头诗，开头的字连在一起就是"轩、辕、广、续、真、如、幸、海"。

（二）阿吒力教组织"妈妈会"

图 2　阿吒力与妈妈会

现存的阿吒力教中，女性占主导地位，在阿吒力教中有着明显的女性崇拜遗迹。在白族人的世界观中，母性就是天。汉族以天为父，以地为母，白族则称天为母，白语称之为［heinlmox（heinlmoxkā）］"嗨莫""嗨莫卡"，直译成汉语就是天母。在现今的阿吒力教的各种活动中我们仍能感受到很强的女性崇拜特征，女性占据主导地位。

在现今的阿吒力坛会——"妈妈会"中，女性占有举足轻重的地位。阿吒力教进入民间后，坛会的主要组织形式就以"妈妈会"的形式出现，其中女性占据主导地位。"妈妈会"的主要负责人白语称为［zvndded-mox］"总德摩"，汉语称为"会首""领袖"。"妈妈会"的特点首先是女性人数最多，如剑川金华镇由明代传下的"妈妈会"，有608名会员，而男性只有6、7人。妈妈会主要负责村落中的祭祀活动，以及村寨中本主庙及寺院的维护管理，在日常的阿吒力法会中，妈妈会是重要的组织者，有举办法会需求的信众会通过妈妈会来请阿吒力。

（三）白语经的使用

语言是人类区别于动物界的最主要标志之一，是维系民族共同体的重要纽带，也是民族的重要特征之一，白语经文是阿吒力教的又一显著特征，阿吒力教经过历次打击而没有消亡，一个重要原因就是以白语为纽带的白语经的出现，使阿吒力文化深入到了白族人心当中，白语经文表达了白族人的心理。

作为在佛教经典中使用白文批注，出现在1956年费孝通先生在大理凤仪北汤天发现的南诏大理国时期经卷《通用启请仪轨》（残卷）、《佛说灌顶药师经疏》《药师琉璃光如来本愿功德经》《大佛顶如来密因修证了义诸菩萨万行首楞严经第一卷疏释》《礼佛忏悔文》（残卷）、《大灌顶仪》（残卷）中，这批文献被列入2008年文化部《第一批国家珍贵古籍名录》，作为"白文文献"列入《第一批国家珍贵古籍名录》的有《仁王护国般若波罗密多经》5号卷、6号卷两种。其中5号卷卷长1008厘米，高30.5厘米，是南诏大理国手写佛经的代表，残卷中保存完好的《嘱累品第八》，正文汉字1800字，白文旁注约1700字，卷尾有白文疏记多达4300字，是南诏大理国手写佛经中白文字数比汉文多的唯一文献。在之后的《大理国段氏与三十七部会盟碑》《大理国高兴兰若篆烛碑》中都有古白文的使用记载。① 在清代的阿吒力科仪书中往往写明有"叹白词""白念""念白语"等字样。

在田野调查过程中，笔者收集到的白语经大致有《叹白词》《十王白词》《三献礼白词》《放生经》《祭脚力》等。简单列举《放生经》作为参考：

拼音记音与汉字记音　　　　　　　　经文意思
zvnphāinl　　　　　　　　　　　　jiāinl 放生经
中罕间
Geibyin xinl ngel yonxzvnphāinl,　　今天发愿来放生，

---

① 王锋：《白族重要历史文献述略》，《白族文化通讯》2013年秋季卷，第81—92页。

图3　阿吒力教使用的古本白语经

给言县么拥中罕，
Godxuix zex zeinp gvnlxuix qiāinl,　　　江水似浊海水清，
宫需着主勾需签，
Zvnptel ded ded hel bed cuāi,　　　放下只只有灵性，
中特得得和本揣，
Mot yonx dānp jiphāinl,　　　了我心中愿。
某拥当极罕。
Dānlqit nel nox leindhol bānd,　　　送你一盆红莲花，
单期呢弄内后帮，
Bāipqit nel nox guānlyinljiāinl,　　　虔心诵持《观音经》，
白起呢弄光音间，
Ded ngel hod zonl ātmiā'denp,　　　前面渔网不要撞，
德吴偶中阿苗登，
Binp dānp hhexseinphāinl.　　　转生成正果。
便单饿甚罕。

（四）阿吒力主持本主祭祀

本主崇拜是白族最独特盛行的宗教信仰。白族地区几乎村村寨寨都有自己的"本主"。白语称本主为"武增",意为"我们的主人",即一方土地的保护神。白族群众生老病死、起房盖屋、婚丧嫁娶等大事,都要到本主庙去磕头烧香,祈求本主保佑赐福,每到本主圣诞,建有本主庙的村寨都要举行本主会。①

现存的阿吒力教最显著的特征之一就是和白族独有的本主崇拜相结合,而且在结合的过程中形成了一些经典。阿吒力教融入了白族本主信仰和本主祭祀活动之中。在许多村落长期流传着与阿吒力教有紧密联系的大黑天神、白姐圣妃（阿利帝母）、观音等崇拜。在剑川各村落的本主崇拜中,与阿吒力教有关的本主有大黑天神、白姐圣妃、北方天王、建国梵僧观音菩萨等,因此,可以说阿吒力教通过对本主信仰和活动的影响使此教在白族地区长期存在,既传承发展了自己,也使白族本主文化一直延续。

1. 阿吒力教是塑造本主神祇及祭祀的主持者

南诏大理国时期,阿吒力们有着显赫的政治地位,到了明清时期朝廷不再支持阿吒力教反而禁止其传播,失去了政治上的依托之后,阿吒力教便逐步由上层转入民间。通过调查发现,本主庙的法会基本由阿吒力们主持。剑川地区本主"十八坛神"的法会,完全由阿吒力佛会组织,并延请阿吒力主持,阿吒力们日常所做的法会,本主会占近三分之二。在进入本主阵营的过程中阿吒力们把一些佛教神成功地塑造为本主,既有护法天神,也有菩萨。这些"本主神"已能享用"血食祭祀"了,大黑天神就是一个典型的例子。大黑天神是密宗佛教的护法神,在阿吒力教中他是二十六位护法诸天之一,而在"在天为天神,在寺为伽蓝,在庙为本主"的旗帜下,大黑天神进入了本主阵营。在剑川地区还有一个典型的例子,古城隍是剑川全县普遍信仰的本主神,其全称是"大圣川主敕封两带世袭古城隍景帝"。阿吒力教在朝贺古城隍景帝时,所用的《古城隍景帝宝诰》中有"累劫修因,本始普贤之化身"的字句出现,从这些字句中可以明显看出佛教进入了本主阵营的痕迹。阿吒力教也把本主神引用到阿吒力教的护法体系中,例如在阿吒力大型法会中使用的科仪《佛门发牒法

---

① 李公:《南诏史稿》,民族出版社 2006 年版,第 175—176 页。

事》，召请本主来护持坛场，而在法会结束后要念《佛门谢将法事》用酒和肉来酬谢本主。

2. 阿吒力们在长期主持本主的祭祀活动中，形成了完备的科仪及独特的音乐

在田野调查中还发现了专门用于本主祭祀的《庆贺本主表》科仪。在唱诵本主十八坛神文偈时使用《聪明藏》腔。剑川信仰的本主十八坛神与剑川十八个白族村寨相吻合，也就是一个村寨对应相应的一个本主，体现了村落与本主之间的关系。在阿吒力教主持本主会时常用到以下十八坛神圣号及十八坛神文偈：

  十八坛神圣号
  大圣川主古城隍景帝
  大圣护国崔君景帝
  大圣西戎罗君景帝
  大圣灵明天子福荫景帝
  大圣苍浪安邦景帝
  大圣华崇玉印景帝
  大圣太度白姐龙神景帝
  大圣抚郡阿二兄景帝
  大圣马驹弄山神景帝
  大圣石碑阿弥勒山神景帝
  大圣甸主城隍景帝
  大圣河尾三老爷景帝
  大圣阎罗天子酋当景帝
  大圣上马之神下马之神景帝
  大圣威镇西湖西沟子景帝
  大圣驰威赤子龙天景帝
  大圣石马罗山神景帝
  大圣十方善神景帝
  本县城隍社令尊神
  剑阳境内有感古迹灵神
  山川诸庙旺化祀典福神

四方八面土地正神

各庙尊神祠下文武判官

道场所请千贤万圣

十八坛神朝贺文偈：

恭闻巍巍元首，感而遂通，赫赫威灵，敬之如在，神之妙用，正值无私。神具六通，祈祷必应，稽首和南，一心奉请△△景帝，诸庙祀典福神，山川岳渎灵享，家奉香火圣众，水陆八仙使者。伏愿，神祠洞鉴，应感随缘，若空谷之传声，似千江之月现。今兹庆诞圣会，各具寿筵，愿希照鉴之心，不昧聪明之至，同临法会，各悟本源，先告偈章辙声朝贺。八句偈章，五声佛号：

剑海汪洋惠泽多，阳华百里受恩波。

境邦康阜钦真宰，内地丰忽萨大罗。

十德齐照灵有感，八方分往理同科。

坛庭远近均蒙福，神佑全黎永咏歌。

（五）阿吒力主持白族地方社会中的日常法会

法会是阿吒力教仪轨密法最集中的表现形式之一，也是阿吒力教信徒主要的修行方式，在白族地区，人们认为通过请阿吒力举办法会以祈求"阴超阳泰、家道兴隆、身体安泰、合境清泰"，信众通过举办法会可以实现自己的心愿，到达功德的圆满殊胜。做法会阿吒力就要修建相应的道场，通过请圣、诵咒、上词表状疏牒、行科、结印，以使法会圆满。根据对剑川古城阿吒力佛会的调查，日常的法会主要有：祈祥道场（消灾解厄、祈求吉祥、祈祝合境清泰，典型的有二月八太子会）、奠谢道场（修造或新居建成后祈求安泰）、庆诞道场（纪念诸佛菩萨、本主、圣诞或成道日）、荐亡道场（超荐宗亲）、遣退道场（认为家中不顺，恐有厌秽，就请阿吒力凭密咒力予以蠲除）、二利道场（也就是祈祥与荐亡的结合，以达阴超阳泰的目的）、礼斗道场（每年农历六月要举办朝南斗会、九月要举办朝北斗会，阿吒力教有较为完备的礼斗科仪）。

图4 剑川二月八太子会盛况

在日常祈福法会时，阿吒力悬挂的圣牌（书有诸佛菩萨的条幅，有布质的也有纸质的）主要有以下几种：

开天无极燃灯古佛、清净法身毗罗遮那佛、圆满报身卢舍那佛、开教本师释迦文佛、长春世界无量寿佛、龙华会主弥勒尊佛、万星教主炽盛光佛、十二上愿琉璃光佛、消灾免难孔雀王佛、十方三世一切诸佛、大智文殊师利菩萨、大行普贤愿王菩萨、延人寿命观音菩萨、摄念佛人大势至菩萨、消灾息灾二大菩萨、增福延寿二大菩萨、十方刹海诸大菩萨、上元一品赐福天官、中元二品赦罪地官、下元三品解厄水官、三元三品三官大帝、日宫炎光太阳帝君、月府素曜太阴星君、当生注照本命星君、虚空地母皇后元君、镇坤注社鳌光龙神、值年太岁至德尊神、敕封两代世袭城隍、本县城隍社令尊神、大圣本主有感灵神、剑阳境内十八坛神、本境应水得道龙王、山川社稷树木之神、主掌五谷八腊之神、四方八面山神土地、道场所请千贤万圣。

金华地区的阿吒力佛会在一年中的法会主要有（私人家中举办的祈祥、荐亡、奠土法会未作统计）：

正月初一弥勒会

　　初六三皇会（又称开年会）

初九上九会

　　十三丽江九河北方天王会

　　十五上元会

　　　　十八沧浪景帝会
二月初三文昌会
　　　　初六至初九太子会
　　　　十九观音会
三月初二放生会
　　　　初五古城隍会
　　　　十五财神会
　　　　十八白坛神大黑天神会
　　　　二十子孙娘娘会
　　　　二十六至二十八东岳会
四月初八太子会
五月十五燃灯古佛会
六月初一至初三南斗会
　　　　十五绕海会（十八坛神会）
　　　　十八沧浪景帝会
　　　　十九观音会
　　　　二十四大圣威靖边尘卫国圣母会
七月初一开狱会
　　　　初七魁星会
　　　　十五中元会
　　　　十八诸葛会
　　　　二十三放灯会
八月初五五谷会
　　　　初七北门城隍会
　　　　十六西门外城隍会
　　　　二十七赤子龙天景帝会
九月初一至初三北斗会
　　　　十九观音会
十月十五下元会
　　　　初十火神会
十一月十九太阳会
十二月初八圆满会（辞年会）

（六）阿吒力教法会中使用的音乐与舞蹈

在长期的历史发展中，阿吒力教通过主持祭祀仪式对剑川白族民间的宗教信仰、社会生活、风俗习惯和文化艺术等都产生了广泛的影响。例如每年的石宝山歌会节、白族民间的本主会，剑川二月八太子会期间，阿吒力教都在其中扮演重要的角色，阿吒力音乐在这些特定的场域中得到了传承。阿吒力教在举行仪式中使用的科仪、音乐与舞蹈，在大理白族地区颇具特色和代表性，已经被列入非物质文化遗产保护名录。

现存的阿吒力乐舞，融音乐、舞蹈为一体，有程式化的表演形式，有很高的表演技巧，在其发展过程中吸收了不少白族民间音乐舞蹈素材，具有浓郁的地方民族特色，阿吒力音乐保存有接近两百首，舞蹈主要有"花舞""灯舞""剑舞"三种。

《散花》俗称"花舞"，为双人舞或三人舞，一般在石宝山歌会及祈福仪式中表演，（1）法鼓起号严洁坛场；（2）咒水洒净；（3）拜献五方五佛；（4）赐福斋主；（5）结愿回向。其表演套路主要有"观音扫殿""膝上栽花""拈花一笑"等十多个，整个舞蹈在庄严、和合的气氛中完成，真正体现了"散花乐"。

《散灯》俗称"灯舞"，为双人舞或三人舞，一般在民间祈福仪式中表演，舞蹈节奏、舞姿造型与音乐《清净灯》《灯光赞菩萨》和打击乐器紧密结合，在"灯舞"中步法的艺术表现最为明显，既要掌握头顶上灯的平衡又要控制好步法与音乐的结合，具有很高的技术要求。

图 5　阿吒力灯舞

《斩罡风》俗称"剑舞"，一般为三人舞，一人持剑，另外两人分别持"七星旗、解秽旗"，在祈福仪式中通过"剑舞"来斩断心魔以及洁净坛场。持剑者在其中充当领舞的角色，其余两人挥舞着旗子跟随。主要的舞蹈套路有"走五方""雪花盖顶""左右轮剑""金蛇出洞"等。

阿吒力科仪音乐融合了白族的民间音乐与舞蹈，在白族社会中汲取营养，又不断地服务于地方社会。对白族的文化、艺术、语言产生了很大影响，是珍贵的文化遗产，在增强文化自信、民族自信的今天，阿吒力科仪音乐是白族传统民间音乐的精华，由于其独特的文化魅力，引起了社会各界的广泛关注。现存的阿吒力音乐曲目主要有：

《大佛腔》

《三业偈》

《焚香偈》

《宝鼎爇茗香》

《请得观音过海来》

《焚香礼念请观音》

《咒水偈》

《净天净地净三光》

《我今稽首》

《开坛阐教（快腔）》

《开坛阐教（慢腔）》

《罪从心起将心忏》

《开忏偈》

《取经藏菩萨》

《聪明藏菩萨》

《志心皈命礼》

《二十六诸天》

《一心顶礼十六佛》

《三十二相》

《太岁圣号》

《观音十二大愿》

《南无西方极乐世界》

《心经一卷重如山》

《若人念》
《众等皈依》
《小三宝》
《弟子众等》
《日吉时良好诵经》
《修建庆诞会》
《大慈悲圣号》
《初献礼》
《二献礼》
《三献礼》
《念念祈祯祥》
《十二愿》
《道场圆满佛回程》
《十供养》
《普供养真言》
《香斋供养》
《容颜甚奇妙（慢腔）》
《朝罢归来夜已深》
《礼谢佛法僧三宝》
《上来现前诸圣众》
《愿以此功德》
《香赞》
《戒定真香》
《净法界真言》
《启白三宝》
《启白弟子众等》
《三宝巍巍护世间》
《三界门下众天仙》
《扬旛发牒三宝》
《四值功曹》
《三转法轮》
《幢旛献》

《灯光层层照大千》

《赞五方》

《延寿王菩萨》

《朱霞献瑞》

《众圣金仙不可亏》

《灯光赞菩萨》

《清静灯》

《稽首礼奉献五位佛如来》

《往生灯偈》

《阿弥陀佛念千声》

《佛宣真言》

《上师阿黎初启教》

《十地位菩萨》

《皈依西方十六观门》

《开狱户》

《四面推开又到中》

《往生净土陀罗尼》

《西方也乐》

《阿弥陀如来》

《大圆净智（快腔）》

《三召请》

《逝水东流去》

《代亡参礼》

《称念阿弥陀佛》

《三炷香》

《皈命礼》

《冥冥大夜》

《抽魂弟子众等》

《惟愿三途苦轮息》

《级级高》

《聪明赞菩萨》

《华藏世界》

《极乐世界》
《念释迦牟尼佛》
《佛为三界独称尊》
《双清观音》
《一心参礼爱河》
《观音三姊妹》
《菩萨观世音》
《大园净智（慢腔）》
《静室独居》
《安宝座真言》
《瑜伽境界妙难论》
《准提咒》
《十召请》
《焰口五供养》
《七佛如来名号》
《今所发觉心》
《百劫罪消灭》
《焰口咒水》
《焰口三宝》
《幽冥菩萨妙难量》
《历代文臣共武侯》
《灵前三献礼（快腔）》
《夜月辉煌》
《宝山宝海妙宝座》
《左手执持金刚七宝微妙杵》
《回礼向》
《安慰吽》
《道场散》
《诚心礼别》
《回向三皈依》
《三皈依》
《戒定慧三皈依》

《散花》
《当愿众生》
《四召请》
《解结三宝》
《太子游四门》
《释迦十三证果》
《仙家乐》
《金刚科开科偈》
《法王权施令双行》
《普安咒》
《谨炷信香一心奉请》
《金刚科五声佛号》
《弟子众等（快腔）》
《三不舍》
《迎祥集福》
《发榜众等皈依》
《愿消三藏诸烦恼》
《奏章》
《玉树龙华》
《天高地厚》
《观音十二大愿》
《道场差使者》
《天厨妙供》
《稽首那》
《娑婆世界》
《能仁教主》
《皈命敬礼》
《若人称念》。

结　语

阿吒力教的研究一直围绕着"密教"与"非密教"问题之间讨论。

通过近年来的田野调查发现，现存的阿吒力教对于流行于南诏大理国时期的密教有强烈的认同感。阿吒力教在长期的发展过程中形成了较为完备的传承体系，有较为完备的科仪文本以及沟通神界的词、表、状、疏、牒等文仪，更为可贵的是阿吒力教通过主持白族民间社会生活中的祭祀活动和依靠阿吒力组织"妈妈会"维系着地方社会。在主持白族本主会以及一些日常法会的仪式过程中穿插使用白语经，进一步整合了白族地方社会，强化了白族民众对阿吒力教的信仰。阿吒力教在白族地方社会中发挥着非常重要的作用，由于其独特的文化魅力，对地方社会的文化生活产生很大影响，对于维系地方社会和传承民族文化有着重要作用。

2005年白族"阿吒力"科仪音乐被大理州人民政府公布为代表性传承项目，阿吒力教在进行仪式过程中使用的白语经和仪式音乐、舞蹈，是白族文化的重要组成部分，是珍贵的文化遗产，亟待抢救与保护，在提倡"文化自信"的今天进一步抢救现存的阿吒力教珍贵文化遗产，意义重大。

（段鹏，兰州大学博士研究生，剑川县第二批非物质文化遗产白族"阿吒力"科仪音乐代表性传承人）

南诏大理国白族佛教密宗
阿吒力教派教育理念及模式初探

朱安女

内容提要：南诏、大理国是白族佛教密宗阿吒力教派兴发的黄金时期，对当时社会的政治、宗教、生活等诸多方面产生了普遍影响。阿吒力教派以融和本土宗教及儒家文化为理念，形成了直接培养教派弟子和家庭（族）教化相结合的教育模式，促进了阿吒力教派的人间化。这对研究今日白族民间阿吒力教派的流传有着重要的启示价值。

关键词：白族　阿吒力教派　教育

密教传入中国后形成了汉传密教、藏传密教、白传密教三大体系，其中白传密教是云南大理一带在白族中传承的密教。南诏、大理国时期是白传密教发展的黄金时期，密教与白族本土的宗教、儒道文化融合催生了极具地方民族特色的阿吒力教派，对南诏、大理国社会的诸多方面产生了广泛的影响。元明清时期，阿吒力教派在白族民间继续保持着深厚的群众基础，至今仍遗存民间。

阿吒力教派对白族宗教文化持久绵长的影响力与该教派在历史进程中逐步形成独特的教育理念及模式有着密切的关联。密教入大理后，在与本土宗教等碰撞的过程中，打破固有，采取了兼容吸纳的理念，促成了密宗与本土宗教、儒家文化的融合，直接培养贵族子弟和家坛的设置，促使阿吒力教在白族社会的有效影响力。

一　阿吒力教派的教育理念：兼容吸纳

　　密教对于南诏、大理国的本土文化而言，是全新的外来宗教。密教传入洱海地区时，以白蛮为代表的当地土著民族主要信奉巫师为主的原始宗教。原始宗教以祭祀山川、鬼神为主，崇拜天地日月等自然之物和部族君长，宗教首领大多是部族的首领、耆老之类的人物，被称为"鬼主"。密教作为外来宗教，传入洱海地区的进程并非一帆风顺。传入之初，并不为当地接纳。南诏中兴年间的《南诏图传》以图文并茂的形式生动地反映了初传密宗的梵僧在洱海地区四处受到围攻抵制的情况。依据《南诏图传》的文字记述，图传展演的梵僧到南诏传播密教的历程分为"七化"，其中"第四化"言：

　　　　兴宗王蒙逻盛时，有一梵僧，来自南开郡西澜沧江外，兽赕穷石村中，牵一白犬，手持锡杖钵盂，经于三夜。其犬忽被村主加明王乐等偷食。明朝，梵僧询问，翻更凌辱。僧乃高声呼犬，犬遂嗥于数十男子腹内。偷食人等，莫不惊惧相视，形神散去。谓圣僧为妖怪，以陋质为骁雄。三度害伤，度度如初。初解肢体，次为三段，后烧火中，骨肉灰尽，盛竹筒中，抛于水里。破筒而出，形体如故，无能损坏。钵盂锡杖，王乐差部下券赴奏于岐岇山上，留着内道供养顶礼。其靴变为石，今现在穷石村中。①

　　可见，在南开郡澜沧江外兽赕穷石村，以首领为代表的当地人并不知道梵僧是谁，而是以其神异行径、怪异服装等视为"妖"，并领众打压梵僧。在故事中，当地民众拒不接纳梵僧具体表现为：先是梵僧的狗被石穷村村主加明王乐等"偷食"，梵僧发现后，王乐等拒不承认。待梵僧高声呼犬，犬吠声从偷食者的腹内发出，这使得偷食者极为惊恐惧怕，加之梵僧形神散去不见，王乐等人视梵僧为"妖怪"。后来王乐等捕捉到梵僧，三度伤害，一度是"解肢体"，二度"为三段"，三度"烧火中"，并将

---

①　李霖灿：《南诏大理国新资料的综合研究》，国立故宫博物院印行，中华民国71年版，第49—59页。

骨肉灰尽盛于竹筒中，抛于水里。这些行为反映了密教初传洱海地区遭受民众的坚决抵制。

而在"观音服罗刹"为代表的阿吒力教神话故事中，则反映了密宗战胜巫师，佛法征服巫术，最终在洱海地区传布并受到人们崇信的情况。在"观音服罗刹"的故事中，巫师和巫术为大理本土宗教的代表。洱海地区原来是由吃人肉嗜人血的罗刹国统治，观音化为梵僧，牵着一只狗从西天，经历古宗、神川、义督、宁北（剑川南部）以及蒙茨和入灵应山德源城（今洱源）来到洱海平原喜洲张敬的家，张敬是罗刹国的重臣，他将梵僧引介给罗刹王，梵僧便向罗刹乞地以建庵室，罗刹王一口便答应，令其自裁范围。梵僧将其袈裟一展，遍盖其国都，令其狗一跳东西南北，便将整个罗刹国国界占据。罗刹此后便无居所，梵僧便将罗刹引入点苍山阳溪石室，"金楼玉殿，以螺为人睛，饮食供张百具"，罗刹很满意，便移居此洞，梵僧在罗刹入洞之后，将石洞封起来，从此罗刹便被关在上阳溪的石室之中。① 故事中的"罗刹国"意味洱海本土文化势力，"梵僧"则为密宗的形象代言。张敬的引荐，罗刹王被封于石室，影射的是密宗进入洱海地区经历了先为"张敬"所代表的贵族阶层的接纳，进而为"罗刹王"代表的地方权威的认同。正如故事所展现，罗刹王最终被封于石室中，也喻指密宗取得洱海地区合法地位是以彻底击退地方文化权威为条件的。

产生于南诏、大理国时期的剑川石窟则以形象的方式反映了密宗信仰与白族本主崇拜的合一情况。如剑川石窟中第 15 号窟毗沙门天王、第 16 号窟"大黑天神"本为密宗天神，但在白族的信仰中被奉为本主。如现在洱海地区的白族村庄中不乏将"大黑天神"供奉为本主，有"大理市凤羽镇庄科村清乐村、长发村、高仑村、永乐村……占头村、上和村、鳌头村、新华村、坡脚村、新民村"，据统计，仅大理 10 个镇有 34 个村、洱源 9 镇 57 个村、剑川县 5 个乡镇 83 个村供奉大黑天为本主。② 本主会期各村不一，这些白族村庄中供奉的大黑天神造像与剑川石窟第 16 窟的"大黑天神"造像亦大同小异。

---

① 佚人：《白古通记》，王叔武辑《云南古佚书钞》，云南人民出版社 2001 年版，第 56 页。
② 杨恒灿：《白族本主》，云南出版集团公司、云南科技出版社 2010 年版，第 218—219 页。

密教在传入洱海地区形成阿吒力教派的过程中，也积极吸纳儒家文化。对于阿吒力教派来说，儒家伦理道德文化成为阿吒力教派教育中极为看重的重要理念。如溪氏为阿吒力教世家，儒家文化的道德理念被视为其子弟教育修养心性和安身立命之本。《故溪氏谥曰襄行宜德履戒大师墓志并叙》载："夫士人居世道，有四言：一曰行事敬，二曰道德勤，三曰亲亲和，四曰友友信。"① 这段话是墓志的开篇，其中所言的"行事敬""道德勤""亲亲和""友友信"，是溪氏标举的道德原则，合乎儒家个人道德修养的基本精神。如撰碑者所言，由于溪氏"父子慈孝，不废人之大伦，兄友弟恭，允得天之常性，外以婚姻既睦，内以□□安宁，承绩善之休，成富家之吉，如此亲亲，是为和欤"，受到了皇帝的旌表和赏赐。碑言：

由是道隆皇帝降恩，赏以黄绣手披之级，让国公隆流惠备□□同□□之资□佛事之典而□□□之□□□之□盖不□□力潜运，始明于光阴□。②

史城的杨氏亦是阿吒力世家。《元故先生杨俊墓志铭》载：

先生名俊，字文英，姓杨氏，西珥史城人。其先有若萌者，蒙朝谥之以大师，赐之金兰法衣。而后贤、公、宜、敬、真、朋、庭、太、永、用、日，是十一世者，博雅经纶，深达性相，国君士庶，咸崇尚之。有若意、弘、美、祥、定、忠、贞、廉成、救、隆、义、胜、宜、政、真、珠、兴，是十八世者，扣三教之渊源，子子孙孙听慧，理朝亦矜式之。有若庆者，元之兴，徙居史城。庆生昇，昇生祐，穷究儒书，善钟王字，即先生之祖父也。③

从这里可推知，杨公家在南诏传 11 代，大理国传 18 代，元代传 3 代。南诏时期，杨氏秉承"博雅经纶，深达性相"为家学，大理国时期

---

① 杨世钰主编《大理丛书·金石篇》卷一，中国社会科学出版社 1993 年版，第 11 页。
② 同上书，第 12 页。
③ 同上书，第 28 页。

是"扣三教之渊源",融通儒释道三教文化,到了元代则是"穷究儒书",可见,杨氏一直将儒家文化的学习作为贯通三朝的家族理念。李京《云南志·诸夷风俗·白人》言大理:

> 佛教甚盛。戒律精严者名得道。俗甚重之。有家室者名师僧。教童子多读佛书,少知六经者。①

可见阿吒力教派的教育理念中修习儒家已经较为普遍。白族民间早有学习儒家文化的传统。早在汉代,这种好学之风已经开始,并一直延续至南诏、大理国时期。《宋史》载:

> 乾道九年,大理人李观音得等二十二人至横山砦求市马,知邕州姚恪盛陈金帛夸示之。其人大喜,出一文书,称"利贞二年十二月",约来年以马来。所求文选、五经、国语、三史、初学记及医、释等书,恪厚遗遣之,而不敢上闻也。②

大理人李观音得、董六斤黑、张般若师等本为商人,借贩马之机,购买大量的书籍,涉猎广泛。其中所购儒家的典籍颇多,有《五经广注》《春秋后语》等,注重儒家文化的学习。因此,阿吒力教派对儒家文化理念的吸纳,顺应了白族的文化传统,在其与白族文化交融的过程中更具亲和力。

二 阿吒力教派的教育模式:分层互渗

密教在传入南诏、大理国之后,对于不同的社会阶层施以不同的教育方式。史料中记载了密教僧人收纳皇室成员或贵族子弟为徒的例子。阁罗凤之妃白妃曾经向吐蕃密教高僧赞陀崛多学习秘法。③ 另有阁罗凤之弟阁

---

① 王叔武校注《大理行校注》《云南志略辑校》,第 87 页。
② (元)脱脱等:《宋史》第 14 册,中华书局 1977 年版,第 4956 页。
③ (明)李浩:《三迤笔记》,大理州文联编《大理古佚书钞》,云南人民出版社 2002 年版,第 34、35 页。

陂和尚曾经入吐蕃学习密教。王崧本《南诏野史》载：

> 自唐兵屡败，王遂与唐绝。遣弟阁陂和尚结好吐蕃……唐兵三败，乃其书也。

在剑川石窟第 2 号窟"南诏第五代国王阁罗凤出巡图"阁罗凤右边雕造的是阁陂和尚的坐像，这也是阁罗凤造像左右两侧造像中的唯一一尊坐像，加之居于右侧，突出了阁陂和尚在王权中特殊而尊贵的位置。白族大姓中也不乏密教高僧的弟子。《故宝瓶长老墓志铭》载：

> 稽郡志，唐贞观时，观音自西建此土，国号大理，化人为善，摄受杨法律等七人为吒力灌顶僧。①

杨法律与段道超等人为南诏七师，由于能够"役使鬼神，召致风雨，降龙制水，救灾禳疫"，"南诏蒙氏礼致，教其国人"。② 此后杨氏一门将密教代代相传，成为密教世家。又如赵铎些，其为南诏演习，其后代一直为密教僧人。③

这些传法于南诏、大理国上层社会的密教高僧也被尊为"国师"。《僰古通纪浅述》载：

> 第一主讳细奴逻，……唐太宗贞观二十年，张乐进求率三十七部酋长，以云南国诏逊位于细奴逻，谦之再四，不得已，告于天地山川、社稷宗庙而即国王位，号大封民，以张乐进求为国老，无言和尚为国师。④

这里所言的"无言和尚"，据《滇史》记载："姓李氏，绍祖父粗密

---

① 杨世钰主编《大理丛书·金石篇》卷一，中国社会科学出版社 1993 年版，第 43 页。
② 李元阳：《云南通志》卷 13。
③ 参见《故神功梵德大阿左梨释道宗墓碑》（1365）、《彦昌赵公墓碑》（1422）、《大理弘圭赵公墓志铭》（1430）、《处士赵公寿藏同妻杜氏墓志铭》（1449）。
④ 尤中校注《僰古通纪浅述校注》，云南人民出版社 1988 年版，第 25 页。

教法，持一铁钵盂，不语，人称无言和尚。"① 南诏第三代主晟罗皮以杨法律和尚为国师。② 皮罗阁以白伽师为国师。《滇史》载："开元中，南诏大旱，屡祷不应。时国中有白伽师者，修行精严，王敬事为国师。"③ 阁罗凤以大䒑巅为国老，买嗟罗贤者为国师。④ 劝龙晟即位后尊张与真、李贤者为国师。⑤《故宝瓶长老墓志铭》载："当蒙氏孝恒（桓）王迁都喜脸，尊大容为灌顶国师，赐金襕法衣。迨至生能达赞陀崛多源流四业之闽奥，为世所重。有土主九堂神，甚有雄威，往来惊异，题诗止之。又遇释迦佛像腾空而来，默咒降于家堂。如斯显应，代不乏人。"⑥ 这里"孝恒王"为异牟寻，"喜脸"即"大釐城"。碑中言异牟寻迁都大釐城后尊杨大容为国师，并赐予金襕法衣。从碑文中可见杨法律家为密教传家。晟丰祐迎西方摩迦陀国僧赞陀崛多为国师。⑦ 世隆以赵乐铎为国老，宗保师为国师。⑧ 隆舜以杨良佐为国老，赵波罗为国师。⑨

阿吒力教派僧人还在家中设坛，以家庭教育的方式传承密宗文化。以蒙氏、段氏、董氏、杨氏、赵氏、李氏、陈氏为代表的白族大姓的阿吒力僧皆有家坛。《大师陈公寿藏铭》中对阿吒力教派家庭教育的记述较为完备。碑载：

> 教有显密，理无东西。佛法之教始自于汉，从彼西竺之国，流于震旦中华，已经数百余载。分别显密三乘，显以济物利人。密则伏神役鬼，最奥最妙，甚幽甚玄。能返本还源，惟背尘合觉。当则大唐己丑，大摩伽陀始从中印土至于苍洱之中，传此无秘密，名为教外别传，即蒙氏第七世异蒙习之代也。以立在家之僧，钦崇密教，瞻礼圣容，设此十四之学，立斯内外之坛，各习本尊而为教主。有止禁恶风而暴雨，有祛除鬼魅之妖邪。善神常来拥护，恶鬼不能侵临。教法愈

---

① （明）诸葛元声撰《滇史》，刘亚朝校点，德宏民族出版社1994年版，第118页。
② 杨世钰主编《大理丛书·金石篇》卷一，中国社会科学出版社1993年版，第43页。
③ （明）诸葛元声撰《滇史》，刘亚朝校点，德宏民族出版社1994年版，第134页。
④ 尤中校注《僰古通纪浅述校注》，云南人民出版社1988年版，第42页。
⑤ 同上书，第58页。
⑥ 杨世钰主编《大理丛书·金石篇》卷一，中国社会科学出版社1993年版，第43页。
⑦ 尤中校注《僰古通纪浅述校注》，云南人民出版社1988年版，第62页。
⑧ 同上书，第77页。
⑨ 同上书，第81页。

隆，威风大振。①

从这段碑文的记述可知，父传于子、瞻礼圣容、设十四之学是阿吒力教派的具体教育方式。

阿吒力教派遵行父传于子，代代相承的教育方式多见于白族阿吒力世家中。如弘圭的赵氏。《大理弘圭赵公墓志铭》载：

> 按赵氏世谱，自建峰之后显于西南，择居榆城，其后有铎□者，仕蒙为演习，即今宰辅也。传至永，法号波罗者，酷好金仙氏之道，勤修行能，建荡山寺，阐扬本教，蒙主尊礼为师。高祖大阿左梨福惠，徙居弘圭之市户。曾祖惠升，祖升海，率皆奉瑜伽，精秘密，能降龙伏虎，旱涝祈祷，无不辄应。②

如赵氏始祖受封于建峰，之后传至赵永为南诏密教高僧，修建荡山寺传扬密宗，并被南诏王尊为国师。之后赵惠升、赵升海皆继承了家学，为当时密宗高僧。《故老人段公墓志铭》载：

> 公讳恭，字思敏，姓段氏，世居邓川源保之市坪。按郡志，唐贞观时，观音大士自西域来建大理，以金仙氏之口，化人为善，摩顶蒙氏，以主斯土，摄受段陁超等七人为阿吒力灌顶僧，祈祷雨旸，御灾捍患，陁超即公世祖也。谱牒逸坠，不可详记。曾大父讳益能，袭祖术，通显密。

从这里可知，邓川段氏之祖乃"七师"之一，传至段能，仍然继承了家传密教。

通过观看圣像，修习意密之功也成为在家僧的必修功课。《故老人段公墓志铭》载：

> 公家庭之训，自幼力学……平居正襟危坐，不妄言笑，远于势

---

① 杨世钰主编《大理丛书·金石篇》卷一，中国社会科学出版社1993年版，第69页。
② 同上书，第35页。

力。崇修五佛寺，创家庙于后院，□饰佛像，赎奉□□等经，深究寂灭之理。

可知段氏在家中后院创建家庙，庙中尊奉佛像，专攻在家僧念想修持之用。《故宝瓶长老墓志铭》载：

> 宝瓶讳德，字守仁，姓杨氏，世居喜脸，稽郡志，唐贞观时，观音自西域建此土国，号大理。摄授杨法律等七人为吒力灌顶僧。开元初，法律运妙，用取佛舍利，置于斑山塔，即其始祖也。传至大容、仲容、小容俱精秘术。当蒙氏孝恒王迁都喜脸，尊大容为灌顶师，赐金襕法衣，迨至生，能达赞陀崛多源流四业之阃奥，为世所重。……重建家坛圣像，金碧辉煌。供佛饭僧，周急恤孤，务崇苦行而已。①

杨法律家作为阿吒力教派世家，传至杨大容、杨仲容、杨小容时重建了家坛圣像作为在家僧教育之用。

在教育中，阿吒力教派"设立十四之学"。密教通常说十六生成佛，托于仁王经所说的十四忍，称为十四生成佛。目前的传世文献中对"十四学"的记述较少，我们对其内容所知甚为有限。目前可知的有"密学教主"②"义学教主""医学教主"。

三　阿吒力教派教育模式的影响

在元明清之际，阿吒力教派在民间流传，在阿吒力教派的家庭中延续了南诏、大理国时期的教育理念和方式。

元代《故神功梵德大阿左梨赵道宗墓碑》载：

> 媳大阿左梨赵明之女。其父赵隆，号智生。天资□谨，道行严

---

① 杨世钰主编《大理丛书·金石篇》（一），中国社会科学出版社1993年版，第43页。
② "内供奉僧崇圣寺主密宗教主赐沙门玄鉴"，其中有"密宗教主"，见南诏时期留下的《护国司南钞》，周泳先：《凤仪县北汤天南诏大理国以来古本经卷整理》，周永先、杨毓才、李一夫等编《大理白族自治州历史文物调查资料》。

明，精通瑜伽，缁俗怀信，□不道非法之言，足不履非善之地，肃肃羽羽如也。

德行高洁传印大阿左梨……造佛宇于家园，经像交辉，香灯显焕，院落深静，花木繁荣。①

赵道宗作为阿吒力教派世家的传人，在家中设立家坛，瞻礼佛像进行念想修持。在感通寺出家的李珠出自释儒世家，以绘佛画为家传。他"洞明释儒之奥旨""性相深究其源"，被封为"玄机拔萃明德大师"。②在他45岁的时候因"厌离世谛"，在感通建造僧房出家。他的出家并不影响家业的继承，其子李珠庆继承了他原来的家传，为一教法的教主。另有大理的赵泰，出生于阿吒力世家，因为向导元军取得"邕管等处部落"有功，被选为大理僧官，并赐职为"玄通秘法大阿左梨"，后来他退职辞荣山居，受具戒而修头陀，释名为圆悟。他的子裔继承了他的阿吒力职业，深通"瑜伽"之术。③

南诏、大理国之后，在白族个体的姓名中夹杂密宗"本尊"的现象一直延续至明初。"本尊"为佛教修行者所依止的尊者，体现了人们对修行所依的不同本尊。阿吒力教派的本尊很多，个体所尊崇的本尊各不相同，有大日如来、观音、明王、天王、大黑天神等，在人们的姓名中也将所信仰的本尊的佛号夹在姓和名中间，如鲁药师空、苏难陀智、李圆通镜、陈观音婢、张观音梅、李大日贤、董金刚田、杨法华坚、杨天王秀等。其中药师、难陀、观音、大日、金刚、天王等为佛名。白族以佛号嵌入名中的习俗，一直到明初不衰。

在元明清时期墓葬中出现的梵文，则从一个侧面反映了人们对密教教育的继续发展。据《新纂云南通志》载："按元代云南盛行阿闍梨教，墓碑多镌梵文经咒，有附刻墓志铭或纪念死者之语，亦有不刻汉字者。又如今在大理附近数县所谓达子坟者累累，多刻梵文经咒荐死者。"如五华楼新出土的元碑中，"兼有梵文及汉字者共三十通，另八通皆梵文，无汉字

---

① 杨世钰主编《大理丛书·金石篇》(一)，中国社会科学出版社1993年版，第23页。
② 大理市文化丛书编辑委员会：《大理古碑存文录》，《追为亡人大师李珠庆神道》，云南民族出版社1996年版，第58—59页。
③ 杨世钰主编《大理丛书·金石篇》卷一，《故神功梵德大阿左梨释道宗墓碑》，中国社会科学出版社1993年版，第23页。

(包括汉字已漫漶不清，或仅残留一、二字）"[1]。明代洪熙元年（1425）立《故善人杨和惠圹志》全碑文除记死者生卒年月外，刻《佛说摩诃般若波罗蜜多心经》[2]。《李应墓铭》开头引《佛说解百生怨家陀罗尼经》[3]。

南诏、大理国时期密宗与白族本土文化的融合催生了阿吒力教派。该教派在发展的过程中以兼容吸纳本土宗教和儒家文化为教育理念，逐步形成了带有阶层针对性的教育模式。阿吒力教派本土化的教育理念和教育模式，促成了白族社会阿吒力教派信众群体的壮大，并与白族社会文化的发展形成了密切的关联，这也成为佛教密宗地方化发展的一个独特案例。

（朱安女，大理大学副教授、博士）

---

[1] 方龄贵、王云选录，方龄贵考释《大理五华楼新出元碑选录并考释》，云南大学出版社2000年版，第147页。
[2] 杨世钰主编《大理丛书·金石篇》卷一，中国社会科学出版社1993年版，第34页。
[3] 同上书，第61页。

剑川白族阿吒力佛教音乐概述

张 文

内容提要：本文主要以阿吒力教的历史源流、传统音乐与法章活动、音乐的伴奏乐器及腔调、音乐的抢救与保护，音乐价值和特色等五个方面概述剑川白族阿吒力佛教音乐状况，并初步探讨其鲜明地方民族特色和独特的价值。

关键词：剑川　白族　阿吒力教　音乐

白族是中华民族大家庭中有着悠久历史的民族，总人口185.81万，主要聚居在云南省中部偏西的大理白族自治州。

大理历史悠久，文化灿烂，山川秀美，气候宜人，素有"文献名邦"之称誉，被誉为"亚洲文化十字路口的古都""多元文化和谐共荣的乐土"。

据剑川象鼻洞旧石器遗址出土文物证明，远在1万多年前的旧石器时代，大理地区就有人类居住。在3000—5000多年前的青铜时代和新石器时代，白族先民就在洱海地区劳动创造、繁衍生息，形成了大理银梭岛、剑川海门口等农耕部落，云南文明的曙光就在海门口升起。

汉晋时期，白族先民昆明人、滇人和西爨白蛮广泛吸收氐羌、濮越、中原文化，创造了彪炳史册的滇文化和爨文化。唐宋年间，大理是南诏、大理国的首都，成为云南政治、经济、文化的中心，融合创造了光彩夺目的南诏大理国文化，为西南边疆的开发和形成多元一体的中华文明做出了重要贡献。元明清及民国时期，以白族文化为代表的民族先进文化进一步深入发展，大理成为遐迩闻名的文献名邦。新中国成立后，以白族为主体的各民族经济社会等各项事业迅猛发展，大理白族自治州这颗高原明珠更加璀璨夺目。

剑川位于云南省西北部,大理白族自治州北部,地处世界自然遗产"三江并流"八大片区之一的老君山片区,是滇藏茶马古道上的千年重镇,通往丽江和香格里拉的交通要衢。全县总人口约18万,白族占总人口的91%,是全国白族人口比例最高的县。被誉为白族之乡,是电影《五朵金花》中阿鹏的故乡。

5000多年前,剑川的白族先民就在全国最大的水滨木构"干栏式"建筑聚落遗址海门口繁衍生息,筑栏为屋。在年代为春秋战国至西汉时期的沙溪鳌峰山古墓群里曾发掘到与海门口相似的铜钺、石斧等。在2000年前的秦汉之际,剑川就成为南方丝绸之路"蜀身毒道"和"茶马古道"的交通要冲。唐宋时期,剑川是南诏大理国扼守其北方门户的军事重镇。曾是古代印度、缅甸等国与我国汉文化、藏文化、西北各少数民族文化的交汇点,文化积淀深厚,并且比较完整地保留了白族文化。县内各级重点文物保护单位多达61个,其中国家级6个,省级5个。列入各级非物质文化遗产保护名录的共59项,其中国家级3项,省级17项,州级16项。

县境内的剑川石宝山属全国第一批重点风景名胜区,石钟山石窟为第一批全国重点文物保护单位,剑川西门街古建筑群和沙溪兴教寺被列入第六批全国重点文物保护单位,景风阁古建筑群、海门口遗址和茶马古道沙溪段为第七批全国重点文物保护单位。沙溪寺登街是"茶马古道"上唯一幸存的古集市,沙溪镇入选世界纪念性建筑遗产和全国历史文化名镇。石宝山歌会、剑川木雕、剑川白曲入选全国非物质文化遗产名录。剑川历史上被誉为"文献名邦",为"全国木雕艺术之乡",是集名山、名水、名城、名雕、名会、名曲、名联、名人为一体的人间乐土,素有"白族文化聚宝盆"之称。色彩斑斓而独具特色的白族歌舞、阿吒力音乐、礼仪习俗、节庆盛典、饮食服饰等,构成一道道亮丽的文化风景线,令人流连忘返。古朴、厚重、突出的白族文化特色,使剑川成为建设民族文化强省、强州的重要区域。

一 阿吒力教的历史源流

佛教密宗在距今1000多年前的南诏时期传入大理地区,亦传到剑川,它与白族先民的土著文化相结合,形成自己的特点,颇具民族性和地方性，被白族称为"阿吒力"教，成为密宗的重要派别。阿吒力教兴盛于南诏中晚期，历元、明、清不衰，至今仍有广泛的影响。

阿吒力教的经典别具一格，基本上是一经一忏（现忏已大部分失传），配一部科仪法事中，科仪主要采用演唱形式来表现，音乐丰富，仅笔者编著的《白乡天乐——云南剑川民间阿吒力传统音乐》（以下简称《天乐》）一书就收入130多首腔调。现仍流传在剑川的阿吒力科仪音乐历史悠久，大部分曲调由内地传入，但在内地早已失传，现今在白族地区能较为完整地行使这些科仪的也仅有剑川的几位阿吒力居士了。有些曲调堪称中国古代音乐活化石，在长期的流传过程中，它吸收了白族民间音乐成分，具有鲜明的地方民族特色。它是深入研究白族古代音乐等民间艺术的珍贵资料，也是国内各民族及我国和东南亚各国进行文化交流的历史见证。

佛教在唐代南诏时传入大理地区后，由于得到南诏及大理国上层统治者的支持和提倡，在洱海区域逐渐兴盛起来。一般认为佛教由印度、缅甸经西藏传入，另说是由中原（汉地）传入。实际上三者的因素都有。据《南诏图传·文字卷》所载："大封（白）民国圣教兴行，其来有上（'上'即'三'，是白语'三'的汉字记音），或从胡梵而至，或于蕃、汉而来。奕代相传，敬仰无异。"当时传入的佛教为大乘佛教密宗，白语称"阿吒力"。"阿吒力"为印度梵语，白语汉字记音又记作"阿叱黎""阿者梨""阿折里"等20多种。其汉语译义为"轨范""导师"；白语意译称作"书资波"，与称呼"老师"的白语相同。

阿吒力教的典籍从20世纪20年代至今，时有发现。经卷的年代，最早的为南诏晚期，一直到清代，历时达9个多世纪。1925年，罗振玉先生曾在天津见到大理国段正严时写的《维摩诘经》一卷，该书写于大理国文治九年（1118）。此卷流落于美国，现存大都会博物馆东方部。20世纪40年代，西南联大的吴乾教授就在大理发现《大般若波罗蜜多经》写经一卷，上有题记："大理国灌顶大阿左犁（即阿吒力）赵泰升敬造《大般若经》一部，天开十九年冬癸未岁中秋望日太师段奇清识。"大理国天开十九年即为公元1223年。

1956年，费孝通先生带领全国人大民委云南少数民族调查组在大理市凤仪北汤天董氏宗祠法藏寺金銮宝殿墙壁内发现了古本经卷两大柜，约3000册。其中南诏大理国写本佛经共20多卷。内有抄写年代的3卷。即由"内供奉僧崇圣寺主密宗教主赐紫沙门玄鉴"于安国圣治六年（894）所集的《护国司南抄》卷第一；写于大理国保安八年（1052）的《保安八年佛弟子比丘释道常荐举七代先亡写疏》残卷；由"佛弟子持明沙门释照明俗讳杨义降"于保天八年（1136）敬写的《诸佛菩萨金刚等启请仪轨》一卷。其余的20多卷虽无确切年代，但据题款、纸质、书法等特征，可判定其亦为大理国时期的写本。在这些写本佛经中，一些经卷的经文使用了通行于南诏大理国时期的古白文。除正文中正楷大字用汉字抄录外，其后的注疏及正文经文旁及注疏后分别用朱笔、墨笔书写了一些小字，据考证这些小字即为南诏大理国时期使用的古白文。其中《通用启请仪轨》（残卷）等文献于2008年列入了文化部第一批国家珍贵古籍名录；《仁王护国般若波罗蜜多经》5号卷、6号卷作为古白文文献列入了第一批国家珍贵古籍名录。5号卷长1008厘米，高30.5厘米，是南诏大理国白文手写佛经文献中的代表作。残卷中保存完好的《嘱累品第八》，正文汉字1800字，古白文旁注1700字左右，卷尾白文疏记有4300字之多，是迄今所发现的白文字数多于汉文的珍贵文献。阿吒力白文手写经卷的使用从南诏大理国开始一直相延至今，在《天乐》一书中，就收入了现今剑川阿吒力信徒仍在荐亡科仪中使用的白文经《叹亡白词》《三献礼白词》等（含音乐曲调）。

1956年在大理凤仪北汤天法藏寺中发现的佛经中，有一部《通用启请仪轨》，其末附有《海会八明王四种化现歌赞》一卷，上题"大阿左梨周梵彰述"，歌赞共有38句，开头8句写道：

> 大日海会多权现，八金刚有四种变。
> 阿閦佛眼及文殊，六足尊统王东面。
> 三火不烧兽不吞，万物无伤蠋等难。
> 毗卢遮那金刚藏，降三世尊东南角。

此种南诏大理国时使用的歌赞同现代剑川阿吒力居士使用的科仪经书中所演唱的赞颂佛菩萨功德的七言偈子完全一样。可见现仍在剑川流传的阿吒力音乐歌词腔调形式可追溯到大理国时期了。

据文献记载，印度阿吒力僧到大理地区传播密宗的事例不少。如《康熙剑川州志》载："赞陀崛多尊者，唐蒙（氏）时自西域摩伽国来，经剑川遗教民间，悟禅定妙教，曾结庵养道。"① 赞陀崛多是印度著名的阿吒力僧，南诏王劝丰祐对他极为信任，把妹妹越英嫁给他，并封为国师。《新纂云南通志·宗教考》载："唐宋间传至云南之佛法当不止一宗派，而以阿吒力教为盛。阿吒力者，瑜伽秘密宗也，蒙段时期此宗最盛。"② 现剑川石钟山唐宋石窟就有密宗"明王堂"（第六窟）石雕造像和"梵僧造像"（来传教的印度和尚）。据我国著名佛学研究学者罗昭在《剑川石窟石钟寺第六窟考释》一文中所述，该窟是依据唐朝大中至咸通年间中国密教僧人撰写的《大妙金刚佛经》开凿而成。此窟是一座展示佛顶信仰与金刚界教法（特别是大乐金刚法与忿怒明王法）有机融合的曼荼罗密（佛坛）窟。据他推测，此窟还是大理国阿阇梨（阿吒力）秘密传授大乐金刚法与忿怒明王法的实践坛场。③ 还有不少学者推断，剑川石窟就是大理国皇室的外道场，是皇室举办法事活动的重要场所。

至今在剑川还存有不少阿吒力墓碑，有些古墓葬上还可以看到刻有密宗咒语及梵文的碑刻。如立于明天顺四年（1460）的《阿吒力僧李久成墓碑》的开头记述道："姓李，名久成，字永终，世为弥沙井之巨族。由高曾祖考世以僧业相仍，及充本井盐课司丁之总甲。……恒奉三宝，晨夕讽诵，手不释数珠。一岁之间，斋素居半……洪武三十年丙子岁十二月二十七日，其生之岁月。"由此推断，李久成为明代洪武至天顺年间人，其五世祖大约为南宋末年人。可见在南宋年间剑川仍盛行阿吒力教。现存剑川景风公园内的立于元仁宗延祐四年（1317）的火葬墓碑《段逾城海火葬墓碑》正面刻有《佛说地藏菩萨经》碑文，背面刻着梵文《佛顶尊胜陀罗尼神咒》，碑右侧刻书："南无六道分身救苦地藏王菩萨大阿左黎释□真为（缺字）南无净诸业障菩萨众。"碑左侧刻书："维延祐四年岁次丁巳十二月（缺字）南无救苦观世音菩萨南无大势至菩萨。"死者段海名字前冠佛号"逾城"，这就是南诏时佛教密宗信徒传下来的习俗。碑右侧刻着的菩萨名号下的"大阿左黎释□真为……"即为书碑者，"阿左黎"即为"阿吒力"。阿吒力教曾在白族地区推广火葬，现存的元代火葬墓碑，亦是阿吒力教在白族地区盛行的可靠证据。

---

① 《（康熙）剑川州志》，北京图书馆出版社1998年版。
② 《新纂云南通志》，云南民族出版社2007年版。
③ 罗昭：《剑川石窟石钟寺第六窟考释》，《白族文化研究》，民族出版社2002年版。

佛教禅宗传入大理地区的时间较晚，元代开始兴盛起来。元以后，大理地区结束了地方政权独立的局面，阿吒力在上层的地位减弱。但在民间，特别是边远农村，依然盛行。明太祖曾下令禁传密宗，但因"土俗奉之，视为土教"，所以后来又在府、州、县公署里设立阿吒力僧正司。清康熙时，把明代设立的阿吒力僧正司撤销，其势力进一步削弱。但由于阿吒力有较为雄厚的群众基础，所以在民间仍继续传播。直至19世纪50年代剑川较大的村寨和乡镇都有一两家阿吒力（往往都是几代相传）。他们娶妻生子，主业务农，以念经为副业，常帮人做法事，禳灾祈福，荐亡祭祖，以此取得一些报酬，维持生计。现在农村中还有一些阿吒力"掌堂"（主醮），他们主持着老妈妈的"念佛会"（俗称"妈妈会"），其信徒多为50岁以上的妇女。

在长期的历史发展过程中，流传在白族地区的禅宗和密宗相互融合。过去禅宗僧侣为了争取阿吒力信徒的供奉，也吸收了阿吒力的一些科仪等。阿吒力为了得到官家的承认，也采用禅宗经书。但现今流传在剑川的佛教音乐主要是阿吒力教所使用的曲牌和经曲，从某种意义上说，其更富有地方民族特色。

二 阿吒力传统音乐与法事活动

阿吒力传统音乐与法事活动紧密联系，贯穿法事始终，所谓"法事开启，鼓乐不绝"。一年之中，剑川阿吒力行持规模较大的各种佛教庙会达三四十种，如正月初一"弥勒会"（又说"燃灯古佛会"）、正月初六"三皇会"、正月初九"上九会"、正月十五"上元会"、二月初三"梓潼帝君文昌会"、二月初八"太子会"、二月十五"老君会"、二月十九"观音会"、二月二十一"普贤菩萨会"、三月初五"古城隍会"、三月十五"财神会"、三月二十"娘娘会"（三霄圣母）、三月二十八"地藏会"、四月初四"文殊菩萨会"、四月初八"浴神会"、六月初一至初六"南斗会"、六月十五"绕海会"、七月初一"开狱会"、七月十五"中元会"、七月三十"封狱会"、八月初三"灶君会"、八月十五"太阴会"、九月初一至初九"北斗会"、九月三十"药师会"、十月十五"下元会"、冬月十七"阿弥陀佛会"、冬月十九"太阳会"、腊月初一"韦驮会"、腊月初八"太子成佛会"。还有各村本主会（"本主"是白族独有的信仰，

"本主"即本境之主），如正月二十五"合江本主驰感圣王景帝会"、四月初一"大圣石碑阿弥勒景帝会"等。

到私人家中做的法事可分为四种，即瘟、火、祈、荐。瘟：凡家里有人生病，就做除瘟的法事；火：家里遭火灾就做消灾免难的法事；祈：为求寿、求功名、求清吉平安的法事；荐：即超度亡灵的法事。这些法事亦可插入庙会去做。其中荐的法事常在家中举行，每年举办的次数居诸法事之首。时间多数在办丧事期间或在春节和农历七月间。可分为一天荐、三天荐、五天荐，荐所崇拜的佛为阿弥陀佛。

剑川阿吒力教所崇拜的佛可从做会时悬挂的圣号（也称"佛牌"）上反映出来。如祈祥用的"三十六圣号"中所尊崇的佛为：（1）开天无积燃灯古佛，（2）清净法身毗卢遮那佛，（3）圆觉报身卢舍那佛，（4）开教本师释迦牟尼佛，（5）长春世界无量寿佛，（6）龙华会主弥勒尊佛，（7）万星教主炽盛光佛，（8）十二上愿琉璃光佛，（9）消灾免难孔雀王佛，（10）十方三世一切诸佛，（11）大智文殊师利菩萨，（12）大行普贤象王菩萨，（13）延人寿命观音菩萨，（14）拜念佛大势至菩萨，（15）消灾息灾二大菩萨，（16）增佛延寿二大菩萨，（17）十方刹海诸大菩萨，（18）上元一品赐福天官，（19）中元二品赦罪地官，（20）下元三品解厄水官，（21）三元三品三官大帝，（22）日宫太阳炎光帝君，（23）月府太阴素曜元君，（24）当生注照本命星君，（25）虚空地母皇后元君，（26）镇坤注社鳌光龙神，（27）值年太岁至德尊神，（28）封两代世袭城隍，（29）本县城隍社本尊神，（30）大圣本主有威灵神，（31）剑阳境内十八坛神，（32）本境应水得道龙王，（33）山川神稷树木之神，（34）主掌五谷八蜡之神，（35）四方八面山神土地，（36）道场所请千贤万圣。

做法事按阿吒力典籍，即科仪进行，典籍大都为汉文手抄本，现今在剑川常能收集到的有《召值迎黄启祖法事》《开坛法事》《佛门扬幡、请水、净厨、张桂榜文法事》《教诫洒净法事》《请仪法事》《借地、解秽、监坛法事》《释迦、弥陀二佛法事》《迎鸾圣僧法事》《二帝词法事》《观音表法事》《十王表法事》《佛门星辰科法事》《地藏表法事》《求寿祈嗣表法事》《金刚科仪》《慈王法事》《大类解结法事》《神王解结法事》《消灾灯法事》《敬醮法事》《赈济法事》《关申三府法事》《瑜伽破狱破血河法事》《冥王科法事》《药师科法事》《送圣谢罪法事》《回向谢将法事》《大斋酬谢法事》《传戒法事》《浴佛法事》《六根忏法事》《诸部姻缘科》《退送白虎法事》《退送白虎诸将法事》等。古白文经抄本有《荐亡白词》《三献礼白词》《十王白词》《三宝白词》等。

最简单的荐的法事为一天荐，讽（念）的经为《金刚经》，诵（唱）金刚科。三天和五天荐要增加冥王科、报恩科、地藏科等。

超度亡灵（办丧事）时所举行荐的法事的活动程序为：开堂、洒净、焚香请圣、行科仪、送圣。开堂时要吹奏吹打乐曲牌；行科仪时，经文中的经作讽（即念），赞和偈作唱（即用曲调唱），咒作念（少量亦作唱），文作道白。

在大的斋醮活动中，如水陆大会、东岳会等公斋或举办时间较长的私斋（祈荐等法事）中，在送圣时要表演《散花》《散灯》等阿吒力乐舞。

三　阿吒力传统音乐的伴奏乐器及腔调

阿吒力传统音乐的伴奏乐器以大乐，即唢呐为主，辅之以细乐：芦管、三弦、二胡、哑胡、笛子等。打击乐器有铙、钹、法铃、点子（鸳鸯锣）、钗、锣、木鱼、鼓等。

现存的曲牌有：（1）用于开堂时的吹打乐曲牌，如［金落锁］［金字经］［三下板］等及送圣时的［大摆队伍］等。（2）丝竹乐曲牌有［南清宫］［小开门］［鹿鹤同春］等。［鹿鹤同春］是酬神时表演《鹿鹤同春》舞蹈的舞曲。（3）打击乐锣鼓经有"大打"锣鼓经：以铙、钹为主；"小打"锣鼓经：以小钗、小锣为主。其打头丰富，按用途大体分为：（1）套打锣鼓，即配合音乐曲牌套打；（2）隔板锣鼓，用于唱经和讽诵的段落之间，每唱一句、两句、四句等即加隔板锣鼓；（3）散手锣鼓，常加入唱腔中，用以划分句逗或收腔时烘托气氛。

经腔按唱词来分，大体可分为通用偈子、独腔等。唱佛偈的经曲常以科仪唱词的字数来分。如唱七字句的有［大佛腔］［大慈悲］［三转法轮］［众圣金仙］等，唱四字句的有［十王朝果］等，唱七字句加五字句的有［天高地厚］等。此类偈子，凡唱词字数相同的，其音乐基本上可通用，因此可称"通用偈子"。此外还有唱长短句的偈子，如［大圆智镜］［三不捨］等。只限于某种法事中的专用曲调，白语称"督腔"，直译为"独腔"，常用以演唱长短句唱词。独腔中"赞"的曲调居多。"赞"的曲调大多用来演唱长短句，曲调变化丰富，有"无尽三宝"的说法，意即演唱"赞"的"三宝腔"可随唱词的长短变化而衍生出很多腔调。

"赞"的曲调现在搜集到的有［众等皈依］［香赞］［皈命礼］［我今稽首］［皈命十方常住三宝］［午日三参］［佛法僧］［回礼向］［自皈依佛］［稽首皈依道觉尊］等。

"独腔"有用于"焰口科"的供养腔调［五供养］，用于"焰口科"荡狱的［请五方］，用于请圣的［弟子众等］，用于"关身法事"的［关万圣］［天高地厚］，用于"发谍"时的［三转法轮］，用于设蘸的［道场散］等。

此外，现仍使用的佛腔还有［若人念］［极乐世界］［请得观音过海来］［容颜甚其妙］［瑜前境界］［夜月辉煌］［四面推开又道中］［南无无静三宝尊］［扫荡道场］［无上圣僧］［云何鱼池］［四宝所成］［运香三藏］等。

经曲的使用情况：（1）有的一曲多用，经文（唱词）变，但经曲基本不变；（2）有的曲调相对固定，仅用于某处法事的固定经文，即所谓"独腔"类中的某些曲调；（3）少量曲调大同小异，如［夜月辉煌］和［朝罢归来］两者的曲调大体相同，仅因唱词相异，音乐也有一些变化。

经曲的命名方式大体可分为两种：（1）有固定的名称，其名称与经文无关，如［大佛腔］［游四门］等；（2）多数以经文开头的几字命名，并约定俗成，如［请得观音过海来］［丹凤来兮宇宙春］［一花五叶祖师传］等。

经曲的安排使用主要由"主科"来决定。主科者常由阿吒力主醮亲自担任，他既是法事活动的"掌堂"（负责人），又是佛教音乐演奏的指挥。

科仪进行中，在主科的安排下，主经者负责念经，主仪者主唱经腔。法事过程中选什么曲调来唱，音调的高低，调子的速度，用慢腔或快腔来唱诵等都由主科安排决定。主仪起腔后，乐队便跟腔伴奏。

在剑川阿吒力佛乐中，值得一提的是现仍流传的阿吒力乐舞。它融音乐、舞蹈为一体，动作套路多姿多彩，有程式化的表演形式，技巧较高。在其发展过程中吸收了不少白族民间音乐舞蹈素材，具有浓郁的地方民族特色。

其中《散灯》《散花》《鹿鹤同春》为酬神时跳的舞蹈；《剑舞》又称《斩罡风》，在上词祛邪时表演。

《散灯》为三人舞。为祈求菩萨保佑，降福给佛家弟子，所以表演时显得特别虔诚。众人可以轻声唱和，歌声缥缈，仿佛进入其理想中的极乐世界。舞者头上置一盏莲花灯，两手还各持一盏，并点燃之。歌舞进行中，灯光闪烁，恰似群星灿烂。

《散花》为双人舞。由两人各持花束载歌载舞。其曲调为"独腔"。旁观者常高声唱和，场上场下，相互呼应，呈现出欢快的景象。

《剑舞》为三人舞。在上"词"之前表演。一人持剑而舞，另两人分别持"解秽旗""七星旗"等伴舞。舞时内外肃静，气氛庄严。舞者边舞边唱，舞剑者动作刚强勇猛，粗犷有力。音乐亦干净利落，节奏分明。

《鹿鹤同春》为三人舞。拟鹿、鹤奔走、飞翔等动作进行表演。鹿、鹤与弥勒的嬉戏贯穿始终，诙谐风趣。其伴奏音乐为丝竹曲牌［鹿鹤同春］，曲调清丽优美，引人入胜。

四　阿吒力传统音乐的抢救与保护

剑川白族民间阿吒力传统音乐的抢救保护工作，始于中国民族民间器乐曲集成。1983年3月，根据《中共中央关于转发〈全国哲学社会科学规划座谈会纪要〉的通知》精神，《中国民族民间器乐曲集成》被确定为全国艺术学科国家重点科研项目。文化部、中国音乐家协会颁布了编辑方案，将佛教、道教等宗教音乐列入器乐曲集成收编范围。

1990年，按照省、州文化部门通知精神，剑川县文化局及文化馆决定，由文化馆张文负责县民间器乐曲集成工作，对流传在全县的民间器乐曲、民间器乐乐种、白族阿吒力佛腔等宗教音乐开展了普查、搜集整理等工作，历时十多年，完成了《剑川器乐曲集成资料卷（送审稿）》。其间，1991年10月，张文论文《剑川阿吒力佛教音乐初探》入选"云南省器乐曲集成第三次编辑工作会议暨省宗教音乐学术研讨会"，引起关注。同年11月，中国艺术研究院著名学者田青亲临剑川，由张文组织民间艺人配合其完成了作为云南佛乐代表的剑川阿吒力佛教音乐录音工作，尔后收入田青主编、张文任特约编辑和撰稿的《云南佛乐》磁带（共3盘），汇编入中国佛协赵朴初会长亲笔题鉴的"中国佛乐宝典"，作为中国十大佛乐系列之一，于1993年由中国音像大百科出版社面向海内外公开出版发行，把中国佛乐较为全面地推向了世界，在国际社会有较大影响。为此，2000

年，张文应台湾南华大学邀请，并经国务院台办批准，赴台湾出席国际佛教音乐学术研讨会，宣读论文《云南剑川白族阿吒力佛教科仪音乐》，会后收入《2000年佛学研究论文集——佛教音乐》，于2001年在台湾出版。

2000年4月，张文撰写的《让剑川白族"阿吒力"古乐走向世界》入选参加由大理州委、州政府举办的大理州建设民族文化大州研讨会，会上大理州政府将阿吒力古乐列为白族独有文化。该论文还在《音乐探索》2001年3期发表，并在2005年云南省首次民族民间传统文化保护论文评奖中获奖。

2003年4月，张文论文《抢救白族"阿吒力"佛乐的思考》入选中国社会科学院世界宗教研究所等举办的"中国鸡足山佛教论坛"，并入选由中国宗教文化出版社出版的论文集。

2004年，经省文化厅批准，张文应邀担任《中国器乐曲集成·云南卷》编委，完成了收入国家卷的剑川阿吒力佛乐等入编音乐撰稿工作（约16万字）。

2005年，由张文执笔撰写的《剑川白族民间阿吒力传统音乐调查报告》，作为申报文本主体材料，经县政府审订后上报相关部门，该项目已申报成功，"剑川白族民间阿吒力传统音乐"由州政府公布列为大理州第一批非物质文化遗产名录项目。2007年，杨元轩、张忠义列为云南省传统音乐（剑川阿吒力民间音乐）传承人。

2009年，由张文任主编、总撰稿的《白乡天籁——剑川民间传统音乐》由云南民族出版社出版发行，书中收入张文记录整理的部分阿吒力佛腔。该书获云南省政府设立的省文艺创作奖励基金专著类优秀成果奖。

五 阿吒力传统音乐的价值和特色

剑川阿吒力科仪音乐曲调自成体系，丰富多彩，举世独有。科仪的演示形式完整，较为成熟，且独具一格，已形成程式化的定势。音乐成套，安排有序，与全国各地民间佛教音乐相比，表现形式最为完整，最具民俗特征，堪称我国西南边疆少数民族地区的文化奇葩。

（一）历史悠久

据唐《唐会要》载："骠国在云南西，与天竺国相近，故乐曲多演释氏词云……袁滋、郗士美至南诏,并见此乐。"① 可见佛教音乐在南诏时即在大理地区流行。

据文献记载,公元 800 年,南诏王异牟寻向唐王朝献演的大型歌舞《南诏奉圣乐》伴奏乐队中有"龟兹部"。中国艺术研究院音乐研究所研究员田青先生在其《佛教与中国音乐》一文中指出:"在唐人眼里'龟兹乐'与'佛曲'原本就是一个东西。赞宁《高僧传·读诵篇》载唐惟恭、灵归二僧事,言灵归'偶去寺一里,所逢六七人,少年鲜都,衣服鲜洁,各执乐器,如龟兹部……所见者,乃天乐耳'。篇末论曰:天乐佛曲'或乐象龟兹,或开口菡萏'。"② 由此可知,在南诏时盛行的龟兹乐即佛曲。事实上,剑川阿吒力科仪的伴奏乐器芦管,即为龟兹乐乐器筚篥,芦管(筚篥)的使用在剑川阿吒力乐师中至今仍较为普遍。

根据现在收集到的文献资料来看,剑川阿吒力科仪音乐使用的典籍(科仪经卷)大多是南诏大理国时期,即宋元以前的高僧编纂而成,一直流传至今。

剑川阿吒力科仪音乐中哪些曲目与南诏大理国时的佛曲有关,哪些是南诏大理国时流传至今的曲目,还待于进一步深入研究。但根据法事音乐所具有的稳定性、保守性、传承不容更易性来推断,很显然,现存的阿吒力音乐渊源古远,价值独特。

(二) 剑川阿吒力教科仪及其音乐的使用为唐代俗讲和敦煌俗骈文的研究提供了活资料

据圆仁《入唐求法巡礼行记》卷二载,唐代佛教俗讲的仪式为:"讲师上堂,登高坐间,大众同时称叹佛名……至'愿佛开微密'句,大众同音唱云'戒香定香解脱香'等颂。梵呗讫,讲师唱经题目,便开题,分别三门。释题目讫,维那师出来于高座前,读申会兴之由,及施主别名、所施物色申讫,便以其状转为讲师。讲师把麈尾,一一申举施主名,独自誓愿。誓愿讫,论义者论端举问……论义了,入文读经。讲讫,大众

---

① (宋)王溥:《唐会要》,中华书局 1955 年版。
② 田青:《佛教与中国音乐》,《音乐研究》1987 年第 4 期。

同音长音赞叹。赞叹语中有'回向'词。"① 这种仪式的具体情形在汉族地区及敦煌文献中均无法考证，但在剑川阿吒力科仪演示中，还历历在目，活灵活现，可资对照。正如云南社科院宗教研究所侯冲先生和云南省佛教协会理事赵文焕先生在《论剑川阿吒力教经典的现代价值》一文中所说："阿吒力法事程序的安排，可以给现在的人了解和认识唐代俗讲，研究敦煌文献中世俗佛教法事文仪提供一个感性的帮助。"②

（三）有些阿吒力科仪音乐曲调堪称中国古代音乐的活化石

如任二北先生在《敦煌曲校录》中列出佛曲284首，其中所列的《散花乐》一首，其音乐如何，不得而知。但在剑川阿吒力科仪曲调里就保存有《散花乐》曲调，又名《散花也乐》，其音乐古朴，曲调热烈，演唱时还跳《散花舞》。

剑川地处西南边疆滇西北高原，过去交通闭塞，较为封闭，不少从内地传入的汉文化艺术在内地早已失传，但在剑川却长期保存下来而不失原汁原味，成了中国古代音乐的活化石。

（四）剑川的阿吒力科仪音乐形象地展示了佛教世俗化和通俗化的风貌

阿吒力科仪音乐世俗化的重要特点之一就是佛乐与白族民间音乐的融合。有些佛腔就吸收了白族民歌音调。在科仪中使用的器乐曲，有些就来源于白族唢呐曲牌，如［三下板］［金字经］［大摆队伍］等。一方面丰富了科仪音乐，并为佛教的世俗化提供了极大的便利，大大缩短了佛教与民众之间的距离；另一方面也为民间音乐的继承和发展，提供了重要的条件。它们还从科仪的演示、音乐的运用等方面为研究佛教的世俗化提供了重要的资料。

（五）音乐丰富，自成体系

有曲牌音乐、经腔、打击乐。曲牌音乐包括大乐曲牌（唢呐曲牌）

---

① （唐）圆仁：《入唐求法巡礼行记》卷2，顾承甫、何泉达点校本，上海古籍出版社1986年版。

② 赵文焕、侯冲：《论剑川阿吒力教经典的现代价值》，2009年4月12日，佛教网 http://www.tlfjw.com/xuefo-203823.html。

和细乐曲牌（丝竹乐曲牌）。曲牌音乐和经腔交替使用，安排有序，引人入胜。经腔品种完备，有通用偈子、独腔、套曲等。其演唱形式包括独唱、齐唱、领唱、一唱一和等。打击乐别具一格，完全不同于汉传寺庙音乐，锣鼓经字谱亦与众不同，另有一套，让人耳目一新。

（六）科仪演示多姿多彩，难得一见

阿吒力科仪有歌有舞，璀璨夺目。法事的进行极似戏剧表演。每逢法会举行，都要精心进行坛场布置，扬幡挂榜，彩旗飘荡，张灯贴联，气氛庄重热烈，不同一般。法会时间有长有短，短则一天半日，长达七天至八天。较大的法会上要进行阿吒力乐舞演出。唢呐高奏，锣鼓齐鸣，灯舞花飞，引人入胜。来自全国各地参加中国传统音乐学会年会的专家学者，慕名专程来剑川进行田野考察，看到阿吒力科仪演示后评价说，如此丰富多彩的佛教法会，在全国各地民间佛教法事中绝无仅有，在汉传佛教寺院里亦难得一见。

（七）剑川阿吒力科仪音乐具有鲜明的地方民族特色

白语有六个到八个声调，用白语声调来读汉字，称为"汉字白读"，讽经、唱经时阿吒力都采取"汉字白读"。其间有很明显的对应关系：汉字阴平字白语读33调，阳平字读42调，上声字读31调，去声字读55调（元音带紧喉），汉语中的古入声字白语读35调。为了在唱经时做到字正腔圆，白族阿吒力们用"汉字白读"来唱经文，在音乐上必然作了创造性的改动，形成了独特的风格。阿吒力音乐中，有些曲调只有剑川的阿吒力使用，如超度亡灵时的白文经"荐亡白词"，于施食时使用，其唱词为"七七七五"式（每段四句，第一、二、三句唱词为七字，第四句为五字）山花体，都是白语，用［祭亡白词］演唱。

剑川阿吒力音乐以其鲜明的地方民族特色和独特的价值逐渐引起专家学者的高度重视和关注，随着研究的不断深入，将放射出更加璀璨夺目的光彩！

（张文，剑川县文化馆副研究馆员）

大理白族四月八浴佛节与敦煌遗书岁时佛俗记载的比较研究[*]

张云霞

内容提要：该文通过对大理白族地区四月八举办浴佛民俗活动的调查描述，结合敦煌遗书中四月八大会的岁时佛俗活动记载，认为大理地区四月八的民俗活动与敦煌遗书中的相关记载有相似性。从敦煌四月八大会期间举办造幡写经造像、四月大会、寺院礼佛、求儿女四个方面来看，大理地区基本延续了这些历史传统，尤其是求儿女和举办大会活动，大理地区的浴佛活动所体现的民俗民间化程度更深。

关键词：大理　敦煌　四月八　比较研究

大理地区众多的民间宗教信仰活动中，"四月八"是一个重要的节日，凡寺庙有释迦太子像的白族聚居村落，大都举行洗浴太子金身的民俗活动，同时讽诵经文举办祭祀仪式，俗称"浴佛会"或"浴佛节"。这种通过举办浴佛活动进行祈福的祭祀仪程，跟敦煌遗书中有关"四月八"的民俗佛事活动记录有相似之处，本文通过大理市挖色镇崇福寺举办浴佛活动的实地调查描述，结合敦煌遗书中的四月八佛事民俗资料，做一个对比研究，并求教于方家。

---

[*] 基金项目：国家社科基金项目"白族民间祭祀经文与敦煌佛经变文的比较研究"（13XZJ011）阶段性成果。

一 大理市挖色镇崇福寺浴佛活动描述

挖色镇位于大理市洱海东北部，拥有2万多人口，白族约占总人口的98%，是白族的世居地。境内现存佛教寺庙约10所，崇福寺位于挖色镇东部三峰山脚，东距佛教名山鸡足山约20公里，现存三开间大殿以及观音殿、地藏殿（又称十王殿），都是20世纪80年代以来在原址上重建。主殿中塑释迦、药师和阿弥陀佛，两旁为达摩祖师、大黑天神，两侧塑十大金刚。观音殿主塑观音，两旁为文殊、普贤菩萨，地藏殿主塑地藏王菩萨，两侧塑十王。崇福寺的建造历史悠久，明代早期的碑刻文献中就提到"重修崇福寺"的记录①，说明崇福寺至少在元代已经存在，民间有"先有崇福寺，后有鸡足山""鸡足山的开山母寺"之说。崇福寺作为到鸡足山朝山拜佛的中转站，一度兴盛，规模宏大，曾建莲花池，如今已经变成一个村落，名寺莲塘，寺后山上建有雨珠庵等寺庙，遗址遍地残砖断瓦。

（一）寺庙组织的祭祀仪式

2014年5月6日，农历四月初八。9点，崇福寺里集中了30多位佛家姊妹，她们自称皈依弟子，领头人是长期居住在寺庙里的常存师傅。皈依弟子都是挖色镇本乡本土的妇女，年龄大的70多岁，小的30多岁，多数在50岁以上，绝大多数生育过儿女。在大理白族地区，除了皈依弟子，50岁以上的白族妇女多数加入民间宗教信仰社团莲池会，成为莲池会的经母，② 数量远远多于皈依弟子。皈依弟子信奉佛教，只参加佛教的祭典和节日，而莲池会参与的民俗宗教信仰活动比较宽泛，儒释道兼有。待开坛上香准备仪式就绪，皈依弟子在常存师傅的带领下，开始讽诵经文。颂唱经文不用经书，而是在领头人的带领下集体唱诵，皈依弟子多数不识汉字，个别上过学的也无法读懂佛教经书，是在口传心记的模式下讽诵经

---

① 张云霞：《大理市挖色地区碑刻文献概述》，大理州白族学会编《中国白族学论丛》（一），云南民族出版社2013年版，第109—110页。

② 在大理白族地区，加入莲池会的妇女统称经母，每个莲池会都有1—3位领导人，专门负责传授经文、开坛、举办祭祀仪式以及整个活动事宜等，一般称为"经头母"。

文。颂唱《宝鼎赞》《佛宝赞》《大悲咒》《十小咒》《金刚般若波罗密多心经》《往生咒》等几部经文。询问讽诵的经书时，常存师傅拿出一本《佛教念诵集》，她们是依据这个本子来举行祭祀仪式的，没有专门为"佛诞"而讽诵的仪文。平时祭祀活动使用《佛前大回向》《西方发愿文》《回向偈》《佛功德赞》《净坛仪规》等，常存师傅也认为，她们的佛堂"不正宗"，虽然法器齐全，有鼓、木鱼、小镲、罩面、吊钟、引磬，但腔调还是采用白族的腔调，实际上，整个大理白族地区都使用白族腔调的佛教音乐，已经形成了一个传承体系。11点，大殿里的祭祀仪式结束，在常存师傅的带领下，一行人又来到历代祖师堂前，几位领头人分别在祖坛前跪拜，其他人分列祖坛门外两侧，跟随领头人讽诵经文，完后开始用午餐。

（二）莲池会的祭祀仪式

12点，崇福寺附近寺莲塘、魁阁节的莲池会经母纷纷来到崇福寺，燃放鞭炮，点香磕头祭拜。先是寺莲塘的莲池会集中在崇福寺大门口两侧，集体讽诵经文，而后是魁阁节的莲池会做同样的仪式。结束后进寺，跟寺里的皈依弟子请安，而后到各殿祭拜，最后来到大殿，捐功德、上表文、烧送表文、祭拜祈福。由于离洗浴太子金身的仪式还早，经母就集中在观音殿讽诵经文，主要有《观音经》《十二时烧香经》《太子经》《赞如来》等。皈依弟子则到崇福寺后面的树林中砍回一枝夜合树，当地传说释迦太子出生在一棵夜合树下，因此以枝代树。夜合树又称"合欢树"，佛经中称"无忧花树"[1]，莲池会的经文里称"夜合树"。天井中央摆放了一张干净的木桌，经母将树枝绑在木桌一角，成为临时祭坛。祭桌上摆香炉、时鲜水果、糖果和斋菜，一盆温水，里面放檀香、小枣、蒿草叶等，用来洗浴太子金身，桌下放一盆清水，作为最后清洗太子金身用。

---

[1] 敦煌变文《太子成道经》载："圣主摩耶住后园，彩女宫嫔乐口宣。鱼透碧波堪上岸，无忧花树最宜观。无忧花树叶敷荣，夫人缓步彼中行。举手或攀诸树叶，释迦圣主袖中生。释迦慈父降生来，还从右肋出身胎。九龙吐水早是祇，千轮足下瑞莲开。"黄征、张涌泉：《敦煌变文校注》卷4，中华书局1997年版，第435页。

(三) 浴佛及游四门仪式

一切准备工作就绪，常存师傅宣布，下面的仪式由莲池会来操办，皈依弟子只需祭拜，不再参与祭祀仪式。于是，莲池会停止了观音殿里的讽诵经文活动，纷纷来到大殿前，鸣放鞭炮，将太子金身从大殿接出来，摆放在祭桌上。太子金身为木雕像，站在莲台上，通体金黄色，一手指天，一手指地，胸部刻纹饰，手腕、手臂、脚踝刻项圈。莲池会经母以及皈依弟子来到祭桌前，先祭拜捐功德，而后从夜合树上摘一小枝叶或花，象征性地在准备好的水盆中沾点水，在太子的金身上擦洗，完后放下手中的枝叶，再摘一小枝插在头上或别在头巾一角，有的则别在腰间，而后再祭拜致谢。经母说，为太子洗浴是希望家中增添人口，头上或腰间别上一枝是希望无病无灾，头痛去头病、腰疼去腰病等。洗浴仪式先结束的莲池会经母围在旁边讽诵经文，讽诵与太子有关的《太子经》(含《太子游四门》)《五更打鼓》《太子八》《十三号经》(又称《太子号》)等经文，音律整齐，属于莲池会经常使用的经文。洗浴仪式结束，接着便给太子的金身穿衣服，里外两件，为常见的黄色和尚衣，腰间束一腰带，再斜挂一道红布，头戴挖色地区常见的婴幼儿牌坊帽，帽子通体手工绣花，额前装饰有五尊银质佛像。最后，莲池会经母建议要"游四门"，鉴于这几年没有男子的参与，只能象征性地在大殿前的院子里进行东南西北四个方向游行，而以前的"游四门"是要在寺庙周围绕街走巷的。由于地点狭小，经母们认为太子"游闲"四门不够表现，所以走路时都要"一步一摇"，将"游四门"变成了"摇四门"。抬香炉的经母走在前，而后是抬糖果托盘和抬斋菜托盘的经母，抱太子像的紧跟其后，这四人按照统一节律"一步一摇"，慢慢前行，其余的经母则跟在后面，手敲木鱼讽诵经文。四门游完后，直接回到大殿，将太子的金身安顿好，由经母举行"安坛"仪式。这时，皈依弟子准备的酸角红糖水也煮好了，足足一大锅，供来寺庙里的人们取用，凡是来人要带一点回家，给家里的小孩喝，称太子尿，认为小孩喝了"太子尿"更吉利。

同挖色地区一样，四月八这天，以洱海为中心的大理市境内多数白族村落莲池会要到庙里集中，主要举办洗浴太子金身，为太子换洗衣服或缝制新衣服及诵经仪式，同时煮一锅酸角红糖汤，分给经母带回家，给家中的小孩饮用。有的村落则有当年新婚的家庭参与活动，届时当年的新婚家庭要备上砂糖、糕点、糖果、烟以及祭祀用品到庙里祭拜。在剑川县古城，则有部分新婚的家庭，邀请阿吒力僧人，为他们举办以"求儿女"为主的四月八专场佛事活动。

二　与敦煌遗书佛俗记载的对比分析

关于唐宋时期敦煌地区的佛俗，以谭蝉雪先生的研究最为重要[①]，其文中叙述四月八活动主要有四种仪式，以下根据四种仪式的记载进行对比分析。

（一）造幡写经

S.2791《大般涅槃经氾仲妃题记愿文》（拟）：

> 大隋开皇八年（598）四月八日，清信女氾仲妃自知形同泡沫，命等风光，识解四非，存心三宝。遂减身口之分，为亡夫写《涅槃经》一部。以此善因，愿亡夫游神净土，七世父母、见在家眷所生之处，值佛闻法。天穷有顶，地极无边，法界有形，同登正觉。[②]

《优婆塞戒经楹（杨）维珍题记愿文》（拟）：

> 仁寿四年（604）四月八日，楹维珍为亡父写《灌顶经》一部、《优婆塞》一部、《善恶因果》一部、《太子成道》一部、《五百问事》一部、《千五百佛名》一部、《观无量寿》一部，造观世（音）像一躯，造四十九尺幡，为法界众生一时成佛。[③]

[①] 参见谭蝉雪《唐宋敦煌岁时佛俗——二月至七月》，《敦煌研究》2001年第1期；《敦煌岁时文化导论》，新文丰出版公司1998年版；《敦煌民俗——丝路明珠传风情》，甘肃教育出版社2006年版。
[②] 黄征、吴伟校注《敦煌愿文集》（下），岳麓书院1995年版，第858页。
[③] 黄征、吴伟编校《敦煌愿文集》（下），该文据北图新99号、S.4162、S.4570、甘博5号、第227页6合校，岳麓书院1995年版，第869页。

原卷藏于日本书道博物馆的《大般涅槃经建晖题记愿文》（拟）：

> 夫至妙冲玄，则言辞莫表；惠理深固，则凝然常寂，淡泊夷靖，随缘改化。凡夫想识，岂能穷达？推寻群典，崇善为先。是以比丘尼建晖，为七世师长父母敬写《涅槃》一部。《法华》二部，《胜鬘》一部，《无量寿》一部，《方广》一部，《仁王》一部，《药师》一部。因此微福，使得虽女身而后成男子；法界众生，一时成佛。大统二年（536）四月八日。①

原卷藏于日本书道博物馆的《药师琉璃光如来本愿功德经惠达题记愿文》：

> 夫至妙冲玄，则言辞莫表；惠理深固，则凝然常寂。淡泊夷靖，随缘改化。凡夫想识，岂能穷达？推寻群典，崇善为先，是以比丘惠达，为七世师长父母虔造《药师琉璃光经》一部。因此微福，愿使游神净土；逮及法界众生，一齐成佛。大唐开国武德二年（619）四月八日。②

S.2791 是氾仲妃亡夫之后，心存三宝，敬写《涅槃经》，希望亡夫"游神净土"，同时也为七世父母以及家眷祈福。《优婆塞戒经楒（杨）维珍题记愿文》是杨维珍为亡父敬写的经书，数量之多，可见十分虔诚，并敬造四十九尺幡，希望父亲成为"法界众生，一时成佛"。后两则愿文记录了比丘尼建晖、比丘惠达为七世师长父母"敬写"或"虔造"佛教经典，以求死后"游神净土"或来世"使得虽女身而后成男子"。从敦煌遗书的这些记载看，四月八造幡写经供奉于寺庙者有达官贵人、僧尼以及普通男女信众，目的是为父母亲人眷属、师长以及自己求得平安幸福，死者能登极乐净土，生者平安吉祥，甚至通过修行，希望来世女身变男身。而崇福寺举办的活动，四月八造幡写经没有直接的体现，但大理地区的众多寺庙多悬挂有经幡，这些经幡多数由信众自愿捐助，也有信众自愿造像

---

① 黄征、吴伟编校《敦煌愿文集》（下），岳麓书院 1995 年版，第 824 页。
② 同上书，第 881 页。

供奉于寺庙，只是没有指定在四月八举行供奉仪式，或者造题记加以记录。敦煌的写经愿文也不一定都在四月八举行仪式，其他时间也有许多类似的愿文，如《观世音经张万福题记愿文》（拟）：

> 天册万岁元年（695）正月一日，清信士张万福并妻吕，先从沙州行李至此，今于日并发心，为所生父母及七代父母及身并妻息等，减割资粮，抄写《观音经》一卷，愿成就以后，受持转读，灾影远离，恒值福音，见存者永寿清安，亡者诧（托）生静（净）土，乘此愿因，俱登正觉。①

举办仪式的时间是正月一日。写经抄经在大理地区历史悠久，自与唐宋相始终的南诏、大理国至元明时期，写经抄经是非常盛行的活动。《大理丛书·大藏经篇》收录的上千卷写经和刻经就是明证，这些经卷来自凤仪北汤天法藏寺、崇圣寺千寻塔、佛图寺佛图塔，经卷的后面多有信士或抄写人的题款。如崇圣寺高僧玄鉴于南诏安国圣治六年（唐昭宗乾宁元年，894）撰写的《护国司南抄》，到了大理国保安八年（宋皇祐四年，1052），又有同样内容的"佛弟子比丘释道常举荐七代先亡写疏一卷"②供奉于寺庙。法藏寺出土保天八年（宋高宗绍兴六年，1136）的写经《诸佛菩萨金刚等启请仪轨》尾题：

> 爰有佛弟子持明沙门释照明俗讳杨义隆，为幼男杨龙俊、为己、为人敬写《诸佛菩萨金刚等启请仪》一百张一卷。聊申愿曰：行得祖道，学契如源，消烦恼之罪……时保天八年岁次丙辰九月十五日谨记。③

刻本《佛说长寿命经》卷末有：

> 谨具奉佛祈祥弟子董圆通鼎、助道春姐，资为幼男延寿郁，女妙

---

① 黄征、吴伟编校《敦煌愿文集》（下），岳麓书院1995年版，第895页。
② 郭惠青主编《大理丛书·大藏经篇》卷1，民族出版社2007年版，第83页。
③ 郭惠青主编《大理丛书·大藏经篇》卷2，民族出版社2007年版，第262—263页。

清、堂亲董金刚梁、私下奴成及牛马六畜等，伏愿慈云荫下四百四病而不侵，智炬光中三毒三灾而除净；祛疾病于他方，求禄命以延长。追为慈姒亡人王氏金鸣贵、故姐董氏药师羌等魂神往净邦，识归乐土。①

包含了为生者、亡人甚至家奴六畜祈求延寿、祛病禳灾、亡者顺利通往西方极乐世界等愿望。从两地的愿文内容看，目的是相一致的。直至今天，抄经活动在白族民间一直存续，如剑川县较为盛行的各种佛教密宗阿吒力经典，大理地区民间举行丧葬、建房等祭祀仪式所使用的各种经典，在民间保存数量较多，都是一代代传抄而来。

(二) 四月大会

S.3879《乾祐四年（951）四月四日河西都僧统全照知诸寺纲管所由帖》：

诸僧尼寺纲管□等：右奉处分，今者四月大会，准常例转念三日，应有僧尼大众，除枕疾在床，余者总须齐来。一则功德圆满，共报佛恩；二乃荐国资群，廓□河陇，同发胜心，菲违上愿。限五日早晨并于报恩寺云集，不得一前一后，互劝齐来，更是自家福分。

其帖仰仓司转寺，丁宁吉报，如有故犯前戒，不齐同者，责罚取此不轻。毡褥准旧，香□□果，不令阙少一色。诸寺寺扫略，不令恶秽，各仰准此指□，不得违犯者。

乾祐四年四月四日应管内外者僧统金光。②

P.2081《敬僧法功德法行法》之《四月八日、二月八日功德法第五》：

自今以后，诸佛弟子、道俗众等，置预择宽平清洁之地，修为道

---

① 郭惠青主编《大理丛书·大藏经篇》卷3，民族出版社2007年版，第330—331页。
② 中国社会科学院历史研究所等编编《英藏敦煌文献》第5卷，四川人民出版社1991年版，第192—193页。

场。于先一日各送像集此，种种伎乐、香花供养，令一切人物得同会行道。若俗人设供请佛，及僧□于是日通疏，白知至于明，且日初出时，四众侍卫随缘应供设供，檀主与其眷属执持香花，路左奉迎，恭敬供养，如法斋会。如是斋毕，然后还寺。①

S.4632《乾德六年（968）归义军节度使敦煌王曹元忠为四月八日设会请宾头卢降驾疏》：

谨请西南方鸡足山宾头卢颇罗堕上座和尚：右今月八日南赡部洲萨诃世界大宋国沙州就诸寺敬设大会，伏愿：大圣誓授佛□，不舍仓生，兴运慈悲，依时降驾。谨疏。

乾德六年四月四日弟子归义军节度使检校太师兼中书令敦煌王曹元忠疏。②

S.3879是一次四月八大会的通知，通知要求僧尼大众除了卧病在床的要按时一起到达报恩寺，并清洁寺庙，如果拖沓邋遢，从严惩罚。参与举办大会不限于寺庙僧尼，还有广大俗人信众的参与，大会的举办前后需3天。P.2081描写的是选择宽敞干净之地修为临时道场，作为举办四月大会的场地，方便广大僧尼信众参与，俗人信众可以参与设供请佛活动，说明活动还可以在寺庙以外举行。S.4632是归义军时期曹元忠在四月大会祭祀活动中恭请"宾头卢颇罗堕"降临护佑而写的一篇愿文。四月八大会期间，寺僧集中"转念三日"，同时"诸寺寺扫略（掠），不令恶秽"，广大俗众则"请佛者携眷属在路旁迎候，待斋会结束后，将佛像归还寺院"。在崇福寺，四月八这天有常存师傅主持的诵经祭祀活动，而没有"转念三日"的规模，参与者为镇内的皈依弟子，且参与人数不多，

---

① 上海古籍出版社、法国国家图书馆编《法国国家图书馆藏敦煌西域文献》第4卷，上海古籍出版社1995年版，第290页。

② 中国社会科学院历史研究所等编合编《英藏敦煌文献》第6卷，四川人民出版社1991年版，第179页。

更多的参与者是以莲池会为主的普通民众。① 在大理地区,90%以上的白族家庭都有莲池会经母,经母捐功德、钱粮,举办洗浴太子的活动,目的是为家庭、合村祈求子嗣繁衍、风调雨顺、清吉平安。跟敦煌地区"(俗众到)寺院请佛供养,斋会结束,将佛像归还寺院"是相一致的。不仅如此,大理地区的许多非佛教庙宇中,也供有释迦太子像,逢四月八就是莲池会的会期,届时广大莲池会经母集中在寺庙里举行诵经浴佛活动,有的村落当年新婚家庭也要来到庙里祭拜,祈求早得贵子。由此也可以看出,大理地区的四月八浴佛民俗活动更具民间化基础。

(三) 寺院礼佛

P.2940《斋琬文一卷并序》之《王宫诞质·四月八》:

斯乃气移琯律,景绚朱躔;祥风荡吹于金园,瑞日融辉于宝树。莫舒八叶,谣翠影于周霄;桂泻半轮,掩浮光于鲁夕。池花含秀,十方开捧步之莲;天雨流芳,九龙洒濯襟之液。恒星落耀,珮日扬辉;味甘露以凝滋,盖鲜云而飐影。黄莺嗻树,争吟圣喜之歌;素蝶縈空,竞引蓬山之舞。毛翔(翎)羽族,总百亿而同瞻;神境天空,亘三千二率春。②

S.2832《十二月时景兼阴晴云雪诸节·四月八日》:

时属四月维八,如来诞时,七步莲花,即至于(是)日;九龙吐水,亦在兹辰。③

P.3103《浴佛节愿文》:

方今三冬季序,八叶初晨;飞烟布而休气浮,日重轮而月抱戴。

---

① 大理地区的白族村落中,多分布有佛教寺庙,规模有大有小,除少数寺庙外,多数寺庙里没有固定的主持和寺僧,像崇福寺有常存师傅长期住在庙中致力于建设的也较少,多数是村里老协会或者是莲池会管理,派人轮流值班或请人专门管理,近年也出现向外承包收取管理费的形式。
② 黄征、吴伟编校《敦煌愿文集》(上),岳麓书院1995年版,第67—68页。
③ 同上书,第84页。

欲今国家延久，阴阳不忒，冀佛日而恒明，愿法轮而常转，彰仁王以无为而化物，示黎庶凭福智以修身，宣传不绝于龙沙，传播无亏与柰苑，所乃效未生怨之盛作，袭祇域王芳之踪。爰当浴佛佳辰，洗僧良节，而乃澄清神思，仰百法以翘诚；除涤笼烦，趣大乘而恳切。繇是求僧侧陋，置席莲宫，导之以合境玄黄，率之以倾城士庶。幢幡晃炳，梵讃匈锵，论鼓击而念喧填，法旌树而场骈塞。而以法施无竭，唯直出于人天；财舍有穷，能资持于福禄。是即捧金炉而香添五分，披诉情诚；合玉掌而花散四莲，献陈珍异……①

P.2940指出四月八是释迦太子的诞辰，"池花含秀，十方开捧步之莲；天雨流芳，九龙洒濯襟之液。"描写了太子诞生时风和日丽、万物争春、天地祥瑞，以及九龙吐水为太子洗浴的情景。S.2832是敦煌一年十二月的佛教节日，四月里为"四月八如来诞"最重要。P.3103也通过对释迦太子诞生时节的万物复苏、生机勃勃的美好景象描写，举办纪念仪式以求"国家延久、仁王以无为而化物，黎庶凭福智以修身"等。在大理地区，太子的诞辰也称"如来诞"，民间传说太子是"金鞭指腹结为胎"，在母亲耶输体中坐胎从七月十日起，四月八日降生在无忧花树下。对于他的诞生、出家修行等都有故事和传说。对于太子诞生时的情景，莲池会的《太子经》中说

> 夜合开花十瓣花，太子生在它底下。等到午时生太子，放五色霞光。龙头水凤来遮阴，土地婆婆来接生。白玉紫金盆，洗得你金身。左手洗来金丝亮，右手洗来亮真真。合会弟子来朝贺，口念弥陀万念经。太子生下梵王宫，九龙吐水浴金身。左手朝天右指地，行走七步要回宫。
> 我佛如来四月八，四月初八午时生，等到午时生太子，紫竹林中洗金身。②

又如《十三号经》中说：

---

① 黄征、吴伟编校《敦煌愿文集》（上），岳麓书院1995年版，第379页。
② 张云霞：《白族莲池会探析》，云南民族出版社2013年版，第283—284页。

> 我佛巍巍下凡来，九龙吐水洗尘埃。九龙吐水三净水，万亿世尊好如来。地涌金莲捧世尊，累修正果成佛道。①

这些经文都是对释迦太子降生情景的描写，不仅与上述敦煌遗书佛事民俗活动的记载相同，也跟敦煌遗书中的佛经故事和佛经变文描述是相一致的。

(四) 求儿女

P.2668《乙亥年（915）四月八日布衣翟奉达因施主请来故造短句而述七言，如男庆丰同来执砚》：

> 三危圣迹实嵯峨，至心往礼到弥陁。
> 岩谷号为仙岩寺，亦言漠高异名多。
> 燉煌人民凭此活，尭尭圣瑞接云霞。
> 愿其垂同尧舜日，使主利尔人拜国。
> 家秀来觌勿为恶，诮愚替练当正道。②

莫高窟第454窟前室甬道南壁游人题诗：

> 四月初八佛圣诞，善男信女求儿男。
> 人在成（诚）心佛有感，好儿好女在□（眼）前。③

P.2668是五代时期敦煌著名的历史学家翟奉达受施主邀请游莫高窟，见景生情而作的七言诗，描写了莫高窟作为佛教圣地，来朝拜僧俗信众络绎不绝，莫高窟香烟袅袅，妙香接天。最后两句是劝善性的语言，劝化信众不为恶，走正道。454窟的题诗是游人来到莫高窟参观朝拜有感而留，

---

① 张云霞：《白族莲池会探析》，云南民族出版社2013年版，第289页。
② 法国国家图书馆编《法国国家图书馆藏敦煌西域文献》第17卷，上海古籍出版社2001年版，第156—157页。
③ 转引自谭蝉雪《唐宋敦煌岁时佛俗——二至七月》，《敦煌研究》2001年第1期，第100页。

佛诞日是善男信女求儿女的好日子，只要心诚，佛祖会有感知，好男好女会降生到家中。454窟为宋窟，清重修时在佛坛上塑送子娘娘十二躯，称"娘娘殿"[1]。由此看出，到了近代，敦煌四月八求儿女的风俗更加盛行，除了以纪念太子诞生求子外，还供奉专司生育的"子孙娘娘"。在大理白族地区，作为佛诞求子习俗，一直延续，如河矣江村的新婚家庭，四月八这天要到无量寺祈愿，并带着红糖、饼干、糕点以及其他糖果供奉于寺庙，必要时还需为太子缝制新衣物作为供养。除了佛教寺庙，许多村落的本主庙、文昌宫、三教宫中也供奉太子像，届时人们会集中在寺庙里举行同样的仪式。此外，供奉子孙娘娘在大理地区也十分普遍，众多村落的本主庙中几乎都有送子娘娘像，人们来本主庙祭拜，送子娘娘坛前的香火也不亚于本主神。也有的村落将金宵娘娘（九天卫房圣母）、阿梨帝母、白衣送子观音作为本主神或主神供奉，如剑川古城哲母寺，原供奉的主神是"阿梨帝母"[2]，是生育保护神，二月八举办太子胜会期间，许多信众进庙的第一件事就是祭拜阿梨帝母，香火极旺。

三　传承关系浅析

敦煌和大理是历史上中国西北和西南地区的两个佛教文化中心，敦煌石窟以及大理地区的剑川石窟都是闻名中外的佛教文化艺术宝库。自20世纪50年代以来，随着大理凤仪北汤天法藏寺、崇圣寺千寻塔、佛图寺佛图塔中的大批佛教经卷以及剑川石窟等的发现，一度被学界誉为"北有敦煌，南有大理"，这些发现为敦煌、大理的佛教文化研究开阔了视野。马德、段鹏先生的研究认为，敦煌文献中记载敦煌地区的一些佛教活动，特别是与中国文化及民间信仰相融合后已经演变成为民族风情文化的密教信仰与佛教节日活动，在今天的剑川以及大理白族地区得以传承和保存。[3]并通过唐宋时期敦煌的行城与剑川太子会的由来、举办形式等进一步证明其观点，同时也探讨了它们之间的历史传承关系。二月八举行太子

---

[1] 谭蝉雪：《敦煌民俗——丝路明珠传风情》，甘肃教育出版社2006年版，第247页。
[2] 即"诃梨帝母"，佛经故事中的九子母、鬼子母。大理白族地区多称"阿梨帝母"，并作为生育神加以崇拜。
[3] 马德、段鹏：《敦煌行城与剑川太子会及其历史传承关系初探》，《敦煌研究》2014年第5期，第36页。

行城活动，有纪念佛诞生说和佛出家日说，而关于佛诞日又有四月八日和二月八日说，后来的共识是以四月八日为佛诞辰日，而以二月八日为佛出家日。按敦煌遗书的记载，这两日都举办行城（行像）活动，二月八日行城为出家相，四月八日为诞生像，分别纪念佛出家日和佛诞日，具体形式是僧俗大众抬着佛像巡行全城通衢以及东西南北四门。后来，行城活动多为二月八日举行，而四月八日的佛诞行像纪念活动后来被浴佛代替。① 崇福寺在四月八日举办浴佛纪念活动的同时，还举行较为简单的游四门行像活动，从这一点来说，跟敦煌遗书的记载是相一致的。仪式举办过程中，不仅有寺庙组织皈依弟子主持的佛教仪式，更多的参与者是以村社为单位的民间宗教信仰社团莲池会，她们积极参与浴佛、行像、诵经活动，祈求阖家、合村、合境子嗣繁衍、清吉平安。

7—9世纪是大理地区佛教发展的重要阶段，也是敦煌佛教史上的又一辉煌时代。敦煌与大理之间在佛教文化上产生的联系，跟当时的历史社会发展有着密切的联系，主要体现在吐蕃与南诏、敦煌的关系上。自7世纪初赞普松赞干布定都拉萨，建立了吐蕃王朝，就开始不断向周边扩张，与之相邻的大理地区自然是吐蕃王朝扩张的目标。早在南诏立国之初，吐蕃的实力已经到达今天洱海以北的剑川、鹤庆、洱源地区。据敦煌藏文文献的记载，703年，赤都松赞普亲率吐蕃大军"赴南诏，攻克之。"② 占领了洱海以北的大部分地区，各地头领纷纷表示归属吐蕃。704年，"赞普牙帐亲赴蛮地，薨。"③ 吐蕃为了进一步向洱海地区推进，赤都松赞普亲自率军督战，不幸死在洱海地区。直到733年，"赞普牙帐驻于'准'，唐廷使者李尚书、蛮罗阁等人前来赞普王廷致礼。"④ 说明南诏立国之初与吐蕃的关系十分密切，具体来说，洱海以北的大部分地区纳入吐蕃的统治范围，作为当时洱海区域六诏之一的南诏还在吐蕃的控制之外。738年，南诏在唐王朝的支持下统一了六诏，建立南诏国。但不久之后便发生唐、南之间"天宝战争"（750—754），南诏转向吐蕃交好，吐蕃先后封

---

① 马德、段鹏：《敦煌行城与剑川太子会及其历史传承关系初探》，《敦煌研究》2014年第5期，第36页。
② 王尧等译注《敦煌本吐蕃历史文书》，民族出版社1992年增订本，第166页。
③ 同上书，第149页。
④ 同上书，第153页。

南诏为"赞普钟""日东王"①，持续时间达40多年（752—794）。这段时期吐蕃势力最为强盛，除了吐蕃东南的南诏地区，还不断向吐蕃东北、西北地区扩张，占领并经营敦煌也有60多年（786—848）。"而在这样的背景下，作为吐蕃文化标志的敦煌佛教文化，必然会向南诏在内的广大蕃治区域传播和渗透，随即成为大理白族佛教文化的源流之一。"② 从8世纪中期到9世纪中期近百年间，不论是吐蕃的佛教还是南诏的佛教，都是非常重要的发展时期。敦煌吐蕃时代的佛教文化在敦煌的影响达上百年之久，"通过8—9世纪吐蕃与南诏之间交流关系的史籍资料，大理白族地区有效保存并传承了敦煌吐蕃时代的佛教文化。"③ 傅永寿先生也认为，吐蕃经历的多次灭佛活动，都有来自不同地域的僧人从吐蕃转移到大理地区传播佛教。④ 因此《南诏图传·文字卷》敕文载："大封民国圣教兴行，其来有上，或从胡梵而至，或与蕃、汉而来，奕代相传，敬仰无异。"⑤ 图传于南诏中兴二年（898，唐昭宗光化元年）完工，敕文明确指出大封民国（南诏）佛教是从印度、吐蕃和汉地而来，说明多渠道佛教在大理地区并存。崇圣寺三塔、佛图塔、昆明东、西寺塔也建成于这个时期，至今仍巍然屹立。大理地区出土的佛教写经中，也有一些是汉藏文写经、梵汉文写经和藏文写经，其中的《罗刹女大神咒》是汉、藏、梵文写经，⑥ 经鉴定，藏文写经卷经为《药师琉璃光如来本愿功德经》，字迹清秀，保全完好。还有部分写经的名称、内容乃至写经俗体字，与敦煌写经相近或相似，有待进一步探讨。

大理国（937—1253年）时期，是大理地区佛教文化发展的顶峰时代，上至王宫贵族，下至平民百姓，信仰佛教、学佛崇佛成为当时的时代潮流，留下众多的佛教碑刻、造像。元人郭松年在《大理行记》中描述的"其俗多尚浮屠法，家无贫富，皆有佛堂，人不以老壮，手不释佛珠，

---

① 752年吐蕃封南诏阁罗凤为"赞普钟"，即"兄弟之国"，779年封南诏异牟寻为"日东王"，从兄弟之邦变成臣属国，导致后来异牟寻归唐的主要原因之一。
② 马德、段鹏：《敦煌行城与剑川太子会及其历史传承关系初探》，《敦煌研究》2014年第5期，第44页。
③ 同上。
④ 傅永寿：《佛教由吐蕃向南诏的传播》，《云南艺术学院学报》2003年第2期，第36页。
⑤ 李霖灿：《南诏大理国佛教新资料综合研究》，台湾故宫博物院1982年版，第147页。
⑥ 郭惠青主编《大理丛书·大藏经篇》卷3，民族出版社2007年版，第413—526页。

一岁之间，斋戒乃半，绝不茹荤饮酒，至斋毕乃已。"① 是对当时大理地区佛教信仰的真实写照。从大理地区现存各时代的佛塔，以及塔藏文物写经、刻经、各种佛教造像，以剑川为代表的佛教石窟造像群，曾经满山遍野的火葬墓群、梵汉文碑刻、经幢等，都说明佛教文化在大理地区根深蒂固，直到今天，白族村落中的莲池会、方广经会信仰以佛教为主，初一、十五吃斋念佛，家家户户燃香是约定俗成的风俗，是大理古代佛教社会的缩影。

四 结语

7—9世纪，吐蕃王朝的兴起，致使吐蕃、南诏、敦煌之间发生了直接或间接的联系，尤其是佛教文化的流布，有了传播、接受和传承关系。敦煌遗书关于四月八佛事活动描述的场景发生在千年以前，千年后的大理白族地区，仍然延续着敦煌遗书里记载的四月八佛事民俗活动，隐约间是千年前敦煌佛教社会的影子。作为佛教寺院，四月八是重要的纪念节日，僧尼当然要举办祭祀活动，但作为一种民俗活动，以白族民间的信仰社团莲池会为主，年复一年地延续同样的民俗活动，反映了佛教对大理地区影响之深远。从敦煌地区四月八的造幡写经、四月大会、寺院礼佛、求儿女四个方面的活动内容看，寺院礼佛在大理地区的佛教寺院中仍在进行，多数信众的浴佛会活动也在佛教寺庙中举行，浴佛活动的求子嗣（求儿女）、祛病禳灾、祈福在大理白族地区更加明显，这也是四月八佛事民俗活动在大理白族民间有顽强生命力的根源所在。而这些特点，与当今提倡推行的"人间佛教"不谋而合，对于今天村落社会的稳定和谐发展有着十分重要的价值和意义。

（张云霞，大理州白族文化研究院副研究员）

---

① 方国瑜主编《云南史料丛刊》卷3，云南大学出版社1998年版，第130页。

现存白传密教文化调查

张 熹 张旭东 张 笑

内容提要：白传密教阿吒力是流传在白族地区的一个佛教流派。为明代至今一直被国家明确承认的合法佛教组织。南诏时期，印度佛密进入云南，成为南诏王室尊崇的教派，至大理国时期，奉为"国教"。白传密教是外来密宗文化与白族文化长期相融互济，最终形成独树一帜的佛密教派，深受白族群众欢迎。至今白密仍在剑川县以及部分白族地区保留，为民族团结、安定和谐的社会发展做出了积极贡献。本文通过对白密流变、重点造像、艺术、庙宇建筑、密舞、密乐、典籍、法器、法饰、阿吒力组织、神话传说、重要法事、法坛设置、文仪等十四个方面的深入调查，系统地对白密文化元素和内涵逐一进行介绍。

关键词：佛教 密宗 白传密教

引 言

白族社会群体共同信仰的白密，其文化内容相当广泛。它包括白密形成的历史沿革、教派教义及尊奉的法会、法事类别及其经典源流，教派自创神祇，艺术成就，教派组织形式，法饰、法器、法坛设置及仪轨，经典仪文及释经手段、模式，还有教派形成直至现代的文化传承等等。对于白密的研究，众多学者中，诸如方国瑜、李霖灿、王海涛、张旭、张锡禄、李东红、杨延福先生等，或专门研究，或独有见解。其中有关白族地区对白密信仰的历史演变，信仰范围、白密神祇、寺院（如崇圣寺、观音塘、三月街观音胜迹、凤仪北汤天法藏寺、昆明地藏寺等）的建立等等，已经形成许多专著和论文，为白密的研究提供了众多资料。

鉴于历史演变过程中，原有白密经典大多毁失，加之昆明、大理等地区白密阿吒力组织消逝，仅剩民间保留的村社"莲池会""妈妈会"以及观音庙、本主庙等白密文化遗存。为此对现存较为完整的白密文化调查，唯一的只能从剑川入手。调查证明，剑川现存白密文化与整个白族社会信仰文化息息相关。尤其剑川阿吒力师僧和"妈妈会"组织所承传与保留的"白密"文化元素，以多个角度和众多活生生的客观事实折射出至今仍然存在的剑川白密文化是整个白族社会信仰文化的缩影。

2008年至2015年，剑川县白密文化研究组以剑川县域为中心，对现存白密文化的历史和现状做了一次深入调查研究。此间在云南省民委、大理州民委、大理州白族学会和剑川县民族宗教局、县白族学会的有力支持引导下，白密文化调查研究转向项目申报。2010年，由剑川县民族宗教局牵头，与云南大学云南省计算中心合作，将"剑川县白族佛教密宗文化"调研成果立为申报项目，经省民委批准，立为"云南省世居少数民族精品文化工程"。形成了数字化展示系统和实物展馆等系统白密文化资料。在此基础上，云南大学云南省计算中心又于2015年将民族文化数字化管理工程，申报为国家社会科学基金项目："白族佛教密宗阿吒力文化现状调查与基于GIS的数字化保护研究"（项目编号：15BZJ048），为今后对白密文化的研究和数字化系统管理，奠定了一定基础。

为了深化对白密文化的研究，2014年11月2—3日，剑川县白密文化研究组专门邀请了《中国密教史》作者、陕西师范大学宗教研究中心博士研究生导师兼主任吕建福教授和中国佛教图像学专家、中国国家博物馆研究员李翎、杭州佛学院赖天兵研究员至剑川石钟山石窟、兴教寺白密文化展馆进行实地考察和调研。根据剑川石窟造像文物和现有梵文碑碣的考证，根据兴教寺白密系列实物资料与汉密、藏密文化主要特征的对比，吕教授一行认为"剑川县白密文化研究组提出的'白族密教自成体系'的观点是成立的"。同时建议："鉴于白密自成体系，原有白族密宗阿吒力教的提法应当予以规范，其规范性的称谓应称'白传密教'，俗称白族佛教密宗阿吒力，简称'白密'。"① 吕教授等专家提出的建议，将对我们

---

① 参见张笑《剑川石钟山石窟、兴教寺白族密宗文化展馆考察纪实》，《白族》2015年第2期。

今后更加深入研究"白密"文化，全面了解白密文化的历史和现状起到积极的作用。为给热衷研究白密文化的同人提供资料，特将调查资料介绍如下：

一　白密流变

白传密教阿吒力是流传在白族地区的一个佛教流派，为明代至今一直被国家明确承认的合法佛教组织。白密文化是一项系统的信仰性民族宗教文化体系，是中华民族文化遗产的重要组成部分。随着历史的变迁，目前，白密阿吒力组织仅剩剑川县以及洱源、云龙、鹤庆、丽江、兰坪部分白族聚居乡村保留。[1]

南诏时期，印度密教进入云南，成为南诏王室尊崇的教派。至大理国时期，密教被大理国尊为国教。如同印密进入中原后，经过与汉文化的长期融合最终形成汉密一样，白密的形成和发展，也经历了外来密教文化与白族文化长期相融互济，最终形成独树一帜的教派这样一个历史进程。

仅从南诏保和二年（825）的《南诏图传·文字卷》起，至大理国盛德五年（1180）的《宋时大理国描工张胜温梵像》（以下简称《张胜温画卷》）成画时为止。225年间，当时入驻南诏王室和大理国皇室的密教师僧们，已逐渐形成一个地域性很强、民族宗教思想浓厚的为王室和皇室服务的高级僧团组织。尤其大理国劝丰祐时代，皇室"尊儒崇佛"的体制更加完善，形成系统性、地域性民族宗教流派的时机已经成熟。经过几代服务于皇室的密教高僧们的努力，终于在外来密教经典的基础上，结合白族文化思想、原始宗教理念、白族语言、韵律腔口、释经方式等，创制出了大理地区自成体系的白传密教。从此，大理白传密教持修理念、行持手段、神祇塑造、法坛设置、仪轨应用穿插，经文释演诵唱、符咒使用规程等形成了自己的完整风格。这一体系的文化思想理念和宗教历史痕迹，即使仅剩《张胜温画卷》、剑川石钟山石窟造像、昆明与大理经幢、大理国写经等极少的文物、文献，其中也确实饱含着许多珍贵的系统白传密教文化思想元素。

蒙古宪宗四年（1258）元世祖平定云南，撤销大理国皇室阿吒力僧

---

[1] 参见张笑《剑川白族密宗阿吒力简介》，《大理文博》2015年第1期。

团持修制，此后大理阿吒力师僧的上层持修制彻底转换为"大聚居、小分散"的民间持修行为。阿吒力师僧走向社会，四处塑佛建庙，一时大理地区形成"其俗多尚浮屠法，绝不茹荤饮酒，至斋毕乃已，沿山寺宇极多，不可殚记"① 的"妙香佛国"景况②从此白传密教逐步扎根至民间。

明初，朱元璋先是否定云南密教，在云南掀起摧毁密教庙宇、焚毁白密写经，③ 继而又于洪武二十七年发布文诰，制定规则，选派僧官，将密教正式纳入国家宗教文化管理体制。从此白密组织重新恢复，并形成了明代至今白传密教的固定行持方式及行法模式。

1980年以后，在党的民族宗教政策的正确指引下，剑川阿吒力组织重新恢复，并受到了宗教、文化各界的重视和研究。

剑川白传密教阿吒力持修理念和行持法式，体现了以追求现世利益及逃避地狱惩罚为主要目标的、以功德思想与以他力拯救为基础的信仰性佛教行为。将阿吒力"奉献、祥和"为宗旨的文化思想传播到民间，为安定和谐的社会发展做出了贡献。

剑川白密阿吒力源于密教胎藏界，以《大日经》《金刚顶经》等为持修原理，以菩提心为因，以大悲为根本，以方便为究竟。坚持将平常心修至清净无染，以"理智合一""莲金圆融"的密法作为修成正果的基础条件，以身、口、意表现手法完成明显心性、直心入道，获得成就，取得正果，到达彼岸，共修成佛的目的。

剑川白传密教以阿吒力师僧为神职人员，以阿吒力法坛为载体和平台，以各村社"妈妈会"信众为宗教组织基础，传播白传密教文化思想。一直以来，白传密教奉行爱国爱教、尽忠尽孝、为百姓"祈福禳灾"的道场法事为原则，注重设坛供奉、诵咒、放焰口等科仪程序。尤其对科仪中的身法、心法、意法十分讲究，行持法事时"口诵真言、心观尊佛、手结印契"的形式深受白族群众欢迎，成为剑川民族宗教的中坚。

实践证明，只有把这一项维护国家利益、维护民族团结的传统民族宗

---

① 李东红：《白族佛教密宗阿吒力教派研究》，云南民族出版社2004年版，第58页。
② 王邦维：《关于大理"妙香国"传说的再思考》，《大理佛教》2016年第1期（总第8期）。
③ （明）董贤：《南山大法藏寺碑》，明永乐十九年（1241）。

教文化保护好，才能有效地抵制外来邪恶宗教文化的侵扰，也才能更好地促进白族地区社会的平稳与安定。

二　白密重点造像

历史以来，白传密教的佛、菩萨造像较多，仅以剑川为例，将历史上存在并于现在尚广泛崇拜的佛、菩萨造像简述于后。

剑川石钟寺石窟中的沙登箐佛、菩萨、"一佛二弟子"、释迦佛、毗卢遮那佛、阿閦佛、阿弥陀佛、梵僧（线刻）等造像、手印、持物等，说明这一时期剑川石窟造像多受印度密教文化影响。

石钟山石窟中的石钟寺"阿央白"、"光音母司"、明王堂、地藏院、观音院、华严三圣、维摩诘等石雕造型、衣饰、手印、持物和尊名排序显示，大理国时期，云南已形成"理智合一""莲金圆融"的白传密教阿吒力文化体系。

元代以后，白族庙宇大多供奉泥塑，所供奉神祇较为广泛，尤其是阿吒力师僧们将地域内的本主神祇与白密文化紧密地联系在一起，形成了白密自己尊崇的泥塑神祇群体。

重点造像介绍：

1. 释迦牟尼：雕刻于南诏天启十一年（850）的剑川沙登箐一号窟"一佛二弟子"之"释迦牟尼"造像。其印密文化特征明显，与石钟寺大理国时期之"大日如来""华严三圣"造像之间，存在明显内在联系。

元代以后，境内石窟造像行为终止，阿吒力寺院造像多为泥塑。塑像排列一般为"释迦、毗卢遮那、卢舍那"，或"释迦、阿閦佛、阿弥陀佛"，或"释迦、阿难、迦叶、大黑天、达摩"等模式组合。

2. 大日如来：现存石钟寺石窟第六窟正中宋代雕像"大日如来"，为剑川境内之最早如来造像，其造型、着饰、手印与外来的胎藏界、金刚界造像迥然不同，白传密教文化特征明显（此期未发现"五如来"群像）。

明永乐十五年（1417），剑川沙溪兴教寺泥塑及壁画中之"五如来"为境内最早"五如来"群像。塑像、壁画中"五如来"造型、手印与印密、藏密不同，与汉密亦不相同。白传密教文化特点突出，明显体现出宋代白传密教文化与明代以后白传密教阿吒力文化之间的传承和承接关系。

3. 阿閦佛（沙登箐一号窟原被定为"弥勒佛"），经与《张胜温画卷》39—41 幅正中的阿閦佛、石钟寺第八窟线雕阿閦佛的造型、手印相对照，确定为阿閦佛。因阿閦佛线雕依照白传密教从右到左的传统排列法排列于阿央白（佛部部主）之右，显示出阿閦佛即白传密教曼荼罗中的金刚部部主的地位。

4. 阿弥陀佛，雕刻于沙登箐一号窟及石钟寺八号窟（线雕），因其排列于阿央白（佛部部主）之左，显示出阿弥陀佛即白传佛教曼荼罗中的莲华部部主的地位。

阿閦佛、阿弥陀佛排列于佛部左右的排序法体现出白传密教"理智合一""莲金圆融"的曼荼罗思想理念。这一文化理念在白传密教法杖（锡杖）上，同样有明显体现（法杖杖首置金刚轮，金刚轮内置阿弥陀佛）。

5. 阿央白：（佛部部主）白语读音［āi yānl bāip］，意为"处女生殖器"。雕刻于石钟寺八号窟正中莲花宝座，体现出白传密教的阿央白即大日如来——光音母司（白语读音）［guānl yinl mox sil］变身的曼荼罗思想理念。显示出白族"天母地公"理念与性力崇拜为特征的密教文化理论间的相互融合。表明阿央白即白传密教佛部部主的神圣地位。①

6. 大圣大黑天王：雕刻于沙登箐、石钟寺两地，源自印度湿婆造型，传入白族地区后与白族文化融合形成的密教神祇。元、明以后，遵循白传密教阿吒力"在寺为伽兰，在庙为本主"的理念，大圣大黑天王作为白传密教护法神之外，还被引入白族本主神系，尊为"大圣本主大黑天神"成为许多村社本主神。

7. 大圣毗沙门天王：雕刻于沙登箐、石钟寺、金华山三地，白传密教护法神。元、明以后，引入白族本主神系，被部分白族村寨尊为"大圣本主毗沙门天神"或"北方天王"。

8. 尊者迦叶：石钟寺大日如来右侍。《张胜温画卷》39—42 幅，迦叶手捧白密创制的法巾，白语称"拘白"［jiu bāip］，含义为"法巾"。沙溪兴教寺泥塑、壁画中，迦叶依然手捧法巾，其手捧法巾的法身像，明显表现了白传密教阿吒力将其尊为白传密教初始传人的身份。

9. 达么大师：《大日经广大仪轨》称"达磨鞠多"，《张胜温画卷》称"达么大师"，随着南诏后期、大理国时期白传密教文化的日臻完善

---

① 参见杨延福《剑川石宝山考释·石钟寺第八号考释》，云南民族出版社 1993 年版；另参见田青《"阿盎白"与佛教密宗的女性观》，《中国文化》1993 年第 8 期。

与成熟，达么大师被尊为白传密教祖师。《张胜温画卷》第44幅，达么大师手捧法巾的画像，完全体现了其白传密教祖师的身份。明代至今，白传密教法坛内，专门设有"祖师坛位"（白语称"捻子挡"［ninl zix dānd］，含义为"祖师坛"）。确立了"达么大师"为白密阿吒力祖师的地位。

《张胜温画卷》第45—56幅画像及白传密教写经、科仪中"慧可、僧灿、道信、弘忍、慧能、神会、张惟忠、买纯嵯、纯陀、法光、摩诃嵯罗、赞陀屈多"等大师被白传密教确认为传人，画像中大师间互传法巾的关系从一个侧面传达了唐宋时期白传密教阿吒力的师祖之间相互传承顺序及传承变异的信息。[①]

10. 观音：雕刻于石钟山石窟中的观音，有沙登箐一号窟"观音立像"，二号窟"阿嵯耶观音"，石钟寺五号窟"观音菩萨""阿嵯耶观音"，七号窟"甘露观音"（白族称"光音母司"），狮子关"建国梵僧观音"，表现出南诏、大理国时期白传密教信众对观音菩萨不同的崇拜形式和祈愿诉求。

明代以后，随着观音文化的普及和深入，白族人群对观音的崇拜更加广泛。原有对"阿嵯耶观音""建国梵僧观音"崇拜的意识逐渐淡化，形成对"观音""观音三姊妹""观音老爹"和本主庙中"送子娘娘、痘儿娘娘、乳婴娘娘"的崇拜现象。民间对观音的崇拜，远远超出了对"释迦牟尼""如来佛"等神祇的崇拜。

三　白密艺术

随着白传密教阿吒力文化的不断发展，白传密教为人们留下了一笔珍贵的艺术成就遗产，这笔珍贵遗产是中华民族文化遗产的重要组成部分。

白传密教艺术成就较多，主要体现于石窟造像，寺院建筑、佛塔碑幢、壁画、画像、泥塑等方面，其类别大致分为雕刻、绘画、建筑等。这些艺术品创作时代不同，文化内容各异，艺术表现风格中深藏着印度、中

[①] 参看《张胜温画卷》第40—42幅、第44幅（第39—57幅），另参见现存剑川沙溪兴教寺大雄宝殿后檐墙正中"一佛二弟子"壁画，明永乐十五年（1417）绘。

原密教及其他佛教文化与白族文化意识理念相互碰撞、融合的手法与文化痕迹。使人们进一步了解到白传密教文化艺术的多元性、民族文化的独特性，以及这些文化艺术的特殊性和不可复制性。

(一) 雕刻

1. 石雕

剑川石雕以石钟山石窟、金华山石刻造像为代表，其雕刻年代始于晚唐，延续至南宋，距今已1000多年。石钟山石窟分布于石钟寺、沙登箐、狮子关三个片区，共18窟、138躯。其内容以佛、菩萨、天王、明王（白传密教无"明妃"）、力士、胁侍、罗汉以及南诏王室宫廷生活、崇佛等为题材。其中"阿央白"造像为白传密教曼荼罗特殊造型，王室造像具有"仁王护国"思想的特点和浓厚的民族地方特色。天王尚有金华山毗沙门天王造像，年代稍前，风格独异。剑川石窟造像因其白传密教文化的独特性和雕刻艺术风格的优异性，在中国石窟艺术中占据显著地位。

宋代末期，境内出现龛式石雕造像，以剑川北门街哲母寺阿犁帝母、龙王像和剑川丁卯城古神庙卫国圣母、建国梵僧观音造像为代表，反映了白传密教走向民间之后石雕艺术形式的发展与变化。此后，剑川佛塔造像艺术也应运而生，剑川西门外景风阁古建群中的明代灵宝塔中的四天王、四金刚、十六应真、天龙八部圆雕造型别致，雕工艺术精美，为白传密教石雕中的精美作品。其余白传密教石雕艺术品如杨惠墓等，遍布境内墓葬、庙宇等建筑物。

2. 木雕

与佛教文化相关的木雕大体分神祇雕像、建筑物构件、庙宇装饰雕刻、木雕屏风、挂屏几种。鉴于木雕制品易毁难存的客观原因，现存白传密教木雕艺术品微乎其微。其中，兴教寺建筑中的斗拱饰件为宋元风格的明代精品，这些斗拱榫卯结构严谨，雕凿手法粗犷大方、线条流畅。重叠交错的斗拱结合体不仅均匀分担了大殿、二殿梁柱间承重的力量，而且显现了白传密教图案的精美度。

石宝山海云居梁坊雕刻，创制于清康熙初元，图案手法保持了明代艺术技巧和风格，其人物、动物、流云、香草、莲花等造型，刀法流畅，线条明快，将密、儒文化的交融表现得淋漓尽致。其余木雕精品，分布于省内外各寺庙及本地区本主庙。

19世纪80年代以后，白传密教文化雕刻进入佛寺挂屏、旅游产品、家坛供件等产品之中，其中较有代表性的为《张胜温画卷》"如来礼佛""八相成道"等大型木雕挂屏，阵列于省内外各处重要佛寺和博物馆。

上述木雕艺术品外，明清以后的许多木雕佛像大多已毁，尚存少数佛、本主雕像精品于村社中保留，多数收藏于省、州、县博物馆内。

(二) 绘画

1. 画卷

《南诏图传》，有关云南密教艺术方面的画卷最早者为绘于南诏舜化贞中兴二年（899）的《南诏图传》，现有日本京都有邻馆的《南诏图传》为公元12—13世纪摹本。主要由《奇王家庭图》《梵僧乞食》《祭铁柱图》《西洱河记》等图传构成，以历史传说故事传达了早期密教进入洱海地区的信息，为研究南诏王室崇佛及密教被推为"圣教"的重要历史文献，是世界密教艺术珍品之一。

《张胜温画卷》，收藏于台湾故宫博物院的《宋时描工张胜温画梵像》(1)，亦名《张胜温画卷》，总长1630.5厘米，高30.4厘米，呈136开，（文字部分2开，绘画134开）。全卷纸本设色，施金铺粉，由三个部分组成（本文依李霖灿先生排列页码为序，但所分三个部分按《张胜温画卷》天头、地脚、金刚杵、金刚铃、莲花、卷云图案设置分段解释）。第一部分（1—62）为利贞皇帝礼佛与白密部分佛、菩萨，天龙八部、十六罗汉、白密师祖。第二部分（63—115）白密佛会、十二大愿诉求、白密科仪行持所表现的佛、菩萨及观音表所揭示的众多观音。第三部分（116—136）为金刚、莲华部诸天、经幢（幡）、十六国王众。

全卷共绘皇帝、皇后、佛、菩萨、佛母、天王、罗汉、尊者、龙王、力士、供养人、魔怪、僧人、文臣、武将、贵人、十六国王等628余尊，透视出大理国皇室的宗教信仰、文化观念、社会习俗、艺术思想等历史文化现象与印密、汉密、藏密文化之间的明显区别和差异，为研究白传密教文化的重要艺术资料，是世界佛教图像艺术的珍宝。

明清白传密教挂卷，明清时期，白传密教彻底从上层走向民间。白密师僧于社会上为民间"祈福禳灾"时，大多于宅院、庭场设坛行法。法坛多以画像悬挂佛、菩萨的方式表明神祇排序尊位。画像大多为如来、释迦、观音、地藏、金曜孔雀明王、面燃鬼王等不同挂卷，分析、荐及各类法事活动时悬挂。目前部分挂卷藏于博物馆，多数挂卷由各村社阿吒力师保存，于行法时使用，为研究明清以来白传密教文化的艺术史料。

2. 壁画

石钟山壁画，剑川地区尚存石钟山石窟崖画 5 幅，其中沙登箐崖画 1 幅属大理国时期绘画，石钟寺崖画 4 幅属南诏后期绘画。立势菩萨，大部风蚀脱落，但其设色艳丽，技法娴熟，造型生动的余风犹存。

兴教寺壁画，绘于兴教寺大殿四壁，由沙溪甸头禾张宝于明永乐十五年（1417）绘制。兴教寺壁画为白传密教文化题材画像，画风与《张胜温画卷》一脉相承，有唐宋遗风特点，充分反映了历史上白密文化与中原文化的交流与融合。壁画现存二十余幅，包括《南无降魔释迦如来会》《五方佛图》《逻迦大佛母》《太子游苑图》等，属国内壁画珍品。壁画摹品曾赴首都展出，轰动京华。

其余剑川地藏寺密教壁画等，已毁于 20 世纪 50 年代。

3. 泥塑

剑川民间阿吒力寺庙的泥塑艺术均为白密佛、菩萨、胁侍及本主神祇，始兴于元代，成熟于明、清。境内原有密教泥塑神祇大都毁于 20 世纪 50—60 年代，现存泥塑神祇均为 20 世纪 80 年代至 21 世纪初塑造。塑造时均依据历史造像恢复。白传密教神祇造型、手印及尊位排序自成体系的风格突出，可供研究白密文化艺术之用。

泥塑代表作有：双龙寺、石龙寺、海云居、地藏寺、香积寺、觉明庵以及白坛神庙泥塑，还有西门外阿犁帝母庙、邑头"三锡太平"等庙中的泥塑。

4. 庙宇建筑

石钟寺仿木质石雕建筑：剑川木质结构建筑的历史久远，可上溯至 5300 年前的海门口"干栏式"建筑聚落时代。现存石钟寺石窟中的仿木质石雕建筑造型中即可看出，唐宋时期，剑川工匠建设木质结构殿堂的梁柱连接、穿斗榫卯、斗拱承重等技巧已经成熟。庙宇殿堂中的斗拱、梁雕、枋雕饰件已融入了佛密思想文化。

景风阁元代木质阁楼建筑：剑川西门外景风阁为元代密教文化穿斗式木质建筑，主体构架设四大井口柱，以正斜两袄分出八角，梁柱榫卯穿凿工艺严谨，斗拱承重分力均匀，历经 11 次 6 级以上大地震从未倒塌。为境内最早的佛教文化建筑，2013 年被公布为国家级重点文物保护单位。

兴教寺建筑：兴教寺始建于明永乐十三年（1415），属宋、元风格的密教阿吒力寺院建筑。现存大殿、二殿建筑风格各异，大殿重檐歇山九脊顶，四围立柱二十四根，柱头以栏额相连，架檐下四面施四十六方斗拱，为四面八方梁柱承重减力，结构合理科学，严谨大方。二殿悬山九脊顶，殿堂内外立柱四十六根，各乳栿明栿，照面枋与柱身连接，形成多梁多柱、四角斗拱承重的特殊间架接构，严谨厚实，古朴大方。兴教寺庙宇历经 7 次 6 级以上大地震，丝毫未损。2005 年兴教寺被公布为国家级重点文物保护单位，是白传密教建筑文化艺术珍品。

由于境内白密阿吒力僧持修、行法的庙产均属各村社集体所有，由各地"妈妈会"对庙产实施管理，因此全县白密庙宇较多。全县除景风阁、兴教寺、宝相寺外，其余海云居、地藏寺、觉明庵、石龙寺、双龙寺、香积寺、慈云寺以及众多观音庙、本主庙，大多为白密庙宇。

这些分布于全县各村社的庙宇，形成县内一道亮靓的白密文化建筑艺术景观。

四　密舞与密乐

（一）阿吒力舞

剑川白密阿吒力科仪里保留着许多密教舞蹈，现存"散花舞""散灯舞""剑舞"（源出道门）、"参佛、结界、送圣五方舞"等，为白密各种法会行持用舞，舞姿优雅，舞步轻快，结构变化自然，给人一种肃穆的感觉，也给人带来无比的勤奋向上的激情。

阿吒力密乐音韵清雅，阿吒力密舞优美淳朴，历史悠久，源于自然，回归自然，启迪智慧，使人不由产生一种发自肺腑的觉悟，文化内涵极其丰富。

花舞：阿吒力科仪中，表达对阿闳佛为主及其他菩萨虔诚敬意的密舞，分"佛前献花舞""参佛五方舞""结界五方舞""送圣五方舞"等众多舞式，于参佛、请圣、结界、送圣等法事过程中，按祈、荐科仪要求穿插使用。

灯舞：荐亡、瑜伽焰口法事重要密舞，表示破狱后，修成正果，达到彼岸的吉祥如意心理状态。

剑舞：阿吒力科仪中以请观音为主的密舞，表示观音到来的神圣和喜悦，表示对观音菩萨的无限崇敬。

鹿鹤同春：春节迎本主、庙会敬观音后的闹春娱神舞，儒、佛、道同用，表演形式各家稍异。

（二）白密乐腔

白密乐腔又称阿吒力乐腔，被中国社会科学院誉为"中国古代音乐的活化石"。

剑川阿吒力乐腔，俗称密腔，是阿吒力师僧在行持佛门各种法事、仪轨中用于科仪经文起止、转换、穿插、衔接等，贯穿于法事始终所应用的唱、吟腔调。用乐器伴奏，唱诵经文。

阿吒力密腔以打击乐、唢呐、芦管为主，配以细乐，腔调换品丰富。阿吒力密腔在白族民间有着很深的影响，是白族群众喜闻乐见，容易接受的密教音腔，也是阿吒力借以"利物济人"、灌输白密观念的一种便利行教方式。

现存阿吒力密腔有《三官场》《大佛腔》《小佛腔》《请得观音过海来》等近百首曲目，这些密腔是白传密教的经典佛腔，大多由历代阿吒力师僧口传心授，汇聚了历代师僧、经母的集体智慧，流传至今，其格调优雅、缓慢、柔和、恬远、庄严。

表1　　　　　　　　　现存阿吒力经典密腔及用途

序号	经典密腔名称	用途
1	大三宝	开坛、敬三宝腔口
2	大佛腔	释迦牟尼法会用腔
3	小佛腔	各种法事穿插用腔
4	请得观音过海来	敬观音表时穿插用腔
5	偈	分七言或五言，用来赞唱佛、菩萨的颂歌
6	礼	礼即礼拜、忏悔，用于圣诞祝仪、诵佛宝诰、忏法
7	经	以唱经形式唱诵，通常以武乐伴奏，中间夹以细乐，伴诵佛经

续表

序号	经典密腔名称	用途
8	咒	行持法事当口，加以密咒，用汉字白语念唱，有《普庵咒》《准提神咒》《阿閦咒》《陀罗尼神咒》《般若神咒》《大悲咒》《楞严咒》等，以大乐伴奏。阿吒力咒为密语、真言，其词格式变化甚多，曲调幽深，独特

表 2　　　　　　　　　现存阿吒密腔乐器及用途

序号	乐器名称	用途
1	木鱼	白语称"孟乌间"［mex ol jiāinx］，木制，分坐式（摆于法坛）、手式（手持）两种，阿吒力僧率众咏唱腔调时敲击物，声音轻脆，节奏感特别强
2	芒锣	白语称"蒙子间"［mol zix jiāinx］，铜制，置于手中，以木锤敲击。阿吒力僧率众咏唱腔调时用于伴奏，锣音悠远轻扬，极大地增强了腔口韵味的感染力
3	点子（鸳鸯锣）	白语称"点子扶"［diāint zix fvp］，铜制，由两只音响稍异的小铜盘组合而成，置于手中，以小竹钩敲击。阿吒力僧率众咏唱腔调时根据经诵节奏敲击，锣音清新明快，有增强腔口音韵吸引力作用
4	大号	铜制品，形如唢呐，但音管加长，强化了音响的音量及振动力，每于开坛、送圣等威严场面开始前用劲力吹，增强法事行持的威严庄重气氛
5	钗	白语称"权权扶"［quāin quāin fvp］，铜制，双手扣击，一般于经诵段落起头、结尾时结合腔口、咒语所需，与鼓、锣、铙、钹相伴扣击，增强腔调节奏感、韵味感。尤其阿吒力师僧念咒时，许多地方钗击声表示咒语，为阿吒力咒语特殊表现形式
6	钹	白语称"乓扶"［pāngl fvp］，铜制，双手扣击，与钗、铙、鼓、锣相伴扣击，音响稍沉，韵味独特，阿吒力乐中特殊乐器
7	铙	白语称"弄扶"［nonl fvp］，铜制，双手扣击，与钹相配，音响轻扬，韵味独特，阿吒力乐中特殊乐器

续表

序号	乐器名称	用途
8	笛子	白语称"虚冲广"[xul coux guānt]，竹制，民间常用吹奏乐器，阿吒力乐中，按阿吒力腔口与所需伴奏
9	芦管	白语称"该子广"[gāil zix guānt]，白族人自制乐器，芦杆制作，形如笛子，直吹，以薄嫩芦干作哨簧，音响低沉，阿吒力腔口中重要伴奏乐器
10	哑胡	元世祖忽必烈率军驻跸剑川，本地阿吒力乐师运用马头琴原理，将胡琴改为哑胡。低音伴奏乐器
11	二胡	阿吒力乐腔伴奏乐器
12	三弦	阿吒力乐腔伴奏乐器
13	大胡	阿吒力乐腔伴奏乐器
14	鼓	阿力乐腔中重要打击乐器，师僧念咒过程中尚以鼓点或鼓边敲击点表示咒语，用于阿吒力另外一种咒语特殊表现形式
15	唢呐	白语称"滴待"[dil dāin]，阿吒力乐腔重要吹奏乐器

五　白密典籍

南诏、大理国至明初，白传密教逐步形成自己的写经，这些写经大多已于洪武壬戌（1382）遭到明军焚毁。1956年8月、1978—1979年、1981年，大理地区先后发现的白密写经均为秘密藏本，证实了明代以前白传密教在教派内已形成自己的写经。①

洪武十五年（1382），明王朝通令实行宗教事务统一规范管理，实行三级僧官制，规范"禅、讲、教（密教）"持修行为。遵照规定，明代以后的白密阿吒力所用佛经、科仪文本依照国家规定文本执行。而白密寺庙神祇塑造、法坛设置、科仪穿插程式等继续延用自宋代形成的白密法式。尤其白族民众不懂汉文，不懂汉语，阿吒力师僧在科仪行持全程中完全采用白语、白语腔口方式释读经书，这一世俗的以白族语、白族腔释经为主的释经形态成为剑川白密阿吒力行持的文化核心，并形成了明代至今白传

---

① 参见大理白族自治州白族文化研究所编《大理丛书·大藏经篇》（卷一至卷五），民族出版社2008年4月（北京）第1版。

密教的固定行法模式。

剑川阿吒力行法时，施行"胎藏坐坛，金刚行法"理念模式，以科仪密典为主，忏经次之，与显教、汉密、藏密不同。如行持佛门观音表法事（2），辅以《高王经》《观音普门品》《妙法莲华经》等；行持药师延寿科，辅以《药师经》《药师灌顶经》等；行持朝斗法事时，则辅以道门《南斗经》《北斗经》等。其科仪的构成以明代统一经典为本，以白密行持手法为根，行持过程中根据通用科仪或大型科仪所需的文仪，以腔口咏诵形式进行穿插、转换，尤其经文起落之间的腔口变换无穷，只有数十年持修经历的阿吒力僧才能掌握，形成独树一帜的释经方式。主要经典如下：

（一）主要科仪经典

《佛说消灾延寿药师灌顶章句仪》，简称《药师科》，又称《药师道场仪文》。

《地藏荐福利生道场仪》，简称《地藏科》。

《楞严解冤释结道场仪》，简称《楞严科》。

《如来广孝十种报恩道场仪》，简称《报恩科》。

《冥王解结道场仪》，简称《冥王科》。

《销释金刚科》，俗称《金刚科》。[①]

（二）通用科仪经典

通用科仪经典今存《诸天表法事》《佛门瑜伽焰口法事》《佛门开坛、启白、启祖法事》《佛门借地、解秽法事》《佛门迎鸾圣僧法事》等30余卷，用于诸天大醮、祈福、荐亡、传戒、破煞退送、求子嗣、解冤释结等法事。

（三）荐亡法事科仪经典

今存《佛门开坛法事》《佛门抽魂发牒法事》《佛门观音表法事》（2）《佛门地藏表法事》《佛门召亡、沐浴、渡桥法事》《佛门十类神王解结法事》《佛门瑜伽焰口法事》7类，为民间荐亡类通用法事。如民间办丧事，则视斋主家庭情况，行持《销释金刚科》。

---

① 流传于剑川、洱源、云龙等地，阿吒力师僧常用抄写本。

（四）祈福法事科仪

今常用《佛门开坛法事》《观音表法事》《佛门送圣法事》等4类科仪经典。为民间乔迁新居、奠土等所用，祈求福禄。

剑川民间还有秘密色彩极浓厚的一套阿吒力《佛门退送白虎法事》，主要目的在于行持秘密法，退送"白虎精"，中有朵兮薄神秘术成分，行持过程中所行法术既神秘又震撼，行持后给人镇定、安慰的体会。

六 白密法器与法饰

（一）主要法器

法器为阿吒力主要行法神器，行法时随着法师念咒、手印的变化，法器成为镇邪、伏魔的象征性神秘器物。阿吒力法器包括：金刚铃、降魔杵、法巾、如意、令牌、法剑、皂旗、荡秽策、三宝印信、降魔戒等。

表3　　　　　　　　阿吒力主要行持法器及用途

序号	法器名称	用途
1	金刚铃	白语称"捏子白"[ni zit bāip]，性力崇拜特征明显。表示金刚铃在科仪中的重要地位。阿吒力法师手摇金刚铃，如同外摄一切邪音，内正纯密之音。必须在主坛者指挥赞诵庄严韵调时方可使用
2	降魔杵（金刚杵）	护道降魔，护持三宝，行密印之神器，性力崇拜特征明显
3	法巾	白语称"拘白"[jiu bɑip]，传法、护法、敬圣、跪拜三宝时所用法器，阿吒力自宋代形成并相互传承的重要传法宝巾
4	令牌	白语称"计蚩乃"[jix cix neid]，于行持化符、念咒时使用，代表符咒加持神器
5	法剑	行持荡秽、敕水、拜词、结界等仪轨时，以法剑斩除妖风，驱散秽气
6	圣水	白语称"减虚"[jint xiux]，用于洒净、敬圣、传度受戒时，代替精、血点七窍
7	如意	阿吒力行持拜表时，用于托表文，以示恭敬
8	皂旗	穿插五方时，代表上天入地
9	荡秽策	行持敕水、结界、上表，起荡秽作用

续表

序号	法器名称	用途
10	三宝印信	白语称"银抠"[yind kox]，用于签盖一切文仪，以示虔信
11	降魔戒	白语称"手箍斗"[sot gu dot]，性力崇拜特征突出。戴于手指，有降魔、纳祥作用，为传度受戒后成为阿吒力师僧的特殊标志
12	雄鸡	白语称"芥波"[gei bol]，洗净爪子备用，于佛像点血开光，祭祀灵物点血开光及法器使用之前点血激活灵物之用
13	锡杖	锡杖，白语称"揣干"[cuāi gānl]，汉语又称智杖、德杖，阿吒力所持锡杖为四股二十四环，即地藏菩萨所持之释迦所制锡杖，杖头金刚箍内设置阿弥陀佛，表示"莲金圆融"。有镇邪破恶、打开地狱大门之神效，阿吒力高僧"破狱"时用
14	笊篱	白语称"乙朽"[yit xiot]，阿吒力僧用于替代地脚神法物，悬挂于旗幡杆上，有护旗、护卫法坛场地肃静、安宁之神功

（二）法饰

剑川白族阿吒力袈裟、裙带、帽冠、帽带及鞋袜称法饰，法衣颜色分一等黄、二等朱红、三等粉红。一般法事仅穿青色衣衫，行持大法事时戴毗卢帽，重大法事时教授阿吒力、金刚阿吒力始戴五佛冠。阿吒力衣冠款式与汉密、藏密不同，与显教更有明显区别。

表4　　　　　　　　　　　阿吒力法饰及特点

序号	法饰名称	介绍
1	袈裟	白语称"勾搜罩"[gol sol zāu]，剑川阿吒力袈裟颜色分一等黄、二等朱红、三等粉红。金刚阿吒力始有资格，披黄色袈裟；受戒阿吒力、教授阿吒力、依止阿吒力则披朱红色袈裟；一般阿吒力只能披粉红色袈裟，不得逾轨。阿吒力袈裟由九条至二十五条缎布缝制而成，与汉密、藏密和显教袈裟有严格区别。一等黄袈裟必须在主持大型密教科仪时才能披，一般小法事则只能披朱红袈裟或不披袈裟
2	帽冠	剑川阿吒力僧的帽冠，与显教不同，与藏密更不相同。五佛法冠相似显教，但五佛造型不同。毗卢帽、五佛以黄色至上，红为尊贵，黑者次之。金刚阿吒力、教授阿吒力戴黄缎毗卢帽，若一般小法事，只戴黑色毗卢帽；其他阿吒力僧统一戴黑色帽。教授阿吒力、金刚阿吒力在灌顶、破狱、瑜伽焰口等大法事时，先行持过戴冠法式后始戴五佛冠

续表

序号	法饰名称	介绍
3	鞋、袜	布料制作，布鞋黑面白底或皂面白底，布袜为白布缝制，要求庄重、干净，行持法事时，不得穿皮鞋、球鞋、新式鞋袜

七　白密阿吒力组织[①]

剑川白密阿吒力通称"阿吒力"，含义即"导师""规范师"，白语含意为"师主薄"（老师）。"阿吒力"既是白密组织称谓，又是白密神职人员称谓。梵语读音为"阿舍梨"[ē shě lí]，白语读"阿吒力"（ā zā lī），史籍因汉字记音缘故，有"阿拶犁""阿阇梨"等20余种写法，禅、讲、教中，剑川阿吒力从属"教"，承传胎藏界瑜珈密法。

唐宋两代，阿吒力僧服务于王室。元代，白密阿吒力僧离开上层，走向民间。明洪武十五年（1382），明王朝将白密阿吒力教纳入国家管理体制，并对其经典、科仪文本进行统一和规范。遵照国家宪令，从明代开始，剑川设僧会司，并于石龙寺设戒珠禅院，于古城建光明寺，专门用于对阿吒力师僧的管理和培训。经过明清两代的规范管理，剑川白密阿吒力走上了一条既遵循国家统一经典文本，又保留地方民族科仪演释特点的演佛利济的持修道路。其表现形式为：

一是明代以后的剑川阿吒力传度时改行受戒制；原有的住持修行制演变为以在家带发修行为主的持修制。二是阿吒力原有"不著文字、行踪诡秘"的修为形式，改成了理论上的积极研修、钻研。而更为重要的一方面是，阿吒力师僧将白族本主崇拜纳入了人为宗教范畴，原有白密神祇外增加了无数本主神祇，白密科仪中增添了本主文诰、祭祀程序，使其宗教文化性质更进一步白族化、世俗化。在僧官、法师们的管束指导下，剑川阿吒力科仪行持逐渐形成格式化、理性化。

明代至今，剑川白密科仪中所保存的一系列瑜伽密法，使阿吒力的独特性得到了充分地保持。白传密教文化的传习，全凭阿吒力师僧以口传心授的方式传承，导致了剑川阿吒力自大理国时期形成的自成体系的白传密教流派的持修理念和行持手段进一步社会化、世俗化。

[①] 参见《剑川县志·宗教》，云南民族出版社1999年版，第431—432页。

1952年阿吒力师僧被迫还俗后，剑川多数阿吒力僧已不再寺庙住持。20世纪80年代以后，剑川阿吒力组织重新恢复，经过挖掘、整合，阿吒力密法手段得到弘扬巩固。但同时也相应存在着一系列值得注意的问题：一是目前许多老阿吒力师僧，诸如赵金铃、杨元轩等老法师相继圆寂，后继传承已处在青黄不接阶段。二是80年代以后受戒的新一代法师理论水平较差，必须强化研习。尤其白密口传心授的密法更需挖掘整理并进一步深化传习，继承发扬。

白传密教阿吒力的基层宗教信仰组织为"妈妈会"（大理地区称"莲池会"），妈妈会以自然村为基本单位，妈妈会会员信仰白传密教，但奉行"只需崇佛、无需受戒"的原则，一般会员于初一、十五吃素焚香。

妈妈会内自然产生"经母"若干名，于妈妈会内教授会友。

阿吒力所属妈妈会均有庙产。寺庙产权属村社集体所有，管理权交由妈妈会负责。

妈妈会财务管理严格，较为民主，财务账目透明度很高。财务管理人员一般由村内诚信度高，有账务管理水平能力的男性组成。严格执行账、实两分制度。佛会收入一日一清，佛会支出一年一结，一年一清，张榜公布。佛会中的当家姆、经姆、管理人员和全体会员除享受会期公共伙食之外，一律无补助报酬。平时服务，参加活动全凭义务。

剑川阿吒力始终坚持"修今生，不修来世""佛与众生平等"原则。南诏至元代，凡阿吒力僧圆寂，均实行火葬，施"荼毗法"。明代以后，遵循国家规定，实行棺葬。无论火葬、棺葬，阿吒力僧圆寂后，生前所授职衔、度牒文书等一律焚毁了结，以示佛众之间的平等。"妈妈会"信众因不受戒，逝世后由"妈妈会"组织会友于灵前诵经送别、出灵时由会友边念经边送行，将其送至西方极乐世界。

（一）阿吒力师僧

明代至今，阿吒力僧少部分住持寺院，大多数分布于民间，成为带发修行的阿吒力师僧。无论住寺或在家修行，阿吒力僧均强调"修心不修身"，实行半僧半农、半佛半工制，长年自觉研修。平时不忌荤酒，初一、十五吃素。一年365天，大半凭劳动自食其力。每年固定在所属寺庙法事约80天，百姓专请祈福、建房、安宅、丧葬等民间法事约60天，收取一定报酬，很受百姓和信众尊重。

阿吒力师僧行持的仪程、密咒、手印、腔口、启白等密法，全凭口传心授，于阿吒力内部进行交流、传授。强调"地、水、火、风、空、识"六大本体，体现"众生与佛平等"理念。

元代至今，白密师僧传承施行受戒制，受戒实行传度制，不施剃度法。阿吒力传度，白语称"奏之兮"[zozilxil]意即"奏职衔，给徒弟名分"。其程序复杂，要求严格。

首先，阿吒力徒必须是自愿投师，投师后用三年时间跟师学习，学习内容主要为密教经典，规章戒律。最重要的即师僧与徒弟以口传形式讲授白密科仪、释经腔韵、经诵腔口、密咒字母唱诵、手印变换要领、文仪书写规矩等科仪穿插，衔接组合的方法要义。如对这些密法禀悟的天分较高，尤其徒弟修为过程中的道德品质能得到师僧和广大信众的认可，方可由师僧向"妈妈会"举荐，准予传度。

其次，传度之前，弟子要写出具状，表明对佛密的虔诚心志，表明绝对服从规章戒律的诚恳态度，表明受戒后永远爱国爱教以及尊师爱众的信心和决心。此后方可遵循阿吒力"无师不传，无师不度"的"三师"明鉴程序，作好受戒前的准备。

最后，传度仪式必须选在三天以上的法会期间举行。传度时要严格遵守保举师保举、引进师引进、传戒师传度的受戒原则。由于传度是在法会期间进行，法事进程中已进行过法坛仪轨程序，因此，传度开始只实行恭请达摩祖师、敬叩三宝印信、敬迎三师临鉴等程式。实施传度时，传度师先要向恭恭敬敬面对天地神明，面对广大信众匍匐在地的受戒者念诵《佛门传度法事经》，然后按照程序将请到的圣水（白语称"检虚"[jiāint xuix]）用于为受戒者点七窍、洒净、荡涤身心垢秽；还要用朱砂汁为受戒者点额心，以示已将"菩提心为因，大悲为根本，方便为究竟"的密教持修义理注入受戒者心灵。此后才将法名、三宝印信、法牒、法衣、法器等逐一授予受戒者，受戒完毕，受戒者始为真正的阿吒力师僧。此后，阿吒力僧始能按级别、在本佛会区域组织法会。

剑川阿吒力师僧职衔传度分两支，一支字派为"兴元广续，本觉昌隆，能仁圣果，湛寂普通"。此支字派至2010年传至"觉"字，专于剑川行法布教。另一支字派为"学通真正教，密悟师祖心，妙法宏玄照，真如实柑生，圆明大势至，湛寂古观音。"此字派除剑川外，尚有洱源、丽江、鹤庆、云龙等地传播。

据不完全统计，截至 2015 年，剑川受戒法师 43 名。平时，阿吒力师僧都在固定的"妈妈会"寺庙和所属村社家庭行持，不可随便至其他庙宇主持佛会。若其他村社"妈妈会"寺庙行持或家庭行持的师僧不足，经邀请后可以参加其他佛会服务。服务时，一切由邀请方师僧安排定夺，不可自行随意施行法事行持。

（二）妈妈会

阿吒力僧服务于村社的民间自然佛会"妈妈会"。若自然村较大，则每会下设若干组，如自然村较小，每村设一组，联合若干自然村组成一会。至 2015 年，全县"妈妈会"组织 34 个，信众 1.4 万人。

（三）当家母

当家母，白语称"主得嫫"。自然佛会"妈妈会"会首为当家母，由信众民主产生，主管佛会的一切行政事务和掌管佛会的财物使用权。凡收入主要用于庙宇修缮、神祇塑造、师僧会期报酬及守护庙宇人员工资、香火祀奉开支、会伙人员外出参加活动的车旅费用等。一切费用均经当家母审核后方可使用，并记入佛会账目。至 2015 年，全县当家母 78 人。

（四）经母

各村社妈妈会中有"经母"若干人。"经母"平时跟随阿吒力师僧学习经文、科仪程序，诵经曲目，掌握后，再组织信众学习。经母熟背各种经文，科仪曲目咏唱十分娴熟，较好地传承和保护了阿吒力佛腔科仪。"经母"虽不受戒，却坚持常年吃长斋。至 2012 年全县"经母"62 人。

八　白密神话传说

白传密教在传播佛密的长期过程中，产生了许多神话故事，所讲的大多是慈悲为怀、救苦救难、不畏强暴、敢于献身和尽忠尽孝的主题。这些神话故事长期流传在白族地区。他不仅是白传密教的持修原则，更是白传密教阿吒力所坚守的信仰性佛教文化精神和最终形成的至今保留完好的、以"奉献、祥和"为主流的阿吒力核心文化的重要组成部分。

主要神话传说有：

（1）观音出家；（2）观音镇罗刹；（3）观音老母卖干黄鳝；（4）大黑天神献身救民；（5）黄氏女对《金刚经》等。

白传密教的神话故事较多，历史以来一直在白密信众中流传。

九　白密重要法事

剑川白密阿吒力奉行为百姓"祈福禳灾"道场法事原则，注重设坛供奉、诵咒、放焰口等科仪程序，尤其对科仪中的身法、心法、意法十分重视，行持法事时"口诵真言、心观尊佛、手结印契"的形式深受白族群众欢迎。

剑川阿吒力法事行持分公共法事、家庭法事两种，民间公共法事，主要分荐亡、祈福两大类，凡三天以上的大法事大多于阿吒力寺院或大型场地上进行，逢三天以下的本主庙会亦由阿吒力于本主庙设坛行持。信众大多借此禳灾祈福，了却心愿。

家户治丧事、超度祖先或乔迁新居等行持法事称家庭法事，种类很多，如荐亡时，经阿吒力师僧行法，以求先祖经过佛法、秘密法加持而往生净土；或经镇五方五鬼，安慰后土之神，求得宅院安稳和谐、人畜兴旺；或民间办完丧事后行持祛煞治鬼，以保安宁，等等。

白传密教持修理念和行持法式，充分体现了以追求现世利益及逃避地狱惩罚为主要目标的以功德思想与他力拯救为基础的信仰性佛教行为，成就出了一片以"奉献、祥和"为具体表现的白族民间和谐社会。

1. 二月八太子会[①]

剑川祈福法事中，以二月八太子会的祈福法事最具代表性。剑川二月八太子游四门活动从元代延续至今，源于古印度"游王子"佛俗。相传，农历二月八日释迦太子出游，看到了人间的生老病死和万般苦难，遂立志抛弃荣华富贵，为解救众生轮回之苦而毅然出家，经百般苦难和悟证，终于修成正果。

[①] 参见《剑川县志艺文志·散文》第二节《近现代见闻》，佚名《花朝节观剑城太子记》，云南民族出版社2010年版，另参看1986年至2015年《剑川古城太子游四门》各音像专辑。

剑川二月八太子会分古城、寺登两地举行，行持过程又分两部分进行。一是在庙宇内行持佛门祈祀法事，二是在街市上进行社会民俗活动。

二月八太子会一为纪念太子甘为大众奉献的精神，二为祈求福禄，祈愿天下太平。对于社会和谐稳定和安定团结有积极的促进作用。

2. 荐亡①

剑川白族的荐亡法事分大型法会与家庭荐亡法事两种。家庭荐亡白语称"舍神"[seio send]，此法事只能为母性行持，以示对母亲一辈子辛苦的回报。男性只行诵经，不行渡桥、往生灯、瑜伽焰口等法事。届时阿吒力僧要在办丧事家户楼房设法坛，挂诸佛圣牌、面燃鬼王像。摆香案，置供养法器等。还要备好超度文仪经书，接引幡。白语称接引幡为"兮吻旗"[xinl ngvs ji]，由文化根底深的大阿吒力书写，按照阿吒力行持理念，经法事"抽魂"后，接引幡始有灵性。

剑川白密阿吒力所行持的荐亡法事，其文化的核心是教育子女报本追源，敬老尽孝，尤其要牢记母亲用奉献的一生，历尽苦难与艰辛，给后辈儿孙带来幸福的大德大恩。

3. 开坛

荐亡，超度祖先，在办丧事家户楼房祖先坛上悬挂诸佛圣牌，全堂佛像，摆香案，置供养法器等。备好超度文仪经书，接引幡。

开坛，开启法坛，请当值佛、值日功曹。

净水，洒净敕水，除去法坛污秽，保持法坛洁净。敕水时画符念咒，唱诵"请得观音过海来"。

抽魂，将斋主家的祖先和去世的亲人、亡灵唤至法坛，接受佛法加持。

（1）召亡渡桥

召亡、沐浴、渡桥，午饭后，在大门外，以五条长凳搭成桥，上铺白布，桥下四方四角燃香，摆上一盆水（内放香芥粉末和一条白毛巾，一把用萝卜削成的梳子），然后于桥前摆上香案供养，由三位阿吒力师僧行

---

① 2000年采编：剑川县剑阳镇班洞河村张兴利祖母逝世法事程序。2008年8月采编：剑川县石龙寺"莲华五方结界曼陀罗道场"，会期9天。为1937—1945年抗日战争战亡将士，1946—1949年解放战争牺牲烈士以及剑川金华坝受天灾人祸之各户亡灵超度。行持《地藏科道场仪》《破狱大法事》等。

持仪轨。

师僧行法,召、接亡灵,受持佛法。用加持过秘密仪轨的净水和梳子为"亡灵"沐浴、梳头,使亡灵洗心换骨。经过沐浴后,亡灵渡过"奈何桥",通往净土之路,至波罗彼岸,不再坠入奈何桥下受罪。

(2) 往生灯

往生灯,行持九品往生灯仪,于法坛中央置一方桌,然后以米粒画成九瓣莲花、莲叶,在莲花瓣上置燃九根红蜡烛,阿吒力僧沿法坛边绕行边吟诵往生仪轨,恭请五方如来,使亡灵登九品莲花,往生极乐世界。

(3) 瑜伽焰口

瑜伽焰口,天黑后,面向灵堂摆五方桌子,摆上香案,供养五色旗。五方桌中央金刚座加高一米,左右排班分列齐整,分东、南、西、北、中央,代表五智五方如来瑜伽道场。然后五位阿吒力师僧分披各色袈裟,头戴五佛冠,登宝座行持仪轨。法器乐声中,中央金刚上师阿吒力穿杏黄袈裟,吟诵完开首佛偈,即站立双手变化(香、花、灯、涂、果,四万八千斤狮子头、五供养手印),其余四位必须站立,紧跟中央法师一唱一吟。瑜伽焰口行持至下卷,开始画符念咒、施食,用一百单八双柳枝筷,一百单八双绿芥香并"亡魂粥",施舍至野外僻静处,再行回向法事。

焰口法事中的"大圆镜智""静室独居""丹凤来兮宇宙春""三召请"等密腔别有情韵,伴随白语经"扣口母、扣口波"(哭父母)催人泪下。

十 白密法坛设置

近现代剑川阿吒力法坛仍然沿用白密"理智合一""莲金圆融"的设坛法式。明代以来,阿吒力僧在民间长期形成"随方设醮","借地设坛"行持方式,白语称此为"摆坛"[bāit dān]。凡做法会,必先设置法坛。阿吒力法坛行持中,神祇悬挂、供养设置、手印加持等瑜伽密法的特点明显,程序规范严谨,民族宗教文化内涵丰富,是珍贵的非物质文化遗产的重要组成部分。

法堂中佛、菩萨、诸圣、诸天的尊名排序,沿用宋代形成的白密阿吒力法式,行持过程中白语释经、密教阿吒力传统腔口、手印加持等特征突出,经母、女信众直接进入法坛,参与师僧行持的形式,与汉密、藏密行持方式形成鲜明对照。

（一）法坛设置①

阿吒力设坛多以"随方设醮""借地设坛"形式表现。"随方设醮"，一是先按胎藏界本尊定出佛部部主尊位，分列左右莲华、金刚部位置，然后再围绕中央本尊逆时针方向排序，此为正坛。排序时从右至左，围绕本尊主位，再分上下左右和内外，分列出佛、菩萨、护法及其他神祇位置。二是"因事设坛"，以"方便众生"为宗旨，以"为民祈福禳灾"为手段。

尊此原则，阿吒力法坛并不固定于寺庙殿堂，可于家居庭院、旷野坪场等以法事活动实际需要而设置所在。

若在庙宇殿堂中设置法坛，以所塑神祇为中心，分上、中、下三层悬挂所请神祇画像和执班神祇名号，再分内坛、外坛。若外出借地设坛，则主要神祇以画像替代，以此为中心，分设出内坛、外坛后，再于坛内分上、中、下三层悬挂所请神祇和值班神祇名号。所设法坛，祈、荐有别，按法会性质分别布置摆设，设置好后，再于案桌、供桌上摆设各种供养，使整座法坛体现出庄严、肃穆、神圣不可侵犯的气派，令人敬畏、敬仰。

1. 正坛

道场主要神祇

开天无极元始燃灯古佛，清净法身毗卢遮那佛，圆满报身卢舍那佛，千百亿化身开教本师释迦牟尼佛，东方大圆镜智金刚部主阿閦佛、西方妙观察智莲华部主阿弥陀佛。龙华会主当来下生弥勒尊佛，增福延寿药师琉璃光王佛，延人寿命广大灵感观世音菩萨等53尊。

礼请神祇

燃灯会上刹尘圣贤，药师如来琉璃光王佛，过现未来一切诸佛，五教三乘甚深法藏，声闻缘觉辟支罗汉，十二神王及七千眷属等。

水陆佛画

---

① 现存剑川海云居阿吒力法坛圣牌旗号（全套）为明、清至今剑川阿吒力大型法会仪轨所用法坛法物，本文调查资料所列（1）正坛；（2）祖师坛；（3）曼荼罗道场所列圣牌悬挂、画像、旗号等法物，均为海云居阿吒力师僧收藏实物。

从上到下共分六层，供奉开天无极过去元始燃灯古佛等 22 尊佛像。

菩萨部画像

从上到下分中央、左右、前方，再分五层供奉南无大悲观世音菩萨、大智文殊师利菩萨、大行普贤王菩萨等 39 尊菩萨。

2. 祖师坛

东土祖师达摩像，八部天龙护法神众，执法执戒岳元帅、赵元帅，阿利国王护法神等。

3. 曼荼罗道场

设置，五方五智如来；金轮佛、金耀佛；准提佛母、尊胜佛母、逻伽大佛母、八大菩萨、八大明王等，此道场必须在大法会时方设置。

上述水陆画留存于兴教寺者为明代作品，留存于海云居者为清代作品，近现代临摹密教画像则留传于"妈妈会"各阿吒力师僧组织之间。

（二）供养

供养包括器物供养和手印供养。

器物供养包括行持法事装置供品的器物及香烛、鲜花、圣牌等。其中，器物供养表示对佛祖的虔诚礼敬，食物供养既表达诚敬，又包含许多白族信仰佛密的特殊民族文化理念。

阿吒力师僧做法事时，遵循方便究竟，随方设醮的原则，其供养亦随方使用，就地依法行事，无论在任何地方行法，注重的就是"心诚通达神灵"。

器物供养：

圣瓶（灌顶瓶）、升、斗、瓷碗、茶盘、瓷杯、碟子等，使用前均清洗洁净。

圣瓶，可以钵、瓶、瓷碗等器物为用，盛入清净源头泉水作香水，内放清洁香柏枝条，于道场除秽、除恶、灌顶、受戒所用。代表除却先世以来所有的恶业，能令成就得入如来三摩地。

碟子，盛大枣、冰糖、桂圆、时鲜果物，供于佛前，代表四季安康永泰，连绵不绝。

瓷碗，盛素食、斋饭，素食分别为"一花五叶""五佛同修""舍利光明""广种福田""皈依三宝""金刚般若""滴水涌泉""依依不舍"

八碗，此供养白语称"维心维肝"［veip sinl veip gānl］，表示皈依和虔诚。

茶盘，盛面条、红糖、茶叶、烟、酒，表示一心向佛，福寿绵长。

瓷杯，盛茶气、酒气，供于佛前，用于三献礼，表示清净修为，净心三界，通真达灵。

升，盛米、糯米粉、面粉，上置鸡蛋6个、8个或12个，取双数，鸡蛋上画有符咒，有镇邪除魔之功。

斗，盛米，内插皂旗、神号之类，如供于佛坛，则代表十方三界，用于大法事。供于厅堂法坛，则用做小法事。

圣牌，佛前牌位，厚纸剪成，外贴五彩纸封，中贴红纸条，上书佛诰。插入盛有米的斗中，供于佛像前，大小法事通用。

另一种白语称"圣拍溜"或"架子付"的圣牌，用棉纸或布制作成直条状，上蓝、中黄、下红，蓝代表天，黄代表佛，红代表地，中写诸佛圣诰法名，挂于法坛。

供养手印：

五供养手印不同于密教神祇手印和行持所用的其他手印，为供养加持手印，明代以前阿吒力灌顶仪中常用。明代以后，阿吒力在超度亡灵和放焰口仪轨时方使用，使用时，配合供养品加持变化手印，以手印的神奇力量，使供养品增添更大的灵性。

五供养手印分别为香、花、灯、涂、果，阿吒力师僧在变持五供养手印时，锣、鼓、钹等打击乐相伴，乐师根据阿吒力师僧手印变化打节拍，呈现出一派起伏高低的音韵感，使人对阿吒力手印体会到特殊神秘的超凡感。

表5　　　　　　　　　　五供养手印

序号	手印名称	印象
1	香	表示清洁
2	花	象征清静
3	灯	象征光明
4	涂	象征庄严
5	果	表示福慧
6	金刚降魔	表示除魔
7	金刚狮子头	象征往生

十一　白密文仪

剑川阿吒力行持法事，有一套讲究的文仪书写规矩。阿吒力理念认为，这些文仪在法事中有与神佛、天、地、人、鬼、本主、城隍、社令等一切神灵沟通信息，协调通关作用。阿吒力理念还认为，如科仪中无仪文，就无法向神佛表达祈求愿望，无法得到神佛护佑、消灾等。明代以后，随着汉文化的进一步深入，仪文书写、仪文格式进一步受到汉文化的影响，但在法会进行的各种时段，各类仪文的诵读完全用白语诵咏。

阿吒力文仪格式，大致分为表、疏、申、文、牒、状、箚、词等8种。

表，一般分药师表、地藏表、释迦表、弥陀表、观音表、十王表、延生表、祈嗣表、大日表、诸天表、浴佛表、孔雀表（金曜表）等。在阿吒力文仪里级别最高。

疏，一般有启白疏、启祖疏、奠土疏、开科疏、谢将疏、沐浴疏、渡桥疏、送圣疏、往生疏、开坛疏、消灾灯疏等。

牒，主要有抽魂牒、召亡牒、洒净牒、斛食牒、星辰牒、本主牒、脚力牒等。

状，一般有谢罪状、三元状、玉皇状、二极状、焚王状、万圣状等。

词，又称"青词"，一般有文昌词、清旦词、二帝词、东岳散坛词等。

写"词"的规矩，必须做到当天用，当天清晨写，不能在使用前日隔夜写。词须用朱红色写，因为"词"表示一片赤诚之心。写词之前，先置香案，然后阿吒力僧身穿青衫，头戴毗卢帽，恭恭敬敬跪在香案前，口含香柏木，再开始写"词"。写"词"时，女人不得靠近。家禽家畜不得靠近，词写好后，装入套箱。恭敬奉于佛坛备用。

其他的表、疏、申、文、牒、状、箚等可以先行写备。无论任何文仪，都必须以蝇头小楷，以繁体书写，字画工整，不能有错别字，以免神佛怪罪。现行阿吒力文仪，在科仪中占有相当地位，体现了明代以来"儒、释、道"文化与阿吒力文化相融的特性，剑川佛教密教阿吒力的经典仪文中，还有许多汉字型白文写经、文诰、叹白词、注释等，是白族宗教文化的实物佐证，有极深的研究价值。

表 6　　　　　　　　　　　　阿吒力文仪格式

序号	文仪名称	类别
1	表	一般分药师表、地藏表、释迦表、弥陀表、观音表、十王表、延生表、祈嗣表、大日表、诸天表、浴佛表、孔雀表（金曜表）、延生表等。在阿吒力文仪里级别最高
2	疏	一般有启白疏、启祖疏、诸天疏、奠土疏、开科疏、谢将疏、沐浴疏、渡桥疏、送圣疏、往生疏、开坛疏、消灾灯疏等
3	申	一般有关申天府、地府上申、水府上申等
4	文	一般有祝文、奏文、诰文、开坛文、设奠文、告坛文、点主文等
5	牒	主要有扬幡牒、抽魂牒、召亡牒、洒净牒、斛食牒、星辰牒、监坛牒、本主牒、脚力牒等
6	状	一般有谢罪状、三元状、玉皇状、二极状、焚王状、万圣状等
7	简（扎）	一般有司命扎、起瘟扎、保病扎、灶君扎等
8	词	又称"青词"，一般有文昌词、清旦词、二帝词、东岳散坛词等。写"词"的规矩，必须做到当天用，当天清晨写

参考书目及调查采编：

一、参考书目

（1）《宋时大理国描工张胜温画梵像》，云南美术出版社 2000 年版。

（2）《佛门观音表法事》，省级文化传人、已故教授阿吒力杨元轩手抄存本。

（3）《"阿央白"与佛教密教的女性观》，田青撰，《中国文化》1993 年第 8 期。

（4）《地藏道场仪》，海云居清代手抄藏本。

（5）《破狱法事》，石龙寺清代手抄藏本。

（6）《中国密教史》，吕建福著，中国社会科学出版社 1995 年初版、2011 年修订版。

（7）《云南佛教史》，王海涛著，云南美术出版社 2001 年版。

（8）《白族佛教密宗阿吒力教派研究》，李东红著，云南民族出版社 1999 年版。

（9）《大理白族佛教密宗》，张锡录著。

（10）《剑川州志》，清康熙朝剑川县图书馆藏本。

（11）《剑川石宝山考释》，杨延福著，云南民族出版社1989年版。

（12）《剑川县志》，云南民族出版社1999年版。

（13）《大理丛书·大藏经篇》，民族出版社2008年版。

（14）《南域瑰宝——剑川》，《华夏人文地理》2002年4月增刊（1）。

（15）《非物质文化遗产阿吒力教派口传经选》，段鹏、李艳编，打印本。

（16）《剑川石钟山石窟第六窟八大明王源流考》，阮丽撰，崇圣论坛论文集2013年打印本。

（17）《梵像卷释迦佛会、罗汉及祖师像之研究》，李玉珉撰，《中国艺术文物研讨会论文集》，台北故宫博物院1992年。

（18）《大同华严寺大雄宝殿佛名考辨》，曹彦玲撰，《五台山研究》2007年第6期。

二、法事采编

2000年班洞河村张兴利家，其祖母仙逝，出丧前日由该"妈妈会"阿吒力师僧行持超度法事。

2000年金华镇"城南商苑"张亚华乔迁，由该"妈妈会"阿吒力师僧行持"佛门奠土玄科"法事。

2008年9月中旬，于石龙寺举行"莲华五方结界曼荼罗道场"，会期9天。由省级文化传人张宗义阿吒力上师主持，县内各"妈妈会"阿吒力师僧协同，为1937年以来抗战以及解放战争或受天灾人祸之各户亡魂超度。行持《地藏科道场仪》《破狱法事》等。

《销释金刚科》《佛门观音表法事》，各村社"妈妈会"阿吒力师僧均可行持。此法事分别于海云居、石龙寺、松泉寺、香积寺、觉明庵以及各村社"观音庙"、"本主庙"、观音会、本主会期经常举行，祈、荐通用，用于化解瘟疫、火、水、土、魔等所致灾难，届时信众需敬观音表，念诵观音心经，祈求观音和各方神圣保佑，逢凶化吉，清吉平安。

（张熹，云南大学信息学院副研究员；

张旭东，政工师，剑川县电力公司办公室职员；

张笑，编辑，现任剑川县县志主编）

研究动态

第三届中国密教国际学术研讨会
关于"白传密教"取得重要研究成果

吕建福

2016年8月19—21日，国家社科基金重大项目"密教文献文物资料整理与研究"课题组在云南省大理白族自治州剑川县举行项目中期检查会议，并以课题组依托的陕西师范大学宗教研究中心为主办单位，大理州白族学会、剑川县白族学会为协办单位，举行第三届中国密教国际学术研讨会。来自国内和日本、韩国、以色列、美国的58位密教及相关研究领域的专家、学者与会，递交论文编辑为《大理密教论文集》和《综合密教论文集》。研讨会以该重大项目的重点子项目"大理密教文献文物资料整理与研究"为主题，兼及其他子项目议题。19日与会代表分别考察大理崇圣寺和三塔出土文物、大理市博物馆收藏的阿吒力教石刻碑文、剑川县石宝山、石钟山石窟造像，20日晚观摩阿吒力教仪轨展演。20日、21日举行学术研讨，分别举行4场大会，即开幕式、主题发言、主题讨论、分组汇报和大会总结。7场分组研讨会，即A组研讨阿吒力教经轨与科仪、B组研讨阿吒力教图像与高僧、C组研讨阿吒力教社会与文化、D组印度、尼泊尔、藏传密教经轨、E组中国密教经轨科仪等、F组中国密教图像文物、G组日本、韩国密教经轨等；另举行课题组中期检查会议，项目负责人通报中期检查情况和子项目调整情况，各子项目负责人汇报各自项目进展情况，并就项目进行中出现的问题进行协商、讨论，落实具体成果，最后总负责人进行项目工作总结、落实具体成果，部署下一步具体工作。

研讨会经过学术考察和研讨，就会议主题大理密教取得以下最新成果：

一、规范阿吒力教名称，提出"白传密教"概念。以往对白族中流传的佛教派别俗称"阿吒力教"，其名由该派传承者的名称"阿吒力"演绎而来。阿吒力，亦作阿叱力、阿左梨、阿佐梨、阿左黎、阿喳黎、阿拶梨、阿拶哩等，均为梵文 ācāry 的不同音译，意为规范师、教师、导师、师长、师尊，在此特指密教中掌握修行仪轨且取得传承密法资格以及特定管理职位的导师，汉传密教一般称"阿阇梨""大阿阇梨"，藏传密教称"金刚上师"。这种称呼虽名从主人，约定俗成，但并不规范，也不科学，如同以往称藏传佛教为"喇嘛教"一样。学术界也从某一个角度称呼这一派别，从信仰民族角度称为"白族佛教密宗"或"佛教白族密宗"。从现行流传地理范围称"大理密教"，或称"云南密教""滇密"。但都有其局限性，没有从该教派自身的性质和本质特征进行命名。"白传密教"之称具有学术规范性，在名称上与汉传密教、藏传密教等其他密教传承体系相对应，在内容上表明它是具有独立体系的密教传承体系。"白"是白族的名称，也是白族文化的象征符号。"传"是传承体系，表明它的独特性。"密教"表明它的教法性质，与"显教"相对应，属于佛教两大教法之一。白传密教可简称"白密"，与唐密、藏密的简称相对应。白传密教的概念，早在 2014 年吕建福考察剑川石窟时首次提出，在本次研讨会征询函中首次使用，虽有学者提出质疑，但经本次会议期间的使用和讨论，得到与会多数学者的响应，尤其得到大理州白族学会、剑川县白族学会以及当地白族学者和其他云南学者的广泛认同，认为这一概念真实地反映了阿吒力教派的性质和特征，是这一派别的规范性名称。当然正如会议总结人所指出的，这一概念的使用和命名，还需要广大学术界以及佛教界的广泛认同。同时这个概念的使用与其他同位语表述概念和名称并不排斥，白传密教就是指历史以来所称的阿吒力教，也是从信仰民族角度所称的白族佛教密宗，也是从地理名称角度所称的大理密教、滇密乃至云南密教，都是同一范畴中指称的概念。

二、对阿吒力教的定位取得基本一致的看法，认为阿吒力教是具有独立体系的密教派别，也是目前世界上现存的四大活态密教派别之一，另三派为汉传密教系统的日本密教和藏传密教、尼泊尔密教。以往对阿吒力教是不是一个独立的佛教派别存在严重分歧，传统的观点认为阿吒力教是从印度传入大理地区后形成的具有白族文化特征的派别，其中持印度主源说者，早年以李家瑞、邱宣充等为代表，当代以李东红为代表。李东红《白族佛教密宗阿吒力教派研究》一书从云南与印度交往的历史、地方文献资料、出土文物资料三方面论证，认为白族地区所传的密宗主要来自印度，7世纪末、8世纪初印度密宗初传洱海地区后，与当地百蛮文化为代表的原始宗教相互妥协、相互融合，经一个世纪，最终完成了密宗的民族化和地方化，形成颇具南诏文化特色的阿吒力教派。[1] 持中国内地主源说者，以张锡禄《大理白族佛教密宗》为代表，认为8世纪后在中国汉地形成的密宗流传到白族地区之后，在长期的传承过程中与白族原有的宗教文化相互影响、相互交融，形成了具有白族特点中国佛教密宗的一个支派。[2]

另一种新的观点认为阿吒力教只不过是从内地传入大理地区的汉传佛教而已，现存的阿吒力教也只是明初从内地传入云南的瑜伽教，其经轨也是瑜伽教的科仪，实际上并不存在一个所谓的阿吒力教。持这种观点的代表者是侯冲，他在《云南阿吒力教经典研究》《白族心史——〈白古通记〉研究》《云南与巴蜀佛教论稿》等论著中多次从文献学研究角度作了论证。其最新的论文《如何理解大理地区的阿吒力教》中认为，大理佛教有完全不同的两类史料，第一类史料文字与实物相互印证，所记大多真实可靠，有鲜明中国元素，表明大理佛教是汉地佛教在大理的传播。第二类史料多历史传说、附会和宗教神迹，称大理佛教从印度直接传入云南，但文字记载与现存实物资料不能互相印证。第二类史料融入中国传统的夷夏之辨精神，表达了大理地方的民族意识，难以取信。此前所谓大理地区的阿吒力教是从印度传入云南的具有云南地方特点的密教的看法，是由于对第二类史料认识不清得出的不真实看法，不能成立。[3]

本次会议的学者们经过实地考察和论文研讨后，大多倾向于认为白传密教是从印度传入，在南诏时期形成，大理国时期得到发展，元明清时期发生演变，从皇室以及寺院走向民间，又融合从内地推广的科仪佛教，形成后世的阿吒力教面貌，但从清代以来走向衰落，遗存于民间。陕西师范大学的吕建福发言指出，大理密教是一个具有白族文化特色的密教派别，

---

[1] 李东红：《白族佛教密宗阿吒力教派研究》，云南民族出版社1999年版，第20页。
[2] 张锡禄：《大理白族佛教密宗》，云南民族出版社1999年版，第18页。
[3] 侯冲：《如何理解大理地区的阿吒力教》，《宗教学研究》2015年第3期。

从印度传入，兴起于南诏，发展于大理，演变于元明清，遗存于现代世俗社会，虽深受内地密教影响，却自成体系，独立发展，是现存于世的四大活态密教派别之一。他认为从大理地区曾经流行浓厚的性力崇拜、有独特的梵字火葬罐、大量的种子字曼荼罗墓碑图像和陀罗尼经幢、风格迥异的出土文物造像和法器、表现历史记忆和宗教神话的史籍图册、阿吒力居家传承、书写城体梵文等诸多历史现象和宗教文化因素，无不反映出阿吒力教的密教性质及其独立发展的传承体系和白族文化特色。

云南大学的李东红教授发言指出，最新的考古发现证实，白族密教特有的火葬墓早在大理国时期就已存在，与元明时期的形式完全一样，这与郭松年《大理行记》等历史文献的记载相互印证。元代统一全国后，白族的密教传承方式发生重大变化，从皇室信仰走向民间，深刻影响了白族的社会和文化生活。

日本高野山大学密教研究所所长奥山直司教授发言说，通过一天的全面考察，感受到了白族密教的特色。从佛教的角度研究远比民俗等角度研究更有意义，从我自己的理解来说，白族的密教在南诏时期从印度流入，其发展过程中受到中原地区的影响。大理国时期与白族文化相融合，有了新的发展。我认识到从元明清以来日益融入民间，成为日常生活的一部分。

日本种智院大学的尼泊尔籍学者释迦·苏丹（Śākya Sudan）教授说，通过一天的考察参观，对白密有了初步的认识。曾听说大理密教和尼泊尔密教有很多相似之处，所以来此考察。尼泊尔密教也是在家修行，不住寺院，只有举行法事时才会去寺院，这三点和大理密教非常相似。大理密教和日本的真言密教也有很多相似之处，但最大的不同就是在家修行，不是出家在寺院修行。将大理密教和唐密、藏密、日本密教相比较，它的特点也是很明显的。从图像角度进行对比研究，大理密教和尼泊尔密教很相似，如八大明王等造像。另外，大理密教使用的梵文字母也很特别，《张胜温画卷》中的梵字多出一个字母，书写《心经》的城体梵文，一部分和天城体相似，一部分和悉昙体相似，两部分相接形成自己的特点。

美国田纳西州大学诺克斯分校的白美安（Megan Bryson）副教授发言说，大理密教总被看作边缘地区的密教，认为受到中心地区唐密的影响，但我认为边缘和中心是相对的，大理相对于中原可能是边缘，我则更愿意认为大理是印度、东南亚、中原等文化交流的一个中心，大理密教不是唐密的简单拷贝，有些经典就是大理地区编辑的，一些仪轨不能单纯从文献角度看，还要结合文物资料。

同时其他学者也强调，白传密教在不同时期受到汉传密教不同程度的影响，尤其明清时期深受内地科仪佛教影响，但印度密教是阿吒力教的"源"，汉传密教以及其他密教只是融入阿吒力教的"流"，汉传密教及其他密教的影响并没有改变阿吒力教的独立体系，阿吒力教特有的诸多现象，在汉传密教和藏传密教中所没有，其影响也无从谈起。汉传密教属于早中期密教，白传密教属于后期密教，两者各有其密法体系。

三、确定阿吒力教的性质，提出阿吒力教属于后期密教中的大瑜伽派。以往的研究主要从阿吒力教的外在形态进行分析研究，诸如历史记载、图像特征、科仪比较、神祇关系、社会文化等角度，本次会议的研究则从阿吒力教经轨和造像自身包含的密法特点进行分析研究，这是阿吒力教研究的新思路、新方法，也最具有说服力。吕建福的论文《关于大理密教研究中的若干问题》通过对大理时期的几部密教写经《大灌顶仪》《大黑天神仪》及《白姐圣妃仪赞》《通用启请仪》《诸佛菩萨金刚等启请》的密法体系的研究，认为这些写经属于当地传译的原始仪轨，并不是从内地传来的复制品，也不是后世的科仪及其启请法，属于后期密教中大瑜伽系统的仪轨。其咒印、观想、供养、护摩、坛场等密法自成体系，尽管有的仪轨参考了唐译的仪轨，但其仪轨形式和内容完全超出唐代密教的范围。剑川石钟山石窟中象征女根的"阿央白"是大瑜伽密教的曼荼罗造像，所依据的经轨就是《密集本续》（宋译《金刚三业秘密大教王经》）。由陀罗尼经幢改造而成的柱状经幢也是男根的象征，以莲花作底座或装饰颈部也象征性力，表示定慧合一，也充分表明其晚期瑜伽密教的特征。

日本高野山大学密教文化研究所研究员川崎一洋博士的论文《〈张胜温画梵像卷〉中收录的〈理趣广经〉系画像研究》，通过对照《张胜温画梵像卷》与唐译《理趣经》及其释和宋译《理趣广经》中五秘密曼荼罗的比较研究，认为《张胜温画梵像卷》中包含与《理趣广经》相关的两幅图像，其中"秘密五普贤"是《理趣广经》的五秘密曼荼罗，普贤即是主尊金刚萨埵的异名。中央金刚萨埵呈金色，右手掌置于胸前上翻，掌上置有直立的金刚杵。左手于腰间持金刚铃结金刚慢印，同于印度和西藏一般流传的金刚萨埵图像。五尊的排列基于印度的传统，由左开始依次为欲金刚→触金刚→金刚萨埵→爱金刚→慢金刚菩萨的顺序。其中慢金刚菩萨左手自在触座、右手持花鬘。此处慢金刚菩萨执持花鬘的情况与日本密教一直流传的《理趣经十八会曼荼罗》系统中的五秘密曼荼罗有很大区别，但与印度和西藏所传承的慢金刚菩萨的姿态一致。另外，金色的金刚萨埵和白色的四金刚菩萨是在其他地域未见的特色。另外，五秘密曼荼罗下部可见直立着的金刚杵置于莲花座上的月轮之中，另有四大天王座在岩座之上，这样的描绘应是作者张胜温在构图时的独创。"资益金刚藏"是三三昧耶曼荼罗图像，以三尊中的虚空藏作为主要着眼点来命名。虚空藏菩萨的姿态均不见印度和西藏，却见于智证大师圆珍请来日本的胎藏旧图样，说明《张胜温画梵像卷》参照了胎藏系的图像，但其眷属像应该是张胜温将自己的理解所呈现出来的图画。其中慢金刚菩萨执持花鬘的情况与日本密教中一直流传的《理趣经十八会曼荼罗》系统中的五秘密曼荼罗有很大区别，但与印度和西藏所传承的慢金刚菩萨的姿态一致，说明此曼荼罗直接继承了印度传来的画像传统，由此也可知云南密教直接来自印度。大理国时期的云南密教同时具有唐密与印度密教的特征。川崎一洋曾发表《五秘密曼荼罗》及《五秘密尊和五秘密曼荼罗》文，对《张胜温画梵像卷》中特有的"金色六臂婆苏陀罗佛母"与"襄愚梨观音"两幅尊像做了研究，指出该画像明显是按照后期密教圣典《幻化网本续》中的《三摩地品》所说的 Vasudhārā 和 Jāṅgul 的记载而进行的极为忠实的描绘。另外，在《幻化网怛特罗》的汉译本《瑜伽大教王经》中将两尊的名号称为"持世菩萨"和"穰虞利菩萨"。由于《张胜温画梵像卷》的作者未见过《瑜伽大教王经》，推测他参照了《幻化网怛特罗》的梵文原著或者是其他的译本。作者又在《大理国时代密教的八大明王信仰》一文中，对剑川石窟中的八大明王造像进行考证，得出该造像也是依据《幻化网本续》雕刻的结论。

　　日本中村元东方研究所专任研究员田中公明也认为石宝山八大明王的三头六臂造像，就是根据《瑜伽大教王经》绘制的，这种风格的造像在其他地方没有，藏传佛教重视时轮、喜金刚、胜乐等法，大瑜伽密教并不受特别重视。从宋代到明代，关于此类明王造像也发现过几处，如敦煌莫高窟发现的北宋时期的类似壁画，还有泰国北部的《瑜伽大教王经》的四佛像，还有青海乐都瞿昙寺的明初壁画。虽然在印度没有发现《瑜伽大教王经》的相关造像，但也发现了9—10世纪的四佛像。《瑜伽大教王经》的流传对亚洲国家产生影响，藏密中并不受重视的《瑜伽大教王经》为什么在其他一些地方受到重视和发展呢？这是值得研究的。《瑜伽大教王经》重视瑜伽观想，也重视三密相应等，这些特点和大理地区的密教有相似之处。

《瑜伽大教王经》在北宋时法贤译出，但经川崎一洋的研究证明，法贤译本与白密中的神祇名称并不相同，说明大理密教与宋译没有关系。白传密教定性为后期密教的大瑜伽系统，是本次会议取得的突破性成就，也是多少年以来研究《张胜温画卷》在方法上的一次重大突破。

四、推进阿吒力教传统研究领域，多有新意，这些领域包括阿吒力教的历史、文化、社会、文献、现状等。其中大理写经的研究，吕建福通过对《大灌顶仪》卷七金刚萨埵为主尊的火甕法的比较研究，确认该仪轨与唐代般若译《诸佛境界摄真实经》中的护摩法相近，属于同一时代的译作，证实译者赞那崛多在南诏译经的记载的可靠性及其独有的翻译风格。同时也确认卷九、十、十一、十三以及相关的33、38、39号写经残卷也是该系列仪轨的组成部分，有译者，也有造者，还有注者，更有传抄者，形成一个上自南诏、中经大理、下迄明代的传承系列，内容相关，源远流长，充分展示了大理密教的教法传统。大理写经《大黑天神仪》，同作者认为该仪轨表现七形大黑天神，与唐译大黑天神形像完全不同，说明并没有受唐朝大黑天神信仰影响。也与藏译大黑天神法不同，同样说明没有受藏传密教的大黑天神信仰影响，是大理密教独立传承的大黑天神仪轨。大黑天神还有二十八位眷属围绕于曼荼罗中，也与汉传密教中以七母天为其眷属的说法不同。其所附《赞扬白姐圣妃》赞文及仪轨，以白姐圣妃大吉祥微为大黑天神圣妃是大理密教独有的现象。《通用启请仪轨》有吕建福和白美安两位学者的新研究，吕建福认为该仪轨是大理密教传承的仪轨，并非直接来自唐代密宗教法，但确实参考过唐译的同类经轨，至少有十多处文字与唐译仪轨相同或相近。但由此不能说它来自唐译经轨或受唐译经轨而形成，因为从仪轨的整体来看，《通用启请仪轨》大部分内容是唐译所没有的，从内容到译文风格，也自成体系，并非拼凑而成。凡每一项启请、供养都具备咒、印、观想三密，其咒语汉梵兼书，梵字红色，通称"咒"，不同于唐译经轨多称"真言"。其音译的咒文，同一本尊的咒语，同样的汉字，却与唐译的用字不同，也说明两者并非出自一个翻译系统。而大理仪轨往往直接使用梵文，也充分说明它具有印度密教使用神咒的传统，尚未形成完全独立的音译咒语系统。大理密教经轨凡参考唐译之处，偈颂相同，而咒文不同，说明唐译是用来补充其不足或修正其译文的。其内容相同而表述不同，也说明两者各有翻译传统。如五字观想法中，大理仪轨用5句，唐译则用8句，说明两者出自不同的翻译风格，由此可以肯定大理密教的仪轨另有翻译传统，也另有传译源头。再从其密法以外的内容来看，《通用启请仪轨》卷首书"脱缠头，胳膊礼佛，转读大乘为心印"，其中脱缠头、举臂礼佛者，说明修习密教仪轨的人正是头戴八角帕或黑白包头的白族男子。随后称修法者为"瑜伽行者"，这是俗处密教修行者的称呼，与白族阿左梨俗服缠头的情况两相吻合。

白美安的研究认为《通用启请仪轨》大量引用了唐代的佛教文献，尤其是不空金刚的翻译，至少与《大正藏》的13件文献部分重叠，证明大理国佛教徒沿袭了唐代的密教传统，《通用启请仪轨》的编辑者对唐代翻译或撰著的密教仪轨相当熟悉。不过大理国的文本还含着唐代密教文献所没有的内容，比如补充唐代文献的资料和某些神祇的名字，由此证明大理国的密教专门以唐代文献为基础而形成了具有地域特色的佛教系统。其中《通用启请仪轨》附加的《歌赞》更好地揭露了大理国密教最特殊的一面，证明大理国同时发展了具有地域特色的密教神祇。并引据丹麦学者Henrik Sørensen的论文说，藏于千寻塔的梵文种字曼荼罗与汉地流行的曼荼罗不一样，或许表示大理国的密教仪式也有独特的地方。对于《诸佛菩萨金刚等启请》，吕建福的研究表明，约由43种仪轨组成，认为其性质与《通用启请仪轨》一致，以瑜伽、大瑜伽密教为主，也继承了真言密教以及他们共同所自的持明密教。从该仪轨中的神祇也可以看出，大理密教完全超出了唐译瑜伽密教经轨，其神祇系统表现出大瑜伽密教以及晚期密教的特点。

关于大理密教的形成、发展及其演变的历史研究，也有一定新意。其中剑川学者张笑提出南诏时期印度密教、汉传密教相继传入云南后，经过与白族文化之间数百年的碰撞、融合，至大理国段智兴（1180）前后，皇室僧团终于在外来密教文化基础上逐步创制出大理的白密教派。此时形成的《张胜温画卷》所表达的就是皇室僧团经过改造加工后的白传密教自成体系的重要信息，同时期的石钟山石窟造像群也是大理皇室阿吒力僧团行持白密法会仪轨时的外道场，而张胜温画卷与石窟造像群之间也存在对应关系。

大理学者廖德广以梵僧阿嵯耶以及阿嵯耶观音信仰作为白族密宗形成、发展以及演变的标志，认为梵僧阿嵯耶来印度传播密教是白族密宗形成的民间开拓奠基时期，南诏国第十世阁罗凤王之弟阁皮出家为僧是阿嵯耶教在南诏国扎根萌生的表现，是政教合一的象征（对此大理博物馆原馆长张楠的观点恰恰相反，阁皮居于阁罗凤侧面表明南诏国政教分治），蒙奉佑时期重修崇圣寺、建立三塔是白族密宗阿嵯耶教走上南诏政坛的划时代标志，十一世蒙世隆以敬佛为首务、建寺遍云南是白族密宗普及推广的国家行为，十二世蒙隆舜改元嵯耶、自号摩诃罗嵯土轮王、金铸阿嵯耶观音等圣像于崇圣寺是白族密宗臻于成熟的表现，大理国时期出现一批又一批白族上师"释儒"、佛为国教、僧为国师、十任皇帝禅让为僧是白族密宗兴盛发展的表现，从此僧分三类，有密法法师、显教大比丘、沙弥，后世遗存民间的阿吒力则属子孙和尚的四等僧人，是白族密宗衰落后幸存民间者。

与之相关，云南大学博士生龚吉雯以《南诏图传》为中心探讨阿嵯耶观音图像，认为阿嵯耶观音形象属于佛教密宗造像体系，阿嵯耶观音像是根据南诏的审美习惯进行改良后的密宗造像，但其造像特征的形成则较为多源。其中云南民族学会王明达认为阿嵯耶观音形象中"一字脚"元素来自波斯，剑川石窟线刻波斯人形象也证明剑川石窟造像与中亚地区有一定关系。

本次会议是首次以阿吒力教为主题的国际学术研讨会，集聚了一大批国内外一流的密教研究专家，学术层次高，对阿吒力教进行定性定位，规范名称，不仅很好地解决了阿吒力教研究中长期悬而未决的诸多问题，而且客观评估了阿吒力教作为白族传统文化遗产的价值和意义，具有重要的现实意义。与会者普遍认为这次会议能够取得重大成果，与学者们客观、科学、专业的研究方法有关。首先，从学术层面而言，具有专业造诣深厚的密教专家能够深入阿吒力教经典仪轨、画卷造像的具体内容进行分析，得出的结论可信度高。以往的研究主要从阿吒力教的外部形态、文化关系、历史背景上去探讨，总是"打外围战"，较少深入阿吒力教自身的密法体系中进行研究，缺少专业性。其次，国际学者视野宽阔，比较客观地看待学术问题，就事论事，不受民族、文化情感的影响。以往的研究中要么对白族传统文化的热忱多于理性的科学分析，要么以为边缘地区的民族不可能脱离中原佛教文化独创派别，甚至认为元明时白族作者的著作出于民族意识而杜撰历史传说、宗教神迹等，这些立场和民族情感也影响了学术研究的客观、科学与公正。最后，专家们全面、综合、印证的研究方法，也是取得进展的重要因素。以往的研究存在以偏概全、孤立看问题的情况，以相似论主观分析，以摸象论不及其余，文献研究不与出土文物相结合，研究宗教不与当地和白族历史文化相结合，导致阿吒力教研究走入歧途，许多问题长期得不到解决。因此有不少学者指出，只有文献研究与实物资料相互印证，才能得出客观的结论。只有将宗教研究与当地当时的历史、民族、文化、社会联系起来研究，才能得出科学的结论。只有具体的研究与综合思考相统一，才能全面地看问题，避免孤立地看问题，由此得出的结论才具有说服力。

（作者吕建福，1957年生，陕西师范大学教授，国家社科基金重大项目"密教文献文物资料整理与研究"首席专家）